马汉是不够的

朱利安·科贝特和赫伯特·里奇蒙德著作研讨会论文集

【美】詹姆斯·戈德里克 【美】约翰·B·哈滕多夫 编著
李景泉 译
孙 莉 校译

上海交通大学出版社
SHANGHAI JIAO TONG UNIVERSITY PRESS

内容提要

本书为1992年9月在美国海军战争学院举行的“科贝特和里奇蒙德著作研讨会”的论文集。50余位与会代表结合英国海军历史学家朱利安·斯塔福德·科贝特爵士和海军上将赫伯特·威廉·里奇蒙德爵士的著作，对他们的海权观和海军建设思想进行了梳理。与会学者交流了论文，并分组展开了热烈的讨论，话题涉及海权的目标，历史学家作为当代分析家的作用，现代海军战略制定过程中的现实因素，科贝特、里奇蒙德和马汉等海军历史学家与我们当代人之间的关系等。书中收录了11篇论文，再加上大会主旨发言、开幕词、总结，共14章，另有附录2个。英文原版中还有詹姆斯·戈德里克整理的英国《海军评论》季刊作者名录(附录C)，限于篇幅，中文版未予收录。感兴趣的读者可自行查阅。

本书的目标读者为军事历史研究者、海军军事思想研究人员以及军事爱好者。

This is a translation of *Mahan Is Not Enough: The Proceedings of a Conference on the Works of Sir Julian Corbett and Admiral Sir Herbert Richmond*. First published in English by Naval War College Press, 1993.

图书在版编目(CIP)数据

马汉是不够的：朱利安·科贝特和赫伯特·里奇蒙德著作研讨会论文集／(美)戈德里克，(美)哈滕多夫编；李景泉译. —上海：上海交通大学出版社，2015
ISBN 978-7-313-13189-8

Ⅰ.①马… Ⅱ.①戈… ②哈… ③李… Ⅲ.①制海权—美国—文集 Ⅳ.①E815-53

中国版本图书馆CIP数据核字(2015)第131957号

马汉是不够的
——朱利安·科贝特和赫伯特·里奇蒙德著作研讨会论文集

著　　者：[美]詹姆斯·戈德里克
　　　　　[美]约翰·B·哈滕多夫
译　　者：李景泉
校　　译：孙　莉
出版发行：上海交通大学出版社
地　　址：上海市番禺路951号
邮政编码：200030
电　　话：021-64071208
出 版 人：韩建民
印　　制：杭州富春印务有限公司
经　　销：全国新华书店
开　　本：787 mm×960 mm　1/16
印　　张：32.25
字　　数：373千字
版　　次：2015年12月第1版
印　　次：2015年12月第1次印刷
书　　号：ISBN 978-7-313-13189-8/E
定　　价：70.00元

1992 年 9 月 28 日至 29 日在美国罗得岛州纽波特市美国海军战争学院举行的“科贝特与里奇蒙德研讨会”与会人员

1.詹姆斯·戈德里克海军中校,澳大利亚皇家海军;2.科林·格雷博士;3.埃里克·格罗夫先生;4.W·J·R·加德纳少校,英国皇家海军;5.戴维·齐默曼博士;6.乔恩·T·住田博士;7.罗伯特·S·伍德博士;8.约翰·B·哈滕多夫教授;9.丹尼尔·A·鲍教授;10.小查尔斯·H·费尔班克斯教授;11.保罗·哈尔彭教授;12.G·A·H·戈登博士;13.尼古拉斯·A·兰伯特博士;14.弗兰克·乌利希先生;15.保罗·吉恩博士;16.A·W·H·皮尔索尔先生;17.杰拉尔德·乔丹教授;18.J·A·A·麦科伊海军中校,英国皇家海军;19.唐纳德·M·舒尔曼教授;20.杰弗里·蒂尔教授;21.尼古拉斯·特雷西博士;22.J·戴维·布朗先生;23.J·R·希尔海军少将,英国皇家海军;24.戈登·威尔逊海军上校,英国皇家海军;25.J·马克·米尔纳博士;26.达尼埃尔·N·曼吉海军中将,加拿大武装部队;27.吉列尔莫·蒙特内格罗海军上校,阿根廷海军;28.迪安·C·阿拉德博士;29.爱德华·S·米勒先生;30.罗伯特·S·乔丹教授;31.N·A·M·罗杰博士;32.保罗·范罗延博士;33.斯潘塞·约翰逊海军上校,美国海军;34.杰弗里·巴洛博士;35.埃尔韦·库托-贝加里先生;36.乔治·拜尔教授;37.安德鲁·兰伯特博士;38.彼得·M·斯瓦茨海军上校,美国海军;39.扬·布里默教授;40.盖伊·F·利亚尔代海军少将,英国皇家海军;41.C·D·库尔撒德-克拉克博士;42.理查德·哈丁博士;43.约翰·W·肯尼迪海军中校,美国海军;44.马克·舒尔曼博士;45.罗杰·奈特博士;46.A·B·塞恩斯伯里海军上校,英国皇家海军后备队;47.W·A·B·道格拉斯博士;48.戴维·埃文斯博士;49.威廉·R·格洛弗海军少校,加拿大武装部队;50.马克·皮蒂博士;51.H·P·维尔莫特博士;52.艾伦·D·齐姆海军中校,美国海军

译者序

说到海权，中国读者恐怕和世界上其他读者一样，脑海中首先会出现美国海军军官和历史学家阿尔弗雷德·塞耶·马汉的《海权论》。这部引起全世界广泛关注的著作，曾经引发了第一次世界大战前夕世界范围内的海军军备竞赛。时至今日，《海权论》对各国海军建设、海权研究等众多领域依然有着重要的影响。但是，在当前不断变化的形势下，马汉的海权观是否足以为国家决策者、海军领导人、战略制定者提供有益的参考呢？詹姆斯·戈德里克和约翰·B·哈滕多夫两位历史学者，早在20多年前就给出了答案：马汉还不够。

1992年9月，“科贝特与里奇蒙德研讨会”在美国罗得岛州纽波特市海军战争学院举行。来自英国、美国、加拿大、澳大利亚、法国、荷兰、阿根廷等国家的50余位军地代表参加了会议，结合两位英国海军历史学家朱利安·斯塔福德·科贝特爵士和海军上将赫伯特·威廉·里奇蒙德爵士的著作，对他们的海权观和海军建设思想进行了梳理。与会学者交流了论文，并分组展开了热烈的讨论，话题涉及海权的目标，科贝特对英国皇家海军认识其海上职能的影响，里奇蒙德与英国皇家海军的教育问题，里奇蒙德参与创办的英国《海军评论》季刊、少壮派军官与英国皇家海军之间的关系，20 世纪 90 年代及 21 世纪的趋势和变革情况，历史学家作为当代分析家的作用，现代海军战略制定过程中的现实因素，科贝特与 20 世纪 90 年代的关系，里奇蒙德与军控的关系，里奇蒙德与澳大利亚防务的关系，科贝特和里奇蒙德在法国的影响，科贝特、里奇蒙德和马汉等海军历史学家与我们当代人之间的关系，等等。

这部会议论文集问世已有 20 余年。上海交通大学出版社做了一件非常有意义的工作，将其选为"海洋强国出版工程·海权战略研究系列"的一员，足见我国有识之士对海军历史和海军战略理论研究的重视。当前，中国正在为实现中华民族的伟大复兴、实现"中国梦"和"强军梦"而努力奋斗。而且，建设一支强大的人民海军是中华民族多年以来的梦想。习近平主席审时度势，高屋建瓴地提出了"一带一路"战略构想，赋予了人民海军新的历史使命和任务。在这个背景下，翻译这部论文集有着极其重要的意义。2014 年 3 月 2 日，《解放军报》第 7 版报道了新学期我军军事院校课程设置的新动向，指出军官素质图谱呼唤"人文配方"，介绍了海军大连舰艇学院舰副长班学员选修《世界海战史》的情况，刊登了海军大连舰艇学院周东风教授的文章。周教授认为，人文教育是军事职业教育的重要基石。古今中外，文武兼备的优秀将领统帅千军万马克敌制胜。没有人文素质的军队注定不打自垮，信息化时代更要求军人智慧的妙算、谋略的运筹和情感的投入。

历史是一面镜子。国外海军历史学家对几个世纪以来的海军建设史、海军战略史、海战史等进行了广泛深入的研究。但是，由于语言的障碍，中国军官，特别是海军军官，甚至是海军士兵，对这些著作的了解亟待加强。作为中国军校的外语工作者，译者认为，我们拥有精通两门或多门语言的优势，把国外这些优秀的海军战略著作翻译成汉语，供我军海军官兵和广大科研人员研读，是我们责无旁贷的神圣义务。译者欣喜地看到，海军大连舰艇学院已经将《世界海战史》确定为选修课。这对海军指挥员提高战略思维能力、吸取古往今来世界海战的经验教训大有裨益。译者也相信，这套译著出版后，我军海军军官一定会如饥似渴地加以研读，他们指挥判断、运筹帷幄的智慧一定会随之提高，为我人民海军在信息化条件下遂行多样化任务打好坚实的历史基础。

翻译是一门充满遗憾的艺术。海军历史博大精深，涉及历史人物、历史事件、武器装备、建军思想、大国博弈等多个领域。要想把这样一部原文长达400多页的学术型历史著作翻译好，绝非易事。译者从接受委托之日起，在半年时间里，尽其所能，把英语原文要表达的意思准确地转换为汉语，竭力使自己的语言更像军语，更像是海军历史学家、海军军官在一起进行学术交流和研讨。尽管如此，读者一定会在字里行间觉察到“翻译腔”和非军语化的表达，甚至可能还有不准确之处。这是译者自身的水平和能力所致，并非英语原文如此。对此，译者愿意虚心接受批评，也恳请各位专家、学者和广大读者不吝赐教。译者也相信，广大读者一定会凭借自己过硬的专业知识和职业技能，做出合理的解读和判断。如果这部译著能在学术研究、战略思维、指挥艺术等方面为读者提供一点点帮助，那么这六个月以来的艰辛努力就没有枉费。

最后，译者要感谢解放军外国语学院英语系张金生主任、王岚教授和陈榕教授的大力支持和帮助，感谢上海交通大学出版社滕飞编辑等工作人员为本书的出版工作付出的艰辛努力。另外，在翻译过程中，解放军外国语学院德语、西班牙语、法语、日语、意大利语等语种的同事和同学提供了无私而热情的帮助，夏辉等同事和李艺文、张玲等同学参与了一些长句、难句的分析和讨论，译者在此一并向他们表示诚挚的谢意。此外，译者要感谢家人和朋友的支持，感谢父亲和妻子承担了这半年内各项杂务，为我留出了充足的翻译时间。

译者：李景泉

2015年4月于洛阳

致 谢

1992年9月28日至29日,“科贝特与里奇蒙德研讨会”在美国罗得岛州纽波特市海军战争学院举行。许多人为此做出了贡献。1990年,“纪念马汉诞辰一百周年研讨会”在海军战争学院举行。会议期间,克拉克·雷诺兹教授建议,学院应根据“冷战”后的形势,重新审视科贝特的研究成果。1991年至1992年,詹姆斯·戈德里克海军中校奉命到海军战争学院作访问学者。即使在这之前,我和他就一致认为,作为“马汉研讨会”的跟进,举办一次“科贝特与里奇蒙德研讨会”,既符合逻辑,又非常合适。学院海战研究中心主任罗伯特·S·伍德博士,对我们研究海军历史和理论的兴趣表示赞赏,并且敏锐地注意到,此类研究与学院当前的课程和研究工作紧密相关。他热情地同意主办这次会议,将其作为海战研究中心的一项工作。

在本次会议召开前不到一个月,我们的一位主旨发言人,也是即将到会的该主题的领军学者,加拿大皇家军事学院文科系主任,巴里·亨特教授,在多伦多与世长辞。就在他1992年9月4日突然辞世之前两天,他通过电子邮件将论文草稿发给了我们。英国皇家海军后备队的A·B·塞恩斯伯里海军上校,非常通情达理，在本次会议上对巴里的论文做了总结汇报，带领我们以适当的形式深切缅怀一位好朋友、好同事。

许多人为本次会议的行政保障做出了贡献。行政保障工作的计划最初是由美国海军的克里斯·贝尼尼奥海军少校安排的。他的继任者，美国海军的约翰·W·肯尼迪海军中校，非常能干，圆满完成了行政保障工作。芭芭拉·普里斯克夫人非常积极主动，按时准备好了所有的与会论文，并做了大量的其他工作，包括制定最初的旅行安排、会后转写录音磁带等。吉姆·柯林斯的大力帮助确保了各项合同得以准备妥帖。肯尼迪海军中校投入了许多时间来听抄录音磁带，并协助编辑用于出版的转写文本和会议论文。

学院军官餐厅（对外开放）的工作人员协助我们做好了午餐安排；维京酒店提供了客房和宴会服务。

海军战争学院基金会慷慨地资助了本次研讨会及本书的出版。

约翰·B·哈滕多夫

会议主管

目　录

第一章　开幕词

开幕词(一)

约瑟夫·C·斯特拉瑟海军少将

(美国海军,美国海军战争学院院长)

各位代表,早上好!非常高兴欢迎你们每一位专家!我们在这里召开一次研讨会,讨论海军历史学家、战略家朱利安·科贝特爵士和海军上将赫伯特·里奇蒙德爵士的影响以及他们与当代的相关性。两年前,也就是1990年,我们在这里举办了一次类似的研讨会,审视阿尔弗雷德·塞耶·马汉海军少将的研究成果。我想,我们继续发扬那次会议的势头,进而思考科贝特和里奇蒙德提出的较新的思想,是一件合情合理的工作。

你们当中的许多人已经为我们了解科贝特和里奇蒙德的成就做出了重大贡献。我感觉到,随着我们审视当今世界国际关系的新格局,思考海军在这种新格局中的作用,我们都能从重新审视他们对海军部队的理解上获益良多。随着我们评估海军在国际关系新格局这个背景下的作用,我们需要弄清我们对海权的理解是基于什么样的学术传统,而且今天占主流的国际形势不同于以往,我们需要在这个背景下，重新审视我们对这种传统所做的假设。

你们在座的每一位都已得到了广泛的认可，因为你们为海军历史和海军事务研究做出了贡献。我根本想不出来另外一组专家能更有资格审视本次会议的核心主题，我也想象不出来一组能力更强的专家，能提出核心问题，并将其置于有益于全世界海军高级领导人的情境之下。我特别高兴地欢迎如此之多来自国外的与会专家。你们会采纳我们在纽波特这里讨论的观点，然后把它们添加到全球其他地方的海军事务话语当中。因此，我要特别高兴地做一件事，那就是要感谢和欢迎来自阿根廷、澳大利亚、加拿大、法国、荷兰和英国的与会专家和学者。你们的观点和对我们在这里进行的讨论做出的贡献，将为美国海军内部的思考提供特别珍贵的参考。今天，你们将在这里开始分享各自的认识，这个过程充满了巨大的潜力。本次会议的成功，有赖于你们每一个人带入这些讨论的真知灼见、坦率直言和坚定信念。我盼望着了解你们在这种努力中取得的进展。

如果我们海军战争学院能为会议的成功做点什么，或者能使你们感到在这里更受欢迎，我会特别高兴地去做。我们认为，你们所有人能与我们欢聚一堂，是我们莫大的荣幸。希望你们愉快地参加会议的各项议程。非常感谢！

开幕词(二)

罗伯特·S·伍德博士

（美国海军战争学院海战研究中心主任）

我非常高兴地欢迎你们所有人来到罗得岛的纽波特，来到海军战争学院。正如约翰·哈滕多夫已经指出的那样，海军战争学院致力于教育的过程，尤其是教育那些在一个正在经历重大变革的世界中，将要把许多国家的命运掌控在双手之中的人。

在这个领域，我们在做一个教育机构要做的许多典型工作：抓好教学质量，抓好学者个人研究，并在海战研究中心的指导下开展研究。另外，海军战争学院和与我有联系的任何其他教育机构都不一样。在这里，我们有一种相当独特的方法，用于思考观点并得出结论。这种方法就是推演和模拟。虽然这种方法决不是具有权威性的方法，但这是一种非常有用的方法，我们可以用它来思考过去和现在，思考我们即将在未来面对的一些问题。

这是一次特别重要的会议，但哪些方面重要，可能并非不言而喻。多年以前，海军作战部长建立了战略研究小组。这是一个规模很小的组织，设在海军战争学院，成员为精挑细选的军官，来自海军陆战队、海军和海岸警卫队，为海军作战部长提供先进战略概念方面的建议。他们花了一年时间，反思战略上的世界看起来是什么样子，反思我们应该在这个世界中如何运筹帷幄。几年前，他们准备了一种卷轴，他们称之为“十条相当好的规则”。我收到了其中的一份卷轴。在这十条相当好的规则中，有一条是这样说的：“如果你想要有一个新观点，那就去读一本古籍。”这确实是一条我们赖以生存的极好的规则。我们今天就请大家读一些古籍，以便我们能够得出一些新观点。

我应该告诉你们，我个人特别偏爱学术史。我恰好认为，一个人如何思考事件，会成为事件本身的定义性特性，而且一般来说，会成为行动的指南。在本次会议中，我们将着手考察档次很高的学术史。本次会议使我们能根据当前的国际大事来审视一些非常重要的观点，因此可能会为我们未来拟采取的行动提供指导。

今天，我们正面临着各种各样的新形势。我们拥有面对这些新形势的新工具，但是在我们的工具包里，我们还有一些非常老旧的观念。在这些观念中，有些是非常有用的观念，我们需要重新思考，重新运用它们来创立活力四射的事业，就像科贝特和里奇蒙德以及在他们之前的马汉所做的那样。在这些观念中，有许多问题值得重新思考：

- 制海权：今天，有人告诉我们，制海权不再是一个问题，至少在当代意义上如此，而且我们应该想当然地认为我们已经有了制海权。
- 滨海战是我们面临的一个至关重要的问题，而且在这个问题上，我们还没有像我们应该做的那样进行很多的思考。
- 从海上实施打击，以及与之相关的力量投送，已经成为另一个问题，而且是一个至关重要的问题。
- 靠前存在是我们需要从意义和程度两方面加以定义的问题，而且我们还需要根据历史上用于这个问题的其他名词对其进行定义。
- 在美国环境下进行的联合作战，正如你们当中的许多人所知的那样，涉及我国军事机构若干军种间的合作。在军事力量的指挥问题上，这始终是美国面临的一个核心问题。
- 诸兵种联合作战和盟友联合行动也是一个同样重要的问题。

对于当代背景下的所有这些问题，科贝特和里奇蒙德都有一些非常睿智、非常有意思的看法。我们需要思考这些观点，因为我们进入了一个我称之为“正常”时代的国际关系时期。但是，我们决不应忘记，正常时代是非常不正常的！我们正从一场讨伐式的清晰透彻过渡到俗务般的含糊晦涩，而且在这个国家，我们正在经历一段非常艰难的时期。我不知道你们是否也在经历着同样的艰难时期，试图想明白在一个非常世俗的世界里，我们应该做点什么。但是,我确实相信,教育是这一事业的核心。我应该与你们分享一个事实,那就是我有一种非常显著的杰斐逊式偏好。我恰恰相信,知识好于无知,睿智好于愚蠢,反思好于反应。我想,这一点界定了教育的根本特性。托马斯·杰斐逊曾经说过,教育将决定我们称之为美国的共和国的最终生死存亡,而且我觉得,这句话也适用于你们代表的各个共和国。

因此,我确实相信,明智的撤退,实际上是有效行动的前奏,而且我们要定期做好一项工作,那就是要退入巨人的陪伴之中。在接下来的两天里,我们将要在两位巨人的陪伴下思考一下这个问题:对于他们在世俗时代和讨伐时代面对的问题,他们是如何思考并得出结论的。然后,我想可以直接或间接地确定,他们反思的内容对我们自己的情况具有什么样的适用性。你们来到这里,为这一探索之旅提供了非常多的帮助。你们所做的事情,就是我称之为战略退却的事情,是睿智的治国艺术和合理适当的武力运用的序曲。我几乎可以为你们做一次祈祷。现在是星期一的上午,也许祈祷是一件有用的事情。我的祈祷就是:我们会有正视新的真理的勇气,我们还会有怀疑半真理的智慧,而且我们会谦卑地认识到,自己无法掌握所有的真理。随着我们走近里奇蒙德和科贝特,我希望你们会以这种精神去接近他们,而且到明天会议议程结束时,我们会因此而得到启发,我们的职业和军人的职业也会因此而得到启发。我再次欢迎你们来到纽波特。非常感谢你们来到这里,而且让我肃然起敬的是,实际上在本次会议开幕之前,所有的论文都已经完成,而且我们已经拿在了手上。我认为,这是一种档次很高的成就。

第二章　马汉还不够：会议主题与议题

约翰·B·哈滕多夫教授
（美国海军战争学院）

人们不需要向唱诗班解释自己为什么在教堂里唱歌。今天上午，你们的到来让这间会议室座无虚席，表明我们都对即将研讨的话题感兴趣，也都非常投入。尽管如此，可能还是会有人纳闷，为什么美国海军会热衷于研究两位多年以前著书论说的英国历史学家呢？在美国我们有马汉，为什么他对我们来说还不够好呢？

我想，怀疑论者始终会存在。21 年前，作为一名年轻的海军上尉，我在纽波特这里的驱逐舰学校开设的系主任课程上，给我的同班同学讲了一次课，内容就是朱利安·科贝特爵士①。我们是一帮好朋友，喜欢互相开玩笑。第二天，我发现我课桌上的名签翻了过来。有人在名签的角落里画了一面小幅英国国旗，而且我的名字变成了“朱利·喝哼爵士”，显然大家对我讲的

① 后来发表时的题目是“朱利安·科贝特爵士论海军历史的重要性”，《美国海事》季刊第 31 卷，1971 年 10 月号，第 275－285 页。

话题不感兴趣。今天，我在这里再一次哼唱同一首赞歌。

科贝特和里奇蒙德在美国海军

科贝特和里奇蒙德已经在美国海军思想的发展过程中发挥了作用。我们没有忽视他们的名字和他们的思想，但是我们确实需要更好地了解他们。早在1894年，美国海军战争学院的参谋机构就在推荐阅读书目上列出了《德雷克与都铎王朝的海军》[①]。直到1910年，这里开设的课程学制都只有4个月，而且是在夏季开办。1911年，当第一门学制为16个月的长期课程开始时，我们发现，科贝特新出版的《海洋战略的若干原则》和他的《七年战争中的英国》已经列入必读书目[②]。有意思的是，我们发现，在1911年春天，参谋机构的计划人员在其新版《橙色战争计划》中，只引用了一名历史学家。在这份计划中，战争计划人员写道：

> "科贝特在他的《七年战争中的英国》一书中，用文字道出了……特别适用于这种情况的至理名言。他说：'在一个不是战争真正领域的领域，而且敌人在这个领域天生更为强大，如果经不起诱惑而采取攻势，那么就不是在展示魄力，而是在愚蠢地干一件对敌人有利的事情。'"[③]

---

① 美国海军战争学院档案，第8档案组，第53盒，1897年单元："一门阅读课程的推荐书目(1894年)"。

② 美国海军战争学院档案，第8档案组，第53盒，1911年单元："长期课程，1911年"。

③ 《橙色战争计划》1911年版，第7页。马汉对此持不同意见；参见他在1911年3月4日致海军战争学院院长雷蒙德·罗杰斯海军少将的信。马汉在信中对1911年版《橙色战争计划》提出了批评。这封信收录于罗伯特·西格二世和多丽丝·马圭尔编著的《阿尔弗雷德·塞耶·马汉书信和论文集》，安纳波利斯：美国海军学会出版社，1975年，第3卷，第394页。

马汉本人钦佩科贝特的研究成果，并在《战争若干被忽视的方面》一书中，收录了科贝特的随笔“夺取海上的私人财产”[①]。马汉在准备1910年要在海军战争学院汇报的讲座(后来作为其影响深远的著作《海军战略论》[②]的一部分公开出版)期间，直接使用了科贝特的《英国在地中海》和《七年战争中的英国》[③]。

还是在1911年，当美国海军部长乔治·冯·伦格尔克·迈耶请马汉评论一份关于建立国家防务委员会的提案时，马汉在答复中直接提到了科贝特对七年战争的研究。他敦促迈耶仔细考虑一个事实，即在那场战争中，英国军事行动的实力，来自于将陆军、海军和外交这三者的相关职能牢牢地掌握于一手[④]。

---

① 在哈滕多夫汇编的《阿尔弗雷德·塞耶·马汉著作书目》(纽波特:海军战争学院出版社，1986年)中，该书列为第A14项。另外，参见1907年8月12日马汉致科贝特的信，收录于西格和马圭尔编著的《阿尔弗雷德·塞耶·马汉书信和论文集》，第3卷，第223页，并参见文集第223-232页的参考文献，内容是编者与马汉的出版商利特尔与布朗有限公司就文集出版事宜进行沟通的通信。

② 《阿尔弗雷德·塞耶·马汉著作书目》第A18项。

③ 参见1908年12月20日、1910年4月16日，马汉致海军战争学院院长的信，收录于西格和马圭尔编著的《阿尔弗雷德·塞耶·马汉书信和论文集》，第3卷，第273页和第338页。另见马汉的研究札记，收录于海军战争学院“海军历史藏书”，《手稿集》第17辑:《A·T·马汉论文集》，第4盒，《笔记本:讲稿(1907—1913)》，第13卷，第4-11页和第33-36页，其中收录了阿尔弗雷德·塞耶·马汉在读完科贝特的《英国在地中海》和《七年战争中的英国》后，随即进行的反思，以及他将这两部著作与自己的《海权对历史的影响》(即《海权论》——译者注)进行比较的情况。他在《海军战略论》中出版了引用科贝特的文献，也可以在哈滕多夫编著的《马汉论海军战略》一书中找到(安纳波利斯:美国海军学会出版社，1991年)，第224页注释2，第251页和第258页。

④ 1911年2月1日，马汉致迈耶的信，收录于西格和马圭尔编著的《阿尔弗雷德·塞耶·马汉书信和论文集》，第3卷，第374-375页。第61届国会第3次会议(1911年)的《海军事务委员会听证会实录》亦有收录，第670页。

第一次世界大战期间,科贝特在伦敦会见了美国驻欧洲海军部队总司令威廉・S・西姆斯海军上将。1918 年,在西姆斯的帮助下,150 本《海上战略的若干原则》顺利地漂洋过海,运抵大西洋彼岸的美国,引起了美国人对科贝特这部著作的注意①。后来,到了 1921 年,当西姆斯回到纽波特当上海军战争学院的院长时,他给科贝特寄了一本美国国会的《海军事务委员会听证会实录》。这份文件为科贝特提供了一些关于美国参与第一次世界大战情况的有益参考,在他的《海军作战史》中也用到了这份文件②。

20 世纪 30 年代,在纽波特海军战争学院,学员们经常阅读科贝特的《海上战略的若干原则》③,而且自 1972 年以来,此书已连续成为我院目前开设的《战略与政策》课程的必读著作之一。

在科贝特的追随者中,里奇蒙德是唯一一位海军历史学家。关于里奇蒙德的影响力,美国海军战争学院的档案可以提供的信息较少。几乎他所有的书在我们图书馆都可以找到,而且我们发现,当里奇蒙德来到纽波特时,他的《海军政策与海军战略》已在规定的阅读书目上列出。1930 年 8 月 30 日,他在这里做了一次讲座,主题是"战争的目标"④。我们还知道,1944 年 2 月,

① 英国格林威治国家海事博物馆,《科贝特文集》,第 1 盒:1918 年 10 月 9 日,西姆斯致科贝特的信。

② 英国格林威治国家海事博物馆,《科贝特文集》,第 13 盒:1921 年 4 月 16 日,《与海军军官的通信:字母 L－W》,西姆斯致科贝特的信。

③ 美国海军战争学院档案,第 4 档案组,第 1871 号档案:"初级课程的规定阅读书目(1934 年)"。

④ 美国海军战争学院档案,第 10 档案组:学期计划日历,1930 年 8 月 19 日;1930 年 8 月 30 日。遗憾的是,海军战争学院档案馆既没有里奇蒙德讲座的文本,也没有 1930—1931 年他与海军战争学院院长哈里斯・拉宁海军少将的大量通信,尽管这两种文献在卡片索引中都有标注。

他为美国海军学会的论文集撰写了一篇文章。在我院的埃克尔斯图书馆，现在仍有许多本他撰写的《政治家与海权》。这一事实表明，在 1946 年至 1947 年之后的某个时间，他的著作是必读材料之一。

这些从我们档案馆中找到的零落珍本表明，科贝特和里奇蒙德不仅仅是海军历史上某个英国舱室中的居住者，而且在很大程度上来说，他们也是美国海军学术传统的一部分。

再宏观点说，我认为，职业海军对战略的思考，有很大一部分源于历史研究。当然，是马汉使这种方法流行起来的，而且在运用这种方法方面，也是马汉取得了极大的成功。但是，他的成果是对约翰·诺克斯·劳顿爵士早先提出的观点成功运用的结果，而且劳顿的观点也被其他人采纳过，包括菲利普·科洛姆爵士、科贝特和里奇蒙德①。正如唐·舒尔曼在他的开拓性研究《海军的教育问题》中为我们指出的那样，这些人之间存在着一种复杂的相互关系。我们需要继续保持唐在对这个主题的终生学术研究中展示出来的势头。我们需要再次回归这些作家，根据持续的历史研究和理解，对他们的思想进行仔细思考。这正是海军学会主编的“海权经典名著”丛书背后的指导思想：要确定核心著作，通过增加文件和评注的方式，为其添加现代的评论，并以选定版的形式，将这些图书奉献给广大读者。当这套丛书 1988 年问世时，埃里克·格罗夫版的科贝特的《海洋战略的若干原则》，是第一部出版的名著，这是好运气，但不完全是偶然。马汉还不够；我们需要考虑广大的思想家和作家，其中科贝特和里奇蒙德脱颖而出。

---

① 劳顿的《海军历史研究》和科洛姆的《海战》也列在 1894 年的阅读书目上，在脚注 2 中引用。

本次会议可以拓宽我们审视这些人时的视野,加深我们对他们的了解。我们的与会人员今天和明天汇报的论文,等到本次会议的论文集出版时,会有范围更广的读者。除与会论文外,我们还增加了科贝特和里奇蒙德的著作目录。

为了配合这项工作,我和唐·舒尔曼已经做好计划,打算为科贝特的著作目录增加一个条目,首次公开出版《日俄战争中的海上作战行动:1904—1905》。这部著作最初的印刷数量非常有限,仅供英国海军部战争参谋部于1914年至1915年内部使用。因此,这本书尚未得到本应得到的更为广泛的流传。英国皇家出版局已经授权给我们,准许我们与海军战争学院出版社和美国海军学会出版社联合出版这项两卷本、长达1000页的研究。为使这项工作在这艰难的时代得以落实,史密斯·理查森基金会已经为我们拨付了一笔慷慨的资助,使我们的工作得以继续进行。

为了推动专家学者进一步研究里奇蒙德,进一步研究英国《海军评论》季刊的贡献,我们还为海军战争学院埃克尔斯图书馆的研究藏书增加了《海军评论》季刊。现在我们拥有美国唯一一套完整的《海军评论》季刊,因为我们购买了英国皇家海军P·W·布罗克海军少将曾经拥有的全套收藏。

历史学家与海军

把科贝特和里奇蒙德作为一个二人组进行仔细审视,可使我们有机会更广泛地思考历史学家和海军的作用。今天我们在这里讨论的是科贝特,一位民间人士,以及里奇蒙德,一位海军军官。两人都涉足海洋历史和海军历史研究。我们需要问自己几个问题:他们的民间人士特质与军人特质是否不同呢?这种特质有什么区别吗？或者说这种特质应该有什么区别吗？海军内部的海军历史学家，经常在一个以遗忘自己经历而著称的机构中，充当集体记忆的保管员。然而，我们必须要问的是：海军雇用的历史学家，在试图回答那些对于海军来说既重要但又难以回答、可能还会令人尴尬的问题时，会在多大程度上受到限制呢？除此之外，我们还应该问一个问题：学术型历史学家能做些什么来提供帮助呢？在历史研究中，大学与海军之间的恰当关系应该是什么样子呢？

在谈论海军内部的教育问题时，我们可能会问，对过去历史的了解在多大程度上对于海军军官思考未来有价值呢？更准确地说，一方面，把历史作为一种工具，用它来认识在涉及武装力量运用的情况下持续反复出现的要素；另一方面，把历史作为一种工具，直接将其视为了解过去的一种手段，前者比后者更重要吗？因此，问题就是，历史对于海军的重要性，是一个实质性问题，还是一个过程性问题？二者在多大程度上可以独立来看？

里奇蒙德和科贝特的职业生涯，还为我们提出了关于历史在海军内部不同用途的问题。我们看到，他们撰写的历史研究旨在供参谋机构使用，包括战时和平时。他们为英国海军档案学会编辑文件，作为进一步研究和启发的基础材料。他们撰写了通史，指出海军在辽阔的历史时期发挥的作用，而且他们还从事授课工作。他们授课的内容，是他们对某一特殊时期的详细思考，有的针对的是大学听众，有的针对的是刚刚开始了解军人职业传统的年轻军官，还有的针对的是参谋学院、战争学院级别的高级军官，以及位居最高指挥层次的高级军官。这项工作也导致了人们对海军和海洋事务抽象思考的进一步发展，而且人们对这些事务也进行了深入广泛的哲学评价。

在我看来，这一系列历史任务都说明了现代海军历史学家需要持续做下去的工作，因为他们在海军这个军种内部工作，同时又要保持他们与大学和学术界同仁的联系。然而，同时服务大众、服务国家、服务历史这个学科和服务海军，增加了科贝特和里奇蒙德头脑所承受的紧张和压力。在两人的职业生涯中，我们都可以轻易地发现这些迹象。他们为我们这些历史学家既做出了榜样，又给出了告诫。

对未来的思考

关于科贝特和里奇蒙德的研究成果，还有一个方面需要我们思考。到目前为止，我一直在说，他们是思想家，他们的研究成果对一系列海军思想和论述做出了贡献；他们是历史学家，竭尽全力解决特定时期的研究问题，并给出了自己的解读；他们是行动者，在自己的时代努力工作；他们是历史学家，为海军的工作做出了贡献；他们是知识分子，在一个官僚体系中开展学术研究。现在，我们应该问几个问题：科贝特和里奇蒙德可以为现在和将来的海军计划工作做出什么样的贡献呢？科贝特的《海上战略的若干原则》，在多大程度上是思考未来紧急情况的参谋军官的有益指南呢？里奇蒙德关于军控的思想，为我们当前的军控谈判提供了什么灵感或者务实的指导吗？他关于吨位较小的主力舰的观点，在预算紧张的时期里，为未来的部队编制提供了什么有用的思想吗？他对经济实力和海军实力之间关系的观点，与现代的情况有什么相关性吗？为了在这些问题上得出结论，我们需要将我们对科贝特和里奇蒙德的了解与海军参谋部计划工作的现实联系起来。然后，我们可以更加仔细地思考，历史见解和理论见地对实际计划人员有什么前景和局限性。

科贝特和里奇蒙德在他们那个时代所做的工作，与海军战争学院存在的目的有着特别大的关系。这所学院的缔造者把学院定义为“一个原创研究的地方，研究的问题涉及与战争有关的所有问题，也涉及与战争或预防战争有联系的政治才能。”[①]在这项艰巨的事业中，历史研究始终发挥着重要作用。在这个背景下，我希望我们今天在这里召开的会议，能做出进一步的贡献，不但要更加深刻地正确评价科贝特和里奇蒙德的研究成果，还要理解历史学家相对于武装力量的作用。

---

① 斯蒂芬·B·卢斯，“一篇讲话”，收录于海斯和哈滕多夫编著的《斯蒂芬·B·卢斯著作集》(纽波特：美国海军战争学院出版社，1975 年)，第 39－40 页。

第三章　海军上将赫伯特·里奇蒙德爵士与海权的目标

丹尼尔·A·鲍教授
（康奈尔大学）

赫伯特·威廉·里奇蒙德是一名职业海军军官，虽然没有接受过正式的历史训练，但自学成才，成长为一名一流的历史学家。他出生于1871年，1885年以学员身份进入英国皇家海军，到1905年时，已经在这个职业领域取得了很好的发展。他还对海军历史产生了浓厚的兴趣。在朱利安·科贝特的鼓励下，1907年他开始从事档案研究。里奇蒙德海军中校非但没有对英国公共档案馆的对开本手稿避而远之，反而愉快地喜欢上了它们。到了1914年，他完成了一部主要专著的草稿，即《1739—1748年战争中的海军》，虽然直到第一次世界大战结束以后，这份草稿才形成最终定稿付梓①。晋升为海军上校以后，他于1909年被任命为那艘著名的"无畏"号战列舰的舰长。

① H·W·里奇蒙德，《1739—1748年战争中的海军》，全3卷（剑桥：1920年）。

第一次世界大战爆发后，里奇蒙德奉命到英国海军部作战处任职，并在那里亲眼目睹了海军部有限的战略想象力和计划能力。里奇蒙德的一项工作是提供战略建议和批评，但是他的上级，特别是海军大臣，温斯顿·丘吉尔，认为他轻慢无礼。很快，而且从那以后经常如此，人们发现他犯下了最严重的罪行：事态的发展证明他是对的[①]。1915 年 4 月，里奇蒙德离开了海军部，成为与意大利海军进行联络的联络官。同年 9 月，从意大利的塔兰托回国后，他被下放到一个位于穷乡僻壤的岗位任职。因此，他有时间进一步从事研究和写作，但是在 1916 年，他只能认为自己的事业前景暗淡。第一次世界大战结束后，工作岗位会流向参战军官；他在给一位朋友的一封信中推测，他的命运将会是靠研究海军历史来打发时间，把它作为一种退休后从事的职业："我将重返安静的英国公共档案馆。"坦率地说，他并没有觉得自己已经对此做好了准备。这个时候，他对海军教育的终生兴趣强力复苏，他开始与少数几名同事合作，准备提出一些建议[②]。但是，在当前战略问题上，他从未停止向许多身居要职的

---

① 巴里·亨特著，《水兵学者：海军上将赫伯特·里奇蒙德爵士，1871—1946》(安大略省滑铁卢：1982 年，以下简称"《水兵学者》")，第 40 - 55 页。此书是研究里奇蒙德职业生涯必不可少的指南。里奇蒙德 1909 年至 1920 年的大多数日记，刊登于阿瑟·马德编，《一位海军上将的画像：赫伯特·里奇蒙德爵士的生平与文集》(马萨诸塞州坎布里奇：1952 年，以下简称"《画像》")。此书还对里奇蒙德的生平做了简要的介绍；对于里奇蒙德在英国海军部的任职时期，参见第 91 - 157 页。海军部缺乏想象力和协调技能，这一点在它的错误中显而易见，比如它的错误导致克拉多克海军上将在科罗内尔近海陷入了致命的困境；参见杰克·斯威特曼的文章，"科罗内尔：解剖一次灾难"，载杰拉尔德·乔丹编，《二十世纪的海战，1900—1945：纪念阿瑟·马德随笔集粹》(伦敦：1977 年)，第 70 - 89 页。

② 剑桥大学丘吉尔学院档案中心，《德拉克斯文集》，第 1/61 卷：里奇蒙德致雷金纳德·普伦基特海军上校(即后来的德拉克斯)的信，1916 年 7 月 21 日。

朋友寄出建议和备忘录。

然而，由于海军上将戴维·比提爵士的支持，1917 年 4 月，里奇蒙德得到了英国大舰队中一艘战列舰的指挥权，并于 1920 年晋升为海军少将。20 世纪 20 年代期间，里奇蒙德做着学术专家的工作，只有一项工作例外，那就是 1923 年至 1925 年，他负责西印度群岛的指挥工作。1925 年，他晋升海军中将，1926 年被授以爵位，并于 1929 年晋升海军上将。1931 年，他在海军部的压力下辞职。三年后，他被任命为剑桥大学海军历史学教授。1946 年，在担任剑桥大学唐宁学院院长期间，他与世长辞。从 20 世纪 20 年代到他离世，他创作了大量关于海军话题的作品，既有当时的话题，也是历史性话题，包括书籍、文章、讲稿和私人备忘录，其中不少都在海军和政府高级官员当中流传。

本文旨在理解赫伯特·里奇蒙德爵士战略思想的主要原则。我们不会尝试评估他的观点对后来的决定和事件造成的影响。多数情况下，至少从任何一种直接意义上来说，里奇蒙德争取海军各级官员支持其观点的努力都以失败告终。对于客观形势和下一场战争的需要，里奇蒙德预测得有多好，这个问题也将搁置一边。G·H·瑟斯菲尔德海军少将认为，如果“那些身居高位的人”能更紧密地秉承里奇蒙德的教诲，那么在第二次世界大战中，事情的发展就会好很多①。情况可能会是这样。我本人的印象是，里奇蒙德关于英国海军战备和战略需要的观点相当有说服力，尽管当然并非各方面都是如此。但是，要探讨这个问题，就要涉及许多“可能会”之类的假设，而且本文的焦点也将非常不同。

在文章一开始，就必须承认，里奇蒙德并不倾向于对新技术

---

①　在 G·M·特里维廉纪念里奇蒙德的讣告中，加入了瑟斯菲尔德的一份回忆录；参见《英国社会科学院论文集》，1946 年，第 332 页。

的可能性进行前瞻——在评价一位军事思想家的声望时，我们这个世纪的专家，一般会强调这种前瞻能力。里奇蒙德不是一名海军记者，也不是巴兹尔·利德尔·哈特爵士在海军中的翻版，因此他不必总是需要对最近的革新发表评论。不管怎样，做这样的前瞻都会有悖于他的本性和观点。任何一个人，如果仔细考察他在两次世界大战之间的著作，都会明显地感觉到，他对"新时代"的提法感到很反感。在未来主义预言的极端倾向面前，他退缩了——20 世纪 20 年代和 30 年代，这类预言大量存在。他基本上认为，指望预言是轻率之举。智慧在于富有想象力的期望，而这种期望要受到历史模式回忆的约束——不仅是静态模式，也包括动态模式，其中不仅武器技术发生了变化，而且其他各种条件也发生了变化。他的迫切需要是，海军军官和政治家应该有头脑，要大量了解一系列历史知识，并且要在分析之后做好准备，根据当前和可以预料的情况，对这种知识加以利用①。

因此，要对里奇蒙德作为海军思想家的声望做出任何判断，都必须在一定程度上依赖他的历史研究的质量。有一个事实是可以肯定的——我认为这是一个有力的事实，那就是如果权衡一名优秀历史学家的品质：知识面宽、观点有深度、领悟能力强、思路清晰和治学严谨，他在海军历史学家中高居榜首。还有一项品质需要注意。所有的历史学家，特别是战争历史学家，都是头脑中带着具体问题去钻研历史。然而，里奇蒙德的研究成果

① 1916 年，他向一位专家朋友做了一番评论，内容是：权威自以为是，而且"我们忽视了把历史作为培养我们思维的想象力和推理能力的手段，这两方面如何成了我们无法提前见到战争进程的……根本原因。"参见《波伦文集：里奇蒙德的信件》，1916 年 3 月 27 日里奇蒙德致阿瑟·约瑟夫·亨格福德·波伦的信。对于这份文献和我将从《波伦文集》引用的其他项目（均取自里奇蒙德档案），我要感谢安东尼·波伦先生和乔恩·住田铁郎教授的慷慨相助。

有一个区别性特征,那就是这些成果汇报的问题,尽管他显然不是了解得很透彻,但是对当时的海军将领和政治家们来说,看起来却很有说服力。这含蓄地表明,里奇蒙德深深地尊重过去的决策者;他跟任何人一样,也尽可能地远离海军历史和军事历史研究领域那种“他们真是傻瓜”的态度。那些打了“旧式战争”(里奇蒙德用来表示帆船时代的速记术语)的人,认识到了现代太容易忘掉的许多至关重要的考虑事项。因为这个原因,里奇蒙德敬畏历史:历史是一座智慧的宝库。所有的战争,包括旧式战争和现代战争,都对这座宝库做出了贡献;单场战争,不管离现在有多近,也不管有多么重要,都不应该允许其支配人的思想①。

虽然许多军事知识分子撰文论述新武器和武器平台,里奇蒙德的焦点却放在了别的事情上——放在了战略智慧上,而且他认为,战略智慧是无法从技术中得到的。战略智慧是靠对历史经验进行“科学”思考而得到的。任何人“要引入海权的新信条”,都必须有“理由充分的依据”。这些依据必须

> “……植根于战争的原则,而且这些原则要在战争史中去发现。正如我认为的那样,那些要指导政策的人,或者那些有雄心要影响看法的人,作为形成看法的准备工作,都应该研究战争史。知识不会以直觉的形式从战争的科学中走来,战争艺术的能力也不会。知识的来源是经验,可以是一个人自己的经验,也可以是其他人的经验。如果可以得到这样的经验,加以运用并从中受益,一个人便可以开始思考引入新武器的用

---

① 特别要参见“历史的用途”一文,载H·W·里奇蒙德编,《国家政策、海军实力与其他随笔》(伦敦:1928年),第279-293页;文中有“所有时期都是我们可以借鉴的”这一句,第284页。

途和影响，以及由此造成的反应和调整；……以便[在另一场战争来临时]我们能够最有效率地使用国家的武器……这些武器是我们必须为我们自己提供的装备。换一种说法，就是我们能够最为经济地使用国家的武器。"①

一方面，里奇蒙德的战略思想容易研究。他的基本观点和方法从1915年初之后没有多少变化。然而，另一方面，这项任务非常艰巨。除了在他书写历史的时候，大部分情况下，他的笔都会受到手头一个重要问题的驱使，而且他的分析才能也经常在这类著作中得到最好的展示。有证据表明，他显然感觉到，他与埃德蒙·伯克在精神上和学术方法上有亲缘关系，但是他又与伯克不同，因为伯克让自己的思维纵横驰骋，发挥到极致，把手头的问题转化为专题论文，而里奇蒙德通常会紧贴自己的直接目的。因此，更加令人遗憾的是，他从未写出一篇关于海军战略的正式专题论文。

有意思的是，看起来他曾经希望这样做。1936年，他告诉他的老朋友阿瑟·波伦，他希望写三本书。一开始，他"正在准备一份英国战略的提纲，范围从伊丽莎白女王一世到1918年，要特别提到这位政治家的问题，即他将如何利用归他处置的海上力量和陆上力量，以及该战略如何在实践中发挥特定的作用。"②这本书他完成了。1943年，此书首先在牛津大学以"津门讲座"的形式出现，并且随着他的论述持续到1945年，最终得以出版，书名为《政治家与海权》。毫无疑问，这是他最重要的书，而且在许

---

① 摘自H·W·里奇蒙德的文章"海战"最后一段，载乔治·阿斯顿爵士编，《面向政治家和公民的战争研究》(伦敦：1927年，以下简称"《战争研究》")，第118页。

② 《波伦文集》，里奇蒙德致波伦的信，1936年11月。

多方面，现在仍然是这个话题的最佳调查研究①。“等我用一年左右的时间写完这本书时，”他继续对波伦说，“我想要看看能不能写一本战略方面的书，或多或少从理论上入手；(要是我还活着)我想再写一本书，给描写这场战争的那些令人讨厌的书再增加一本，因为我认为，我们从这场战争中学到的东西真地很少。”②因为这个历史项目占用了他的余生，而不是“一年左右的时间”，所以他既从未开始撰写那本关于战略的书，也从未开始写那本关于第一次世界大战的书。我在这里尝试整理赫伯特·里奇蒙德爵士的战略观点，或许会探索在他未能撰写的那两本书中占突出地位的话题，对此我充满希望。

一

虽然里奇蒙德始终坚持认为，决不应该允许单场战争的经验支配战略思想，但他亲自参与了第一次世界大战，这种参与对海权研究产生了极大的影响。1914 年，作为一名成熟的现役军官，他脑子里已经储存了许多海军历史，就英国海军部对第一次世界大战全程的指挥持鲜明的批评态度，例外很少。让他印象最为深刻的，是海军部在战略想象方面的狭隘。他个人的战争日记详细记录了他的厌恶感和挫折感。

如上所述，在第一次世界大战最初的几个月里，他没有羞于表达自己的看法，而这样做的主要结果，就是让他的上级感到反感。1915 年以后，在海军事务上，最具影响力的人物是海军上将约翰·杰利科爵士。在几乎所有问题上，他的意见与里奇蒙

---

① H·W·里奇蒙德著，《政治家与海权》(牛津：1946 年)。

② 《波伦文集》，里奇蒙德致波伦的信，1936 年 11 月。

德的见解都有着根本的不同。杰利科认为,从里奇蒙德撰写一份备忘录这件事本身,就足以断定这份备忘录毫无价值可言。里奇蒙德也不是没有其他可以求助的对象。莫里斯·汉基上校是一名海军陆战队军官,但从事着一个民事岗位的工作,担任帝国防务委员会和战时内阁的秘书,在第一次世界大战期间,从始至终都与高层的政策制定者保持着密切的接触。里奇蒙德和他关系很好,并为他提供建议。他们互相钦佩对方的专长,并对政策和战略问题达成了普遍共识。事实上,可以公平地把他们描述为同谋,为制定这场战争期间和之后的战略和政策,他们倾注了共同的智慧。然而,在 1914 年至 1918 年这场世界大战期间,在试图让高层接受新观点的过程中,汉基自己也遇到了许多挫折,而且他对海军根本没有任何影响力。在海军事务上,杰利科只要怀疑汉基的建议可能是受到了里奇蒙德的启发,就足以使杰利科充满敌意[①]。1916 年 12 月,海军上将戴维·比提爵士接替杰利科,担任英国大舰队的指挥官。他是一个例外——对里奇蒙德来说,他是可以想象的最重要的例外。他饶有兴趣地读了里奇蒙德的提案,而且当里奇蒙德在斯卡帕湾接管“征服者”号战列舰的指挥权以后,比提把他挑选出来征求意见。很自然的是,在杰利科担任第一海务大臣期间,如果给海军部提出的任何

---

① 例如,巴里·亨特著,《水兵学者》,第 68 页。在《汉基——掌握秘密之人:第 1 卷,1877—1918》(伦敦:1970 年,以下简称“《汉基》”)第 42 页,斯蒂芬·罗斯基尔表达了他的印象,认为根据态度和行为,汉基本人不信任里奇蒙德。他的证据是推测的,而且至于他们的书信往来“完全限于海军政策和战略问题”,好像是在暗示他们的关系冷淡,就像公事公办一样,但实际情况并非如此。参见英国格林威治国家海事博物馆收录的《里奇蒙德文集》,RIC/7/3d 和 RIC/7/4(H.)。正如罗斯基尔指出的那样,汉基之所以提防里奇蒙德,是因为里奇蒙德和海军部的关系不好;这不一定意味着汉基本人对里奇蒙德有什么不信任感。

建议与里奇蒙德有关，比提都不得不避免提到里奇蒙德的名字。

比提的提升，再加上其他一些情况，使里奇蒙德的事业前景得到了改善。虽然里奇蒙德毫不怀疑杰利科会继续不让他到任何重要岗位任职，但在1916年年末，两件在海军内外引起强烈争议的事情，开始逐渐削弱杰利科至高无上的地位。一件是在日德兰海战中，他是否错过了一次追击并消灭德国公海舰队的宝贵机会；另一件是在德国潜艇的攻击下，商船的损失数量不断上升。关于后一个问题，里奇蒙德在1916年12月给英国大舰队司令部寄送了一份备忘录。他收到了一份很有希望的答复，是由罗杰·M·贝莱尔斯海军中校回复的。答复中有这样的评论："我完全同意您关于护航船队的意见，并立即将整件事情向参谋长做了汇报，供其作为采取行动的参考。"①1917年2月1日，德国采取了无限制潜艇战。此后，海运危机开始惊人地升级。这肯定是里奇蒙德恢复地位的主要原因。杰利科试图解决这个问题，但是他的思想，以及他的扈从的思想，都集中在新武器和舰船上。所有这一切都需要很多时间。海军当时更需要新的观念②。

---

① 英国格林威治国家海事博物馆收录的《里奇蒙德文集》，RIC/1/15（夹在两页日记之间的一封信）：罗杰·M·贝莱尔斯致里奇蒙德的信，1917年1月5日，告知收到里奇蒙德1916年12月28日的备忘录。另见马德编，《画像》，第384页。

② 阿瑟·波伦对改善武器系统有着浓厚的兴趣，就连他都敦促海军启用新的战术和战略方法，而不是去寻找技术上的解决办法。1917年4月29日，波伦致信首相的私人秘书："我认为，如果认为解决潜艇问题的办法，取决于完善任何一种形式的装置或谋略，那就是完全错误的……如果没有正确的指导思想，就根本不会有什么新装置来帮助我们。如果有了正确的指导思想，已经为我们所用的手段就可能会取得不可估量的战果……"；引自安东尼·波伦著，《重炮丑闻：日德兰海战之谜》（伦敦：1980年），第211页。关于波伦在海军技术方面的成就，以及他在与海军部打交道过程中受到的挫折，参见乔恩·住田铁郎著，《捍卫海上霸权：财政、技术与英国海军政策（1889—1914）》（伦敦和波士顿：1989年）。

对于海军护航船队在18世纪是如何发挥作用的，里奇蒙德有着全面准确的了解。不幸的是，科贝特缺乏这种了解。里奇蒙德还意识到，在当时那场战争中，为运兵船和运煤船提供护航，会产生有利的后果。他不是唯一一位敦促使用护航手段的军官，而且必须指出，这个时候，他看起来还没有掌握护航全部固有的优势。但是，在某些问题上，他强调：(1)除某些海运交通拥挤、巡逻会有用的狭窄航路和接近点以外，可用的护航舰船应该用于护航工作；(2)商船安全抵达才是真正的目标，而不是击沉德国的潜艇；(3)在当前的危机中，专门用于保护贸易的轻巡洋舰和驱逐舰的比例实在太小。他还以18世纪的历史为指南，制定出了最有效的战略，用较大的战舰来保护较小的护航舰船，以防敌人集中实施水面攻击①。

甚至在海运损失激增之前，里奇蒙德就开始思考可以重新分配小型舰船的方式。在北海，有100余艘驱逐舰为英国大舰队提供勤务，并保卫沿海地区。更好的做法是，把更多的战列舰，包括法国的战列舰，分配到北海，并由此而单纯用舰船吨位来迫使德国舰队放弃赌博的念头。他的理由是：

> “德国公海舰队正在打击我们的贸易，就像其舰船部署在贸易路线上那样肯定。正如比洛亲王在他的书中指出的那样，这正是他们的意图所在，我们正在玩一

① 特别要参见格林威治国家海事博物馆的《里奇蒙德文集》RIC/14/1：1916年11月和1917年2月13日。另见剑桥大学丘吉尔学院档案中心，《德拉克斯文集》第1/61卷，里面收录了W·S·查默斯海军上校撰写的摘要，内容是里奇蒙德1916年4月4日撰写的一份关于保护贸易不受潜艇攻击的备忘录。在格林威治国家海事博物馆收录的《里奇蒙德文集》RIC/13/3中，有一篇关于保护贸易的论文，撰写时间为1913年，还有一份关于集中水面力量的讲稿，撰写时间为1917年11月。这两份文件中包含大量的历史数据。

场他们需要我们玩的游戏……可不可以说，我们的大舰队**必须要**有 100 艘[驱逐舰]呢？如果我们的驱逐舰达不到这个数量，我们是否就会冒被打败的风险呢？贸易是需要海军的保护，这也是海军的首要职能，但是否必须因为需要保护而允许其遭受损失呢？”①

英国海军部对驱逐舰的重新分配是在最小限度内进行的，而且众所周知，海军部冷酷无情地反对为商船护航。负责人的焦虑和困惑，对海军和政府当中的每一个人来说，都是显而易见的，然而，直到 4 月末，他们才做出一项决定，要拿商业贸易护航做实验。因为他们反应极其缓慢，首相仍有充分理由对有关机构进行重组。他采取了后门咨询的方式，他在海军的中间人是一位年轻的海军少校——约瑟夫·M·肯沃西。

肯沃西与首相劳合·乔治在 5 月 14 日的对话，是由当时也在场的报业巨头诺斯克利夫勋爵安排的。这次对话包括下列交流：

首相：薄弱环节在哪里呢？

肯沃西海军少校：薄弱环节看起来是在作战部。您在那里没有研究战争更高方面的人。

首相：嗯，我知道奥利弗很难缠……现在告诉我，肯沃西少校，谁是合适的人选？

肯沃西海军少校：毫无疑问，最佳人选是里奇蒙德。

首相：哦，已经多次有人对我提过他的名字。我已经把他推荐给海军部了，但他们告诉我，他只是个纸上谈兵之人。

---

①　英国格林威治国家海事博物馆收录的《里奇蒙德文集》，RIC/1/15，1916 年 12 月 23 日，插在日记当中，未在马德编著的《画像》中刊出，但关于里奇蒙德集结更多的战列舰的想法，参见《画像》，第 235 页（1917 年 2 月 20 日）。

肯沃西海军少校：我认为，这个评价的意思是，他这一辈子都是一个研究海战的学生，但是他也是一位伟大的领导人……

诺斯克利夫：那么，首相大人，为什么您不能让一个像里奇蒙德这样的人到您的秘书处工作呢？……

首相：我可以这样做吗？

诺斯克利夫：当然。您是英国首相。您大笔一挥，这事儿就成了。

首相：哦，我会把这件事记下来①。

然而，劳合·乔治并不愿意冒如此激烈对抗的风险。他极其提防海军部的权力。这次对话产生的最重要的结果，对于里奇蒙德来说，就是6月份时，他离开了他的战舰，与首相和海军

---

① 在诺斯克利夫的极力劝说下，肯沃西去见了首相。5月14日，他们实际上是从后门走进了唐宁街10号。5月20日，他第二次与首相劳合·乔治面谈，期间他举了里奇蒙德一些战略观点的例子。他最后说："如果您可以把一名海军上校放在一个足够强的位置上，里奇蒙德就是这个人。"首相说："是的。他们说，他纸上谈兵还不错。"肯沃西说："哦，那是他们贬低他的方式。我知道，他是一个对战争历史，特别是海军历史，研究很深的人。"这件事和两次对话（因为肯沃西过后立即将其整理出来）收录在约瑟夫·M·肯沃西（后来的斯特拉布尔基男爵）著，《水手、政治家及其他人的自传》（伦敦：1933年），第70－82页。在这本书的印刷版中，里奇蒙德的名字从头到尾都是用三个圆点代表的。任何对他的名字在何处适用存疑的人，都可以去查阅这两次对话的手稿拷贝，以空白页批注的形式插在里奇蒙德的日记中（英国格林威治国家海事博物馆收录的《里奇蒙德文集》，RIC/1/15）。这份手稿和印刷版几乎字字匹配。此外，里奇蒙德在斯卡帕湾抄写了一封署名为"斯特拉布"的信，信中向他汇报了对话的要点；这封信（5月25日）是用比喻性词语书写的，仿佛这些讨论涉及的是一家私营公司的"水上运输业务"；因此，这封信读起来很有意思。我发现，令人困惑的是，阿瑟·马德在《画像》中一点都没有提到这个。应该注意的是，在"联邦"号战列舰上，肯沃西是在里奇蒙德麾下听命的（1915年至1917年）。但是，参见亨特著，《水兵学者》，第63－64页，以及罗斯基尔的《汉基》，第1卷，第397页。

大臣就海军部重组问题进行对话①。这样的对话与其说对他的事业有帮助，不如说是一种危害，而且他对此心知肚明。

虽然1917年年初的几个月对他来说是一段令人激动的时间——自1914年年末的几个月以来最令人激动的时间——这几个月也是让他感到焦虑和不安的时间。海军会及时恢复知觉从而避开一场迫在眉睫的国家灾难吗？如果负责作战的人不受到烦扰，或者暗中破坏，怎样才能让他们改变他们的工作方式呢？至于他自己，他敢重新燃起对事业的希望吗？在不被认为不听话的前提下，他怎样才能继续敦促有关方面重新调整政策和战略呢？3月中旬，他仔细考虑了自己面临的个人选择：

> “我想，在强硬路线和短暂路线方面，我要是直接发表意见或提出建议，那就完全错了。我应该会因为这样做而受到谴责，对此我没有任何怀疑。在一个人觉得对全国都有重要意义的事情上，他应该在多大程度上压制自己的观点呢？特别是如果经验表明，指导总部的情报并不令人振奋，又该如何拿捏呢？假如在今后的岁月中，我谈起了这个，说我当时始终希望尝试做这个、那个或者别的，而且我应该会遇到这样的问题，‘噢，那么，为

① 马德对里奇蒙德日记手稿的印刷再现，不知何故，省去了与里奇蒙德职业生涯中这个令人激动的时刻相关的大量内容，但是印刷版确实收录了里奇蒙德与劳合·乔治和爱德华·卡森爵士的谈话。参见《画像》，第253－260页。爱德华·卡森爵士与里奇蒙德谈话后的第二天，他于6月17日向第一海务大臣寄出了一封密信，建议说，海军部看起来需要一个进攻行动计划处，但没有提到里奇蒙德的名字。然而，杰利科知道，劳合·乔治和卡森与里奇蒙德谈过话，而且在这封信的批示中，他责怪汉基安排了这次外部“干涉”。在注意到杰利科的反感的同时，也要注意到一个有意思的事实，即在这个时候，杰利科已经做好准备，不管多么不情愿，要任命里奇蒙德担任这个新处的处长：“里奇蒙德海军上校越早得到任命就越好，”杰利科写道。A·坦普尔·帕特森编，《杰利科文集》，第2卷（英国海军档案学会，第111卷）（伦敦：1968年），第166－168页。

什么你没有建议这么做呢?'我能给出什么答案呢?"①

这个问题当然是个反问句,而且里奇蒙德回答这个问题的方式,说明他在与当局打交道时陷入困境是家常便饭:

> "我应该感到,我未能履行自己的职责……如果一个制度不给军官思考或表达观点的机会,那么这个制度就不健全……我痛恨海军军官这种奴隶般的习惯,也痛恨这种对忠诚的错误认识,因为这一般来说,根本就不是忠诚,而是怯懦。"②

有些时候,他把表达观点的"职责"履行得太为过分,但1917年不在此之列③。

里奇蒙德不断批评英国海军的战时战略,研究这种批评的最佳方法,就是要记住,第一次世界大战产生了海军的两大争议。

---

① A·坦普尔·帕特森编,《杰利科文集》,第2卷(英国海军档案学会,第111卷)(伦敦:1968年),第236-237页,1917年3月13日。

② A·坦普尔·帕特森编,《杰利科文集》,第2卷(英国海军档案学会,第111卷)(伦敦:1968年),第236-237页,1917年3月13日。

③ 亨特教授判断,里奇蒙德和其他"少壮派军官"是"他们自己最凶恶的敌人。"因为既坦率直言,又生硬粗暴,既毫不妥协,又不够宽容,他们被打上了"难缠之人"的烙印,并被"分流"到毫无前途的岗位上(参见《水兵学者》,第40页)。这种对其方式方法的评价,在他描写1914年至1918年这段时期的那两章中,从头至尾反复出现(而且在此书其他地方也是如此)。与此同时,此书对里奇蒙德几乎所有的观点和建议都持赞成态度。对于生硬粗暴和不够宽容,有必要牢记于心的是,在里奇蒙德很长的职业生涯中,一直在许多舰船上服役,而且也没有证据表明,除了是一名战斗力强、深受喜爱的军官以外,他还有什么其他身份。虽然他的态度经常具有批判性,而且在整个海军当中,他声名鹊起,都知道他怎么想就怎么说,但是在他的职业行为中,他是否不够老练,是否尖酸刻薄,这个问题不应根据他的日记和书信来判断。当然,这些日记和书信的撰写目的不是为早日出版,而且可能根本就不是为了出版。任何一个职位的负责人都知道,从旁观者的立场进行批评要容易得多,而毫无疑问,里奇蒙德没完没了的批评和建议让人很烦,但是1917年,当海军部的固执行为使其智力上的麻痹愈发严重时,明达的批评和建议随之而来。

一个是日德兰海战争议。1916年5月31日，就在这一天快要过去的时候，英国大舰队把德国公海舰队逼到了绝境，切断了它返回大本营的退路，而且在武器装备总数上占据明显优势。但是，德国人逃出了险境，并返回了港口。这场战役吸引了巨大的公众注意力，而且虽然许多事实不得而知，但看起来显而易见的是，杰利科海军上将一直谨慎行事。这导致了一场关于战略的辩论。那些为杰利科海军上将辩护的人，提醒他们的读者，他的谨慎有充分的理由，因为他有宏观的考虑。他们的反对者，"胜利派"，责怪他也许是在无意识的情况下，抱有一种错误的战略教条。这种错误的教条——即海军的根本用途是保卫海上交通，而不是去作战——通常认为是由科贝特提出的。据说，这种教条是在战前才悄然进入英国海军思想的。真正的教条是马汉提出的[①]。

里奇蒙德已经形成了一些个人看法，但是避开了这场辩论。一方面，他不喜欢这场辩论。尽管他本人有理由憎恨杰利科，但他相信——毫无疑问，他想到了大量的海军历史——在许多事情大白于天下之前，不能仅凭支配他行动的命令和指示，对任何舰队指挥官在战斗中的行为做出判断。在这些事实众所周知之前，批评不但无益，而且有害[②]。第二个理由是，他并不完全赞

---

① 亨特著，《水兵学者》，第58-60页。另见阿瑟·J·马德著，《从"无畏"号战列舰到斯卡帕湾：费希尔时期的英国皇家海军，1904—1919》，第3卷，第2版(牛津：1978年)，第314-320页。

② 私下里，在他的日记和书信中，他推测，杰利科给舰队下达的命令太死板(确实如此)，而且英国的驱逐舰过度专注于履行保护主力舰的防御职能。作为一名指挥作战的海军上将，杰利科的行为遭到了狂风暴雨般的攻击。但是，里奇蒙德拒绝加入这种攻击的行列。这让人对亨特教授那句里奇蒙德"帮助暗杀杰利科"的话的严肃性产生了质疑。参见《水兵学者》，第158页。真正的"暗杀者"是挑起日德兰海战问题的那些人。1920年至1922年，人们对日德兰海战的官方历史产生了争议。亨特教授这句话还与他对里奇蒙德在这场争议期间立场的叙述相反。参见《水兵学者》，第102页、第115-119页。

成任何一方对正确战略教条的假设。他的意见是，双方都曲解了科贝特关于海上交通的言论。第一次世界大战结束以后，里奇蒙德提出了海军战略的一般理论。当我们开始审视他的一般理论时，这种意见会得到更好的理解。

另一个争议是关于一个相关问题的。这个争议涉及战役的集中性和作战舰队与海权的关系。在第一次世界大战之前，科贝特就试图从理论上关注这个问题。1915 年 4 月，随着一场大规模海战的可能性逐渐降低，里奇蒙德开始把精力集中在一个基本问题上，即作为占支配地位的海上强国，英国应该用其海军在这场战争中设法做点什么呢?

1915 年 2 月中旬，他已经变得对英国战略的总体路线感到不安了。他起草了一篇文章，寄给了汉基。他在文章的开头写道：

> “就潜艇攻击范围以外的水域而言，与我们在以往任何海战中拥有的制海权相比，我们现在拥有的制海权更加完整，然而我们让其形成的特殊优势，比我们任何时候取得的都少。”①

这篇文章的核心观点是，东地中海当时提供了千载难逢的机会，英国军事力量可以在那里利用海上机动性提供的影响力。在德国人在地中海部署潜艇之前，应该抓住这些机会②。显然，他支持向达达尼尔海峡远征，但他坚持认为，这次远征应该是一次计划周密的诸军兵种联合作战行动③。在整个第一次世界大

---

① 马德编，《画像》，第 142－145 页：“关于目前战略的评论”，1915 年 2 月 14 日。

② 马德编，《画像》，第 142－145 页：“关于目前战略的评论”，1915 年 2 月 14 日。

③ 马德编，《画像》，第 140 页，1915 年 2 月 9 日。里奇蒙德对达达尼尔海峡行动的反对不是战略上的；他的反对的唯一依据是，需要有训练有素的士兵，需要有双重力量的计划，而且需要达成突然性，这三项没有一项是丘吉尔方案的特点。里奇蒙德的建议让丘吉尔大发雷霆。

战期间，他继续推荐地中海战区的某些诸军兵种联合作战行动——没有一次是大规模行动。这些行动与其资源成本相比，为英国提供了取得高产战略成果的机会。

4月份，他的战略思想的性质变得更加全面，更有分析性。他在日记中叙述了他与英国海军部参谋长、海军上将亨利·奥列弗爵士的一次对话。他写道："我现在不把英国大舰队看作是一个仅用于攻击德国公海舰队的组织，也不把它看作是一个在能打赢的地方打一仗的组织。我认为，它是一个投资组织，封锁德国，而且如果德国人变得饥饿难耐，或者缺少补给"，他们就必须出来，并且消灭英国大舰队。因此，英国大舰队可以选择"战场"，但不应该"仅仅为了打一仗"而冒险进入"黑尔戈兰湾"。在这次对话之后，他又给汉基寄了一份备忘录。备忘录最后说，如果德国人在那附近能在对自己有利的环境下作战，并能在这个环境下，"通过最简单的水雷和潜艇等准备工作"，为双方斗争做准备，而且他们的短程舰船可以投入战斗，那么"为了让德国公海舰队迅速投入战斗而牺牲掉所有这些优势"，将是十分荒谬的。"无论从大战略或小战略角度来看，还是从战术角度来看，我们要是做出有悖我们利益的任何事情，以至于仅仅为了在对我们自己不利的情况下打一仗，从而放弃封锁，那是无法想象的。"①毫无疑问，这种思路源于要将英国大舰队的大本营设在更往南的海域的建议。但是，里奇蒙德的观点发生了永久性变化："制海权只有对其服务的最终目标才有用，"他在8月初这样写道。而且他越来越强调，英国海军的主要目标，是加强对德国的经济封锁。"就贸易攻击的实际效果而言，我认为，我们从未像现在压制德国这样狠狠地压制过敌人，"而且因为经济封锁可

① 马德编，《画像》，第151－154页。

能会对这场战争起到非常大的影响，他的结论是，英国政府在中立主张方面过于谨慎①。

一年以后，他仍然持这种观点：

“绝对有必要从整体上来看这场战争，要避免观点狭隘，避免只把眼睛盯在德国舰队上。我们必须要做的，是让**德国**陷入饥荒，重创**德国**，要消灭**德国**。那是我们的首要目标。消灭德国舰队是通向目标的途径，但它本身并不是一个目标。如果在努力消灭德国舰队的过程中，我们冒的风险可能会损害我们成功消灭德国这个更大的目标，那么这些风险就太大了。”

作为一种事后产生的想法，他补充说，如果不把精力集中在与德国舰队打这一仗上，可能可以“抽出舰船，在它们能提供勤务、为共同事业提供援助的地区，隧行主动行动，展开进攻。”②

就在里奇蒙德于1916年8月末写下上面这段话时，海权的防御问题开始需要予以认真关注。1916年8月之前，里奇蒙德曾经说过，紧盯德国舰队意味着，海军没有“足够的驱逐舰来为海运护航，并保卫海运船只不受潜艇的攻击，也没有足够的巡洋舰来保护贸易”，使其免受水面袭击者的袭扰③。他把保护贸易视为一个至关重要的目标。当1917年上半年海运损失达到构成危机的比例时，海军领导人表示，他们同意保护贸易，但几乎没有采取什么措施。里奇蒙德大发雷霆：巡洋舰“在大舰队里拴

---

① 马德编，《画像》，第187页：“关于第一次世界大战的思考”，1915年8月2日。另见第195-196页（10月11日）和第198页（11月24日）。剑桥大学丘吉尔学院档案中心，《德拉克斯文集》，第1/61卷：里奇蒙德致普伦基特的信，1916年8月15日。

② 马德编，《画像》，第219-220页，1916年8月19日。

③ 马德编，《画像》，第203页，1916年3月4日。

得死死的,就让海上交通线在那里听天由命”(1 月 19 日)。“但是,海军部仍然急于与德国进行海上大决战,但他们没有看到,通过协调同盟国舰队,我们可以确保大决战和海上交通线无虞”(2 月 4 日)。“我情不自禁地想,他们认为海战就是两支舰队光荣地打一仗,而像保卫海上交通线这样的琐事,只是不幸的干扰”(2 月 20 日)。“每一艘驱逐舰都应该派出去……去执行保护海上交通线的勤务”(5 月 4 日)。“不懂战争的人的特点是,”他告诉爱德华·卡森爵士,“认为一切都以一场大战为中心,海上交通线不像保持战舰毫发无损那么重要”(6 月 6 日)①。

从一定意义上说,这些言论有失公平,因为到了 1917 年春天,海军部已经孤注一掷地要找到解决办法。然而,海军部的官员们都面临着一个基本事实。战前海军的预算主要用于建造主力舰,就是为了打赢一场大规模的海战,而且在第一次世界大战期间,在海军采购和部署方面,英国大舰队的需要都一直占据主导地位——就像以西线为主的方针支配着英国陆军的配置一样。结果,造成笨重、昂贵的海军力量集中,而且由于惧怕鱼雷和水雷,其行动半径急剧缩小。大舰队简直就是在等着打仗;它吸收了海军拥有的最好的人员和装备;任何重要的人员和装备都不能脱离它,唯恐危及优势。因此,在进攻方面,海军只实现了一个重大目标,即经济封锁,而经济封锁的实际实行并不需要多少现役海军力量。在防御方面,那里出现了英国海事历史上最严重的灾难:持续了一年多的海运损失令人无法接受。真实情况是,这支海军,按照这种编制和专门用途,在面对德国潜艇的猛烈攻击时,无法进行有效的反击。英国“制海权”令人震惊的空洞性完全得以暴露。在里奇蒙德看来,这种形势不是技术

---

① 马德编,《画像》,第 228 - 236 页、第 247 页和第 259 页。

情况造成的，而是错误的战略思想导致的。

二

在第一次世界大战的最后几个月里，里奇蒙德开始将海军战略的一些基本原则系统化。从那时开始，他把自己的想法记在了许多地方：记在书信、备忘录、讲稿和发表的随笔中。最引人注目的，是他应邀于1926年初在伦敦大学主办的一系列讲座中做的两次讲座。在这次系列讲座之后，出版了名为《战争研究》的讲稿集粹。这两次关于"海战"的讲座占了其中三分之一以上的篇幅。里奇蒙德的那本名为《海战》的小书，于1930年出版，是这两次讲稿的重印本①。这两次讲座的听众都是著名的人物。这两份讲稿中引用的历史实例比比皆是，在他写过的东西中，是最接近一份专题论文的论著。在《经济与海军安全》(1931)这本书中，有一章名为"各国海军的实力"，从更抽象的角度论述了海军战略，但没有那么全面②。还应注意，早在1918年6月，他就把他的一些总体方案写到了纸上。当时，他写了一份没有发表的讲稿，题目为"英国皇家海军的作用"③。这些论著的时间跨度长达12年，但他的方法和基本观念依旧。因此，下面的讨论将使用它们。

里奇蒙德的出发点是，要把海军设想为一种工具。他在思

---

① "海战"，载阿斯顿编，《战争研究》(在第20页注释①中引用过)，第45-118页。H·W·里奇蒙德著，《海战》(伦敦：1930年)。

② H·W·里奇蒙德著，《经济与海军安全》(伦敦：1931年，以下简称"《经济》")，第1章，第49-88页。

③ 英国格林威治国家海事博物馆，《里奇蒙德文集》，RIC/13/3："英国皇家海军的作用"(1918年6月)，特别是第4页、第8-9页、第15页和第26页。

想上的哲学转型，体现在他对这一基本前提的重视程度上①。1931年，他在致波伦的信中写道：

> “我发现，读了塞缪尔·巴特勒的笔记本以后，在不知不觉的状态下，我就剽窃了他的观点。在我关于‘什么决定了海军规模’的那一章的开头，我说过，海军就是一种工具，是为了某一目的而设计的；当设计者清楚地知道这一目的时，它——海军或舰船——就会有用了。巴特勒（令我高兴的是）说了同样的事情，虽然说得要好得多。因此：——‘工具可以是任何东西，由一个有智慧的人用来实现其目标。*要取得理想结果的想法与工具是分不开的*。’”②

毫无疑问，人们需要了解海军的用途或作用：“那么，什么是一支海军的作用呢？”他的答案是：“要防止压力落在其国民身上。”他接下来又说：

> “有两种方式，而且只有两种，可能会迫使一个国家交出它所重视的权利或领土。可能使压力落在该国人民身上的方式，是侵犯其领土或部分领土，或者是切断其维护国家生活的那条外部交通线。”③

他所说的“国家生活”，意思不仅指能够维持一项军事努力的经济资源，而且指政治沟通和控制体系。带来压力的两种方式是突击和投资：他利用攻陷堡垒这个类比来对此进行

---

① 他最后一本书的题目是《作为一种政策工具的海军，1558—1727》，在他去世后出版，由E·A·修斯编著（剑桥：1953年）。

② 《波伦文集》：里奇蒙德致波伦的信，1931年4月7日。斜体字是里奇蒙德的原话。他引用的是《经济》一书的第1章。

③ 《波伦文集》：里奇蒙德致波伦的信，1931年4月7日，第50－51页。从这里和其他地方的措辞和构想来看，显然1931年的这封信采用了防御的视角，与当时英国关于国家安全的辩论相一致。

说明①。

这些想法的初步轮廓可以在他1918年那份未出版的讲稿中找到。1920年，在爱丁堡大学校长的就职讲话中，“突击”和“投资”是作为组织范畴而提到的。这份讲话刊登在一份大学杂志上。这里有一个故事，对里奇蒙德的职业生涯有一定的影响，值得跑个题。这份讲话是由海军元帅比提伯爵发表的，但是除了开头和结尾，其余部分都是由里奇蒙德撰写的。这一事实是确定无疑的，因为在发表完讲话以后，比提给里奇蒙德写了一封信，感谢他在之前的4月份寄来了一篇很有帮助的论文，并说，正如里奇蒙德会见到的那样，他已经大量使用了这篇论文。事实上，他确实大量引用了这篇论文。比提讲话的主体部分是逐字逐句从这篇论文中引用的，只有几个省略的段落是例外。我推测，里奇蒙德很高兴这次用这种方式协助了比提，从未向任何人对此吐露过一个字。但是，比提的信，几页从比提寄给他的那本大学杂志上扯下来的纸，以及里奇蒙德那篇论文的复写打字稿，都可以在里奇蒙德留给后世子孙的文集中一起找到②。比提当时是第一海务大臣，兼任海军参谋长。在1920年12月晋升为海军少将的军官中，里奇蒙德榜上有名。

突击和投资——这是一种初步的军事思想，自然不能认为会给人留下深刻的印象，但是作为分析海军战略的出发点，它使里奇蒙德能够以某种方式想出战略目标，因此导致既影响深远

---

① “海战”，载阿斯顿编，《战争研究》，第52页。在《经济》一书中，他用的词是“入侵”(invasion)，而不是“突击”(assault)。

② 英国格林威治国家海事博物馆，《里奇蒙德文集》，RIC/7/4(B.)。这份讲话是比提于1920年10月发表的，还以比提勋爵的名义，以“爱丁堡大学校长的讲话”为题，刊登在《海军评论》第10卷(1922年)上，第455－465页。在《戴维·比提伯爵的生平与书信集》(伦敦：1951年)中，威廉·S·查默斯海军少将也将其全文刊出，第454－466页。

又具原创性的结果。里奇蒙德的分析将目标与压力联系起来：海军战略的目标基本上由两个部分组成，一是要将压力压在敌人身上，无论是通过突击，还是通过投资；二是要降低敌人减轻这种压力的能力，或者降低敌人将压力压在自己身上的能力。可用于实现这两个大目标的具体目标，是大战略的真正组成部分。这是他的表述。在评论完利德尔·哈特的《英国的战法》这本书后，里奇蒙德在致作者的一封私人信件中说，他唯一的严厉批评涉及最后一章，"战争的集中本质"。他的批评是："关于目标问题，我想让您说的，您说得不够多。在我看来，目标支配着每件事情，不能不予讨论，无论我们谈论的是大战略、主要战略和次要战略，或者战术。有两样东西，一是战役的目标，二是战役中的目标——不是一回事。"①他所说的"战役的目标"，意思不是指一个具体的目标，甚至都不是要赢得的战略优势，也不是要避免的战略劣势。

根据他的表述，对英国而言，海权的目标可以细分为以下几个。首先，在"突击"这个名目下：在防御方面，当威胁存在时，海军最重要的目标，是防止不列颠群岛遭到侵犯。周边的领土，无论是盟国的，还是大英帝国的，可能也会被认为需要保护。在抵御侵略的过程中，海军不应仅仅采取被动的姿态，等待机会去痛击侵略者。主动措施可能包括打击敌人的集结点，或者也许会是英国海军在 1755 年秋天采取的那种主动。当时，英国海军先发制人，像把牲畜圈入围栏一样控制了法国商船，这样它们就不

---

① 伦敦国王学院，《利德尔·哈特文集》，1/598：里奇蒙德致利德尔·哈特的信，1932 年 9 月 7 日。另见里奇蒙德对 B·H·利德尔·哈特的《英国的战法》（伦敦：1932 年）的评论，载《海军评论》，第 20 卷（1932 年），第 799 页。他在书评中指出，利德尔·哈特漏掉了"一项实质性内容……：目标的选择。"

能用作运兵船[1]。在进攻方面,海军拥有充足的制海权,必须做好准备,要与陆军和海军陆战队协同作战。目标可能会包括:在主要战区维持军事行动;发动牵制性行动;确保可用于威胁对手交通命脉的岛屿或地区的安全;夺取敌人的基地,以便减少敌海上力量的活动范围。最后一个目标,而且有时是第三个目标,是海上目标。

里奇蒙德反复提醒他的同事们,海军的突击能力通常是和地面部队一起发挥出来的。虽然他的研究以海军战略为中心,但他始终坚持,要坚决有效地打一场战争,唯一的方式就是要求陆海空三军——实际上是所有盟军部队——开展合作式计划和行动。对于第一次世界大战期间,战略计划工作在每个军种内部保持各自为政的方式,以及政治家们未能强制推行合作的行为,他表示痛惜;18 世纪的英国领导人表现得更为出色。当然,这种坚持"各兵种合作原则"的态度[2],既没给他在自己的军种中赢得朋友,也没有在陆军中赢得朋友(或者在后来的空军中也是如此)。

在"投资"这个名目下,基本的防御任务,特别是对大英帝国而言,是防止敌人将沉重的压力压在其海上补给线上。在 20 世纪 20 年代和 30 年代期间,里奇蒙德反复提到需要保卫大英帝国的海运,从而需要组织帝国海军去努力完成这一目标。尽管真实的情况是,大英帝国不是一个经济单位,但英国海运和帝国贸易,在其所有联系当中,继续代表着令人印象深刻的要害资源。此外,他还意识到,士兵是最宝贵的帝国货物(如第二次世界大战所示)[3]。在两次世界大战之间,几乎每一个思考国家安

① 《经济》,第 74 页。

② "海战",载阿斯顿编,《战争研究》,第 80 页和第 102 页。

③ 主要参见 H·W·里奇蒙德著,《战争中的帝国防务与海上俘获》(伦敦:1932 年)。

全问题的英国人，原则上都对这个目标的至关重要性持一致意见。困难在于，要让海军高级将领在现实中优先重视这个目标。

在进攻方面，在“投资”这个名目下，英国这个占据优势的海上强国，可以设法做到防止敌军在周边战区增兵——这是科贝特曾经强调的一种能力。但是，在现代，一个更大的目标已经开始引人注目。这就是对敌人国土进行经济封锁：增大对敌人“国家生活”施加的压力①。里奇蒙德承认，面对一个强大的陆地大国，仅靠海军力量不会取得多少战果。合适的盟友是必不可少的，而且在外交上处理中立国时，必须既要坚定不移，又要精打细算。这些是不可改变的事实，而且在这一点上，对于中立国扮演的角色，里奇蒙德的分析特别入木三分②。然而，虽然这一目标的实用性对每一场战争都不相同，但里奇蒙德对其在一场大规模冲突中的重要性深信不疑，尤其是对英国而言。如果英国通过海洋施加经济压力的能力被剥夺，

> “我们过去和最近打过的所有大战清楚地表明，英国这个强国始终是联盟价值的基础，为迫使敌人俯首听命做出了重大贡献，而且要是没有这个强国，只要在可判断的范围内，协约国可能就不会在不久前这场战争中获胜，而是会被消灭。……要通过海洋彻底破坏投资的力量，同时让陆地上的力量不受影响，是对逻辑的否定。此外，如果一个海上强国以这种方式施压的权利被剥夺，那么任何进攻性武器都不会给它留下，除了唯一一种可选的施压措施以外，这种措施就是突击。

---

①　例如，在1918年6月的讲座中，里奇蒙德说：“……作为其职能之一，海军具有将压力压在敌人国家生活上的职能。”

②　特别要参见H·W·里奇蒙德著，《现代世界中的海权》（纽约：1934年），第87－106页。

突击需要军事力量；除非这个国家要背离助其成功走过三个世纪的政策，否则它就必须成为一个军事强国，或者发动战争，因为还没有任何一个国家仅凭防御措施发动过战争。”①

这段写于1926年的话说明，无论是在学术上，还是在情感上，他都做好了充分的准备，要与英国应该放弃海上“交战权”这种观点斗争下去②。这段话也提出了一个关于英国大战略走向的根本问题。但是，在讨论他对这个问题的看法之前，有必要考虑一下上文提出的方案中明显缺失的一个目标。

这个目标是海军各级官员坚决要实现的目标：消灭敌人的作战舰队。有人认为，集中主力舰作战的做法已成为往事，但里奇蒙德持不同意见。如果敌人组成了这样一支力量，它就会使所有在打击范围内的海军行动置于险境，而且人们无法安全地依赖鱼雷、水雷或炸弹来遏制它③。他甚至做好了准备，说这支优势海军应该尽快“瘫痪”敌人集结的主力舰队——使它“不能与我们对

① “海战”，载阿斯顿编，《战争研究》，第87页。

② 1929年，里奇蒙德写了一些高深的备忘录，结合中立贸易问题，尖锐地阐述了“交战权”问题，提交给了内阁的一个小组委员会，以便阻止E·M·豪斯上校发起的“海洋自由”运动。因此，他帮助政府坚定了再次，也是最后一次，坚决回绝美国人要求的决心。所以，英国开始参加第二次世界大战时，其限制中立国与敌国进行贸易的能力不受任何法律约束。巴里·亨特教授已经对这件事做出了完全公平的评价；参见亨特著，《水兵学者》，第175-188页。汉基作为内阁秘书，巧妙地协调了这项工作，把里奇蒙德寄给他的一篇较长的私人书信称之为“那篇著名的备忘录”，参见英国格林威治国家海事博物馆，《里奇蒙德文集》，RIC/7/3d.：汉基致里奇蒙德的信，1929年1月29日；另见1929年1月25日的信。这封长信以“海洋的自由”为题，刊登在《海军评论》第17卷(1929年5月号)上，第221-236页。

③ 参见他在S·S·霍尔海军少将1920年12月在《泰晤士报》上发表的那些文章上的旁注，收录于英国格林威治国家海事博物馆，《里奇蒙德文集》，RIC/1/29：里奇蒙德剪报资料裱装本。

抗”，不一定要消灭它。这可以通过组合各种措施的方式来实现，比如布置一支强大的反击力量，通过夺取敌人的边远基地，缩小敌人有害行动的范围。他不会说出来的是，诱敌出战是一个“**最终**目标”，重要性远远小于**唯一的**最终目标①。作战获胜可能会惊人地促进优势海军普遍运用海权，但是这应该未必优先于海权的真正目标，也不应与之混淆。要确保这些真正目标得以实现，就需要分别制定计划并进行准备，而且通常会需要不同种类的舰船。

在里奇蒙德1920年写给已经退役的海军上将雷金纳德·卡斯坦斯爵士的一封书信中，我们可以看到，他对这个问题的感想是多么地强烈。卡斯坦斯是“胜利派”的拥护者，当时正在试图形成“一种战争理论”，希望能和里奇蒙德在一些根本问题上达成一致。他在致里奇蒙德的信中写道：

> “因此，我们的方案会是这样的：‘在海战中，每一方的首要军事目标，都是在战役或战斗中消灭对方的武装舰船和与之相伴的航空器。’……因此，武装舰船和与之相伴的航空器是主导因素，每次行动的目的都应是消灭、压制或削弱敌人的这些武器装备。”②

虽然卡斯坦斯承认，战役只是“一种达成目标的手段，”但他显然希望强调“作为主导因素的武装力量的重要性。”其他目的都是次要的。里奇蒙德能对此持不同意见吗？是的，里奇蒙德不会。他在回信中说：“如果我说，要把贸易停了，以便将压力压在全国人民身上……而且您也认为这是贸易攻击的一个目的，我的感觉是，我们很难把这个称之为‘次要目的。’”他又给卡斯

---

① “海战”，载阿斯顿编，《战争研究》，第60页。

② 英国格林威治国家海事博物馆，《里奇蒙德文集》，RIC/7/4（C.）：卡斯坦斯致里奇蒙德的信，1920年12月2日。

坦斯回复了一封长达7页的信，列举了从18世纪到日俄战争之间的例子，内容都是政治家相当理智地命令舰队指挥官，要把这类“次要目的”视为首要任务。在这封回信的结尾处，他说：“如果我们让我们的年轻军官认为，他们不必把自己的想法用到海军以外，而且他们所需的一切，就是要奉命消灭敌人，那么我想我们是在把他们往坏里培养。”①

里奇蒙德不是在说敌人的武装力量可以永远忽略；那在战略上将是荒谬可笑的。但是，把精力集中在作战上，也是荒谬可笑的，原因在于海战的战略现实：优势海军不能指望在不承担过度风险的情况下迫使敌军交战，而且优势海军可以设法在不交战的情况下运用海权。在这个问题上，里奇蒙德的想法和科贝特的相一致，但是更加敏锐，因为他对1914年至1918年这场世界大战有自己的看法。经济封锁可由英国的庞大舰队在斯卡帕湾消极地支撑下去，不需要大量战舰来积极地实施，除此之外，无精打采的大舰队（让舰上的每个人都感到苦恼），为了确保海权的目标，在进攻方面几乎无所作为。在防御方面，大舰队对海军资源的需求巨大，十分明显的是，里奇蒙德1917年已经注意到了这些需求的后果。“作战范围向西延伸”的德国潜艇，摧毁海运船只的速度看上去是毁灭性的。当时，里奇蒙德指出，通过从北海调动驱逐舰的方式，“我们在海上取得决定性战术胜利的概率应该会降低，但是我们赢得战争的概率应该会上升。”②

---

① 英国格林威治国家海事博物馆，《里奇蒙德文集》，RIC/7/4(C.)：里奇蒙德致卡斯坦斯的信，1920年12月7日。

② 英国格林威治国家海事博物馆，《里奇蒙德文集》，RIC/14/1，备忘录：无日期标记，但是根据备忘录内的证据，很可能写于1917年春天。当时，里奇蒙德还提到，此后也经常提到，如果在日德兰海战中，德国舰队被消灭掉，有多少驱逐舰可能会脱离大舰队，去承担反潜工作；战胜带来的好处是不可否认的，但是胜利没有出现，而且新的战略优先内容已经涌现出来。

里奇蒙德对海军战略的构想具有原创性和分析连贯性，这源于这种构想形成的方式。他没有从其他某位思想家那里借鉴框架。他从逻辑上对工具、作用、用途和目标进行分析，并借鉴历史，提出了一系列经过时间检验的目标——"**最终目标**"，或"最终目的"，因为他有时这样称呼它们①。目标的首要性使他的思想有别于马汉的思想，因为马汉的思想强调争夺海上霸权，而不是行使海上霸权。虽然在这方面，里奇蒙德的观点与科贝特的相似——对于"目的"(objective)和"目标"(object)之间的区别，科贝特相当苛求——科贝特的分析不能与压力相适应；他的目标观念往往与领土有关。这种认识产生了一个结果，即科贝特未对海上目标进行充分考虑，而一个占据优势的海军强国应该努力去实现这些目标，以便改善其对海洋的控制，为特定目的服务，或者向敌人施加经济压力②。

我的讨论集中关注的是里奇蒙德的概念框架，没有公平地评价他对能力、风险和目标之间相互作用的认识，特别是在他的"海战"系列讲座中体现出的认识。另一个没有考察的内容，是一个目标相对于另一个目标的首要性问题。这样一个问题涉及的不仅是专业知识，而且还涉及总体上的战争目的和战争努力。这个问题很少会由陆军或海军统帅部回答；回答这个问题，是政治家的职责——不是海军将领和陆军将领的职责，因为他们仅仅会提供建议。里奇蒙德对这一点的态度非常坚决。

---

① "海战"，载阿斯顿编，《战争研究》，第 53－54 页、第 60 页。

② 科贝特的专著《海洋战略的若干原则》(1911 年)，从概念上来说，受到了克劳塞维茨《战争论》的启发。埃里克·格罗夫对科贝特的这本专著做了评注。我写过一篇这个评注版的书评，在文中讨论了科贝特这本书的这个缺陷，刊登在《海军战争学院评论》第 44 卷(1991 年春季号)上，第 131 页。

这一点显然适用于人们可以问的关于英国大战略的最重要的问题：是否本应该通过遏制和持续投资的方式，而不是实际上采用的在西线突击的方法，将轴心国拖垮呢？里奇蒙德认为，现代的条件已经创造了一种可能性，即通过普遍经济封锁来施加破坏性很大的压力①。毫无疑问，在他看来，在1914年以前，放弃了英国传统"交战权"主张的政治家，犯了一个严重的、代价惨重的错误。在第一次世界大战中，经济封锁在更早的时候就应加强，而且"轴心国最终的垮台，是军事行动和经济封锁相结合的结果。"②但是，利德尔·哈特逐渐认为，英国的大战略本来应该从根本上不同于此。里奇蒙德是否也这么认为呢？

在第一次世界大战期间，他对英国战略的发展方向牢骚满腹。1915年初，他写道："我们正在纯粹的欧洲大陆战线上打这场战争，试图在他们自己的游戏中打败他们，在这方面，我们只能施展我们独特实力的一半，而敌人却能施展他们的全部。"③1916年7月10日，他又写道："正面进攻德国人已经巩固了20个月的阵地，对我没有吸引力……但是，我们现在受制于'大陆派'，必须做点我们能做的。"④在受第一次世界大战直接余波影

---

① 对于里奇蒙德对整个问题的看法，最好的参考来源是一本小书，名为《英国的战略、军事和经济：历史评论及其对当代的教训》（剑桥：1941年，1944年重印）。他认为，这种普遍经济封锁过去从未成为英国战略的一个目标。从技术上讲，这是对的，但是根据我自己最近的研究工作，我的解释是，英国在18世纪打的几场战争，都是财政消耗战争；参见丹尼尔·A·鲍的文章，"英国的'蓝水'政策：1689—1815"，《国际历史评论》第10卷（1988年），第33-58页。

② 在《现代世界中的海权》一书中，这一观点有一种强硬的表述，参见第106页。此处的引文源于《英国的战略、军事和经济》，第152页。

③ "关于目前战略的评论"，1915年2月14日。另见1915年10月11日的日记，载马德编，《画像》，第142-143页、第196页。

④ 英国格林威治国家海事博物馆，《里奇蒙德文集》，RIC/7/1：里奇蒙德致海军上将威廉·H·亨德森（退役）的信，1916年7月10日。

响的几年里，他倾向于强调陆地上的胜利①，但到了1926年年初，经济压力的重要性再次在他的脑海中牢牢扎根，正如我们在上文中所见那样。1931年，这个问题成了人们关注的焦点，因为利德尔·哈特写了一篇著名的论文，以“历史上英国的战略”为背景，审视了第一次世界大战，即后来著名的《英国的战法》。当时，里奇蒙德正与利德尔·哈特通信，并把自己的一些研究笔记本借给了他，帮助他完成撰写工作。这篇文章写完以后，他唯一的批评是，他宁愿让它“再长一点”②。

有证据暗示，里奇蒙德对利德尔·哈特的立场有不同意见，但是这份证据并不能保证得出这样一种结论③。虽然真实情况是，他从未说过利德尔·哈特的解释是正确的，但他也从未说过利德尔·哈特的解释是错误的。这个问题促使人们对范围广泛的一系列政策问题进行思考，特别是与盟国的关系——需要政治家决定的复杂问题。对于这些问题，里奇蒙德可能会感到，他缺乏做出判断的历史知识。但是，他在1941年确实说过，盟国“在17世纪和18世纪，随时准备牺牲一些它们各自的雄心和利益，而在20世纪，这样的态度已经不复存在。”因此，他提议，应该提出一种学说，用来提醒英国和盟国的政治家们，如果他们期望“海权所赋予的所有好处能随即出现，”那么英国就不应满足

---

① 参见1918年的讲稿，“英国皇家海军的作用”。虽然《海军政策与国力》于1928年出版，但此书中关于战略的文章，都是20世纪20年代初期撰写的，强调突击甚于强调投资。

② 伦敦国王学院，《利德尔·哈特文集》，第1/598卷：1932年8月16日；我们对这些笔记本有所了解，是因为里奇蒙德从利德尔·哈特那里把它们要了回去（例如，里奇蒙德于1930年10月27日和11月24日写的两封信）。《海军评论》第20卷（1932年），第794－795页。亨特著，《水兵学者》，第214页。

③ 亨特著，《水兵学者》，第214页。

盟国对陆军士兵"要能保卫整个欧洲大陆"的要求[①]。这些评论的倾向性非常清楚。

三

任何审视里奇蒙德战略思想的研究都不能忽略他对技术的看法。1890年至1930年这段时期，是他事业的核心时期，世界各国海军的武器和能力也经历了一场令人惊愕的转型。在1914年之前的十年里，英国海军在海军上将约翰·费希尔爵士的领导下，兴致勃勃、信心满满地走进了这个技术上的未来。特别是在接近其职业生涯尾声的那段日子里，费希尔以令人愕然的频率，发表了一些大胆的声明，宣布了某种新武器或平台进行革命的首要性[②]。不可否认的是，那时候的英国皇家海军需要一位像"水手"费希尔这样的人物，也需要对技术进步保持警觉并善于接受的军官。但是，倾向于掌握舰船和武器的军官——而且海军教育系统还鼓励这种态度——自然变得习惯于为战术和战略方面的问题寻找技术上的答案。

这种状态已经造成了一种危险的无知，这一观念在1914年前，就已经在里奇蒙德脑海中牢固地树立了起来。作为一名能力得到认可的比较年轻的军官，他引起了费希尔的注意，但是在几年之内，里奇蒙德就感觉到，他们两个人的观点格格不入。毫无疑问，一个原因在于，在费希尔偶尔宣布战略方面的举措时，他表现出了过分简单化的鲁莽。然而，主要原因是费希尔强烈

① 《英国的战略、军事和经济》，第153页。

② 费希尔把他的反对者称之为"弓箭"党。参见拉多克·F·麦凯著，《基尔维斯顿的费希尔》(牛津：1973年)，第427页。

的“唯装备论”(materialism)。里奇蒙德用这个词来描述一种心态。这种“唯装备论”心理只关注装备和机械方面的内容,完全忽视了军事和战略方面的内容①。费希尔的“唯装备论”越在海军中占支配地位,里奇蒙德就越要争取转变军官们的思想,使他们以更广阔的视野来看待战争②。他的战略思想仍然自觉持久地反对“唯装备论”的影响力。

在1918年之后的和平时期,与装备有关的决定不得不考虑迅速提高的空中能力和水下能力,而且在承担巨大全球责任的战略背景下,更要这样做。然而,职业注意力关注的焦点,仍是“战列舰问题”。高级军官坚持战列舰至上论,并且一直在想方设法寻找一些手段,以保护战列舰不受鱼雷、水雷和炸弹的攻击。战列舰的脆弱性导致其他海军军官和许多文职专家宣布战列舰已经过时。双方提出的论据主要以关于装备的假设为基础。

里奇蒙德的分析将战略因素和技术因素结合起来。他已经准备承认,英国必须维持一支现代的战列舰舰队,如果敌对强国建造这样的舰队的话。但是,哪些国家是敌对强国呢？尽管美国当然已经变成了一个海上对手,但英国的战略必须得假定,美英两国之间不会开战。英国与日本的关系复杂,但是英国肯定

---

① 《经济与海军安全》一书的索引列出了“唯装备论”这个词。

② 例如,马德编,《画像》,第61－62页,1909年12月10日。“费希尔留下来的思想,”他抱怨说,“没有形成思想体系,没有形成战争计划,也不了解敌人的计划或运动情况。”对于“机械”与“军事”之争,参见他1921年11月25日致《泰晤士报》的信,在亨特著《水兵学者》第126页引用。另见剑桥大学丘吉尔学院档案中心,《德拉克斯文集》,第1/61卷:里奇蒙德致(普伦基特)德拉克斯的信,1918年3月24日。里奇蒙德在这封信中说,英国海军部只在乎工程技术,没有看到道德和军事训练的重要性。这方面的证据可以轻松地增加。

会设法在远东避免战争，除非英国能依靠有能力的海军盟友。这样一来，只剩下欧洲强国了，而其中没有一个会有能力很快地建造一支由现代主力舰组成的敌对舰队①。如果形势发生了变化，英国海军就必须做出反应。“但是，今天有人告诉我们，”他在1934年写道，“虽然在‘作战编队’中应该不会遇到这样的战舰，也没有‘密集队形’要去对抗，但我们必须仍然要拥有这些大舰。有人会问，做什么用呢？”②他明确指出“密集队形”的原因是，他认为大型战列舰如果单独行动，或者编为小型战斗群，可能会被舰炮配置良好、用途更加多样、大小不占优势的战舰编队击败；他不接受已被广泛接受的一条原则，即要对付一艘大型舰船，就需要有一艘大型舰船③。

大型战列舰的固有劣势是显而易见的：它们需要大型海港和干船坞，缺乏通用性，而且昂贵到海军将领一直害怕并会继续害怕拿它们来冒险④。里奇蒙德比较了18世纪的战列舰和现代的战列舰：

---

① 我还没有发现里奇蒙德在许多地方明确提出他的地缘政治假设；相反，在两次世界大战之间，里奇蒙德在许多著作中含蓄地提出了这样的假设。他的假设当然不是非同寻常的；事实上，这些假设反映了政治家们的一致意见。

② 例如，H·W·里奇蒙德的文章，“反对大型战列舰的理由”，《十九世纪及以后》(1934年8月号)，第192页。

③ 参见《波伦文集》：在里奇蒙德致波伦的信中附带的备忘录，1929年12月18日。这一段总结了他经过分析后得出的立场，但是在他的表述中，他措辞谨慎。他极少在某些问题上如此谨慎，这是其中一例；这样的证据到处都是。他之所以妥协，可能是因为在他最亲密的同事中，太多的人——人们尤其会想到比提——希望保留战列舰。关于这方面的背景，参见亨特著，《水兵学者》，第119-124页。

④ 致《泰晤士报》的信，1921年11月23日，署名为“海军上将”，即H·W·里奇蒙德；《波伦文集》：里奇蒙德致阿瑟·波伦的信，1932年11月10日。

"那个时候,她在进攻方面占优势,除了她自己那种战舰以外,能在水上飘浮的任何东西都不能接近她。没有任何敌人能在海上妨碍她,而且火攻船的威胁不复存在。她拥有完美的运动自由,只有天气能限制其运动;在时间方面,她的作战半径只有一个限制因素,即她携带的三个月的淡水和口粮补给……"

而现在,1920年:

"她已经丧失了机动能力、运动自由、作战半径和强大的进攻能力;她在水上不再至高无上;如果她出海,她的主要目标是要保护自己;如果没有各类防御辅助舰船的保护,她都无法运动……而且……她的费用高得惊人。"①

英国海军部不会放弃。让里奇蒙德继续恼怒的是,海军机关把注意力集中在**保护**战列舰免遭空袭和潜艇攻击这个问题上。这个战术和唯装备论焦点忽略了两个问题:一是重大问题,即如何打造"一支能履行其必须履行的职能的海军";二是具体问题,即在战斗中,可能会用到战列舰的方式和地点是什么。当然,这两个问题都是战略层面的问题②。

可能很容易推测,里奇蒙德关于战舰大小问题的思考,倾向于赞成这个原则:吨位越大越糟糕。当然,就像他对阿瑟·波伦说的那样,"任何一个笨蛋都能看到拥有更强大战舰的优势……

---

① "战列舰的前途",《海军评论》第8卷(1920年),第368-369页;未署名,但作者是里奇蒙德。这篇两页长的文章是一篇浓缩的精品;虽然这里没有引用这篇文章结尾的预言,但事实证明它是正确的。

② H·W·里奇蒙德,"海军的一些问题",《十九世纪及以后》(1938年2月号),第196页。里奇蒙德坚持认为,如果不考虑如何使用一艘战舰的话,那么试图弄明白如何保护一艘战舰这个问题,是徒劳无益的。关于这一观点,参见亨特著,《水兵学者》,第220页。

当然，只要他有足够的此类战舰来完成工作。”①数量是问题的症结所在。大小、实力和速度，毫无疑问是有价值的，但不是必不可少的，而且英国海军会需要数量:“要是有 15 艘‘固若金汤的’战列舰——如果固若金汤只是一种事实上的可能性——而我们的分遣部队却不足以保护我们的贸易流通，那又有什么用呢?”②

这是关键问题，影响他对海军军备限制的研究方法。总的来说，持续的协商首先集中在重型战舰上，然后集中在吨位比例上。到了 1930 年，英国政府为了节省资金，避免与美国对抗，默许了巡洋舰和驱逐舰的吨位限制。以前，历届海军委员会均牢记大英帝国辽阔的海运范围，拒绝放弃这一立场，但英国政府这种默许是对这种立场的背叛，对此感到痛惜的人，不止里奇蒙德一个③。他的任务，是要让 1930 年的协议得到废除，而他采取的方式方法，是去说服英国领导人，以及其他海洋强国的领导人，说服他们重铸海军军备限制的根本基础——以便摆脱均势原则及其比例，并根据每个国家真正的国家安全需要，用另一个概念取而代之，那就是“要根据战略和政策的路线而定。”④

军备限制的背后有一个动机，尤其是对英国而言，那就是为了省钱。里奇蒙德认为，最切合实际的措施，是限制主力舰的大小。停止盲目求大的狂潮，对每个强国都有利，但是对英国特别

① 《波伦文集》:里奇蒙德致波伦的信，1932 年 9 月 19 日。

② 伦敦国王学院，《利德尔·哈特文集》，第 1/598 卷:里奇蒙德致利德尔·哈特的信，1934 年 10 月 18 日。

③ 例如，比提谴责他的继任者们接受了针对巡洋舰的更严格的限制:比提致海军上将罗杰·凯斯爵士的信，1930 年 12 月 6 日，载保罗·G·哈尔彭编，《凯斯文集》，第 2 卷，英国海军档案学会(伦敦:1980 年)，第 285 页。

④ 《经济与海军安全》，“序言”。这本书就是为了这个目的而写的。书中的许多组成部分都分散在他从 1924 年到 1934 年发表的作品和私人信件中。如果要看总结，参见“裁军的几个要素”，《十九世纪及以后》(1932 年 2 月号)，第 156 - 157 页。

有利，因为英国政府抱定决心要削减预算，而且英国海军需要数量庞大的各类舰船，以便履行其多种多样的职责。在追求这个目标的过程中，他采用“科学的”方法，从作用和保障要求两个方面来研究这个问题。计算的结果是，一艘主力舰的大小（排水量）应不超过 10 000 吨①。无论这一限制新建战舰大小的新依据有什么优点，人们几乎无法回避这个结论：他从事的活动是不明智的。在舰船技术问题上，他不能说具备专门知识，而且当他把自己的论点公之于众时，海军部看到了一个机会，强迫他从海军离职。悲哀的是，他倾注了那么多热情，去做一项技术类分析，而且还不是他的强项，其目的还可能会被持和平主义态度的政治家和持敌对态度的海军首长们曲解，被他们理解成他支持削减海军的预算。另一个悲哀的事实是，即便在海军部开始向他在这个问题上的立场倾斜之后，他还在继续批评海军部②。

这并不意味着他对通用性和数量的偏爱胜过对大小的偏爱是错误的，也不意味着海军部已经知道要正确梳理其优先工作。回顾过去，他一直坚持认为，英国海军必须对巡洋舰和驱逐舰部队予以更多的关注，因为护航任务会有迫切的需求；而且很快，接下来的战争便对此予以印证。这种坚定的信念当然给人留下了深刻的印象③。总而言之，他从战略上有理有据地对现有装备和技术做出的评价，是令人印象深刻的。然而，必须承认，里奇蒙德对未来发展的构想，特别是他对技术进步对设计的影响的认识，是有缺陷的。

---

① 参见《经济》，特别是第 2 章，“舰船的大小”。

② 哈尔彭编，《凯斯文集》，第 351－353 页：凯斯致里奇蒙德的信，1936 年 6 月 4 日。

③ 《现代世界中的海权》，第 232 页。H·W·里奇蒙德，“海军的一些问题”，《十九世纪及以后》（1938 年 2 月号），第 197－199 页。

他的弱点在航空领域表现得最为明显。总体上，他能明白，航空兵意味着海战将发生革命性的变化：

"人类发现飞行后，所发生的结果，不是空中力量已经取代了海上力量，而是海上力量的一种重要的新工具已经问世，并将改变海上作战的方式，就像汽船在它的时代，以及水面和水下鱼雷艇在它们的时代，改变了海上作战的方式那样。"①

但是，他没有投入精力去弄清楚这些改变会发生的全部方式。对于这个问题，他采取了零敲碎打的态度；他的心思显然不在这上面。此外，他反对唯装备论的历史观也使他建议，面对诸多关于转换技术的主张，要保持谨慎。必须承认，在20世纪30年代，这些关于技术的主张太强势，而且人们太容易相信。因此，他喜欢强调补偿性武器和战法的稳定作用。因此，即使在第一次世界大战期间，里奇蒙德已经敦促海军部，应该发展一些手段，以使舰载机能用鱼雷打击敌人军港中的舰队，舰载航空兵也从未在他关于海军战略的思想中找到一个合适的位置②。

这种批评不应与里奇蒙德对"航空兵"所谓的偏见相混淆。他没有什么可以反对海军航空兵的。事实上，他对海军部1917年对待海军航空兵的态度感到痛惜，而且对于"航空兵"想要"成为一个独立的军种，与海军部划清界线!"的想法，他并不感到惊奇③。真

---

① 《现代世界中的海权》，第138页。

② 马德编，《画像》，第244－245页、第268－273页。亨特著，《水兵学者》，第75页。"海战"，载阿斯顿编，《战争研究》，第97－99页、第105页和第112页。《经济》，第196－200页。《现代世界中的海权》，第125－127页、第131－151页。他的分析是不完整的，部分原因在于，他关注的是抵御侵略、攻击海运和相对成本，但对于像他这样知识面宽、智商高的人来说，这根本就不是借口。

③ 马德编，《画像》，第245页，1917年4月16日。

实情况是，他总是随时提醒人们，水面战舰的能力要不断发展，而且不可或缺；他还倾向于怀疑大型、脆弱的航空母舰费用如此巨大是否物有所值。但是，他的敌意针对的是英国皇家空军，或者更确切地说，这种敌意的根源在于，他完全拒绝接受这个军种阐释的主要战略学说。这种学说认为，通过轰炸，可以有效地将压力压在敌人的资源上，不用考虑敌人用于对抗的空中力量；这是英国空中力量应该专注的唯一战略目的；仅凭轰炸，英国在平时和战时的国家安全即可得到保障。这些主张不仅阴险，而且这三项主张全都是错误的。第一项主张违反了一项基本原则，即一方不得忽视敌人的反击武装力量。第二项主张倾向于否认飞机在战争中的多样化运用，而其中有些用途对于海权的运用至关重要。第三项主张以最极端的方式违背了一种思想，即战略应该以“诸兵种合作原则”为基础①。因此，对于皇家空军领导人大肆吹捧的极权版“空中力量”，里奇蒙德感到深恶痛绝是有充足的理论依据的。

在一篇简洁雅致的文章中，舒尔曼教授谈到了里奇蒙德和科贝特的努力，两人都竭力要使英国皇家海军丢掉“对装备的迷恋和打大仗的思想”，他们的努力除了使当权的海军将领们痛恨他们以外，没给他们带来任何好处②。在这个重大问题上，以及在许多其他重大问题上，两人实际上完全一致。但是，他们对战略思想的贡献不同，而且不仅仅是因为里奇蒙德的寿命更长，一直活到了现代。在这些领域，科贝特倾向于进行全面的地缘政

① 《波伦文集》：里奇蒙德致波伦的信，1927 年 8 月 4 日；特别要参见《现代世界中的海权》，第 135 - 138 页、第 150 页和第 308 页。另见亨特教授在《水兵学者》中对里奇蒙德在这个问题上的记录的辩护，第 160 - 161 页。

② 唐纳德·M·舒尔曼著，《海军的教育问题：英国海军战略思想的发展，1867—1914》(芝加哥：1965 年)，第 188 页。

治思考，并在一般原则和公理中找到了灵感，而里奇蒙德则分析职能。因此，他的海战理论比科贝特的更严谨，而且与历史资料结合得更为紧密。从各个方面来看，里奇蒙德对海军历史的掌握还从来没有什么人能与之比肩，而且他的文风活力四射、朴素坦诚，没有任何蒙昧主义的味道。他从未写过海军战略方面的正式专题论文，因此更加令人惋惜。

里奇蒙德对军备限制的研究方法生动地表明，他所持的是纯粹主义者的观点——竭力从战略事实和逻辑两方面推行自己的主张。他没有单纯到对政治、感情和威望的作用一无所知的地步；当然，没有人比他更清楚，对特种武器和武器平台的集体依恋，是如何唤起激情和引起兴趣的。他拿自己的名声作赌注，反对激情和兴趣，始终使自己的争论纯粹无瑕，而且他在争论中直言不讳，有什么说什么。在这个世俗的世界里，这不是一种讨人喜欢的姿态。他还面临一项困难，即他反对“唯装备论”的活动注定要遭人痛恨。但是，他对历史的学术研究，可能是使他不同于同龄人的最重要的因素。许多跟他一样的军官都欣赏里奇蒙德的历史知识，而且清楚他并非不尊重技术知识。然而，对他这个职业的大多数人而言，他要么是个危险人物，要么是个落后于潮流的人物，就像一个来自另一颗行星的外星人。因此，人们对他敬而远之，但责怪他或他的同事是没有用的；在当时的情况下，从逻辑上来看，因为他得到了海军上将军衔，人们可能还得向里奇蒙德本人和英国皇家海军表示祝贺。

从事业角度来看，他终生努力反对“唯装备论”，这可能可以视为愚蠢之举。事实上，他不仅反对他几乎所有同事的训练和观点，而且还反对 20 世纪最引人注目的趋势，即技术进步——这种情况显然降低了他作为一名战略思想家的身后声望。然而，他的知识质量和他在恪守自己观点方面的坚毅，可以视为留给后世子孙的礼物，既弥足珍贵，又发人深省。这里的这个人，在他撰写的几乎所有材料当中，都坚持认为，现代制定战略的方法应该逆转。人们不应从武器性能出发（他把武器性能归入“技术”这个词的词义当中），逐步制定战术、战略等，而恰恰相反，应按照相反的方式来制定：

“因此，虽然技术的论据可能很强大，但政策的论据更强大。从长远来看，就产生的深远影响而言，政策上的错误比战略上的错误更严重，战略上的错误比战术上的错误更严重，战术上的错误比技术上的错误更严重。”①

他的战略思想独一无二的重要性在于，它从逻辑上追求这种方法。

因此，总而言之，里奇蒙德是一位非同寻常的人物，不仅作为历史学家如此，而且作为战略分析家亦然。他对海军的观念是，把海军主要视为一种工具，能在水上协助和抵御军事突击，同时又可协同作战，以减轻本国资源的压力，并对敌国资源施加压力。这种观念界定了海权的目标。今天，这种观念依然具有相关性，就像他写下它时那样。而且，虽然他把一生献给了海军和海军研究，但他始终坚持从整体上看待战争，坚持认为应该诸兵种进行高效合作。这种坚持证明，他的见解具有广泛性和完整性。

讨　论

以下是从丹尼尔·A·鲍教授的论文出发展开的讨论。

尼古拉斯·特雷西：我在想，经济束缚可通过海权强加给敌

① H·W·里奇蒙德，“海军的一些问题”，《十九世纪及以后》（1938年2月号），第202-203页。

国,我能否对里奇蒙德对其有效性的态度做一点补充呢?或者说,能否提出一些问题呢?非常明显的是,与1918年时的所有其他人一样,他也对经济束缚的有效性印象深刻。这种有效性,即通过贸易控制使海军武器达到的最终效能,其形象确实在整个20世纪20年代持续存在,但是在这方面,有几篇重要的论文。在撰写《战争中的帝国防务与海上俘获》草稿的过程中,他提出了一个论点。他说,英国过去从未在国与国之间的战争中使用过贸易控制,这做得相当正确。我认为,从他这篇文章的背景来看,这是因为力量资源还不足以实现充分控制,以便包围整个敌对国。这篇文章以草稿的形式寄给了汉基。这也是里奇蒙德与汉基个人关系的终点。这件事确实看起来跟两人书信往来终止有关。在他们的书信中,里奇蒙德为汉基提供动力,让他支持海军力量——当然,汉基是一位保持交战权的绝对拥护者。后来,我想是在《政治家与海权》中,他写道,海权和贸易控制,单独来看,都不能征服一个大国的经济资源。他在思考时的角度,不是需要控制敌国陆地边界的陆军,而是通过积极地将敌人拖入战争而形成令其疲惫不堪的压力,这样海军力量就会完全不成比例地增长。所以,他所讲的问题,显然是美国对英国皇家海军实力的关切。他只不过想要明确地指出,美国未处于危险之中。

我想,1914年至1918年那场战争留下了一种印象,即经济压力导致了德国的垮台,但有人发现,这种印象至少从总体上来说是评价过高的,如果不是魏玛共和国故意作假的话,而里奇蒙德实际上站在了这些人的最前方。经济压力的确在奥匈帝国和德意志帝国发挥了局部作用,部分原因在于,这些国家的政府效率低下,导致食品供应的管理不够充分。这一事实强调了奥匈帝国国内恶化的民族主义情感。这一事实给匈牙利人提供了一次机会，使他们能用其食品供应来迫使奥匈帝国从总体上做出政治让步。但总的来说，我认为，他和其他有识之士一起，首先意识到，谁来控制这个强大的海军工具，这个问题没有得到妥善解决，而华盛顿和伦敦在这个问题上的声音交相呼应，长达十年之久。我想，他以保卫贸易为焦点，如果他自己没有充分理解的话，事实上是一种正确的理解，因为保卫贸易是一种更强大的战争形式，各国海军可以做一项有用的工作，那就是保卫本国的贸易，与通过攻击别国贸易的方式试图控制国际事件的做法相比，这是一项有用得多的工作。

丹尼尔·鲍：好的，您刚才谈到了许多内容，也提出了一个很大的问题。关于第一次世界大战期间经济压力对轴心国的效能问题，我读过这方面的许多材料，您也读过许多。经济压力所做的，是形成运输、补给和管理方面的那些危机。德国和奥地利把这个问题处理得相当不好。这也是战争的一部分。你必须能做到这一点，而且如果你不对一个国家施加经济压力，他们就不会有犯错误的机会。实际上，经济压力算得上是贯穿里奇蒙德思想的一个主题——特别是在一战期间。你应该去骚扰敌人。你永远不会知道，在骚扰之下他们会做出多么愚蠢的事情来。这不是一个枝节问题。如果你能骚扰他们，而且不会让你付出多大代价，那就骚扰去。这是一种强制性、集中性非常强的骚扰。

下面我谈谈下一个问题，因为我不想让它得不到解决，我认为这个问题非常重要。有人认为，比提海军上将确实不懂经济封锁的有效性，当然是从 1917 年年末往后，我同意这种看法。在布赖恩·兰夫特为英国海军档案学会编著的《比提文集》中[英国海军档案学会文集，第 128 卷（伦敦：1989 年），第 1 卷《1902—1918》，第 572 - 574 页]，我看到了一件有趣的事情。

1918年，有一封他写给他爱人的信，描述了这样一幕：在斯卡帕湾，德国军官在雾中登上了英国军舰，向英国人宣布德国舰队投降。查默斯编著的《比提的生平与书信集》重印了这封信（第344-345页），但把它弄错了，因为在关键时刻，当比提问他为什么如此沮丧时，德国人胡戈·莫伊雷尔海军少将回答说："因为德国不仅仅只是输掉了战争。"这位德国海军少将又说："我认为，总司令没有意识到德国的情况。"如果你去看查默斯编著的《比提的生平与书信集》，你就会发现，那句至关重要的话不是那样说的（"我必须认为，总司令意识到了德国的情况"）。我非常肯定的是，兰夫特的版本刊登的是对的。这是一条珍闻，但是确实反映了一个事实：查默斯是在第二次世界大战结束后出版这本书的，而且与比提的关系非常密切，有可能是在证明一种观点，即他可能真地没有注意到经济封锁有多么有效。

下面我谈谈关键问题。关键问题是，里奇蒙德是否认为经济压力既重要又有效呢？我同意下面这种观点：他优先考虑过在那个地区保卫贸易，但是他所说的，而且贯穿于他20世纪30年代前后撰写的许多其他著作的，是英国在历史上，从未认真奉行过对一个主要大陆国家实施经济封锁的政策。在四次英荷战争中，英国人实行过经济封锁，但没有对法国实行过经济封锁。这种做法在历史上是正确的。他那么说也是正确的。他当时说的是：无论与盟国军队怎么合作，中立国都允许，而且现在，按照更现代的方式，英联邦自治领的伙伴们也允许，这项工作可以做，而且已经做了。在一战期间，他在日记中说："我们挤压德国的力度，比任何其他大陆国家曾经受到的挤压力度都大。"所以，他从未想过，经济封锁会起到决定性作用。他知道经济封锁见效慢，但是他认为，经济封锁是赢得战争的一部分，而且他从未放弃这种观点。

理查德·希尔海军少将：我对这个问题的研究限于1929年和1930年这两年的《海军评论》。那个时候，里奇蒙德写了大量的文章，发表在《海军评论》上，可能是因为，正如我要说的那样，他"处于创作的巅峰"。他的事业在帝国防务学院画上了句号。他可能意识到，他不会被雇用。他是一个失望之人。他觉得没有什么可以失去的。

至于尼古拉斯·特雷西提出的那个特别的话题，他写了许多关于海洋自由的建议，有些刊登在公开媒体上，有些则没有发表。但是，我这有一份东西，选自1929年的《海军评论》，是关于布拉德先生的建议的，上面有一些评论。他在文章中说："1915年，德国的需求最大。德国军事指挥官的著作表明，德国的形势是多么地不稳定。除违禁品外，其他物资供应通过中立国源源不断地流入德国。中立国声称，这种转口贸易是他们的权利。正是这种不正常的趋势，才造成了这些灾难性的[生命]损失。"然后，他提到了一战剩下几年里的其余损失。他在这篇论文中认为，要是中立国没有主张这些权利的话，一战可能会早在1915年就在经济压力下结束了。有些观念认为，在战争中，中立国的权利包括海洋自由。他对此持反对意见。这篇论文提出的这种观点正是他的主要依据之一。尼古拉斯分析了他对经济压力有效性的怀疑。里奇蒙德在文章中的观点在多大程度上与尼古拉斯的分析相一致，我不是很清楚。

我还想再问一个问题，与术语有关。丹已经对"目标"(object)和"目的"(objective)做了非常令人信服的区分。里奇蒙德还用了另外两个词，大体上是同一个意思，但是略有不同。首先，在他1923年发表在《海军评论》上记念科贝特的讣告中，里奇蒙德写道："科贝特对舰队作用的分析的作用，"这里用了

“作用”(function)一词,“其始终隐含的目标,”我们又有了“目标”(object)一词,“一直分三个方面。一是要支援命令和阻碍外交努力;二是要保护或破坏商业;三是要促进或阻碍岸上的军事行动。”我想,这段话非常准确地描述了科贝特的分析。我不是很肯定的是,里奇蒙德继续进行这样的分析,尤其是在外交努力方面。在我看来,他没有过多讨论我们现在称之为“低强度军事行动”或“外交工作”的概念。在我看来,这项内容在他的大多数分析中都找不到,因为我们越研究历史,即便是他的著作所写的那个时代的历史,我们越会发现,外交努力是整件事情的一部分,尤其是与中立国之间的外交努力。

接下来,在开始讨论战舰的大小时,他又说了一件事情。我们可能要在明天下午对其进行更深入的研讨。我现在只是提一下这个问题。我们经常听人说,海军要履行某些职责。好了,这里又出现了一个词:职责。海军使陆军和空军能在海上运动,能使国家的海运商船在海上航行;海军能阻止敌人的陆军或海运商船在海上航行。现在,在我看来,在那个问题上,在他当时的思想状态下,里奇蒙德采用了奥坎氏简化论,所达到的精确程度或许没有必要。我会对丹对这个问题的评论感兴趣的。

丹尼尔·鲍:第一个问题应该由尼古拉斯来评论。您提到的第二个问题,关于科贝特做的三方面分析和里奇蒙德不重视外交工作,我发现在里奇蒙德所写的许多东西里都含蓄地提过,但是我想,您说得很对。我认为,您的分析比我描述的正式分析框架更全面、更准确。我是在里奇蒙德那些不同凡响的论文中发现这个框架的。

我为您提到的那第三个问题感到高兴。这个问题是我遇到的挫折之一。我最希望听到的是,在座的各位会说:“好啦,我必须得走了,去读里奇蒙德的著作和所有这些随笔。”是的,请大家去读吧，特别是我刚才逐条提到的那些。但是，可能会让你们感到失望的，正是希尔海军少将刚才指出的，里奇蒙德对事情的表述完全没有独具一格，没有反复表达，而是不停地改变表述形式。他在这篇或那篇作品中改变表述形式，然后把作品寄给《双周评论》、《海军评论》或者别的什么地方。我想，他写东西的速度很快；写得太快了。我的确希望他写出一篇专题论文。我想，他本来能写出一篇华丽的专题论文，但是他只写了一篇相当短小精悍的专题论文：两份关于"海战"的讲稿。他的确在其他地方说过一些事情，不是说它们互相矛盾，而是说它们表述得不够完整。我见过他许多这样的作品；您刚好找到了一篇我不了解的作品，但是我也不感到吃惊。这在追踪其思想的过程中，是一个让人失望的方面。当然，研究马汉思想的人，也遇到了同样的问题。如果说要批评的话，我会批评科贝特，因为他有时候晦涩难懂。科贝特知识面广，原创性强，但是，天啊，他也会晦涩难懂！他会把观点堆砌起来，而且如果你真要去仔细分析，你是不会弄明白的；至少，我没弄明白。

理查德·哈丁：我提一个非常简单的问题，主要是因为我的无知，而不是因为别的什么。我的问题要回到刚才提到的那一点，就是说一些问题和观点晦涩难懂。比方说，到1916年至1917年时，里奇蒙德还没有对一战的打法形成明确的看法，而且认为德国是有罪的，而不是德国舰队是有罪的。我觉得，在这种情况下，一个争论有两方参与；进行论证的方式，一是要为了确立你自己的观点，这场仗要怎么去打，二是要反驳在其他地方提出的观点。我在想，当另一方正在提出"德国陆军必须被打败"这个非常简单的主张时，他的观点有多不明确。正是打败德国陆军这个问题，才有可能是西线的关键问题。在提出一个观点时，同时要反驳另一个观点，在这个过程中，里奇蒙德有多坚决呢？我在回想1916年至1917年的形势。对于决策者来说，形势很简单：德国陆军必须被消灭，因此这些比较复杂的争论，确切来说，是被推进后台的。我在想，在这方面，里奇蒙德在多大程度上是海军力量的忠诚拥护者呢？

丹尼尔·鲍：这是一个非常重要的问题。正如我在文章中所说，他没有直接讨论这个问题；对此，我非常失望。我可以补充一点。1918年6月，当他用打字机打出“英国皇家海军的作用”一文并打上日期时，他在文中掺入了大量的个人情感，赞成当时的压倒性决定，认为军备是一战当中的决定性因素。与里奇蒙德所写的多数作品的情况一样，这可能是，而且很可能是，他写那篇文章时的日期的一个作用：1918年6月。另外，我认为当时海军中的多数人不知道德国有多么绝望；比提肯定不知道。我认为，这不只是一件编造的事情，不是由魏玛共和国编造的，而是由德国陆军编造的：我们没有投降，你知道的，我们饿得要死。我们从来都没输过。这都是“我们从来没在军事上输过”这种观念的一部分。德国人，在某些圈子里，喜欢鼓吹这种观念。我无法证明当时情况有多糟糕。你们可以自己去研究，而且我想，这个情况是可以核实的。

那么，里奇蒙德对此做何感想呢？他曾经反驳过这种观念吗？问题是，他确实认为，西线上的那项关于军备的决定，是1914年至1918年战争的一个至关重要的部分。他知道，要是没有这项决定，一战就会拖得更久。另一方面，希尔海军少将是非常正确的。还有其他一些例子，而且你们可以在他的日记中找到这些例子，引用里奇蒙德在一战中的言论，正如他在一战之后所说的那样，说我们[英国人]早就应该对中立国更强硬一些。我想，在他眼中，一战不会在1915年结束，但是可能会在1916年年末或1917年冬天结束。谁知道呢？这两种情况他都说过。

一方面,他说西线具有决定性。当然,决定性在于,西线会使一战在四年零三个月内结束。但是,另一方面,他说在打垮德国这件事情上,经济压力做出的有力贡献是非常重要的。他说过这两种情况;他从来没有给出定论。公平得很;这让我在我自己的工作中有点事做。

戴维·齐默曼:在西线这个问题上,我想您是在批评里奇蒙德,我只想弄清楚这一点,因为他没有从头到尾都坚持一个观点,即对德国采取更加有效的海上封锁或经济封锁,而无需在西线投入更大的精力。您说的是这个意思吗?

丹尼尔·鲍:八年以来,我一直在努力研究这个问题。我写了各种各样的文章,还在写一本书。在这个过程中,我的发现太多了!我说的真不是那个意思。我说的是,正如里奇蒙德在以前的战争中看到的那样,军事压力实际上是由联军实现的,而不是由英国军队一方实现的。我要说的另一件事是,在第一次世界大战期间,产生了一个问题,就是英国实际上赢得了那场战争没有?我的立场,当我公开发表时,会非常明确。英国输掉了第一次世界大战。英国输掉了第一次世界大战,是根据这个定义判断的:当一战结束时,哪一个卷入一战的国家,在世界上的大国地位缩水程度最大,并且恢复大国地位的处境最差。那就是英国和大英帝国的国力。所以,我认为我已经觉察到,投入数量如此庞大的军队,在战场上完成一战最后两年当中的主要战事,这项任务使英国元气大伤。这一现实,再加上海军部未能及时应对德国潜艇,造成英国陷入了欠下美国巨额战争债务的极端境地。战争消耗,以及经济损失,使英国陷入了严峻的处境。也许,这是不可避免的。我想说的是,把一支非常庞大的陆军和一支非常庞大的海军派上战场,英国能否负担得起,这并非里奇蒙德面对的问题。

戴维·齐默曼：既然您已经澄清了这个问题，就请允许我向您提几点意见吧。首先，可能里奇蒙德就是足够精明，没有从头到尾坚持一个观点，因为他意识到，英国人别无选择。我不是研究里奇蒙德的专家，但我的底线是，要不是英国对西线大量增兵，同盟国 1916 年就会输掉战争的，如果不会更早的话。毫无疑问，法国人会在凡尔登被打败。当时，法国军队正在被消灭。1916 年，在索姆河战役中，用于反攻的资源主要是英国的。对于德国陆军从未被打败这种老思想，我也是非常坚决地不同意，而且我认为，目前许多关于英国陆军的著作，包括许多优秀的学术著作，比如格雷厄姆、比德韦尔和蒂姆·特拉弗斯等人的著作，也会非常坚决地不同意。1918 年，德国陆军在百天大战里战败。它是被消灭掉了。它没有能力打下去了。它不是一支被经济封锁重创的陆军。关于 1918 年打得很艰难的几次战役的描述，非常清楚地证明了这一点。我很难接受您的思路。我想，您要去找陆军历史学家，具体来说是这样的，而且我想，今天在这间会议室里，我们没有太多的陆军历史学家。陆军历史学家会非常反感的，而且他们简直会说："好，这证明海军力量无能，即使运用得当，海军也不能实现一项关于欧洲大陆的决定。"

丹尼尔·鲍：哦，我对这一点没有任何疑问。我知道，当我的书问世时，几乎所有正统的军事历史学家都会联合起来反对我的。

戴维·齐默曼：这些人不是正统的军事历史学家。这些人是从新军事历史和新的西线分析视角进行创作的人。

丹尼尔·鲍：哪个人在这个问题上都没有改变。但是，您也知道，我们真地不应该在这里继续这种讨论。也许我们可以在某个酒吧里分出个胜负。在陆地上重新打第一次世界大战，不是我要在回应里提的唯一的要点。我认为，不是所有的军事历史学家都会同意，那些据称以消耗敌方人力为目的的巨大攻势，都那么奏效。

乔恩·住田：刚才的交流让我不吐不快，戴维·弗伦奇不在这里，我感到很遗憾。我想，他可能会证明，陆地还是海洋这个问题，或者里奇蒙德看待这个问题的方式，不是以那种形式提交给英国政府的。这就是你们这种抽象辩论的问题。你们怎么运用海权，或者英国奉行大陆战略是否不正确，这样的抽象辩论无益。

我有两个问题。与其说是问题，不如说是评论。第一个是关于把费希尔刻画成唯装备论者的说法。我认为，这种刻画不仅是里奇蒙德做出的，卡斯坦斯也做出了同样的描述。他主张，英国海军分成了两派——装备派和历史派，而且这种主张已经被马德等历史学家相当普遍地接受。我的主张是，说费希尔是唯装备论者，并因此而头脑简单，或者他没有想过战略问题，或者他没有提出复杂的战略概念，是不公平的。我认为，他想过战略问题，并且还把不断变化的技术纳入了战略思考。他谈论战略问题的方式，不同于军事知识分子可能谈论战略问题的方式，但是这并不意味着他关于军事力量部署的观念不够成熟。例如，在“无畏”号战列舰的争议中，部分问题在于，人们是在互相谈论过去。他们没有让对方关注核心历史要点。我希望尼古拉斯·兰伯特稍后会给我讲一点这方面的内容，因为我认为，在小舰队与战斗舰队之争的心态问题上，他已经做了一些非常有启发性的工作。

我要做的第二点评论是，当我们谈论第一次世界大战中的英国人时，当我们谈论他们对如何进行海战进行的思考时，有些事情几乎总是会不予考虑，其中之一就是，英国的战后目标是什么呢？我要问的问题是，英国人在第一次世界大战中的行为，是否至少在一定程度上，受他们对一战之后会发生什么或者会存在什么情况的期望所支配呢？在杰利科的《回忆录》中，有一句非常有意思的话，试图用来为他在日德兰海战中的谨慎做法辩护。他说，大英帝国的未来，更不用提同盟国的事业，取决于英国大舰队。不管怎样，在我看来，我发现他做了一个很有意思的区分，即英国在战后会有什么，和完全消灭德国人之间的区分。换句话说，比如，如果英国人与德国人遭遇，并蒙受了非常惨重的损失，但是打败了德国舰队，对于战后的英国人来说，当他们在考虑美国人和日本人时，那可能不是一件如此之好的事情。事实上，更好的选择可能是，不打一场决战，让大舰队毫发无损，通过政治手段消除德国舰队的威胁。这就是说，与蒙受极大的伤亡相比，同盟国获胜更好。我想，这肯定是英国指挥机关当时所采取的一种思路。

丹尼尔·鲍：关于费希尔和他的思想这个问题，无论是否与战略有关，这间会议室里有比我更精通的专家。要是能在您提出的这个问题上做出点贡献，那就好极了。您是这方面的专家之一，但是还有其他专家。是的，另一个问题在第一次世界大战期间没有提出来。他们没有以那种方式把那个问题概念化。我想，那是对的。我不能肯定杰利科那样说是什么意思，但是您对他的话的解读，可能就是他的意思。我要读一份材料。这份材料取自《海军评论》，是里奇蒙德对劳合·乔治《战争回忆录》第2卷的评论。里奇蒙德从劳合·乔治的《回忆录》中挑出了一份备忘录，是大英帝国总参谋长（CIGS）威廉·罗伯逊爵士1916年11月写的。他一开始就指出，那场战争的目标性质是无任何限制的。下面这段话引自罗伯逊："我们现在不是在为了一个相对较小的目标而打仗，那可能是我们在痛击敌人之后希望达成的目标，但是我们一定会把这场战争打下去，直到普鲁士的军事优势最终完全被摧毁。”下面是里奇蒙德的话：“这个不受限制的目标影响了整个问题，引入了许多非军事因素。”他接着还说：“在这些因素中，许多都超出了军事顾问的职权范围。”这就是他对罗伯逊那份备忘录的评论。“超出了军事顾问的职权范围。”我认为，这种评论相当有意思。

保罗·哈尔彭：在这份绝妙的“《海军评论》季刊作者”索引中，我看到里奇蒙德评论了《非武装力量的胜利：1914—1918》这本书。这篇书评写于 1923 年。今天我们讨论的是里奇蒙德和经济封锁的有效性，但我觉得这个可能不会毫不相干。我想，这篇书评评论的是 M·W·W·P·孔塞特海军少将的书。一战期间，孔塞特是英国驻瑞典海军武官，对英国外交部的外交工作持非常批判的态度，因为当时存在许多漏洞，关键物资通过这些漏洞流入了德国人手中。当孔塞特的书出版时，影响力肯定非常大。现在，还有一件有意思的事情。最近，有一部英国驻瑞典大使埃斯梅·霍华德的传记，对孔塞特海军少将持非常批判的态度，试图改变平衡。但是，对于里奇蒙德的思路来说，我还是认为这可能是一篇非常重要的文章。

詹姆斯·戈德里克：我想，不久以后，在埃里克·格罗夫的论文中，会提到一件事，即里奇蒙德和海军技术的进步。在研究里奇蒙德的过程中，我当然对一个问题感到不安，即在很大程度上，他是故意使自己置身于海军技术发展问题之外的。您能否在第一次世界大战的背景下，评论一下他对这类问题的掌握情况呢？当然，在他非常早的 1914 年至 1915 年的日记资料中，在运用重型和轻型力量应对潜艇和鱼雷艇的能力问题上，他确实提出了一些非常怪异的想法。您觉得他实际上清楚一战期间他在什么样的环境下工作吗？

丹尼尔·鲍：我想再次把这个问题丢给其他人，尤其是坐在你左胳膊肘旁边的那个人[乔恩·住田],以及其他人,也许是安德鲁·兰伯特。我会说,这一件事情,他可能把它弄错了。在我看来,他在一战期间,一直非常密切地关注技术问题。对于飞机的用途,他的日记充满了想象力丰富的例子。他想要用携带鱼雷的飞机去干掉停泊在锚地的德国公海舰队。您必须排除万难,弄清这一点,因为我们都知道这个。他知道这个问题,而且他说我们还没有开始。他在日记的某个地方说过:“海军的飞行员想要拥有他们独立的军种,这一点不足为奇。海军部根本不关注他们。”这是第一次世界大战期间的事。所以,在这些技术问题上,他是正确还是错误,我不是能发表意见的历史学家或者分析家。在我看来,他确实非常警觉。我要说一件他非常明确地指出的事情。那就是,对于怎么当一名鱼雷军官,他还是懂一点的。他认为,在防御模式下使用驱逐舰,对于英国大舰队来说,是一个巨大的错误,并认为驱逐舰应该用来给敌人造成问题——要袭扰他们,而不应该用来停在那里,要争取对敌人的鱼雷艇发动反击。他反复说到了这个问题。我怀疑,在这个问题上,他又是正确的,但是我必须承认,我最好离他的海军思想的这些方面远一点。他们一直在坚持不懈地发展技术,而且我认为,说他对两次世界大战之间的技术发展漠不关心,是一种非常严厉的批评。埃里克·格罗夫和我会对这个问题的背景大战几个回合——我明天会提出这个问题的——但是,如果要实际评价他的技术敏锐度,我希望其他与会专家能对此做出回应。

塞恩斯伯里海军上校:我不能对此做出回应。我倒是想问问丹,如果我们可以转移目标的话,他是否愿意答复一下,说说里奇蒙德的性格对他的目标或目的的达成有什么影响。我问这个问题,是因为我突然发现自己在悲哀地临阵磨枪,突击钻研巴里·亨特的著作,而且现在我在他十年前写的一篇论文中发现,虽然他说里奇蒙德挑战了在他同时代的人当中流传的陈词滥调,但他的影响却因为他的性格缺陷而受到了很大的限制。他对上级傲慢无礼,对才华不如他的人没有耐心,而且言行受到了使他看上去死板的正直感的驱使。我母亲过去总结过他的性格,说他棱角太鲜明,一定会伤到自己。我不知道我家传的这个定义或者前面这个书面定义能否引起您的思考。

丹尼尔·鲍:我还没有见过您说的那篇论文。我必须看看亨特的论文,看看他有什么证据。这是一件非常艰难的事情。我的意思是,我现在有足够的资历来说这个话,在您实际上遇到某人并与之打过交道以前,您真地不知道他们是什么样的人。就里奇蒙德而言,前人给我们留下的证据是五花八门的。他看上去在剑桥大学一直深受喜爱。特里维廉在纪念里奇蒙德的讣告末尾,谈到了他的善良。他的性格是一个巨大的问题。我确实认为,里奇蒙德对才华不如他的人不够宽容。他的《日记》,您知道的,是匆匆记下的东西,充满了失望和愤怒,大多数是一战期间写下的。一战爆发之前,在他与梅海军上将一起在外任职期间,写下了一些最好的日记。我平常不写日记,但是我想,如果我写日记的话,日记里会有一些这样的东西,而且我最好自己不写日记,因为我可能会被人视为一条应该被放下的莽撞的小狗,但是我想,在一个方面,一个非常重要的方面,有一个问题。多年以前,唐纳德·舒尔曼在他的文章中讨论过这件事情,这个问题。

里奇蒙德小时候是有伟人相伴的。他的父亲,而且我认为,还有他的祖父,都是杰出的人像画家。我想,英国首相格拉德斯通曾经造访过他们家。当外务大臣鲍尔弗第一次见到他时,是在 1916 年还是什么时候,他说他既认识他父亲又认识他祖父。我怀疑,与其说里奇蒙德对他的上级桀骜不驯,倒不如说不敬畏他们。在集体生活或军旅生活中，或者在你的职场当中，有许多地位较高的人，他们期望得到一定程度上的敬畏，而且当下级对他们没有敬畏感时，他们就会注意到。他就是无法表现出敬畏感；他骨子里就没有这东西。

1963年，罗斯基尔在《海军评论》中，追忆了赫伯特·里奇蒙德爵士。在很大程度上，那篇文章是非常宽容的，但是同时——我想是同时，罗斯基尔还在写他的两本书，《汉基》和《两次世界大战之间的海军政策》。这两本书成书于20世纪60年代和70年代，所以，是在他写完1963年那篇文章之后写成的。关于里奇蒙德的个人缺点，1963年的那篇文章写得有点简单。他在文章中写了“一个事实”，就是汉基从未完全信任过里奇蒙德。这种态度一直可以追溯到他们两个都在地中海的某艘战列舰上服役时。那个时候，两人都是刚刚授衔不久的年轻人。我认为，这都是罗斯基尔杜撰的。事实上，我是有依据的：1939年11月30日，汉基给里奇蒙德写了一封信。信中说：“你我经常想法一样。干得好，我的老同船水手。”现在，你们怎么理解这句话呢？我的意思是，汉基改变了他的想法吗？从1915年到里奇蒙德的生命走到尽头，他们一直保持通信。然而，罗斯基尔试图这样理解，汉基从未真正信任过里奇蒙德，而且罗斯基尔一直在说，里奇蒙德不够宽容，而汉基知道，汉基——一个油腔滑调的政治家——知道，高级军官不会听到里奇蒙德的名字。当然，这会使他在某些情况下显得有点冷淡。我已经给出了一个相当长的回答了，而且我还有更多可说的。对于这个问题，我有整整一个文件夹的资料。

马克·舒尔曼：鲍教授提出了影响里奇蒙德思想的三个因素：历史、唯装备论和第一次世界大战。对此，我会把马汉也算上。因为这位前辈的存在，这场辩论的多数语言早已经成形。

所以，里奇蒙德可以像科贝特一样，捡起马汉的作战史和纯粹的海军史，然后更好地加以利用。他可以通过纠正他的杰出前辈的方式，补充唯装备论和战争经验。

理查德·哈丁：对于里奇蒙德关于海军是一支防御力量的立场，丹·鲍做出了很好的分析，但是有一点还是不够令人信服，即对于海军向敌人施压的进攻能力，里奇蒙德的认识广度还不够。里奇蒙德不喜欢"法国战略学家占支配地位"(《英国历史上的两栖战》，埃克塞特：1941 年，第 27 页)，但是看起来，对于陆军从 1915 年春天起面对的问题，他没有表现出多少兴趣。

第四章　朱利安·科贝特对英国皇家海军认识其海上职能的影响

唐纳德·M·舒尔曼教授
（加拿大皇家军事学院）

《海军的教育问题》这本书的标题是由出版社拟定的。我最初拟的标题是“舰队背后的笔杆子”，但是我的编辑认为，这个标题听起来太像一句战时的打油诗。那句打油诗说的是一个在工厂中打工的女孩，她就是“枪炮后男人背后的姑娘”。让我一直感到遗憾的是，我没有坚持使用最初选定的标题，因为我所写的人可能做了许多事情，但是马汉可能不在此列，他们没有实现“海军的教育”，尽管我的结论巧妙地回避了这个问题。本文不会弥补我以前的不足。本文只是尝试强调“海军教育工作者”必须尽力克服的一些问题。下面是这些问题中的几个：

(1) 教员的个性问题。在本文中，指朱利安·科贝特爵士的个性。我会对他的个人背景和文化背景做一下简短概述，然后我会讨论他的书，但更具体来说，要讨论的是《德雷克与都铎王朝的海军》，以便说明他有什么样的声望。这种做法还有助于从总体上说明为什么有些海军军官对科贝特如此专注，也有助于说明为什么他对海军如此专注。

(2) 年轻海军军官的教育问题,包括两种情况:一是当他们趁着年轻直接来到海军时的教育问题;二是当他们先到某种公开或秘密的准备系统任职,然后再来到海军时的教育问题。1902年至1903年,当与会人员提出"塞尔伯恩方案"时,他们谈论的正是这种教育。在本文中,这个问题不会得到很多关注①。

(3) 试图确保海军高级军官,或者级别相对较高的海军军官,了解其职业背景这个宏观问题,尤其是当这个问题将海权视为治国艺术的"陪衬"时,或者换句话说,将海权视为关乎海军职业的"崇高"方面时,更要确保如此。这个问题涉及结合历史开展战略方面的教学工作。在本文中,这种教学工作更为具体,指的是在海军高级军官战争理论培训班上,试图向学员灌输深刻的意义②,特别是在梅、斯莱德和贝瑟尔担任海军战争学院院长期间开办的各期培训班上③。在某种意义上,在皇家海军对其

---

① 这个问题会在本书第五章B·D·亨特的论文中讨论。

② 作为海军高级军官战争理论培训班的一般性参考文献,参见C·C·劳埃德的文章,"朴次茅斯和格林威治皇家海军学院",《海员镜报》第52卷(1966年),第145-156页。

③ 在提到这个战争理论培训班时,有时候会出现混淆,因为有人会认为,在纽波特这个地方,美国海军战争学院首先开办了同类培训班,而英国的这个培训班是步其后尘,于两年以后开办的。这种混淆之所以出现,是因为格林威治皇家海军学院最初的战争理论培训班,一定程度上是一门为海军上尉开设的长期课程,主要关注的是海军战术和机动问题,教材关注更多的是航海技术。从时间上来看,英国的这个培训班一直持续到19世纪80年代。在那些年当中,该培训班得到了约翰·诺克斯·劳顿爵士和菲利普·H·科洛姆海军上将的关注。他们从科洛姆那里得到的战略学说可能是相当多的,而劳顿无疑是一部活百科全书,所以当时的教学水平并不低。然而,我没有证据来证明,直到H·J·梅海军上校在1898年到世纪之交之间接管这项工作,这个培训班才有了不小的声望。但是,现在普遍认为,这个培训班的开设地点在朴次茅斯、德特福德和格林威治之间变换,1900年才开始有效运行。

职能的认识方面，这种教学工作构成了科贝特影响的核心。这个宏观问题还涉及：

- 海军高级军官战争理论培训班的课程和历史的性质；
- 科贝特、皇家海军战争学院机关和作为“学员”的海军高级军官，对于当前的任务存在不同认识的问题。

(4) 国家和海军自身要开展海洋职能教育这个总体问题，方式如下：

- 通过写书的方式实施；
- 通过施加影响的方式实施；
- 根据帝国的因素实施。

(5) 评估手段问题。

私自闯入海军的历史学家

回顾过去，朱利安·科贝特写了一些关于英国皇家海军历史的书。在他那个时代，质量无与伦比，这一点看上去是足够清楚的。我们可以争论，这些书作为指南或教学手册，对海军这个军种或者国家有什么价值。我们还可以争论，他所谓的“原则”有什么“用处”；甚至还可以争论，他的许多观点有什么所谓的危险或瑕疵。我们甚至还可以争论，他的历史是不是以拥护者的方式事先确定好的——实际上，R·C·安德森曾经说过，科贝特只不过是个律师而已，习惯于根据自己可以清楚预见的结果来塑造他的材料。但不能这么严肃争论的是，通过返回伊丽莎白时代，以及在那之后的17世纪和18世纪，为了考察国家政策和海军活动之间的联系，他开创了详细研究英国海洋战略的结构化方法，而在他之前，人们还没有认真地开展过这样的研究。

不是说他是唯一这样做的人，而是说他的研究方法独树一帜,这一点很重要。有人会马上想到逐渐向文献记实法靠拢的马汉,虽然他的第一本书,在历史学家的作家行当中,没有根据我们称之为原创研究的路子去写。但是,马汉在美国,就像劳顿和科洛姆在英国一样,是一位海军军官。科贝特不是海军军官。军舰上的军械室、后甲板、"教官"的帮扶或者熟练操作绳索末端的下士,都是他从未感受到的影响因素。

他之所以独树一帜,还有一个原因,那就是他是一个自学成才的业余爱好者。因此,他的名声,就皇家海军而论,取决于他的沟通技能,不仅要与紧密团结在一起的海军军官集团沟通,而且还要与必须制定海军政策的重要人物沟通。尽管如此,归根结底,他最终的影响力还是取决于他的学术出版物。

当然,没有人能在真空中写作。19 世纪末,作为普遍资本主义运动的一部分,作为更为普遍而且或许更为根深蒂固的帝国传统的一部分,大英帝国在争夺各种利益,英国海军也做出了相应的调整,而科贝特是这些调整的直接受益者。与其他以海军为创作对象的作家一样,科贝特游走于新成立的英国海军档案学会,以期得到鼓励和灵感。在任务定义方面,科贝特离劳顿和科洛姆的距离并没有多少光年那么遥远。然而,由于种种原因,科贝特的学术成就一直高于其他学者的成就。而且,虽然无法与马汉比肩,但他在出版学术著作方面取得了一些重大成就。我想说的要点是,无论采用什么样的比较标准,他们所有人,马汉、劳顿、科洛姆和科贝特,都是以国家档案为依据,开辟了记实历史的新领域。

那么,科贝特是怎么走进历史这个学科的呢?他的背景对这个问题有一定的影响。他家境殷实,家里在伦敦经营着办公大楼建筑生意。这种殷实的家庭背景使他能就读于剑桥大学马尔伯勒学院,然后又到剑桥大学三一学院深造。在三一学院时,他担任 8 个人的艇长,并于 1875 年毕业,在剑桥大学法学荣誉学位考试中成绩优异，荣获一级法学学士学位。他的家人相互之间关系很好，并且基于他们的性情和家族传统，他们在政治上是自由党党员，支持改革运动。然而，从剑桥大学毕业后，虽然1877年被中殿法学协会授予律师资格，但科贝特从未认真地从事过法律工作。他开始了更为深奥的追求，比如在著名的斯莱德美术学院发展素描才能，在印度、美国和意大利旅行，等等。然后，他尝试写小说和其他文学体裁，比如短篇通俗传记，等等。在这种文学创作活动中，每逢捕猎期，他都会去苏格兰或挪威钓鱼，去苏塞克斯打猎。

我在这里提到这些，只是要强调，19世纪90年代以前，他的生活不具备海军的性质。他在温室般的氛围中，坚持做着勉强够格的文学事业。他住在家里，能看到他的许多兄弟姐妹，特别是能看到他的母亲。除了母亲之外，其他人没有一个人看起来支持或理解他的写作抱负。因此，当母亲去世后，他四处寻找志趣相投之人，并寻找一份事业，因为他敏锐地意识到，他的才华没有施展出来。而且，当他写作时，特别是在写德雷克时（两本书：一本小说和一本短篇传记），他感到厌烦，因为别人把他看成是为男孩子写书的业余爱好者。所有这些事情，但最特别的是他对文学历史情况的愤怒，驱使他开始进行大规模研究，为《德雷克与都铎王朝的海军》做准备。我故意用了“大规模研究”这几个字，因为跟其他以海军为题材的作家一样，他之前已经查阅过档案。他下定决心，任何人都不要再对他使用“业余爱好者”这个词。他不是在攻击海军、以海军为题材的作家或者海军机构。他写作是为了赢得自尊，而且依我看，如果他写的是在克里米亚半岛打仗的陆军，他就会写出一部“权威的”历史著作。实际情况是，他的才华在不断地得到磨练，并与他对海军的兴趣恰到好处地结合在一起。

所以,他写了《德雷克与都铎王朝的海军》。我不希望在这里再次讨论这部著作,只是要指出,这是一部产生了重大影响的著作,也是一个业余爱好者的一次尝试,要证明英国海军历史的基础不仅仅是浪漫主义的架构,比如弗劳德的架构,也不仅仅是官方授意的造舰程序,因为这些程序迎合的只是 19 世纪 90 年代海军的当务之急。他也有沙文主义者的偏见;当然,多数人对舰船设计的变化感兴趣,但是他还开始证明,即使在英国海军成立之初的岁月里,英国海军的成功基础,也不仅仅是一次命运预定的浪涌,“来自蔚蓝的公海”,涉及一个“宪章”和“大英帝国规则”。这个大帝国因素没有逃过科洛姆的眼睛,就像它没有逃过马汉的眼睛一样。但是,科贝特的专著《德雷克与都铎王朝的海军》,从伊丽莎白时代初期开始讲起。英国的外交政策涉及个人主义的行动或独立自主的行动,在英国人心灵深处设想的活动。在伊丽莎白时代的英国统治者和她的早期水兵当中,有一种越来越强烈的感觉,认为强有力的海洋政策是可以从理性上构建的。科贝特将英国外交政策的口吻与这种感觉紧密结合在一起。实际上,他在书中证明,伊丽莎白时代的人已经从理性上构建了这样的海洋政策。在他的描述和再现当中,作者自己在务实和理想之间的转变,与那个时代实际存在的不确定性极为相似。例如,现在尽管有沃纳姆和安德鲁斯等学者的后续研究和阐述,读者们仍然必须允许梦想和现实互相竞争,在一定程度上,这是为了拥有解读的依据。对科贝特而言,达成这种平衡就是一项非凡的成就。如果说他在第一本书中,过于主张海权发展模式比陆军发展更为重要,那科贝特也并没有死心塌地地按这种思路创作下去。相反,他迅速地意识到,他做得有些过分,于是在第二本书《德雷克的继承者们》当中,他永久地抛弃了海洋排他性思想,并使这本书成功地成为拥护联合作战或军种合作的力作。他从此再也没有写过推崇海军完全独立行动思想的作品。他认为，如果陆军官兵在作品中只赞颂陆军，那也是同样荒谬可笑的，而且他也是这样说的。

海军教育方案

1902年通过的“塞尔伯恩方案”与男孩子的教育有关。科贝特对该方案的兴趣不大①，而且，他也不是这个领域的专家，因为该方案适用于海军军官的早期教育。他没有任何个人专长可以借鉴，之前也没有对这个问题的历史方面做过任何专门研究。他拥有的信息，都不是来自他自己的历史研究。毫无疑问，科贝特的作品有助于宣传约翰·费希尔爵士的建议，特别是在非海军人士的圈子里。尽管如此，科贝特投出的稿件纯粹针对的是报刊杂志。他的资料由约翰爵士本人提供，并通过担任费希尔助手的赫伯特·里奇蒙德和威廉·亨德森转交，以便在人为因素很强的截稿时间之前交稿，而且推测起来，要满足费希尔的需要。作为这支管弦乐队的一员，他表演得很出色，但是他是与其他人一道，在费希尔这位艺术大师的指挥棒下表演的②。在他的3篇文章中，第一篇于1902年3月刊出，而这个新方案于当年12月在英国海军部公布。

---

① D·M·舒尔曼著，《朱利安·S·科贝特，1854—1922：研究从德拉克到杰利科之间英国海洋政策的历史学家》（伦敦：1981年，以下简称“《科贝特》”），第28-37页；B·D·亨特著，《水兵学者：海军上将赫伯特·里奇蒙德爵士，1871—1946》（滑铁卢：1982年），第7-9页。欲知该方案的详细内容，参见阿瑟·马德著，《从“无畏”号战列舰到斯卡帕湾：费希尔时期的英国皇家海军，1904—1919》，第1卷（伦敦：1961年），第28-32页、第46-52页。

② 这些文章刊登在《每月评论》1902年3月、4月和9月号上。

海军高级军官战争理论培训班

科贝特故意满足了约翰·费希尔爵士的愿望，而且1902年8月，H·J·梅海军上校，时任海军高级军官战争理论培训班主任，邀请科贝特到海军高级军官战争理论培训班讲课。毫无疑问，这两件事之间有着明显的联系。科贝特被选中，还有一个强有力的因素。这个因素一定是乔治·西德纳姆·克拉克爵士，他于1902年成为帝国防务委员会的首任大臣。他想得到科贝特的支持，帮助他努力加强英国战略计划中对于联合作战的思考①。梅给科贝特写信，说他可以在他提议的四至八次讲座中，保持他的历史观，并可以"在合理范围内"，选择什么时间去讲课。然而，这些例子的现代启示不容忽视。科贝特受到的邀请，要求他要有创新性，要证明当涉及到国家政治、治国艺术或者政治才能时，战略怎样才能永远不会完全从陆军的或海军的角度制定；或者说，正如梅所说，科贝特的任务是"用政治左右战略"②。

科贝特到那里讲学时，海军高级军官战争理论培训班并不是一项新的发明创造③。我可以明确的是，这段经历是朱利安·科贝特工作生涯的转折点，而且是一个使他心绪不宁的转折点。

---

①　1904年，《英国在地中海》一书出版。在"序论"部分，科贝特专门对克拉克的影响表示感谢。另外，1897年，《海军与国家》一书出版。在这部了不起的著作中，从头到尾都可以看到克拉克和J·R·瑟斯菲尔德强有力的影响。科贝特从这部著作中汲取了大量的学术思想，并借鉴了此书对海军政策的研究方法。

②　"梅致科贝特的信"，参见舒尔曼著，《科贝特》，第33页；另见J·S·科贝特的文章，"海军历史与军事历史的教学"，《历史》(1916年4月号)。

③　在"朴次茅斯和格林威治皇家海军学院"这篇文章中，克里斯托弗·劳埃德对该培训班的工作做了描述。参见第73页注释②。

他的专长在于他的几部书，而且在 1902 年那个时候，他正在写《英国在地中海》这本书。梅希望他的历史著作能与现代直接对话，就像通过他的解读者所分析的那样；毫无疑问，这次会议的与会者也希望是这样。

在海军高级军官战争理论培训班讲课是什么样子呢？克里斯托弗·劳埃德对这个问题做了简要介绍，1916 年科贝特对这段经历进行了反思，在我的传记中，有一章题为“海军部的新人”①，其中详细记录了科贝特的信件。通过这些材料，肯定可以得出一些看法。

19 世纪 80 年代以来，英国皇家海军战争学院一直在开设战略和战术方面的课程，同时开设一些更为严格的实用课程。该院开展的工作，决不是要跟 1884 年以来美国纽波特海军战争学院开展的工作比一比。劳顿确实给各个批次的高级军官讲过一些战略课，而菲利普·科洛姆讲的是战术课。正如上文指出的那样，这两位英国著名历史学家的资质很高。但是，劳顿越来越沉浸在 16 世纪 80 年代英国与西班牙战争的琐事之中，而科洛姆这个人在英国海军行政部门那里声望不高。事实上，从 19 世纪 70 年代开始，他就一直在从事舰队信号和战术工作。但是，90 年代时，费希尔不近人情地称之为空谈家②。没有证据表明，费希尔的学术知识比他的大多数海军军官同僚的更渊博。为什么当科贝特来到海军高级军官战争理论培训班时，他会受到不同的待遇呢？第一，科贝特不妨碍海军人员恪守的习惯性观念。这可能是他非凡的吸引力之一。第二，世人公认他写过

---

① 舒尔曼著，《科贝特》，第 22－59 页。

② 实际上，费希尔的原话是“半瓶子醋”，参见阿瑟·J·马德著，《剖析英国的海权：“无畏”号战列舰之前的海权史（1880—1905）》（纽约：1940 年），第 47 页，注释 6。

几部重要的著作。第三，梅在有意识地努力把海军高级军官战争理论培训班做成像美国海军战争学院那样的东西。当然，他很清楚，并对这位新聘教员强调说，不管科贝特的造诣有多深，培训班上的海军上校们成功与否，不仅仅取决于讲一讲他所写的材料①。毫无疑问，正如有一次他面带不悦地指出的那样，科贝特作为一个沟通的桥梁，肯定度过了一段艰难的日子②。问题是，接收端那些人的文学造诣各不相同，所具备的学术能力差别极大。在一次课结束后，以什么样的形式，才能让这些习惯于作为海军部代理人的高级军官，明明白白地理解讲课要点的真正重要意义呢？一想到还有他们不知道的因素，这些功成名就的职业军官就很烦恼。他们不是傻瓜，对他们来说，如果课上讲的内容不是基本思想，他们通常会无视或摒弃。

此外，他们意识到了历史传统，而且这方面的知识也很渊博；他们对于历史作为一种批判工具的评价不够深刻。历史传统和这种评价之间的区别，对于他们来说，当然是作为一个群体来看，很少会一目了然。不仅这种区别不够明显，而且他们往往还会憎恨所有的批评，特别是当批评来自于文职人员时。当科贝特会巧妙地给出证据，证明海军军官之外的人，可能会更好地认识到一个历史事件的真正意义时，他们要么感觉受到了威胁，要么感觉受到了庇护。事实是，他们对学术界人士持怀疑态度。

对科贝特来说，他个人被学员憎恨，他讲的课也被学员憎恨，对此他一定感到惊讶③。在给一个他既崇敬又钦佩的军种

① 劳埃德的文章，“朴次茅斯和格林威治皇家海军学院”。

② 劳埃德的文章，“朴次茅斯和格林威治皇家海军学院”。

③ 虽然他意识到了学员们的怨恨，但这种敌意直到 1931 年才公之于众。参见“关于英国皇家海军战争学院早期的几点说明”，《海军评论》(1931 年 5 月号)，第 242 - 243 页。

讲课的过程中，科贝特发现，他煞费苦心地要证明，一些奇特的微妙关系一再造成了世人认可的惊人结果，而在这样做的同时，他却在引起敌意。也许，他还不致认为他的听众确信自己已经知道他在试图解释什么，但是他应该这样想。他试图说明，海军的配置是可以安排的，特殊或有利的结果并非永远取决于“听话的敌人和宽广的海面”。在这种情况下，学员的状态尤应如此。最后，与给海军学员授课的多数教员一样，科贝特也慢慢地意识到，这些职业军官对于下面这种观念深恶痛绝：一群 18 世纪的专业人士，对于海军的认识可能比他们自己还要专业。作为优秀的唯装备论者，他们对技术进步深信不疑。

另外，关于科贝特，必须要注意的是，他到皇家海军战争学院讲学之前，从未当过大学教师。他不习惯即席回答思维敏捷的年轻军官提出的问题。他也没有意识到那些统辖高级军官的清规戒律。他们普遍彬彬有礼。他把这种友好的接受视为一种改变信仰的情况。他们不问问题，因为总体来说，高级军官已经度过了希望毫无必要地暴露其思想过程的人生阶段。当不受海军部命令或军衔职务的保护时，他们一般保持沉默，但也不总是在课堂上睡觉。

在多年以后的一篇文章中，在科贝特去世以后，作者让科贝特为其要使英国海军惊讶的强烈愿望付出了代价①。他的批评者的看法是，在他的授课内容中，他自己的新观点太多了。正是在科贝特试图证明其结论的新颖性时，听众才对他最不信任。当然，他们对他的强词夺理非常反感。归根结底，一个文职人员，用文学的方式，能举出什么连他们都还不知道的与海军有关

---

① 虽然他意识到了学员们的怨恨，但这种敌意直到 1931 年才公之于众。参见“关于英国皇家海军战争学院早期的几点说明”，《海军评论》(1931 年 5 月号)，第 242 - 243 页。

的例子呢？当然，谁敢告诉一个袖章有四道金色圆环的海军上校怎么思考——思考任何问题呢？

在对海军高级军官战争理论培训班进行思考的过程中，我试图仔细研究它的方法，有点忽略了内容或素材。在很大程度上，在这些水兵和这位研究文学的文职人员之间，存在着相互不理解，而我的注意力则一直在这上面。现在，有必要提出授课内容是什么、授课效果是什么这些问题了。

科贝特一定被认为是海军的宝贵人才，因为从 1902 年起，一直到第一次世界大战爆发，他经常在不同地点给各种名目的海军高级军官战争理论培训班讲课。当然，这其中的原因不仅仅是费希尔的压力和支持。尤其是在最初的几年里，他感到震惊的是，有证据表明，唯装备论的战略观念占据着压倒性的主导地位。这种思想倾向在一定程度上可以说明，为什么在钢铁和螺丝上成长起来的现代海军军官，对 18 世纪的帆船和桅杆表现出了不理解。正是这种唯装备论学说，才驱使军内外海军问题专家，去从大规模、毁灭性战役的角度，对下一场战争进行思考。在许多人看来，日本的对马岛（Tsushima）似乎以压倒性的方式，证明了人们这种对于打大仗的专注。在科贝特的讲座中，他试图从证据和结论两方面支持联合作战思想。但是，让他担忧的，还不仅仅是在海军高级军官战争理论培训班上流行的战略思想。他不得不小心在意，讲课的方式还不能让费希尔的日子更难过，因为费希尔本人是一个主要的唯装备论者，对两栖作战只是有几分支持而已，而且他的敌人很多。科贝特需要时时小心谨慎，他感谢梅上校给他提供的帮助，让他在这条布满地雷的羊肠小道上如履薄冰①。

① J·S·科贝特，“海军历史与军事历史的教学”，《历史》（1916 年 4 月号）。

1905年春天，梅上校，这位聪明睿智、理解力强、与人为善的海军高级军官战争理论培训班主任，与世长辞。他的继任者，埃德蒙·斯莱德爵士，也持有广泛的历史观点。科贝特与他的接触依然密切，而且与海军情报部长查尔斯·奥特利爵士的接触也是如此。正是在这段时间里，有一个问题变得明确起来，即如果要穿过比利时和法国北部，对德国的武装进攻进行侧翼攻击，任何计划都不会得到陆军计划人员的支持①。由于没有证据表明费希尔支持这种资源配置方案，这种认识不足为奇。这样，这项特别提议到此为止；而且事实证明，这是一项影响深远的长期决定，更不用说是一项意义重大的决定。跨军种重大联合作战计划的制定工作就此终结。这也一定影响了战争理论培训班学员的态度。

也许令人惊讶的是，在海军高级军官战争理论培训班，联合作战能力的重要性仍然保持着生命力，而且生命力旺盛。从费希尔的角度看，这肯定是个问题，因为他的敌人不停地逼他解决拥有或制定战争计划这个问题。计划工作在哪里开展呢？又在什么层次开展呢？大体上来说，因为海军对费希尔和他的方法不满，对他的权威提出了挑战，所以不可能制定安全、务实、权威的计划程序。费希尔试图对这种批评进行约束，于是在1906年晚些时候建立了所谓的巴拉德委员会，并于1907年年初，最终制定了供海军部使用的秘密计划②。但是，科贝特借助他在战争理论培训班的有利地位，提醒费希尔，他为了消除反对意见而从海军部散发出去的材料，在很大程度上来说，都是“非专业性的垃圾”。正是在这个时候，科贝特才奉命前往战争理论培训班

① 舒尔曼著，《科贝特》，第41-43页。

② 舒尔曼著，《科贝特》，第66-67页。

"教战略"。对他来说,这意味着,由梅提供的相对宽松的适应原则,现在已经由上头为他确定下来,而且这次这些原则是一件约束他的紧身衣。此外,这些原则既约束斯莱德,也约束他自己。许多年以后,科贝特给西德纳姆勋爵写了一封信,目的是回应这位名人在日德兰海战后针对他的直接攻击,大意是说,他奉命采用现代主义的、以战略为中心的方式实施教学活动,言外之意是,如果他的教学成果遭到了令人遗憾的解读,那么责任不应该全落在他一个人身上①。讲授战略这项任务具有影响深远的意义,不能用海军的几句陈词滥调予以抹杀,这样说可能会更接近事实。

1906年至1907年,英国发生了关于海军的战略论战。这个背景主要与应该建造的主力舰种类有关。当时,法国对军事问题的讨论开始活跃起来,最终俄罗斯也卷入了这场大讨论。当时流行的问题有两个:一是作为抵御侵略的手段,舰队的价值是什么?二是作为确保完整的海洋控制权(即制海权)的工具,舰队的作用是什么?

然而,在战争理论培训班,学员们的感觉是,英国人需要与日本人结盟,这种需要已经明确表明,在全球范围内运用海权是一项艰巨的任务。在他的课上,科贝特试图通过历史类比的方式证明,舰队和国家的目的并非始终那么简单、那么明显,似乎大规模运用海上力量就会自动解决各种伴随问题。科贝特和斯莱德逐渐意识到,试图用历史实例来教学的做法,不是很成功。这可能是因为,他们遇到的海军军官更习惯于接受权威的规定,不太愿意接受对行动和计划的历史描述,特别是对一个多世纪之前的那些行动和计划的描述。因此,正是为了弥合授课人和

---

① 舒尔曼著,《科贝特》,第58页。

听众之间理解方面存在的鸿沟，科贝特才开始教“战略”；同样，也是出于这个原因，他才开始编写那本“绿皮小册子”①。这份文件后来成了1911年出版的《海上战略的若干原则》背后的核心思想。它代表了梅的系统的对立面，而且是艰辛努力的结晶。几年前，我试图对此进行总结：

> “当时，科贝特是海军高级军官战争理论培训班的新任战略学教员。乍一看，这项任命看上去没有多重要，但它实际上要重要得多，而且这项工作他确实也做得不松轻。他自己的战略和战术观念基础扎实，是在对英国海军的过去不断深入了解之后形成的，其间他查阅了原始的历史文件，并做出了正确的评价。他必须要教的那些学员，其观点是在他们所理解的职业实践基础上形成的。他们对历史的了解，通常来自于粗略地阅读马汉的著作。在马汉早期的著作中，也是最著名的著作中，马汉并没有参考原始资料。因此，仅从教学角度来看，科贝特在战略教学任务中面临的困难几乎难以逾越，而且与此同时，还要面对构成这项任务的基础的历史。他还必须让学员感兴趣，否则就会被他们忽视。10月份，身心疲惫的他给纽博尔特写了一封信：‘我的战略讲座是一项非常艰难的工作。当我接受这项任务时，我完全不知道有多困难，要用可以消化的形式，把理论呈现在海军军官从不使用的器官面前。’”②

---

① 在埃里克·格罗夫所著的科贝特的《海上战略的若干原则》评注版中(安纳波利斯:1988年)，这本“绿皮小册子”以附录形式刊出。

② 在埃里克·格罗夫所著的科贝特的《海上战略的若干原则》评注版中(安纳波利斯:1988年)，这本“绿皮小册子”以附录形式刊出，第44页。

卡斯坦斯海军上将了解海军历史，是一名令人尊敬的历史学家，也是科贝特的朋友。他以约翰爵士的敌人著称，但是他对战争理论培训班教学方法的评论是：如果要求学员去研究历史实例，而不是去研究罐装肉，效果可能会更好。这种说法可以说是说到了点子上。毫无疑问，这激怒了科贝特[①]。正是在这段时间里，科贝特在写《七年战争中的英国》，并且用这本书，按照克劳塞维茨的样子，来阐释大英帝国的问题、入侵的选择，以及最终取决于巧妙选择和敏锐理解的其他计划工作[②]。这种方法可能不是在战争理论培训班讲课最有实效的授课方式。当然，科贝特和斯莱德既没让两栖部队的军官作他们的听众，也没有让他们深信，采取巧妙的方法探讨"制海权"这一惯例，是合理的，是可能的，或者是理想的。

正如刚才提到的那样，科贝特能一直给海军军官当教员，不仅仅取决于他作为战略学教员的水平，能让战争理论培训班的海军军官打破陈规，接受某种独特的观点。1906 年以后，他写了那些文章支持海军部的造舰计划，这让约翰爵士一直对他心存感激[③]。

接下来，在 1908 年，科贝特向世人证明，仅仅通过写写历史，他就可以给人留下多么深刻的印象。凭借一篇影响力很大的论文，论述英国人对法国人计划 1744 年入侵英国的恐慌，再加上他在文中使用的"最坏情况想定"，他驳倒了陆军的观点：海

---

① 在埃里克·格罗夫所著的科贝特的《海洋战略的若干原则》评注版中(安纳波利斯:1988 年)，这本"绿皮小册子"以附录形式刊出，第 56 - 57 页。

② 《七年战争中的英国》于 1907 年在伦敦出版。

③ J·S·科贝特，"海军部近期受到的攻击"，《十九世纪》(1907 年 2 月号)；"战舰速度的战略价值"，《皇家三军联合研究所学报》(1907 年 7 月号)[这是一份 1907 年 3 月在英国皇家海军军事学院讲课时使用的讲稿]。

军没有能力阻止一次“晴天霹雳”式进攻①。在政治家们的鼓动下，这篇论文在帝国防务委员会开展的入侵调查中得以采用。科贝特能驳倒反海军派的主要观点，但是他没有能力或权力完全抵挡住约翰爵士受到的所有批评。然而，约翰爵士想要取得无条件的胜利，并得到无条件的支持。所以，他对科贝特的感激也是有限的。尽管如此，一个局外人，写的文章能有这样明显的效果(即让带头煽风点火的政治家和军人沉默了一段时间)，根据他的表现，真是太重要了，不能忽视。入侵调查结束以后，他应邀对一堆关于日俄战争的信息进行梳理。他做了这项工作，而且根据梳理结果写出来的几本书，蕴藏了巨大的教学潜能。1908 年这篇论文和日俄战争史方面的著作，就其本身来说，足以说明为什么科贝特在一战期间是海军部一位颇具影响力的人物，也足以说明为什么他最终会被选为海军的官方历史学家②。

帝 国 因 素

在海军高级军官战争理论培训班开办期间，帝国防务委员会经历了起起伏伏，英国出现了海军战争参谋部之争，约翰爵士和他的敌人们发生了激烈的内战，而且战舰建造方面的争议不断，很容易使科贝特这位历史学家迷失方向。事实上，在关于新战舰和新挑战的所有争论的背后，都有一个庞大的帝国，其坚持不懈的传统要求挥之不去，而且海军的多数高级军官都曾直接参与其中。陆军战略学家(这是个充满了尊严的名称)和那些极

① “入侵，1744 年”，未刊出论文。作者有一份。

② 舒尔曼著，《科贝特》，第 131 - 151 页。

力推崇造舰的人们，他们在乎的竟然只是通往印度、新加坡、好望角、布里斯班，甚至那个无所事事的典范——加拿大——的生命线？捍卫这些交通线正是海军军官接受训练要做的工作。科贝特指出，如果他们现在认为，一场大战就会确保所有这些交通线和其他交通线的安全，或者将其牢牢控制，那么他们就错了。从 18 世纪开始，恐慌制造者们一直在研究这些同样的问题。因为现代技术的影响令人不安，所以 1908 年这段时期的赌注看上去更高，而且这场博弈本身也更为可怕、更加艰难。在海军高级军官战争理论培训班，科贝特能睿智地运用历史论据化解直接挑战，但是至少在战争理论培训班，他不能"让男女军官的所有室友都平静下来"。

然而，本文的目的是要探讨教育问题，而不是帝国的目的、海军内部的争议、国家政策或者陆军和海军之间的争执。但是，科贝特和他的同事们，都情不自禁地卷入了在约翰·费希尔爵士周围打漩的浪潮之中。

回　顾

在我看来，回顾过去，关于科贝特，有两个方面很突出。第一，他之所以独树一帜，是因为他能用正式的方式撰写和运用历史，取得了如此明显的效果，以致在对预设前提形成一定一致意见的情况下，他在直接争议中的任何层面上，实际上都无懈可击。他是一位非常有影响力、非常小心谨慎、非常激励人心的作家、宣传员和教员。即使他的听众无法始终接受他的教诲，他们也会或多或少地保持克制，不会攻击他。第二方面，也是对于本文更为重要的方面，从另一种意义上说，他是一位代表性人物，并非独一无二。与在他之前和之后给军队人员讲课的其他教员一样，他面对的是单个学员职权能力各不相同的学员群体。他们之所以来到海军高级军官战争理论培训班，不是因为他们都是训练有素的历史学家、古文物协会会员或者英国社会科学院院士。除了军衔等级以外，他们没有共同的入学模式。与生俱来的智慧和严格的军事训练能使他们变得有多优秀，他们在知识水平上就有多优秀。他们来到培训班，不是为了奉命写出一些论文，由为了给他们讲课而从军队以外引进的教员专家评分。军方的领导人员经常非常聪明，但是他们不是专家，而且他们还要受制于可以感觉到的频繁任职的服役要求。这样一群人的交点在哪里呢？与科贝特一样，到陆军和海军机构授课的多数教员，都不得不面对这种情况，或者与之类似的情况。这就是为什么科贝特在这种背景下看起来是一位代表性人物的原因。在海军高级军官战争理论培训班，这个问题尤为突出，因为科贝特和斯莱德不得不面对一个事实，即没有可供他们教学使用的通俗易懂的战争计划。他们通过科贝特乐于采用的类比法，在历史领域中开展工作，但是由于他们极力规劝费希尔，必须构建一个供战争计划制定工作使用的资源库，教学的总体要求就自然而然地变得更加复杂。

所以，就这样，那个熟悉的老生常谈的问题就出现了。应该以辅助演绎的方式根据原则来讲授历史呢，还是允许原则时不时地从历史实例当中浮现出来呢？就我个人来说，对于试图通过推断过去来为现在提供启示的做法，我始终不够自信，除非在质询时间内，历史教训看起来会自然而然地浮现出来。我避免此类情形的方式，是巴里·亨特从未采用过的，即使是在此类情形让他烦恼的时候。对我来说，从未作过现代主义的学生，要把纳尔逊的学识转化为潜艇乘员的推断，始终是困难重重的。“相互回避”这个问题看起来不会消失。菲利普·克劳尔教授，在这所海军战争学院的特纳时代，在我看来，也面临着这个问题。要是能听到一些关于他和他的团队如何认识和处理问题的见解，那会是很有意思的①。

另一方面，依我看，各个国家的其他高级防务学院，都没有如此之好地面对这些问题。它们经常进行机构访问或国际访问，毫无疑问，这是一种办学的教育方式。它们经常鼓励撰写“学位论文”或“课程论文”。它们为一些学术“专家”和疲倦的记者提供优厚的薪酬，而且有时候还会为他们提供研究场地，但是，至于一般在大学里认可的学术主张，它们却什么也没有。在这些地方，手段往往比目的重要。此外，涉及创新方法的自由创作和辩论数量达不到惊人的地步。根据这里触及的这些问题，“原则”往往取代了要紧的问题，这种现象也就不足为奇了。下一步，当前的需要必须要取代“原则”。“安全”问题要在最大限度内不予探讨，至少在本文中如此。

至于科贝特，或许他最伟大的成果，就是推荐水兵里奇蒙德去从事应用文写作和教育工作，这些都是让海军处处弥漫着批判性思维所必需的。这使这场博弈在两次世界大战之间那段时期得以继续。当然，他失败了，就像科贝特在他之前失败了一

① 关于这个话题的背景，参见哈滕多夫、辛普森和沃德利著，《水手与学者：美国海军战争学院百年史》(纽波特：1984 年)，第 275－282 页；斯坦斯菲尔德·特纳的文章，“高等教育在今日海军中的作用”，《美国牛津人》第 60 卷(1973 年 10 月号)，第 186－192 页。另见菲利普·克劳尔和 J·K·麦克唐纳的文章，“美国海军战争学院的新课程”，在“武装力量与社会问题大学间讨论会 1973 年年会”上交流，芝加哥大学(伊利诺伊州)，1973 年 10 月 12 日，第 11 页。

样。尽管如此,科贝特写的那些书,正如我在其他地方指出的那样,90 年来仍然是严肃的历史解读。这些书仍然“为他站岗放哨”。里奇蒙德的著作也是如此。

讨　　论

参见第六章末尾的讨论部分,第 153 - 174 页。

第五章 里奇蒙德与英国皇家海军的教育工作

巴里·D·亨特教授
（加拿大皇家军事学院）

“在战争的科学中，知识不是凭直觉获得的；在战争的艺术中，能力亦然。”①

赫伯特·里奇蒙德的改革天赋和行为多如牛毛、林林总总，以致对我来说，决定在一本传记中应该强调哪些，可不是一件无关痛痒的事情。在我的专著《水兵学者》中，有些方面的内容无法充分探讨，但在这次会议上将得到关注，对此我很高兴。组委会要求我，集中谈一下里奇蒙德在完善英国皇家海军军官教育方面所做的努力。这项任务正合我意，因为教育是里奇蒙德自己的核心焦点。在他看来，皇家海军在第一次世界大战中的失利，以及之后的失利，都是一个原因造成的——军官教育不够充分。在他的成就当中，最为不朽的，可能是帮助确立了海军历史的地位，使之成为一个独特的学术领域，成为形成和传播合理战

① H·W·里奇蒙德，“海战”，载乔治·阿斯顿编，《为了政治家和公民的战争研究》（伦敦：1927 年），第 118 页。

略思想的手段。

要为里奇蒙德在这个领域的工作编制一份资产负债表，可不是一件容易的事情。客观资料杂乱无章，而更为主观的证据参差不齐。在第二次世界大战和他自己晚年的背景下（他于1946年12月15日与世长辞），我想说的是，总的来说，他的一生是成功的。不管基于什么标准来判断，1939年至1945年，皇家海军的作战记录都显著优于其在第一次世界大战中的表现。里奇蒙德至少可以声称，他在这方面起到了辅助作用，而其中最引人注目的，是在更加健全的参谋结构和对其用途的态度领域。但是，根据皇家海军成功克服的严重资源限制和不利情况，以及整个军官队伍表现出的领导力和独创性方面非常显著的进步，里奇蒙德很受鼓舞。在这些进步的背后，里奇蒙德不是唯一的推手。然而，在他支持的观点方面，他感到自己是正确的。而且，在其他一些宏观政策问题方面，比如交战国权利问题，舰船设计问题，战列舰、巡洋舰和小舰队的作用问题，以及战略空中力量的限制问题，他也高兴地看到，他的观点普遍证明是正确的。

尽管如此，其他现实问题冲淡了里奇蒙德的自我满足感。在第二次世界大战当中，特别是在温斯顿·丘吉尔对其主要趋势的实际控制当中，他也看到了自己失败的证据。因此，他产生了悲观情绪，并在1942年3月，当英国战时命运看起来最为不济的时候，出现在他写的一篇文章当中：

> “现在什么都在这个大熔炉当中。这场战争结束以后，是否还会有海军存在呢？这个国家是否会有兴趣，采取措施来确保使人民意识到海权的重要性，并且不仅通过1918年以来我们在这些毁灭性的岁月里削弱海军的可怕经历，而且通过过去悠久的历史经历，教

育人民重视海权的重要性呢？这些问题的答案我都不得而知。我非常害怕的是，以前发生过的事情还会重复发生，而且即使这个国家——以及大英帝国——幸存下来，也会重蹈自满的覆辙。”①

那个时候，里奇蒙德感到不安，因为他感觉到了某种灾难，除非丘吉尔和他的三军参谋长们重新把优先重点放在赢得制海权上。他感觉到，英国未能教育领导人掌握海洋战略的基本要素，这让他心情非常沉重。在此两年之前他曾突发心脏病，后来慢慢康复。毫无疑问，这次经历强化了他在这两个方面带有偏见的观点。正如他对牛津大学历史学会所说的那样，“看到过去一些最为明显的教训被那些负责国家安全的人藐视，真是令人郁闷至极……”。所以，他祈求：

“……出现一个由海军历史学家组成的新学派，将海军的历史要素纳入我们的通史之中，成为其不可分割的一部分。要是没有这部分内容，许多事情就毫无意义，许多事情就无法理解，而且要是没有这部分内容，德穆斯就会任由虚伪的领导人和各种谬误摆布。海权意味着什么？我们需要对此有一个更加真实、更有依据的理解……”②

在与里奇蒙德同时代的人当中，有些人认可他这种令人沮丧的判断。具体来说，其中的一个人，就是海军上将弗雷德里克·德雷尔爵士。他曾经在“铁公爵”号战列舰上担任过杰利科的旗

---

① 巴里·D·亨特著，《水兵学者：海军上将赫伯特·里奇蒙德爵士，1871—1946》（滑铁卢：威尔弗里德·劳里埃出版社，1982年）（以下简称“《水兵学者》”），第231页。

② H·W·里奇蒙德，“公共教育中的海军历史”，《历史》第27卷（1942年6月至9月号），第13页。

舰舰长，是杰利科一辈子都在保护的人。1952 年，德雷尔明确表示，他认为里奇蒙德在他那一代高级军官当中相当有代表性。德雷尔本人在海军内部决不是一位受欢迎的人物，特别是 20 世纪 30 年代初期，作为海军副参谋长，他对 1931 年 9 月苏格兰"因弗戈登兵变"的后果处理不当，而且从中谋取了私利。1952 年，正是阿瑟·马德的《一位海军上将的画像：赫伯特·里奇蒙德爵士的生平与文集》出版之时①。起初，德雷尔没有见过这本书，但根据《泰晤士报文学增刊》上的一篇书评，他说他现在意识到："……马德拿出来传播的东西多么骇人听闻！里奇蒙德盛名之下，其实难副。"德雷尔没有时间去了解里奇蒙德的努力，把他早期写的那些书，尤其是《经济与海军安全》，以及他关于吨位较小的主力舰的理论，评价为"对他的名声毫无用处的垃圾"。他倒是认为，里奇蒙德的最后一部著作，《政治家与海权》，是"一本非常好的书"。

"如果有人把他**之前的作品**毁掉**大多数**，就凭那本书，再加上他在**格林威治皇家海军学院海军高级军官战争理论培训班**和**帝国防务学院**的教学工作，他可能都会有相当好的名声。

……马德对里奇蒙德歌功讼德，对美国毫无影响……"②

几天之后，在真正读完马德的书之后，德雷尔感到十分愤慨：

"……读这本书真是可怕。

我一直都知道，他[里奇蒙德]既**聪明**又**不理智**，而

---

① 伦敦：乔纳森·凯普出版社，1952 年。

② 剑桥大学丘吉尔学院档案中心：《德雷尔文集》，DRYR 4/3，德雷尔致德·谢尔的信，1952 年 9 月 15 日。

> 且还自以为是——但是，这本书写得更过分，相当清楚地表明，他尽管有各种优势，拥有良好的出身，在我们光荣的军种中受到了教育，但却是一个不忠诚的无赖。
>
> ……这本书唯一具有弥补作用的特点是，这书写得太差劲、太邪恶、太不真实，以致这书对我们光荣的军种毫无危害可言，对杰利科的名声毫无危害可言，而且对‘里奇蒙德的圈子’之外的绝大多数海军军官也毫无危害可言。”①

不论好坏，马德和里奇蒙德促使德雷尔写出了一本他自己的书。他的书名暂定为“杰利科的同餐之友”，1954年出版发行时，定名为《海洋遗产：海战研究》②，打算作为“对那本关于里奇蒙德书的完美响应”。

> “……那些维持着皇家海军的纳税人有权得到以下保证：皇家海军配备的不是既无知又无用的军官，不是在战斗中胆小如鼠之辈，不是不动脑子想问题的蠢猪，也不是不忠诚的无赖。”③

连德雷尔这样尖酸刻薄的批评家，都从里奇蒙德在格林威治皇家海军学院和帝国防务学院的工作中看到了价值，这说明某件事情具有极大的重要性。正是在这两所学院，他的改革天赋和学术天赋都得到了充分的发挥。从长远来看，这对英国皇家海军意味着什么？这正是本文的主题。

---

① 剑桥大学丘吉尔学院档案中心：德雷尔致德·谢尔的信，《德雷尔文集》，DRYR 4/3，1952年9月19日。

② 伦敦：1954年。

③ 剑桥大学丘吉尔学院档案中心：《德雷尔文集》，DRYR 4/3，德雷尔致德·谢尔的信，1952年9月21日。

初级军官教育

正是因为里奇蒙德参与了许多1914年之前的倡议，参与了海军部下面与教育问题有关的各个委员会，才使他得到了高级官员的注意，特别是“水手”费希尔海军上将的注意，因为早些时候，他把里奇蒙德看成是他声名狼藉的“鱼塘”中的一员。费希尔把里奇蒙德为了1902年的“塞尔伯恩方案”或“新方案”所做的努力，以及他与负责准尉和导航军官训练工作的各个委员会所做的类似努力，称之为“传教士的工作”。这让里奇蒙德屡获任命：首先是在1906年，被任命为费希尔的海军助理，然后是在1908年，那年他35岁，晋升为海军上校，并于第二年负责指挥“无畏”号战列舰。在所有这些早期的努力当中，里奇蒙德扮演的都是一名初级参谋军官的角色。这种经历使他和各级教育改革的主要拥护者们结成联盟，用他自己的教育，来强调大英帝国既有的学员体系永远都无法实现的东西。他还吸收借鉴了朱利安·科贝特和其他人的观点。这些人曾敦促费希尔创建一种真正的海军参谋体系，但没有成功。

这里不是详细论述那些一战之前倡议的地方，但是因为“塞尔伯恩方案”构成了里奇蒙德后来的教育思想如此之大的一部分，所以有必要对其基本特点做一些概述。1902年的“新方案”是最为著名的，当时肯定是费希尔担任第二海务大臣期间实行的人事改革当中最有争议的内容。该方案结束了大英帝国的训练舰制度，把新入伍男兵的岸上教育工作交给了新成立的两所军校，奥斯本皇家海军学院和达特茅斯皇家海军学院。该方案最具争议的变动是，方案为海军行政部门、工程部门和皇家海军陆战队的所有军官，提供了一个共同的进入制度，而且在他们服役的前八九年，从12岁至13岁入伍时起，到22岁任命为合格的海军上尉时止，他们要接受相同的训练①。

正是这个“共同进入”或“可交换性”特征，才使该方案的推行遇到了最大的阻力。在推行该方案的过程中，通过促进后甲板和锅炉舱之间的和谐关系，并通过提升行政军官对蒸汽时代技术现实的意识，费希尔希望提高总体效率。该方案引起的争议，以及针对他把海军“民主化”进程推动得太快的指控，最终迫使费希尔转舵。这种狂热可能还在不经意之间达成了一种效果，起到了转移人们注意力的作用，使他们没有关注他为皇家海军创建了一所公立学校这个事实，而且这是一所日益由受过大学教育的文职专家控制的军校。

这种四年制大学教育的目标，是提供现代普通教育，但是与当代公立学校的教学能力相比，或者与这些学校认为合理的内容相比，更加重视工程技术和应用技术，以及数学和自然科学，并且还会有限地接触航海技术和导航技术②。与公立学校一样，奥斯本皇家海军学院和达特茅斯皇家海军学院也强调竞争性比赛在品格培养方面的作用。事实上，它们可能过于重视“顽强的英式橄榄球”所反映的理念，尽管无论是当时还是现在，可能都还没有达到英国桑赫斯特皇家军事学院或其他军事院校的

---

①　在奥斯本皇家海军学院训练两年，在达特茅斯皇家海军学院训练两年，然后随一艘训练舰出海训练八个月，然后晋升为皇家海军军官候补生，并在舰队服役。离开达特茅斯皇家海军学院满三年后，他们会被授予海军中尉军衔。这种“共同”教育完成之后，所有学员都要在其选定的部门接受正常的服役训练和进一步的专门训练。

②　参见“海军训练的新方案”，海军教育局局长J·A·尤因教授1906年5月11日在朴次茅斯皇家海军学院的讲稿；在彼得·K·肯普编，《海军上将约翰·费希尔爵士文集》（英国海军档案学会，1964年），第2卷中重印，第175－192页。

重视程度。然而，这两所学院的纪律制度可能过于严厉。对于学员得到的顽强和独立精神，以及他们付出的代价，两所学院毕业生的回忆显然不一而足。在这方面，这种制度最大的弱点——压制个性和学员批判能力的发展——与过早地过度严格管理新入学学员有点关系。在第二次世界大战之前，这种制度改变得很少，如果说有改变的话。在回忆这种制度时，斯蒂芬·罗斯基尔指出，虽然许多学员挺了过来，最终在海军的军旅生涯中取得了成功，但是其他人“被它给毁了”。他写道：

> “这种制度的基础是，通过执行苛刻的纪律，乃至没有人性的纪律，迫使学员走进一个预想的刚性模具。服从命令是这种制度唯一神圣的原则，任何学员如果被认为违反了这条原则，悲哀就会降临到他的身上。任何独创性或独立性的迹象都会招致严厉的不满——如果不是积极压制的话；同时，学业成就总是屈居第二，而体育运动永远独占鳌头。”①

当然，这种纪律制度和对身心耐力的重视是有其目的的。与厚重的传统影响一起，它们想必培养出了强于其他任何海军的责任本能、忠诚本能和自信本能。它们可能还培养了一种注重内心精神的、不加批判的心态，抵制变化。

这里就是里奇蒙德对整个军官教育体系产生怀疑的地方。他一直不喜欢塞尔伯恩和费希尔各项改革的许多特点，但是他承认，这些改革是有益的第一步。然而，随着时间的流逝，他变得对罗斯基尔概括的那类问题愈发担忧。这类问题就是：思想正在形成的年轻学员受到什么样的影响才是最理想的呢？在这

---

① 斯蒂芬·罗斯基尔著，《比提伯爵：最后的海军英雄》（伦敦：1980年），第21－22页。

两所学院中，年轻军官的眼界受到了限制，从来不允许他们在那之后开阔眼界，那么什么样的限制才是最理想的呢？总的来说，里奇蒙德痛恨强调填鸭式教育、死记硬背式学习和盲目的传统，他把所有这些称之为“过早的群居做法”。他感觉到，军官队伍的问题，源于将年轻学员过早地置于服役环境当中，源于把他们过早地铸造成同一种类型：

“群居本能在人类当中最为普遍。对许多人来说，要逃离人群是非常困难的，而且当一名年纪轻轻的学员走进一个他将永远无法完全脱离的人群时，逃离会变得尤其困难。

……在皇家海军里，我们需要的不是‘令人厌倦的对类型的重申’，而是观点的新颖性，这种新颖性源于人员对各种各样事情的体验，源于从不同经历当中获得的经验；我们需要的人员，青年时代早期生活在围墙之中，但其思想不能受到这种生活经历的妨碍。正统观念有其优点，但是盲目的正统观念，比如那些容易因过早走进学员群体而形成的正统观念，不加任何质疑地接受某些传统、说法、规矩或教条，是一个战斗军种内部各种情况当中最为危险的一种。”①

这些文字写于1932年，但是其中的观点1918年已经形成。1918年，在杰利科被免去第一海务大臣之职以后，作为训练与参谋职责局局长，里奇蒙德奉命调回海军部，以完成海军参谋部的重组工作。

到了那个时候，已经有可能将达特茅斯皇家海军学院的毕

① 里奇蒙德，“海军训练：军官的训练”，《双周评论》第132卷（1932年8月号），第190－191页。

业生和所谓的“特招”军官的表现进行比较。自 1913 年 3 月起，“特招”军官开始入役，以弥补新的造舰计划和潜艇、海军航空兵扩建造成的人手短缺。根据这个方案，公立学校的毕业生被招收为海军院校的学员，进行为期 18 个月的海军训练，然后派往舰队成为皇家海军军官候补生。这种做法的结果是，用大概一半的时间即可培养一名合格的军官。而且，到他们成为海军上尉的时候，通过这两种渠道培养的军官——“达特茅斯培养的”和“公立学校培养的”，在他们当中做出选择时，几乎没有什么差别可言。

正是在这种情况下，里奇蒙德才主张，从公立学校应征入伍的学员具有明显的成本优势，而且精神上的准备工作做得更好，没有受到什么妨碍，因为他们在开始专业训练之前，已经完成了通识教育。在里奇蒙德 1932 年出版的《海军训练》一书当中，以及在他那年夏天为《双周评论》写的三篇文章当中①，可以找到最充分的证据，证明里奇蒙德支持放弃让学员过早入伍入学的做法，赞成从公立学校招收毕业生的做法。按今天的标准来看，他的观点切合实际，甚至不值得注意。但在当时，这些观点是激进的，具有破坏性，而且在政治上是不可能实现的②。

1918 年至 1919 年，作为训练与参谋职责局局长，里奇蒙德成功地重组了战时参谋部，成功地消除了军事行动压力凸显出来的编制瑕疵。这些变化的重要性怎么评价都不为过，而且他为海军参谋部的编制、训练和行为确立的指导方针，成为整个第

---

① 里奇蒙德，“海军训练：军官的训练”，《双周评论》第 132 卷（1932 年 6 月号、7 月号和 8 月号）；另见里奇蒙德，“军人的思想”，《双周评论》（1933 年 1 月号），第 90 - 97 页。

② 《水兵学者》，第 212 页。

二次世界大战期间所用体制的基础①。然而，在教育政策方面，他没有什么建树。之所以会这样，部分原因在于，由于一战仍在继续，海军部有更为紧迫的事情要考虑。个性也发挥了关键作用，而且不仅仅是里奇蒙德的个性。作为新任第一海务大臣，罗斯林·威姆斯对于里奇蒙德在杰利科遭免职事件中的作用，以及在他自己接任过程中的作用，到底了解多少，现在仍然完全不得而知。然而，威姆斯确实把里奇蒙德视为比提的人，而且他下定决心，要牢牢控制里奇蒙德和他的激进观念②。

尽管如此，为了完善学员制度，拓宽招生来源，集中关注通识教育的好处，培养单个军官在其职业生涯各阶段的推理能力，里奇蒙德从未在此后的活动中感到厌倦。他很清楚，奥斯本皇家海军学院和达特茅斯皇家海军学院不能完全被取代，但是他认为，这两所院校可以得到补充，增加从公立学校招收毕业生的比例，拓展 1912 年制定的为合适的下甲板海军士兵提供学员身份的"海军军士方案"。

在两次世界大战之间那段时期，初级军官训练方面取得的进展很少，并且事实证明，这些进步还是逐步实现的，而且反复无常。直到第二次世界大战爆发之前，"塞尔伯恩方案"基本上保持原封不动的状态。1921 年，由于设施的状态不好，奥斯本皇家海军学院关闭。1925 年，剩余的可交换性痕迹也被放弃，而且当年又重新创建了一支独立的工程兵。换句话说，达特茅斯皇家海军学院的四年制课程和训练氛围保持原样。有几个委员会的确考虑过拓宽招生渠道的方式，但是成效不大。皇家海军主要还是继续从正常情况下会把儿子送到收费学校上学的家

① 《水兵学者》，第 90－93 页。

② 《水兵学者》，第 93－94 页。

庭招收年轻的军官。1930年,确实出现了一个小的突破。那一年,A·V·亚历山大先生,即工党政府的海军大臣,签发了一份文件,题目很明确,叫作“民主化”,要求大力拓宽选拔渠道。因此,两个专家委员会得到了任命。第一个由欧内斯特·本内特爵士担任主席,研究为学员提供经济援助的各种可能性,包括由地方教育主管部门设立一些奖学金①。另一个由海军上将弗兰克·拉肯爵士担任主席,集中研究落实“海军军士方案”,探讨鼓励提拔更多的下甲板海军士兵的途径②。结果,基本上没有带来什么变化,只是更改了军官候选人的名称,从海军军士改成了海军中尉。皇家海军显然不愿意放弃或修正其“对他们要从年轻时抓起”的心态,为了说明这一点,必须指出的是,在两次世界大战之间的那段时期,皇家海军的初级军官几乎全程过剩。在1930年的《伦敦海军协议》签署之后,海军部面临着巨大的压力,要拿出办法来把那些恐怕只是勉强够格的军官清除出皇家海军。紧接着,仅仅几年以后,当普遍重整军备的浪潮再次提出军官严重短缺这个问题时,过去那些关于早入伍入学与通识教育的争论再次浮出了水面。

到1939年战争爆发时,进展虽然有限但还是很明显的,特别是通识教育、参谋训练和最终的晋级提升之间直接相关这种观点,已经得到了更加广泛的接受。这是一个渐进的过程,取决

---

① 本内特委员会的成员包括:奥斯蒙德·德布罗克海军上将、雷金纳德·德拉克斯海军上将、教育部的埃德蒙·菲普斯爵士和伦敦城市学校校长F·R·戴尔先生。参见英国公共档案馆(PRO)海军部档案系列(ADM)第116/2779号档案:标示日期为1931年6月29日的报告。

② 成员包括:查尔斯·沃克爵士(海军副大臣)、H·L·佩里海军工程兵少将、A·T·B·柯蒂斯海军上校和J·菲金斯海军中校。参见英国公共档案馆(PRO)海军部档案系列(ADM)第167/84号档案:标示日期为1931年2月24日的报告。

于连续任命优秀教官和军事院校的校长，并承认年纪较小的军官取得的教育成就确实会给他们带来回报。阿瑟·马德指出："到了20世纪30年代，从各所参谋学院毕业的毕业生，已经逐渐受到了尊敬，而且高级军官也比以前更愿意接受参谋人员的建议。"①然而，1935年，在海军副参谋长威廉·詹姆斯海军中将的指导下，一项重要的研究明确指出，仍然还有很长的路要走。他的委员会全面考察了军官在其整个职业生涯中的训练情况，并广泛借鉴专家亲历者的意见，其中包括前参谋学院院长雷金纳德·德拉克斯海军上将和约翰·H·戈弗雷海军上将，后来戈弗雷海军上将成为了海军情报部的战时部长，做出了杰出贡献，但也引发了很多争议。该委员会明确指出，最不可能得到晋升的军官，正在被送往格林威治皇家海军学院，而更优秀的各类军官，却正留在海上服役。从格林威治皇家海军学院毕业后，军官的任命与课程表现没有什么关系。作为一个纠风机构，詹姆斯委员会主张，军官在其整个职业生涯期间，确实需要接受通识教育，如果他们不尽早接受通识教育，他们的潜力永远都不会开发出来，而且如果通识教育得不到不断的强化，那么他之前学会的东西就会萎缩②。

那个时候，里奇蒙德已经被安置在剑桥大学，担任"维尔·哈姆斯沃思"教授，没有直接参与詹姆斯委员会的工作，也没有对它支持建立一个标准化"义务职业教育"体系的调查结果起到直接作用。尽管如此，德拉克斯、戈弗雷和詹姆斯都强调了里奇

---

① 阿瑟·J·马德著，《老朋友，新敌人：英国皇家海军和日本帝国海军的战略幻想，1936—1941》(牛津：1981年)，第288页。

② 英国公共档案馆(PRO)海军部档案系列(ADM)第116/3060号档案：海军高级军官战争理论培训班的组织编制和海军军官的军事训练情况。

蒙德在《海军训练》和他的各种文章中提出的观点的实质。然而，即使有这些强有力的认可，他的观点仍然令人怀疑。1937年，海军部任命了另一个委员会，专门研究初级军官训练问题①。该委员会认为，里奇蒙德的观点具有"革命性"和"不可接受性"的特点。他竟然建议，初级军官短缺的问题应该通过两种方式解决：第一种方式是，削减或完全取消格林威治皇家海军学院的海军中尉课程；第二种方式与之类似，是将射击学、鱼雷学和信号学三个学科的专业课程减至一年。第二次世界大战开始后，英国皇家海军加大了提拔准尉的力度，并接受皇家海军后备队、皇家海军志愿后备队和皇家海军志愿辅助后备队军官超期服役。当里奇蒙德敦促海军机关重新考虑其禁止在各大学海军中心注册的在校大学生成为正规军官的政策时，他被告知："目前，我们在皇家海军后备队和皇家海军志愿后备队中有军官来源，足以满足我们所有的需求……"②

回顾过去，可能看起来不幸的是，里奇蒙德没有留在海军部任职，至少应该任到1919年结束。人们想知道，要是他仍然担任训练与参谋职责局局长，至少在比提1919年11月开始担任第一海务大臣之后的一段时间内，会有什么样的可能性出现呢？比提和里奇蒙德联手，能否在20世纪20年代初期推动事态进一步发展或更快地发展，还有争论的空间。事实是，比提那时候要把里奇蒙德的才华用在别处：换句话说，要在格林威治皇家海军学院重新开办海军高级军官战争理论培训班。

---

① 英国公共档案馆(PRO)海军部档案系列(ADM)第116/3673号档案：标示日期为1938年6月30日的最终报告。1937年7月21日，R·利瑟姆海军上将被任命为该委员会的主席；1937年9月13日，由B·C·沃森海军上将接任。

② 《水兵学者》，第223页。

格林威治皇家海军学院和海军高级军官战争理论培训班

1920 年至 1923 年，里奇蒙德被委任到这个重要岗位。巧合的是，同一时期，雷金纳德·德拉克斯海军上校被任命为海军参谋学院院长。这两项任命表明，“少壮派”时代，或者说他们更喜欢叫的“新派”时代①，终于到来了。由于他们在掌舵，一段真正的改革时期似乎已经开始。当然，德拉克斯是里奇蒙德朋友圈的最初成员，是《海军评论》季刊的创始人之一，而且在第一次世界大战期间，是戴维·比提的参谋人员之一。“英国人不会在和平中吸取教训，”德拉克斯 1917 年时向里奇蒙德表示：

> “但是，他们不会不从战争中吸取教训。也许是 5 年，也许是 10 年……但是迟早真相会大白于天下，然后会进入复兴时期，接下来会创建一个健全的教育体系。”②

唉！这是一个草率的预言。

在格林威治皇家海军学院，在课程和准许的教学方法方面，里奇蒙德拥有很大的自由。他在战前与该院的联系和他的战时经历使他深信，海军参谋学院和海军战争学院的眼界过于狭窄：课时数应该大量减少，以便留出写作和反思的时间。教育，而不是训练，才是最终目标。在这一点上，他的观点是，人文学科——具体来说是历史——作为主要媒介的真正价值，不是源于它的教学工作，而是源于它的研究工作。学生们不仅仅是通

① 英国国家海事博物馆（格林威治），《里奇蒙德文集》，RIC 7/4：里奇蒙德致德拉克斯的信，1917 年 9 月 27 日。

② 英国国家海事博物馆（格林威治），《里奇蒙德文集》，RIC 7/4：德拉克斯致里奇蒙德的信，1917 年 9 月 28 日。

过听课的形式来学习的：

> “这种观点是错误的。一堂课只能触及一个学科的边缘；它能指出某些要点，引出某些原则，激发兴趣——或者什么也做不到。但是，它不能取代认真阅读、坚持研究、写下感想和讨论见解。就凭这一点，专业人员的知识就势必会与业余爱好者的知识截然不同。”①

里奇蒙德把历史看作是一种创造和制约思维反射的过程，这种对历史的重视，将成为他在军官教育方面几乎所有作品中的一个永恒主题②。他还想要把将素质较好的学生送到海军参谋部这一做法制度化，从而以务实的方式，让海军高级军官战争理论培训班和海军部来处理当前的问题。

除了这些起步阶段的主张，关于里奇蒙德在格林威治皇家海军学院的记录，很难再多说什么。他提出的学生要写论文的建议无果而终。他的开放式方法从未被完全理解或宽恕。一战之后，英国多次削减国防预算，也对他的主张产生了影响。声名狼藉的“格迪斯大斧”，特别沉重地落在了格林威治皇家海军学院的身上。在里奇蒙德的 24 名学生和参谋人员当中，至少 19 人立即退役。许多军官认为，海军高级军官战争理论培训班是在损失宝贵的出海时间，或者把它视为一个舒服的泊位，供那些等待命令出海的军官享用。甚至在离开该院之前，里奇蒙德就知道他已经失败了。他内心充满怨恨，因为他的上级和学生看起来对他为他们所做的事情都没有心存感激。鉴于他们自己的教育记录，以及选拔他们的依据，看起来非常不可能的是，许多

---

① 《水兵学者》，第 130 页。

② 特别要参见 H·W·里奇蒙德著，《国家政策与海军实力》（伦敦：1928 年）中他写的两章，“历史在海军教育中的地位”和“历史的用途”。

学生能从里奇蒙德提供的东西中充分受益。他说，整个经历“是有意思的，但也是令人悲伤的。”①里奇蒙德，这位海军专业人士，失败的方式，与在他之前许久的文职历史学家科贝特失败的方式，有许多相同之处。到里奇蒙德离开格林威治皇家海军学院时，让他感到欣慰的是，他作为历史学家的个人名声，以及作为教育问题权威的个人名声，已经得到了其他人的认可。他还参与了格林威治皇家海军学院以外的事情，其中比较重要的一件，是参与创建了帝国防务学院。里奇蒙德成为该院的首任院长，一直到1928年才卸任。

帝国防务学院

在《水兵学者》中，我详细考察了里奇蒙德在第三段历史时期内的关键作用：塑造了三个军种同时就读一所超级战争学院的概念，从早期的委员会阶段开始，一直到该院成立，再到该院成立之后最初的几年。这个过程的细节无需在此重复，但是我想强调几点，与早期对帝国防务学院的期望有关，也与早期对其作为高等研究中心的长期价值的期望有关。把来自英国和英联邦自治领的军事和行政机构的大约35名军衔为海军上校和海军少将的军官聚集在一起，在伦敦参加为期一年的培训班，最初的目的是要在一群“所受训练就是要从宏观上看待战争问题”的高级军官和官员当中，鼓励形成一种事关防务政策的一般方法。鉴于培训班有一支高效的领导队伍，一支非凡的客座教员队伍，以及一套令人满意的早期课程，要求参训学员阅读第二次世界

---

① 英国国家海事博物馆，《K·G·B·迪尤尔文集》，DEW 6：里奇蒙德致迪尤尔的信，1923年7月26日。

大战中统帅部的《名人录》等材料，培训班的开局给人留下了深刻的印象。当然，到第二次世界大战时，帝国防务学院已得到认可，成为通往高级指挥层次的一条可靠通道①。

1924年，当帝国防务委员会参谋长小组委员会成员首次讨论帝国防务学院的可能性时，他们的直接反应并不是普遍积极的。大英帝国总参谋长、陆军上将卡文伯爵对他的同事们讲，他"没有被这个想法迷住"：

"我不相信教学能打造出超人，特别是如果学生具有'中级军衔'，就是说年龄在40岁左右。

我不相信哪所学校，除了经验以外，能指导来自三军的中级军官，在战争较为宏观的方面，形成正确、合理的结论。

我认为，像摆在我们面前的这样一份方案，如果从中可以得到有益的价值的话，德国人恐怕很早以前就会开始实施了，比如说在1914年之前，而且法国人、日本人和美国人也会实施的，要么在一战之前开始，要么从一战结束之后开始。"②

他不断默许军方同事和帝国防务委员会同事支持各项建议的决定，尽管他还是补充了一些提醒：

"这项建议，如果我对它的意义理解正确的话，会使参谋长小组委员会显得多余，会从帝国防务委员会的人事部门排除三大军种的参谋长，为联合参谋学院的毕业生腾出位置，但是必须指出，这些毕业生具有

① J·A·英格利希著，《加拿大陆军与诺曼底战役：统帅部失误研究》(纽约：1991年)，第46－47页、第56页。

② 英国公共档案馆(PRO)内阁会议记录系列(CAB)53/1："参谋长小组委员会第8号备忘录"，1924年1月25日；附录："关于战略问题的思考"。

‘中级军衔’”。

任何这样的意图都是从来不存在的，但是由于在白厅的走廊里，关于建立一个一体化的国防部的言论仍然在流传，卡文的担忧在政治上是有重大意义的①。

1926 年，海陆空三军的参谋长，比提、米尔恩和特伦查德，也都表达了类似的担忧，担心联合参谋学院的毕业生可能真地会成为唯一的国防部的先驱，而这个国防部会压倒最近才重新调整的帝国防务委员会，包括参谋长小组委员会在内。就连戴维·比提都看到了“可能成立一个超级参谋部”所构成的威胁。在这个意义上，帝国防务学院可以看成是莫里斯·汉基攫取权力的产物。问题是，虽然在协调各军种之间的问题方面，帝国防务委员会可能会有用，但在制定海军部的政策方面，它是不能被接受的。比提的陆军和空军同事也有各自的雄心壮志，这些抱负也是让人担忧的原因。帝国防务学院，与帝国防务委员会相似，会从各军种政治斗争之间的裂缝中倒台。1914 年以前，“水手”费希尔就明确表示，他痛恨任何侵犯海军部古老特权的举动，而比提对此的态度也毫不逊色：

“事实会证明，超级参谋部是不切实际的，他对此深

---

① 英国公共档案馆(PRO)内阁会议记录系列(CAB)53/1：“参谋长小组委员会第 6 次会议记录”，1924 年 1 月 8 日。在一份很能说明问题的独立“评注”中，卡文明确概括了他对计划价值的个人看法：“从最早的预兆出现，到战争爆发和我们扩军备战，之间一定会有一段时间，其间会发生许多事情，使我们事先秘密制定的任何计划变得毫无用处。这样的计划不仅会毫无用处，而且任何关于其存在的暗示如果泄露出去——随着时间的流逝，这种情况很可能会发生，还可能会产生灾难性的后果……我认为，根据目前的世界形势，除了需要保护我们自己的计划，以及保护我们有责任保护的领土的计划，我们不需要任何作战计划(针对威胁我们帝国地位的偶发性小规模战争的计划除外)……根本没有必要浪费我们的时间和精力去制定针对假想敌的详细战争计划，并以此来考验和证明我们的存在。”

信不疑。在海军政策问题和海军战略问题方面，海军参谋长是政府的唯一顾问。为他服务的，是一批为他整理好情况的参谋人员，因此超级参谋部是没有必要存在的，而且如果创建超级参谋部，它也不会掌握必要的知识，无法充分恰当地研究任何具体问题……但是，如果用联合参谋学院训练出来的军官，取代现有参谋机构的军官，他觉得这个建议会产生非常有益的结果。”①

在一个令人好奇的旁注中，比提同意使用“帝国防务学院”这个名称；他在这方面没有“强烈的感觉”，而且认为这个名称“不会引起争议”。从里奇蒙德想让该院研究的当代政策问题角度来看，这个名称还有一个优势：

“……它会排除这所新学院的毕业生作为一个群体进入实际作战行动计划领域的可能性，并会将他们的活动完全限制在大英帝国战略这个层面。”②

在特伦查德的支持下，比提得以限制帝国防务学院的权限，限定该院要研究哪些当前的问题，并限定这些问题在未来政策制定过程中发挥任何真正重要性的可能性。在特伦查德看来：“该院的目的真地就是教学，因此不断把实际问题交给该院，并从该院接受关于这些问题的建议，将会是一个错误。”里奇蒙德对该院的最初构想出现了这样的折扣，从一开始就是对该院长期发展机遇的一次沉重打击③。

1926年12月，里奇蒙德尝试了另一种方法，亲自来到参谋长

---

① 英国公共档案馆(PRO)内阁会议记录系列(CAB)53/1:“参谋长小组委员会第27次会议记录”，1926年3月11日，第15页。

② 英国公共档案馆(PRO)内阁会议记录系列(CAB)53/1:“参谋长小组委员会第28次会议记录”，1926年4月22日。

③ 《水兵学者》，第156页。

小组委员会，咨询帝国防务委员会档案的查阅权限事宜。不足为奇的是，他们拒绝提供自由查阅权。特伦查德指出："帝国防务委员会的决定经常是相互矛盾的观点妥协的结果，文件这个问题有时候可能会给人留下错误的印象。"然后，他们之间的讨论转到了一个显然还没有达成妥协的问题，即"在帝国防务学院制定一部共同条令"这个问题。比提打断了这次可能具有爆炸性的讨论，指出里奇蒙德"使用的短语是'就一部条令达成一致'，而不是'共同条令'这个短语。因此，他显然心里盘算着，在某些不测事件中，某种形式的妥协是一种惯用的伎俩。"里奇蒙德没有扩大他与特伦查德之间众所周知的分歧，而是明智地附和，说需要相当长的时间才能达成共识。即便是这样的共识，"也会是暂时性的，而且仅仅是为了这个方案才达成的，不一定是最终共识。"他还明智地默许了一项决定，即在未来一段时间内，帝国防务学院不会奉命开始进行真正的政策案例研究。因此，所有人一致同意，当他做好准备进行这样一项研究时，里奇蒙德可以申请参谋长小组委员会批准，授予他查阅必要文件的权限①。还不到两个月之后，在帝国防务学院投入使用的最初几周之内，当里奇蒙德向参谋长小组委员会申请查阅 120 份左右的文件时，他们感到十分吃惊。他们将他文件清单上的项目减少到 6 份一般性立场文件，并同意从此以后，把文件查阅权限问题留给汉基全权处理②。

所有这些证据都有助于证实我的感觉，即帝国防务学院从来没有得到非常认真的对待。参谋长小组委员会对里奇蒙德第一份年度院长报告的反应，进一步证实了这种印象。在参谋长

① 英国公共档案馆(PRO)内阁会议记录系列(CAB)53/1："参谋长小组委员会第 38 次会议记录"，1926 年 12 月 2 日。

② 英国公共档案馆(PRO)内阁会议记录系列(CAB)53/1："参谋长小组委员会第 43 次会议记录"，1927 年 1 月 25 日。

小组委员会允许里奇蒙德参加他们1928年2月23日的会议之前，特伦查德和米尔恩表示，他们坚决怀疑第一期培训班取得的成绩。在他们看来，培训班的一些练习，看起来与各军种参谋学院的类似研究不相符。鉴于参谋长小组委员会反对里奇蒙德查阅文件，这种看法几乎不令人吃惊。米尔恩上将的态度更进一步，指出“太多的方案执行以后，只取得了肤浅的成果”。他还担心，帝国防务学院的教员没有充分咨询各军种参谋长及其参谋人员，“也许是因为在这个阶段，他们这么做还有点紧张。”接替比提担任第一海务大臣的马登海军上将承认，他的时间只够阅读一份练习；但是，不管怎样，他“确实没太认真对待帝国防务学院制定的各项方案的结果。”

当里奇蒙德获准参加他们的会议后，三位军种参谋长都不再像从前那样坦率直言了。他们建议他，不要拼命催他们就战争的原则问题达成共识；他们鼓励他少做点练习，与各军种参谋部进行更密切的合作，实际上是要他与各位参谋长更密切地合作。在与目前空战思想有关的国际法问题上，特伦查德对帝国防务学院的研究方法提出了质疑。他指出，里奇蒙德的报告“似乎断定其他两个军种愿意接受空军部的政策，即一定要对敌人至关重要的制造业和工业中心实施空袭。”毫无疑问，对于战略轰炸的战略和道德正确性问题，特伦查德了解里奇蒙德的个人看法，但是不能让自己中他那个圈套。会议记录只表明，里奇蒙德回答说，空军参谋部的各项政策不是他关心的内容，他所关心的是国际法，而且在空军学员来到帝国防务学院之前，他们就需要了解国际法①。多年以后，一个前空军学员批评他在帝国防

① 英国公共档案馆(PRO)内阁会议记录系列(CAB)53/2:“参谋长小组委员会第65次会议记录”,1928年2月23日。

务学院持有反对皇家空军的偏见①，在回应这个学员时，里奇蒙德承认，他确实反对特伦查德的两项主张：一是战争的原则不适用于空中力量，二是空军参谋部要制定自己独立的战争计划，无论其他两个军种做什么。他声称，在一次参谋长小组委员会会议上②，“特伦查德直截了当地对我说了这番话。”“我讲了讲战争的统一性，”里奇蒙德说：

> “这种精神正是我想要灌输的。我们所有人，所有三大军种的所有人，都在帝国防务学院以最为和谐的方式共事。我们太忙于设法理解对方的需求，而无法找到使我们的努力形成合力的方式，也无暇顾及任何无关紧要的争执，争论一下我们各自军种或大或小的重要性。”③

里奇蒙德也会进行胁迫。1928年，他建议，各位军种参谋长可以亲自讲讲课，主题是“战争的宏观方向”。他们没有接受他的邀请，表示在他们的政治领导人在这个领域做出坚决的决定之前，“任何一位参谋长在任职期间讲这样一课都是不可取的”。他们不反对汉基、帝国防务委员会参谋机构的成员，以及“有资格讲这个题目的任何其他人”，来讲讲这个主题④。

当里奇蒙德以院长身份提交他的第二份培训班结业报告时，各军种参谋长“注意到了”这份报告，但未做任何评论，从此

---

① 威尔弗里德·弗里曼爵士，1942年成为空军副参谋长。

② 最有可能是参谋长小组委员会第65次会议。

③ 英国国家海事博物馆，《里奇蒙德文集》，RIC/7/4：里奇蒙德致弗里曼的信，1942年10月14日。

④ 英国公共档案馆（PRO）内阁会议记录系列（CAB）53/2：“参谋长小组委员会第75次会议记录”，1928年2月23日。（根据第114页注释①，1928年2月23日一天开10次会议几乎不可能，故此处的“第75次会议”应为“第65次会议”——译者注）

形成了一种模式，他的继任者们提交的报告，也是在这样的敷衍中得到认可的。本来是为了在一定程度上独立于参谋长小组委员会，他得到的却是冷漠。仅凭优秀的院长，从来都是不够的。

在我以前的著作中，我认为帝国防务学院之所以未能发挥里奇蒙德构想的全部潜力，与任命不太有名的人作院长有很大关系。这是一种心胸狭窄的观点，因为从 20 世纪 30 年代一直到第二次世界大战结束以后，他的继任者包括好几位功勋卓著的军官，包括陆军上将威廉·斯利姆爵士和皇家空军上将约翰·斯莱瑟爵士。然而，有学术爱好或有教育工作背景的院长数量不足。里奇蒙德这样的院长当时就罕见，现在仍然鲜有。

评估帝国防务学院学术课程的实际价值是很困难的。关于该院的早期工作，除了参谋长小组委员会在备忘录和附录中总结的内容以外，留存下来的证据很少。学院本身于 1971 年重新命名为皇家防务研究学院，但没有保留建院初期的档案。最初设在白金汉门 9 号的图书馆，在二战期间被用来存放该院的档案，而在斯利姆任内，当学院重新开课时，这个图书馆搬迁至锡福德庄园。搬迁之后，没有再任命图书管理员，并且新馆采取的做法是，扔掉过时的著作，以控制馆藏规模。少数几部经典著作，包括威灵顿公爵的《急件》、纳尔逊子爵的《急件》和里奇蒙德的《1739—1748 年战争中的海军》，保存在院长办公室中[①]。里奇蒙德的这部三卷宏篇巨著应该保存在安全的地方，不能让学员四处窥探的眼睛看到。这就充分说明，他的开创性著作是多么有名，或者多么令人赏识。

---

① T·I·G·格雷著，《帝国防务学院与皇家防务研究学院(1927—1977)》(伦敦：英国皇家出版局，1977 年)，第 68 页。

除此之外，留存下来的证据都是支离破碎的，基本上都是轶事趣闻。学员们的回忆①强调的是私人关系和他们之间形成友谊的重要性，但是对他们的学习情况和研究工作却轻描淡写。在里奇蒙德的第一份年度报告中，他对此做出了这样的评价：

> "……虽然这里的研究工作必然具有实验的性质，但它开阔了所有注重从整体上研究战争问题的军官和文官的眼界，而且它也证明，对于军官们来说，在这种友好的氛围中讨论问题是多么地容易，而且对于可能存在争议的问题，他们达成共识也是非常容易的。"

毫无疑问，这些老同学之间的联系是弥足珍贵的，特别是在第二次世界大战期间。尽管如此，到了 20 世纪 60 年代，批评家们认为，这种"连绵的友谊"或者延期休假式的氛围，可能正在失控。这些批评促使来自工党的国防部长丹尼斯·希利，于 1970 年任命一位文官，阿拉斯泰尔·巴肯，担任帝国防务学院院长，以便重振培训班，提高其学术标准。他得到的命令是，要巩固最近进行的一些零星变革，这些变革使学院课程的"文职化"程度有所提高：1964 年，建立了一套"访问学者"制度；1965 年，成立了一个顾问委员会。欧洲代表加入学生会，教学大纲做了调整，更加注重北约和当代的关切，而这些关切反映了英国不断变化的国际地位。巴肯的任期是一段动荡的时期，而且他的改革并未受到普遍欢迎。在这些更为令人苦恼的革新中，有一项要求学员撰写一篇长度为 8 000 词至 10 000 词的毕业论文。虽然这一字数要求很快就有所降低，但毫无疑问，里奇蒙德是会支持这个想法的。

---

① 例如，参见第 116 页注释①提到的著作，第 32 - 52 页。

里奇蒙德的遗产

在里奇蒙德去世后的岁月里，他想要实现的目标确实逐渐得到了传承，主要是因为他的想法与二战后政府对教育和社会改革政策的攻击普遍步调一致。1947年，达特茅斯皇家海军学院的入学年龄提高至16岁，最终在1955年提高至17.5岁或18岁。至于历史研究在这些发展中的地位，近年来更熟悉达特茅斯皇家海军学院和格林威治皇家海军学院的其他人，可能会希望说点什么，但是看起来，历史研究在议事日程上的地位已经逐渐降低，或者已经被“实用性”更强的社会科学取而代之。1980年，格林威治皇家海军学院的彼得·纳勒教授指出，由于普遍认为历史这个学科在电子和导弹时代已经无关紧要，历史已经成了这种认识的牺牲品，而且也成了各军种“管理发现”的牺牲品①。

从我个人来讲，我可以说，在古老的大英帝国，至少在一个遥远的地方的走廊里，里奇蒙德的魂魄久久不肯散去。我指的是加拿大皇家军事学院和加拿大国防学院，两所院校都位于安大略省的金斯顿市。后者1948年建院，是英国帝国防务学院的直接复制品，而且从那时起，在若干个方面，它的进步都与英国皇家防务研究学院的经历相似。作为加拿大国防学院的前学员，对于里奇蒙德最初的希望和方法在该院被遗忘或曲解的程度，我再清楚不过了。尽管如此，虽然有些加拿大领导人现在视加拿大国防学院为昂贵的奢侈品，而且显然打算将其关闭，但是他们对该院真正可能性的警惕程度，我不相信会高于其英国同

① “海军历史”，《海军评论》第68卷(1980年1月号)，第667页。

事在20世纪20年代对英国帝国防务学院的警惕程度。

谢天谢地，加拿大皇家军事学院的战后记录，一直都远比英国帝国防务学院的积极。相关领导人决定，当加拿大皇家军事学院1948年重新开门办学时，它将成为一所集三大军种为一体的四年制军事院校，由文职教授任教，在工学、理学和文学三个学科具有综合性大学学位授予权。里奇蒙德的建议和观点强化了这些人的想法。这些想法是激进的倡议，或许只有拥有一支小规模国防力量的中等大国才能试一试。加拿大皇家军事学院的所有学位课程，包括本科生和研究生课程，一直都包括比重很大的人文学科课程。在这方面，乔治·F·G·斯坦利教授(后来成为该院的院长)，在二战结束后的头20年里，汇集并团结了一群杰出的历史学家。历史和这群历史学家是该院实验取得成功的关键因素。唐纳德·舒尔曼很早就成为历史系的一员，后来又成为历史系的领导，他为历史系持续的创造力和影响力做出了不小的贡献。他把海军历史和海洋战略纳入加拿大皇家军事学院的主流课程当中。他的专著，《海军的教育问题》，就是根据他在加拿大任何一所国防学院以学术方式讲授的第一门海军历史课程创作的。通过舒尔曼，里奇蒙德那尚未安息的灵魂找到了一个惬意的安身之所。

加拿大皇家军事学院经受住了各种考验，有人对其作为一所军队大学的作用提出了批评，还有几次要将其课程“重新军事化”的严肃尝试，要放弃历史、英语和国际关系等学术课程①。未来它可能还要经受类似的挑战。更直接的危险来自于压力重重的预算平衡人员的导向，也来自于寻求和平红利的选民。正

---

①　R·A·普雷斯顿著，《为加拿大服务：第二次世界大战以来的皇家军事学院史》(渥太华：1991年)，第132－135页。

如里奇蒙德本人在半个世纪以前感到惊叹的那样,“现在什么都搅和在这个大熔炉里了。”

备　注

塞恩斯伯里海军上校:先生们,巴里·亨特对我们的学术研究做出的最后贡献到此为止。请允许我提议,让我们感谢他撰写了这篇论文,感谢他对我们这个领域做出的所有其他贡献。不是要报以热烈的掌声,因为掌声现在不足以认可他的贡献,而是要为他默哀片刻,以此纪念他的卓越贡献。

关于这次讨论的其余内容,参见第六章末尾的讨论部分,第153-174页。

第六章 不可抗拒的力量与不可撼动的目标:《海军评论》、少壮派军官与英国皇家海军,1911—1931

詹姆斯·戈德里克海军中校
(澳大利亚皇家海军,
美国海军战争学院高级研究员)

本文将分析英国学术杂志《海军评论》季刊的创办和发展历程。本文试图说明,海军协会最初的构想是,要把《海军评论》作为一种通过教育来进行改革的工具,而不是作为一次通过交流观点来影响海军政策的尝试。对于海军协会的创始人来说,《海军评论》会对年轻军官产生的影响,才是最重要的。

这一宗旨随着第一次世界大战的到来而发生了变化。于是,海军协会试图用《海军评论》来推广作战经验,以弥补1914年的英国皇家海军相关机制的不足。保密问题这一个因素就使这次冒险的尝试受到了当局的压制,但是重要的是,英国海军部没有意识到,在1914年至1918年间,皇家海军真地需要一种完善的内部信息流动机制。

将《海军评论》专门用作一种求变工具的第三次尝试，也是最后一次尝试，出现在 1919 年。那一年，这份重新开办的杂志开始收录一些文章，分析第一次世界大战中海军的错误。这次大胆的尝试也以海军部强行要求审查稿件而告终，从此《海军评论》走上了一条不一样的生存之路，虽说硕果累累，但与海军协会最初的意图相比，取得的成就还是有所减少。皇家海军看起来非常像是一个“不可撼动的目标”。

然而，事实证明，“不可抗拒的力量”不是《海军评论》，而是在海军部和舰队内部，军官——无论是改革运动的亲历者，还是改革运动的支持者——升任高级军官的稳定过程。皇家海军在第二次世界大战中的表现说明，第一次世界大战的许多教训已经被深刻地吸取，而且“少壮派军官”改革运动谴责的过错已经得到了纠正。即使它的一些最杰出的成员并未享有他们理想中的直接影响力，但是在两次世界大战之间的大部分时间里，海军部的重要部门和机构，比如海军参谋学院，都在他们朋友的控制之下。这一事实表明，这些解决办法是不可避免的，有没有《海军评论》都一样。

因此，《海军评论》可以描述为改革过程中一个有趣的象征，而不是改革的原因。它的真正贡献是，它起到了年轻学者和年长学者思想交流平台的作用——虽然要确定详细情况，还需要进行广泛研究——但是，要把它作为概念的过滤器，时机还不成熟。

《海军评论》

本次会议的召开时间不太合适。到 10 月 27 日，才是当年六名海军军官和一名海军陆战队军官，在汉普郡阿尔弗斯托克市贝里路 55 号开会，决定成立海军协会的八十周年纪念日。但是，在八十年中，一个月的误差也就是 0.1% 多一点儿。在这个范围内,我们都处在“危险区”,必须采用夹叉射击将其打掉——这样,那群军官中的那三名射击学军官和那名皇家海军陆战队炮兵军官,才可能会原谅我们。

1911 年,当赫伯特·里奇蒙德海军上校和肯尼思·迪尤尔海军中校在“无畏”号战列舰上服役时,两人就开始讨论一些问题,而创建一个研究海军问题的通讯学会这个想法,就源于这些讨论。后来,迪尤尔到海军战争学院的参谋机构任职,里奇蒙德奉命到“暴怒”号航空母舰上任职,但这些讨论却得以继续,而且越来越激烈。这两位军官对海军战争学院当时的情况不满意,这一点对于他们正在形成的观点起到了核心作用。

这所学院 1900 年建院,当时是“海军高级军官战争理论培训班”,宗旨是为海军中校及以上军官提供“战术、战略[和]……战争运筹学”方面的教育①。到了 1903 年,开设的课程已经敲定,包括四个月的海军历史、战略、战术和国际法;1908 年,又增加了“海军情报部下发给它的问题调查研究。”②因为数量过多的材料是在“处理工具本身的问题,而不是工具用途的问题,”③迪尤尔对这项任务进行了全面的严厉批评,但尽管如此,戴维·比提 1911 年的总结是公平的:“这项工作有些方面很有意思,但其他方面纯属浪费时间。”④

---

① K·G·B·迪尤尔海军中将著,《源自内部的海军》(伦敦:格兰兹出版社,1939 年),第 128 页。

② 阿瑟·J·马德著,《从“无畏”号战列舰到斯卡帕湾:第 1 卷,通往战争之路,1904—1914》(伦敦:牛津大学出版社,1961 年),第 33 页。

③ 迪尤尔著,《源自内部的海军》,第 130 页。

④ 戴维·比提海军少将致布赖恩·戈弗雷-福塞特海军上校的信,所署日期为 1911 年 5 月 1 日。引自斯蒂芬·罗斯基尔著,《海军元帅比提伯爵——最后的海军英雄:一部私密传记》(伦敦:柯林斯出版社,1980 年),第 43 页。

问题与其说在于培训班，倒不如说在于学员和教员。详细审视皇家海军的教育制度，不在本文范围之列，但是真实情况是，在海军高级军官战争理论培训班，多数军官第一次接触与数学或物理无关的理性思考。那个时候，皇家海军有一套非常严密的学术课程，但是都是理科和数学课程。肯尼思·迪尤尔在他那部有点争议的自传中，列出了海军军官应该在海军中尉和海军上尉课程中处理的问题。我想强调的是，他们是学术上要求苛刻的军官，需要聪明之人任教。他们可以很有热情；为了学习射击学和鱼雷学课程，特别是高级或“尖刀”课程，军官们接受的那种训练持续的时间很长；但是，这种训练不是观念方面的训练。在这些情况下，为期四个月的课程，就像斯蒂芬·罗斯基尔描述的那样，只能是“真正参谋训练的劣质替代品，”[1]尤其是当涉及到的军官普遍要担任指挥职务，而且因年龄太大、资历太高而无法担任下级参谋军官的职务时。

开始这类训练的尝试始于1912年，在海军军事学院内部，为初级军官开设了一个海军参谋班。在前一年的“阿加迪尔危机”期间，由于英国海军部的无能表现，皇家海军被迫接受战时参谋部组织的领导。人们对这个想法表现出的热情非常少，所以这个想法也没有一个好的开始。迪尤尔在写下“我们有机会让参谋人员流动起来，但没有智力资本”时，对这个问题做了总结。[2] 在准备作战命令所需的计划过程和细节掌握过程中——在陆军内部，这些过程被描述为“参谋职责”——这个参谋班能

---

① 戴维·比提海军少将致布赖恩·戈弗雷-福塞特海军上校的信，所署日期为1911年5月1日。引自斯蒂芬·罗斯基尔著，《海军元帅比提伯爵——最后的海军英雄：一部私密传记》（伦敦：柯林斯出版社，1980年），第43页。

② 迪尤尔著，《源自内部的海军》，第154页。

训练参训学员,并且也确实训练了参训学员。但是,如果它缺乏有资质的教官,无法由他们举行关于战略和战术的讨论会,鼓励辩论和原创思考,引导这类活动形成建设性的沟通渠道,那么它就不能教战争的艺术。丘吉尔对第一次世界大战之前的皇家海军做了一次令人伤心的评估:

> "我们拥有的舰长数量多于战争领袖的数量。……政策至少需要连续十五年保持一致,以使皇家海军对战争问题和战争形势形成那种广泛的持久观,要是没有这种观念,航海技术、射击技术、各种工具主义和最高级的奉献,都无法得到各自应有的回报。"①

1911 年,迪尤尔对这个悖论下了定义:

> "……一种健全的教育制度面临的巨大绊脚石,是认为讨论和批评是与一种合适的纪律制度对立的那种观点,而且在我们学会区分工作中的纪律和思想上的纪律之前,是不会取得多少进步的。服从命令是一码事,但是要使人相信,是不可能的。"②

英国皇家海军没有十五年可用,像里奇蒙德和迪尤尔这样的人,很清楚这一点。他们需要教育这个军种的军官,但是他们不掌握相关机制,而且如果他们试图在这个军种之外工作,他们成功的概率会很小。迪尤尔和里奇蒙德想出了一个办法,他们需要开始缩短这个过程,用有资质的人来管理这个参谋班,当然,这些人是要成为参谋军官的人。当他们教数学或物理时,迪尤尔提到了参谋学院的教学工作,并且写道:

---

① 温斯顿·S·丘吉尔著,《世界危机》(伦敦:巴特沃思出版社,1923 年),第 1 卷,第 93 页。

② 英国国家海事博物馆,《里奇蒙德文集》,RIC/12/1:迪尤尔致里奇蒙德的信,1911 年 6 月 13 日。

"要对当前的教育谬误进行持续的反击,就要依靠大量的自由批评。我认为,在这个问题上,英国皇家三军联合研究所不会刊登任何值得刊登的文章。做事情最好的办法,是通过诺斯克利夫勋爵[《泰晤士报》的所有者],或者那样的某一个人,但是在这个问题上,如果我们能真诚地[?]写点文章,海军内部的一些人是会认可作者的。"①

里奇蒙德和迪尤尔想要干什么呢?相当明确的是,里奇蒙德的计划是要成立一个初级军官组织,宗旨是为了提高他们的自我修养,这是一个"为了传播海洋知识和军事知识的通讯学会。"②他希望学会的成员会写一些文章,能编成一种期刊并印刷出来,然后"寄给每名成员许多份,再由这名成员分发给朋友,设法网罗到新的撰稿人。"③除了让一名退役的海军将级军官担任秘书和编辑以外,里奇蒙德打算把海军以外的高级军官和官员排除在海军协会之外,并且要把军衔低于海军上尉的军官排除在外。这一步是有意做出的。在他们的讨论中,里奇蒙德和迪尤尔逐渐形成了一种观点,即只有年龄介于 20 岁和 35 岁之间的海军军官才能接受高等教育④。"我们的一个观点……可

① 英国国家海事博物馆,《里奇蒙德文集》,RIC/12/1:迪尤尔致里奇蒙德的信,1911 年 6 月 13 日。

② 参见阿瑟·J·马德编著,《一位海军上将的画像:赫伯特·里奇蒙德爵士的生平与文集》(伦敦:乔纳森·凯普出版社,1952 年),第 89 页:里奇蒙德的日记,1914 年 10 月 27 日。

③ 参见阿瑟·J·马德编著,《一位海军上将的画像:赫伯特·里奇蒙德爵士的生平与文集》(伦敦:乔纳森·凯普出版社,1952 年),第 89 页:里奇蒙德的日记,1914 年 10 月 27 日。

④ 英国国家海事博物馆,《里奇蒙德文集》,RIC/12/1:迪尤尔致里奇蒙德的信,1911 年 6 月 13 日。

以用这句谚语来概括:你没法教一条老狗学会新把戏。只有年龄小的狗你才能影响到……”[①]由于在海军的训练体系中,没有什么能从最宏观的意义上培养军官做参谋工作,也就是说,没有什么能培养军官的创新思维和分析思维,而且因为海军行政部门既无法认识到这种缺陷,也无法进行弥补,所以任何改革都不得不通过间接手段实施。通过组织一个封闭的通讯学会,里奇蒙德和迪尤尔可以接触到年轻军官,同时又享有讨论的自由,无需正式批准。因此,里奇蒙德试图在体制以外开展工作,以便实现教育上的变革。

来稿必须匿名。这条原则是里奇蒙德坚持执行的,尽管迪尤尔和雷金纳德·普伦基特海军中校都反对,但是他打算采用这条原则,“不是出于羞怯的原因才要隐匿作者的身份……采用这条原则,就是为了保证讨论可以有完全的自由。”[②]他这样计划,不仅是要在一个纪律严明、等级森严的军种当中保护作者,而且是要鼓励批评,使批评者不必顾虑军衔级别的制约,也不必害怕伤害感情。匿名原则会规避军官用这个论坛进行自吹自擂的风险,也可避免他们犯下费希尔时期不断困扰皇家海军的那种罪孽,即宗派主义。事实上,里奇蒙德制定的这项原则,正是“查塔姆大厦规则”这种观念的前身。他接受下面这种说法:“时间可能会——实际上一定会——改变一切,”[③]但在海军思想相当成熟之前,匿名政策是有必要的。

---

① 英国国家海事博物馆,《里奇蒙德文集》,RIC/7/1:里奇蒙德致威廉·亨德森海军上将的信,[1914?年]12月11日。

② 赫伯特·里奇蒙德[匿名撰写],“绪论”,《海军评论》第1卷(1913年2月号),第1-4页。

③ 英国国家海事博物馆,《里奇蒙德文集》,RIC/7/1:里奇蒙德致亨德森的信,[1913?年]4月18日。

1912年10月27日的那次会议认可了这项建议，正如当时出席会议的一名军官所说，要“在大决战之前，提供某种使海军知识分子更新换代的手段，”[①]而且，与会的七名军官组建了海军协会。但是，在我们考察该组织的命运之前，应该指出一些事实，事关构成该组织的这群军官的性质。第一，这些人的资历将都相对较浅。除了两名军官以外，其他五位要么是海军战争学院的参谋人员，要么是战争理论参谋班的学员。第二，他们代表的是海军这个军种的知识分子精英。在出席会议的军官当中，除一人以外，其余六人都已完成了射击学或鱼雷学高级课程，而这些课程非常难以入选，并且在学术上要求也很高(即使按照迪尤尔和里奇蒙德的标准，这些课程根本算不上“有教育意义”)[②]。虽然据说第一期参谋班的参训军官质量不高，但在出席会议的六名海军军官中，五名获得了海军将官军衔，而且两名是现役军官。唯一一名没有获得海军将官军衔的军官，退役较早，但是在37岁时，因为在战争中担任过海军中校而被封为爵士，我在20世纪还没有发现类似情况。这在一定程度上反映了申请到第一期参谋班学习的军官的质量[③]。第三，我们可能会对一个组织严密的以“少壮派军官”著称的小集团形成一种印

---

① 英国国家海事博物馆，《迪尤尔文集》，DEW 27：雷金纳德·普伦基特海军中校阁下[后来晋升为海军上将雷金纳德·普伦基特-厄恩利-厄尔-德拉克斯爵士阁下]，日记节选，1912年10月27日。

② 关于相关军官的信息，以及海军战争学院的编制人数信息，参见《每月海军现役军官名册》(伦敦：英国皇家出版局，1912年9月)。

③ 马德对第一期参谋班的质量没有这么称道，但这种判断似乎直接来自于迪尤尔在《源自内部的海军》一书第154页的评论，即“有些经过选拔来参加培训的军官，看起来能力低于一般水平。”即使有些军官能力达不到要求，军事理论参谋班的军官们，从整体看来，可以非常肯定的是，能力高于一般水平，因为他们在日后职业生涯中的表现说明了这一点。

象,但与之相反的是,他们基本上都是迪尤尔确定的人选。正如里奇蒙德在他的日记里指出的那样,他甚至连其中两人的名字都没有听说过①。

最初的方案未能不做任何改变地幸存下来。10月份那次会议之后不久,里奇蒙德离开了他的指挥岗位,在下次任命之前,领取一半的薪金,为了她妻子的健康,夫妻两人到西印度群岛游览了一番。在他不在期间,迪尤尔继续执行他们的任务,为海军协会开始工作做着准备。里奇蒙德打算请海军上将雷金纳德·卡斯坦斯爵士担任这个新组织的秘书和编辑,但是卡斯坦斯提出的条件太多,所以迪尤尔被迫另请高明。这是幸运的。卡斯坦斯是一位重要的知识分了,也有几分历史学家、战略家和海军思想家的样子,在20世纪初的几年当中,做了颇有价值的工作,但是,他在海军内部却不受欢迎。作为海军情报部长,事实证明,他是一个固执己见、独断专行的人②,而且在查尔斯·贝雷斯福德勋爵领导的反对费希尔的人当中,他还是一位主要

① 马德著,《一位海军上将的画像》,第89页:里奇蒙德的日记,1914年10月27日。至于谁是和谁不是这批"少壮派军官"的成员,随着时间、地点和当代关注内容的不同,这一点看起来还没有定论。到了1918年,可以公平地说,在这群军官及其同道中人当中,并不是所有人都赞同里奇蒙德的所有活动,或者——尤其是——迪尤尔的活动。除他们两人以外,在创始人当中,还有艾伦·霍瑟姆海军上校(后来晋升为海军上将)、雷金纳德·亨德森海军上校(后来晋升为海军上将并获爵士头衔)、杰弗里·布莱克海军中校(后来晋升为海军中将并获爵士头衔)、威廉·沃兹沃思·费希尔海军上校(后来晋升为海军上将并获爵士头衔)、杰弗里·迪肯斯海军上校(后来晋升为海军上将并获爵士头衔)、W·D·H·博伊尔海军上校(后来晋升为海军元帅并被封为科克和奥雷里伯爵)和W·S·查默斯海军少校(后来晋升为海军少将)。

② 马修·艾伦,"雷金纳德·卡斯坦斯海军少将:海军情报部长(1899—1902)",《海员镜报》第78卷(1992年2月号),第61-75页。

成员。里奇蒙德能想到他,说明在当代海军将官当中,其他人缺乏学术积极性。

迪尤尔向"优异"号石头训练舰这所射击学校的雷金纳德·亨德森中尉求助,请他恳求他的叔叔、退役海军上将威廉·亨德森帮忙,于是这个问题顺利解决。事实证明,威廉·亨德森是一位理想的人选。亨德森积极地接受了邀请。他接下来一直当了18年编辑,而且《海军评论》的发展和生存必须归功于他,因为他的贡献比谁都大。亨德森原本就曾长期关注海军内部的教育改革。1872年,在组建"海军初级军官职业协会"的尝试中,他曾经是一名策划人,其意图与现在激励里奇蒙德和迪尤尔的基本相同。亨德森知道,这个"职业协会"之所以成立仅仅两年之后就关门大吉,是因为协会有人为的限制,而且是不切实际的限制,规定协会成员只能是海军上尉一级的军官。即使海军协会的会员来源更为广泛,如果海军协会不吸纳现役和退役海军将级军官,那么它也会重复相同的错误。

对于教育高级军官这种潜力,亨德森的加尔文式改革观也没有那么严格。"活到老学到老,"他写道①。而且他还开始大张旗鼓地招募海军将级军官,包括现役和退役军官。亨德森又向前迈了一步。这样一个协会应该包含英联邦各自治领的新兴海军——这个主意是里奇蒙德没有想到的②——而且,海军协会应该寻求官方的支持和非正式的政治支持。亨德森积极参加福利工作和地方政府的工作,与政府和在野党的关系非常好。

① "阿加格"[笔名],"《海军评论》创刊五十周年记",《海军评论》第51卷(1963年1月号),第11页。

② 英国国家海事博物馆,《里奇蒙德文集》,RIC/7/1:里奇蒙德致亨德森的信,1913年3月3日。

他足够精明,意识到事实可能会证明,这样的影响会对海军协会具有重要意义[①]。

与此同时,迪尤尔已经放弃了最初要成立一个通讯学会的想法,支持出版发行一种名为《海军评论》的季刊[②]。他认为,海军协会面临的主要威胁,如果官方反对它的话,是《国王的规定和海军部的指示》当中的第14条。这条规定禁止"隶属英国舰队的所有人撰写用于出版的材料,或者导致与海军有关的任何问题或信息直接或间接出版,除非事先已经得到了海军部的许可。"海军协会的辩护要依赖于一个法定的专门名称。一种只对经过审核的订阅者发行的期刊,是没有进入公共领域的,不能——根据法律顾问所说——算是一种"出版物"。这是一个脆弱的论点,而且海军部的行政官员和法律官员从未接受这种观点。此外,正如迪尤尔指出的那样,"海军部有一个习惯,就是曲解规定来适应它自己的偏见。"[③]

亨德森和迪尤尔共同从事积极招募会员的活动。1912年11月,海军协会共有会员16名。1913年2月,会员达到58名;到了3月份,会员数量上升至282名。这一数字在1914年翻了一番,

① 1915年,海军协会的文官会员包括以下11人:A·J·鲍尔弗阁下,下院议员(MP);奥斯汀·张伯伦阁下,下院议员(MP);朱利安·科贝特;托马斯·尤因爵士阁下,二等高级圣迈克尔和圣乔治勋爵士(KCMG);W·格雷厄姆·格林爵士,二等高级巴思勋爵士(KCB);爱德华·格雷爵士阁下,从男爵、嘉德勋爵士(KG)、下院议员(MP);克朗的霍尔丹子爵,枢密院议员(PC);菲维的利思勋爵;E·G·普雷蒂曼,下院议员(MP);塞尔伯恩伯爵,枢密院议员(PC)、嘉德勋爵士(KG)、二等高级圣迈克尔和圣乔治勋爵士(KCMG);斯通汉姆勋爵,圣迈克尔和圣乔治大十字勋爵士(GCMG)、印度之星勋章获得者(GCSI)、印度帝国大骑士勋章获得者(GCIE)。

② 英国国家海事博物馆,《迪尤尔文集》:DEW 5。

③ 迪尤尔著,《源自内部的海军》,第156页。

而在1915年又翻了一番①。因为亨德森能够说服与他同时代的人，而且海军协会的初级会员也能说服与他们同时代的人，所以学会的会员构成相当平衡——至少在行政部门内部是这样。事实会证明，即便是来自某些部门的会员不够平衡，但在海军协会的宗旨是什么，或者应该授予《海军评论》什么样的许可证等问题上，会员的认识也是统一的。政治运动或宗教运动，在大规模劝诱改宗经历面前，极少能毫发无损地幸存下来。海军协会也不例外。

表1　1915年《海军评论》投稿会员情况汇编

军　　衔	数量	军　　衔	数量
行政部门			
海军元帅	3	海军中校	166
海军上将	20	海军中校，澳大利亚皇家海军	1
海军中将	19	海军少校	170
海军少将	33	海军上尉	241
海军上校	132		
工程兵			
海军工程兵中校	6	海军工程兵少校	1
军需官			
舰队军需官	4	军需官	1
参谋军需官	1	助理军需官	4
医务工作者/其他			
军医局局长	2	军医	1
舰队军医	1	随军牧师	4
参谋军医	1	海军教官	1
文职人员	12		

① 参见表1。为了纪念《海军评论》季刊创刊75周年，英国皇家海军理学博士迈克尔·克雷格-沃勒海军中校汇编了表中的数字。

续 表

军 衔	数量	军 衔	数量
皇家海军陆战队			
少将	1	少校	9
准将	1	上尉	16
上校	1	中尉	3
中校	3		
陆军			
上校	2	中校	1

注:这些数字由英国皇家海军理学博士迈克尔·克雷格-沃勒海军中校根据 1915 年 3 月 17 日的"会员名册"(包括 1915 年 4 月 9 日增补的会员和"荣誉名册")汇编而成。值得注意的是,虽然海军协会在皇家海军行政部门的海军少校和海军上尉当中实现了广泛的突破,但是其在其他部门中的会员人数非常有限。这种情况在此后的几十年里会发生变化。

这场运动的核心人物由里奇蒙德、迪尤尔、亨德森及其同道中人组成。可以公平地说,1913 年和 1914 年的《海军评论》确实发挥了工具作用,被他们用来教育一支海军。刊发的文章几乎全部由创始人撰写,而且他们讨论的问题和口吻紧扣"肯彭费尔特称之为我们工作的'崇高'部分——战略、战术、原则……"①。理查德·希尔宣称:"创刊前两年各期的质量非常高,"②而且他是对的。里奇蒙德、哈丁、海军陆战队的哈利迪和迪尤尔兄弟的文章,集中讨论的是界定目标、指挥和控制以及正确评价形势等问题。这些问题相当于一份大纲,列出了战争中参谋和指挥的原则。

有些文章集中讨论详细问题——分舰队战术就是一个主

① 英国国家海事博物馆,《里奇蒙德文集》,RIC/1/8:1912 年 10 月 27 日[19 日?]的日记。另见马德著,《一位海军上将的画像》,第 89 页。

② J·R·希尔海军少将,"创刊之初的两年",《海军评论》创办 75 周年庆祝专号(1988 年),第 63 页以及下列文献,等等。

题——但是，基本上要避免探讨具体问题，而是要探讨宏观问题。里奇蒙德对早期来稿并不是全都满意，他觉得有些稿件与特定的职业海军关切相去甚远。他尤其对雷金纳德·普伦基特关于“本土防御”的文章①持批评态度，理由是：“在我们的海军事务中，我们要学习的内容很多，所以我们不太需要急于讨论政治事务。”②里奇蒙德的原则是，只有当文章有助于军官职业职责的准备工作时，才应该收录到《海军评论》当中。他写道：“当我们想清楚那些让我们关切的事务时，我们才能把视野延伸到那些让我们关切较少的事务上。”③里奇蒙德做好了准备，要以开放的思维审查什么是可以接受的，什么是不可以接受的，但是当他见到毫不相干的内容时，他就知道这样的内容毫不相干。正是因为这种学术严谨性，才使《海军评论》中出现了一些有趣的观点交流④。

值得注意的是，《海军评论》在这个时候没有遭到批评。也许这种无人批评的状态源于这个事实，即对于某些可能对《海军评论》正在尝试做的事情持反对意见的人来说，它的论调太高。潜在的批评者确实存在，在海军协会会员内部存在，在非会员当

---

① R·X[雷金纳德·普伦基特海军中校阁下，英国皇家海军]，“高效的本土防御陆军对海军战略的影响”，《海军评论》第2卷(1914年2月号)，第23-38页。

② 英国国家海事博物馆，《里奇蒙德文集》，RIC/7/1：里奇蒙德致亨德森的信，1914年3月6日。

③ 英国国家海事博物馆，《里奇蒙德文集》，RIC/7/1：里奇蒙德致亨德森的信，1914年3月22日。

④ 参见[H·W·里奇蒙德海军上校，英国皇家海军]，“本土防御的一些历史问题——对R·X的答复”，《海军评论》第2卷(1914年5月号)，第141-159页；R·X[雷金纳德·普伦基特海军中校阁下，英国皇家海军]，“本土防御——R·X的答复”，《海军评论》第2卷(1914年8月号)，第254-263页。

中也存在。到1915年时,亨德森成功地招募了大约73名现役和退役海军将级军官,但是他未能使他们都认同他的观点,而且确切无疑的是,他没有抓住每个订阅人的内心和思想。海军部的反应具有典型性和重要性。海军大臣温斯顿·丘吉尔和第一海务大臣巴滕贝格家族的路易斯亲王,都对这种观念很有热情。巴滕贝格说,这种观念"令人敬佩"①,而且和他的长子乔治亲王一起加入海军协会,而乔治亲王即将成为频繁创作的战时投稿人。但是,他关于提供正式支持的想法毫无进展。海军部没有下达任何支持《海军评论》的舰队命令,也没有把第14条的豁免权授予《海军评论》。有人紧张地建议,这还不够,但是里奇蒙德倾向于拒绝接受。他说:"这些会员哭喊着要得到'官方的支持',要谴责他们……除此之外,我们**已经有了**官方的支持。巴滕贝格诚挚地对我们表示赞许,并加入了协会,丘吉尔已经下令,海军部要接受《海军评论》。这些人还想要什么呢?"②迪尤尔看得更清楚一些。个人赞许不等于官方支持③。

海军内部对《海军评论》的态度也不尽相同。多年以后,人们了解到了三种态度,分别来自于1913年任海军中将的杰利科、一位名叫弗朗西斯·肯尼迪的海军上校和一位名叫A·B·坎宁安的海军少校④,说明当时这种态度上的分歧的确存在。尽管杰利科已经以一名资历浅薄的军官的身份写了一些批判性的文章,但他抱怨说,《海军评论》是"一种渠道,导致年轻军

① 巴里·D·亨特著,《水兵学者:海军上将赫伯特·里奇蒙德爵士,1871—1946》(滑铁卢:威尔弗里德·劳里埃出版社,1982年,以下简称"《水兵学者》"),第35页。

② 英国国家海事博物馆,迪尤尔著,《源自内部的海军》,DEW 6:里奇蒙德致迪尤尔的信,未署日期[1913年3月?]。

③ 亨特著,《水兵学者》,第36页。

④ 直到1914年,英国皇家海军才正式引入了海军少校军衔。

官的看法对纪律有害，而且对海军的精神和士气不利。”[1]弗朗西斯·肯尼迪是《海军评论》的支持者，认为《海军评论》及其创始人始终被许多人视为危险的激进派。正如他对他儿子讲的那样，“布尔什维克”这个标签后来才出现，但是如果在1913年使用，也是足够恰当的[2]。最后，A·B·坎宁安甚至更加直接。他认为，这份期刊“有颠覆性”[3]。

《海军评论》的麻烦从第一次世界大战爆发时开始。里奇蒙德和亨德森很快就意识到，理论文章的来源将会枯竭，因为有可能写文章的作者会把精力花在别处。然而，在其他方向上，《海军评论》真地有潜力。亨德森想要用它来传播战斗和战役经验的第一手报告。里奇蒙德刚开始雄心更大。1914年9月，他建议用整整一期来批判地考察英国的海上战时目标、英国的战略形势以及皇家海军应该奉行的政策，尤其是与贸易战有关的政策。这里我们再次看到，里奇蒙德试图用《海军评论》来弥补现有制度的不足。他建议，许多关于这些问题的文章，可以由科贝特撰写，并且宣称：“这对每个人来说，都会是一件无比珍贵的事情，而且会让每个人都感兴趣。《海军评论》的保密性质，使我们有可能做更多工作。”[4]

结果，已经奉命撰写《海军作战史》的科贝特分身无术，于是

---

① 剑桥大学丘吉尔学院档案馆，《海军上将弗雷德里克·德雷尔爵士文集》，DRYR 3/2：杰利科致德雷尔的信，1931年1月24日。

② F·W·肯尼迪海军上将之子英国皇家海军上校F·H·肯尼迪访谈，1979年12月27日。

③ 这种说法源于他对任期内的伙伴H·G·瑟斯菲尔德所说的话。1987年6月17日，英国皇家海军后备队(RNR)的A·B·塞恩斯伯里海军上校对作者转述了这种说法。

④ 英国国家海事博物馆，《里奇蒙德文集》，RIC/7/1：里奇蒙德致亨德森的信，1914年[9月13日?]。

亨德森提出的刊载“行动后”报告的计划占了上风。这个想法当然是正确的——原则上正确——而且,各级军官都热情地接受了这个想法。在一战初期出版的几期当中,专题性和相关性肯定与海军协会会员人数飙升有某种联系。同时,《海军评论》是当时传播作战经验唯一可用的媒介。难就难在这里。

如果里奇蒙德认为,海军部也和他一样,认为这个期刊是“秘密”级刊物,那他就错了。无论编辑采取什么预防措施,通过标准邮件寄送的杂志都有可能会被中途拦截或窃取。虽然亨德森后来抗议这样的行为,但事实无可否认:正如海军部所说,在战争的压力下,不可能保持充分的会员记录[①]。非常重要的是,海军部的工作人员似乎从来没有意识到,《海军评论》这些活动的直接原因,是海军内部缺乏交流战争经验的机制。亨德森建议,《海军评论》应该通过机要邮件寄送,但海军部以不切实际为由拒绝了他的建议,而且从来没有提出以什么方式取代机要通信[②]。

反对《海军评论》的声音很快传来。早在1914年10月,海军中将多夫顿·斯特迪爵士就对一篇关于巡洋舰作战的文章提出了抗议[③]。1915年5月,在当月那期杂志刊出之后,英国大舰队总司令杰利科指出,《海军评论》2月和5月这两期“含有许多会对敌人有用的信息。”[④]他引用的那几篇文章,讨论的是1914

---

① 英国公共档案馆(PRO)海军部档案系列(ADM)第1/8423号档案:海军副大臣[奥斯温·默里]的备忘录,未署明日期,但很可能是1915年6月初。

② 英国公共档案馆(PRO)海军部档案系列(ADM)第1/8423号档案。

③ 英国国家海事博物馆,《里奇蒙德文集》,RIC/7/1:里奇蒙德致亨德森的信,[1914年?]10月27日。

④ 参见马德著,《一位海军上将的画像》,第156页:里奇蒙德的日记,1915年5月12日。

年的科罗内尔海战和福克兰群岛海战。杰利科尤其反对其中的一句话，即暗示在科罗内尔海战中，失利的英国中队“觉得自己不是敌人的对手。”[①]由于这篇文章已经在《泰晤士报》上公开发表过，因而很容易推论出：杰利科不喜欢《海军评论》的整个理念，并抓住最微不足道的理由来批评它。当然，海军部想要在整个非常时期内查禁这份期刊[②]。对于一篇由“肯特”号驱逐舰上的一名军官撰写的文章泄露信息一事[③]，杰利科的抗议依据更加确凿，但里奇蒙德对此予以反驳，言辞激烈地声明了他的意图：

> “假设[德国]军官们……还没有吸取火力、烟幕、烟雾等方面的教训，就是在说他们是傻瓜，而我们知道他们不是。……要好得多的做法是，让我们自己的人了解情况，而不是为了避免向敌人泄露点什么而让自己人蒙在鼓里。”[④]

在这个层面上，里奇蒙德的正确性具有悲剧色彩。“肯特”号驱逐舰在福克兰群岛海战中差点损失掉，原因就是过量的备用推进剂着火了。如果这个教训被英国皇家海军其他作战舰艇吸取了的话，在1916年的日德兰海战中，至少有一艘主力战舰就不会沉没。然而，里奇蒙德和亨德森都不知道的是，在《海军

---

① “智利近海军事行动记事”，作者为“格拉斯哥”号驱逐舰上的一名军官，《海军评论》第3卷(1915年5月号)，第159-161页。从1914年12月11日的《泰晤士报》重印。

② 英国公共档案馆(PRO)海军部档案系列(ADM)第1/8423号档案。

③ [V·H·丹克沃茨海军上尉]，“福克兰群岛附近的战事：追击德国海军中队和‘肯特’号驱逐舰与‘纽伦堡’号轻型巡洋舰之战”，《海军评论》第3卷(1915年5月号)，第143-153页。

④ 马德著，《一位海军上将的画像》，第157页：里奇蒙德的日记，1915年5月12日。

评论》刊发的文章中,有些东西本来是不应该披露的。

由于亨德森的反对,海军部首先命令,投给《海军评论》的所有文章都必须接受审查,后来又命令,《海军评论》刊发后不得向海外寄送。亨德森觉得审查是没有道理的,而且这些对发行量的限制是不切实际的,虽然海军部提供了一份"秘密"级《海军现役军官名册》,协助编辑部确定哪些海军协会会员在海外服役,哪些没在海外服役。他与官方的通信往来变得愈发频繁,争论也愈发激烈,甚至到了让海军副大臣奥斯温·默里发牢骚的地步:"他寄来的信数量达到了惊人的地步;如果要决定完全关停《海军评论》,我想整个海军部都装不下他写的信。"①

审查官是海军上校道格拉斯·布朗里格爵士,与亨德森打交道时足够和蔼,但是他担心官方的态度,尤其担心杰利科的态度,于是很快就建议:"这份杂志含有大量珍贵的秘密信息,其印刷和发行工作是否不应该在整个战争期间完全暂停,请考虑。"②海军副大臣奥斯温·默里不同意这种判断,并向海军大臣解释说,布朗里格"是在盼望总司令的批评……而不是表达他自己的看法。"③

然而,第一海务大臣的参谋人员插手以后,事情就开始向其他方向发展了。间接证据④表明,1915年6月,海军特别助理达

① 英国公共档案馆(PRO)海军部档案系列(ADM)第1/8423号档案:海军副大臣致海军特别助理[达德利·庞德海军上校]呈第一海务大臣的备忘录,未署明日期,但很可能是1915年6月。

② 英国公共档案馆(PRO)海军部档案系列(ADM)第1/8423号档案:首席审查官致海军副大臣的备忘录,1915年6月14日。

③ 英国公共档案馆(PRO)海军部档案系列(ADM)第1/8423号档案:海军副大臣致海军大臣的备忘录,1915年6月27日。

④ 在英国公共档案馆(PRO)海军部档案系列(ADM)第1/8423号档案中。

德利・庞德海军上校指出，一篇由“格拉斯哥”号驱逐舰上的军官撰写的文章①，含有几处危害非常大的承认性陈述，包括与德国和英国射击技术有关的信息，而且承认英国军舰违反了智利的中立政策。最严重的是，有两处直接提到英军破译了德军的信号②。庞德把这份材料给海军高级助理埃弗里特看了，然后两人把这件事情向第一海务大臣海军上将亨利・杰克逊爵士做了汇报。解决办法有两个：一是禁止在文章中收录作战材料，二是在整个非常时期内查禁《海军评论》。后一种解决办法比较容易，因此被采纳。

从有限的专业意义上看，第一海务大臣的参谋人员是相当正确的。对于40号房间破译德军密码的程度，知密范围仅限于一个非常小的圈子，而且在这个时期，“少壮派军官”中的许多成员都没有包括在内。好像首席审查官也没有包括在内。不管亨德森可能会说什么，《海军评论》都不是一份保密出版物，但是海军部未能意识到，英国舰队需要某种传播经验的手段。这种失误表明，海军部在管理方面存在不足，观念上和标准上都存在不足。皇家海军还没有充分弄清参谋机构的适当作用是什么；到那时为

---

① [M・P・B・波特曼海军上尉和N・赫斯特助理军需官，]“‘格拉斯哥’号驱逐舰的工作和科罗内尔近海的战事”，《海军评论》第3卷(1915年5月号)，第378－397页。

② 英国公共档案馆(PRO)海军部档案系列(ADM)第1/8423号档案：参见用打字机打出的备忘录，未署明日期，上面列出了“格拉斯哥”号驱逐舰那篇文章中违反保密规定的地方。伴随这份备忘录的还有一份庞德手写的请示，向奥斯温・默里申请与《海军评论》有关的文件。关于庞德的作用，进一步的证据收录在英国国家海事博物馆，《里奇蒙德文集》，RIC/7/1：里奇蒙德致亨德森的信中。信中指出，雷金纳德・霍尔海军上校，《海军评论》的一位积极支持者，被告知：“在5月份那期杂志中，有些内容本来会对敌人最为有用。他让庞德把这部分内容给他指出来，而当这部分内容被指出来时，他说，他已经明白了，这部分内容对敌人会非常有用。”

止,皇家海军还没有充足的人员来发挥一个参谋机构的作用①。

非常符合逻辑的是,海军部没有给出查禁《海军评论》的任何具体理由,而亨德森对这一决定非常反感。于是,这位编辑和第一海务大臣进行了针锋相对的交流。海军上将亨利·杰克逊爵士给出了最终意见,宣布虽然他是《海军评论》的"订阅者、读者和敬佩者",但他"于公来说,不想改变我的决定。"②海军协会从未发现谁在为这项决定负责,虽然里奇蒙德和亨德森怀疑,杰利科和海军部秘书处在这件事上发挥了不利于《海军评论》的作用。他们的这种怀疑是错误的;格雷厄姆·格林和奥斯温·默里似乎一直支持他们的事业,即使他们被亨德森编辑的方法激怒了。愤愤不平的亨德森说:"在我用的各种方法中,一直缺乏公开性,而且一直害怕道出真相。"③里奇蒙德则指出:

> "……整件事情充满了导致我们在战争中失利的原因。缺乏明确的想法,甚至不喜欢听到一丁点儿批评,对于'保密'的意思是什么,概念不清。……在与查禁决定有关的事件中,所有这些因素都显而易见。"④

他们是对的,但不全对,因为他们正在设法实现的目标,只能通过官方渠道理性地运作,而且只能作为内部分析过程的一

① 乔恩·住田做了许多研究工作,试图说明海军部管理上的不足及其对皇家海军各项政策的影响。参见他的文章,"英国海军的管理与费希尔时代",发表在《军事史杂志》季刊第54卷(1990年1月号)上,以及"1914—1918年英国海军的后勤",提交给伊利诺伊大学历史学会议的参会论文,1990年10月。

② "阿加格"[笔名],"《海军评论》五十周年记",《海军评论》第51卷(1963年1月号),第13页。

③ "阿加格"[笔名],"《海军评论》五十周年记",《海军评论》第51卷(1963年1月号),第13页。

④ 英国国家海事博物馆,《里奇蒙德文集》,RIC/7/1:里奇蒙德致亨德森的信,1915年9月29日。另见亨特著,《水兵学者》,第38页。

部分。

亨德森得到了非正式的保证，称会允许《海军评论》在战争结束后重新开办，而他不得不对此心满意足，同时收集材料，打算将来以回顾战争岁月的方式刊出几份《海军评论》。恢复发行的准备工作始于1918年。在里奇蒙德的建议下，亨德森拜访了新任第一海务大臣，海军上将罗斯林·威姆斯爵士，而威姆斯既不反对重新开办《海军评论》，也不反对稿件无需保密审查即可刊发的想法[①]。这种态度似乎给了里奇蒙德一个他寻找很久的机会——要用《海军评论》来“找出我们做错的地方和原因，追踪错误的根源，并纠正那些我们发现做错了的事情。”[②]《海军评论》将被用作一种详细分析和审视战争经验的工具；它将发挥一个作战分析部门的作用，而随着研究第一次世界大战的《海军参谋部专著》丛书交付使用[③]，海军部才刚刚开始成立这个作战分析部门。

这个时候，里奇蒙德从其他“少壮派军官”那里得到的支持不如1912年时那么明确。迪尤尔站在他这边，但是他和里奇蒙德一样，也受到了皇家海军高级军官的疏远。在“少壮派军官”中，其他人的战争经历远没有那么艰难。普伦基特[④]、罗杰·贝莱尔斯和W·S·查默斯都在比提的参谋机构任过职，而且赢得了他的好评和友谊。雷金纳德·亨德森和W·W·费希尔

① 英国国家海事博物馆，《里奇蒙德文集》，RIC/7/1：里奇蒙德致亨德森的信，1918年9月30日。

② 英国国家海事博物馆，《里奇蒙德文集》，RIC/7/1：里奇蒙德致亨德森的信，1918年11月19日。

③ 这些专著最终会以“秘密”级图书的形式在英国皇家海军内部发行。

④ 雷金纳德·普伦基特的名字已经发生了变化，因为他在多塞特郡接受了相当多财产的继承权。他现在名为雷金纳德·普伦基特-厄恩利-厄尔-德拉克斯，通常简称为“德拉克斯”。

在海上和海军部取得了卓著的功勋。这些军官可以盼望,等比提到白厅工作时,他们会进一步蒸蒸日上。更关键的是,他们现在有足够的资历来实施改革,而他们的经验已经向他们证明,这些改革是必要的。在他们眼中,《海军评论》是一个有用的论坛,可以开展辩论,交流原创思想,但是它不必尝试成为他们现在正在控制的一些机制的替代品。他们自己就是解决问题的办法。

海军协会试图在免除审查的情况下办好《海军评论》,但这种尝试还要面对从根本上来说不支持它的海军部。在《第一次世界大战停战协定》签订之后,由于公众对海军部的表现批评不断,威姆斯的自由主义本能迅速变得乖僻起来。具有讽刺意味的是,这些批评是由杰利科领导的。杰利科在他的《英国人舰队:创建、发展与工作(1914—1916)》一书中,描绘了1914年英国海军的战备情况,这是一幅令人遗憾的画面。另外,由于迟迟进不了白厅工作,比提失去了耐心,变得焦躁不堪,在海军部内部,一定程度的制度偏执狂情绪慢慢形成。威姆斯痛苦地抱怨说,批评过去的海军行动反而导致现在的海军部饱受诟病①。

这一点很快就在1919年得到了证实,因为那一年出现了针对《海军评论》的正式抗议。这次抗议因一篇文章而起,虽然这篇文章是一篇记叙文,讲述了1914年英国海军追击德国海军"戈本"号战列巡洋舰和"布雷斯劳"号轻型巡洋舰的情况②。海军上将伯克利·米尔恩爵士那时候是英国在地中海的舰队总司

① 加利福尼亚大学欧文分校图书馆,由阿瑟·J·马德教授收集的《威姆斯文集》(缩微胶片):威姆斯致沃尔特·朗(英国海军大臣)的信,1919年4月3日。

② [F·W·肯尼迪海军少将,]"来自英国皇家海军'不挠'号战列巡洋舰的叙述:德意志帝国海军'戈本'号战列巡洋舰逃脱事件",《海军评论》第7卷(1919年2月号),第110-126页。

令，当时正在进行一场自我证明运动，并试图禁止这篇记叙文发表。这篇文章没有直接批评，但明确指出，米尔恩的兵力部署不够恰当。他的抗议提到了一个段落，描述的是 8 月 4 日夜，英国军舰放弃跟踪德国海军“戈本”号战列巡洋舰。作者推测，这是英国海军部给米尔恩下达的命令造成的(事实的确如此)，于是指出：“这件事当时给我们的印象是，有人一定忘记了一条规则，那就是你要猛烈攻击敌人的阵地。”①

米尔恩很狡猾。这种含蓄的批评不是针对他的，而是针对海军部的。海军部上了钩，于是给亨德森写信，表示对这篇文章“非常反感”，并强烈要求知道作者的身份②。对于年事已高的亨德森海军上将来说，这个要求太过分了，于是庄严地回了封信，称作者的名字“是在要求我严格保密的情况下才告诉我的，所以我没有透露作者姓名的自由。”亨德森还给海军部提供了一条提醒他们注意的意见，很尖锐，而且估计可能会使海军部不舒服。亨德森提醒海军部，杰利科的书与这篇文章在同一个月份问世，里面有“针对海军部和国家政策的批评，而且是危害最大的那种批评，……泄露了皇家海军装备中无数的缺陷，而所有这些缺陷，严格来说，之前都属于秘密级和机密级秘密。”③

这场口水战一直持续到 1919 年 8 月，很激烈，而且有一些

---

① [F・W・肯尼迪海军少将，]“来自英国皇家海军‘不挠’号战列巡洋舰的叙述：德意志帝国海军‘戈本’号战列巡洋舰逃脱事件”，《海军评论》第 7 卷(1919 年 2 月号)，第 110 - 126 页。

② “阿加格”[笔名]，“《海军评论》创刊五十周年记”，《海军评论》第 51 卷(1963 年 1 月号)，第 14 页。作者是当时的弗朗西斯・肯尼迪海军少将，一直是“不挠”号战列巡洋舰的舰长。如果你读了这篇文章，这一点显而易见。

③ 《〈海军评论〉编辑手中掌握的文集》[以下简称“《主编的文集》”]：亨德森致海军部的信，1919 年 3 月 12 日。

受害者,包括肯尼迪海军少将,他被迫承认那篇文章是他写的,并收到了海军部各位高官阁下表示不满的正式说法①。海军协会受到的待遇也同样无情。“海军部月度命令第 1663/19 号命令”规定,在得到海军部许可之前,禁止军官向《海军评论》的编辑投文章。正如里奇蒙德所说,这道命令实际上封杀了《海军评论》②。亨德森宣布,作为一种切实可行的选择,他本人愿意把文章提交给海军部进行审批,但是这种选择海军部不会接受③。

海军协会有着过硬的政治关系,而且也做好了动用这些关系的准备。然而,仔细研究《海军评论》编辑掌握的文集,不难发现,海军协会最初在行动计划方面并不团结一致。发挥斡旋影响力的是德拉克斯,现在是格林威治皇家海军参谋学院院长,而且从政治上和职业上来看,他或许是该组织最机敏的会员。亨德森和里奇蒙德打算立即公开进行活动,向英国议会提出问题,并在新闻媒体上展开宣传攻势。亨德森的计划是,如果海军部不让步的话,要出版海军协会与海军部之间的往来信函。里奇蒙德宣称,海军部会“发现,他们已经把自己暴露在两种指控之下,一是做出了愚蠢的官僚行为,二是在微不足道的事情上偷偷摸摸,所以他们一定会屈服。”④

德拉克斯完全赞成动用政治影响力,但是他认为,与霍尔丹

① 事实上,这对肯尼迪海军少将没有多少利害关系。他不指望再次被任用,无论是在威姆斯的海军部,还是在比提的海军部。已故的英国皇家海军 F·H·肯尼迪海军上校访谈,1979 年 12 月 27 日。

② 马德著,《一位海军上将的画像》,第 342 页:里奇蒙德的日记,1919 年 5 月 18 日。

③ 《主编的文集》:亨德森致海军大臣的信,1919 年 5 月 17 日;《主编的文集》:海军大臣的信件,第 NL 17589 号,1919 年 8 月 9 日。

④ 英国国家海事博物馆,《里奇蒙德文集》,RIC/7/1:里奇蒙德致亨德森的信,1919 年 8 月 26 日。

勋爵和上议院的政府领导人寇松勋爵等海军协会的朋友私下讨论,会更为有用。寇松"做了相当充分的准备,要在这个问题上去挑战海军部,"①而且他可不是海军大臣沃尔特·朗可以忽视的一个人。私下呼吁和含蓄威胁并用,最终证明是有效的,或许还有一个事实也有所帮助,即到 1919 年 8 月时,海军部的人员构成越来越以比提的人为主,而不是以杰利科的人或威姆斯的人为主②。

《海军评论》的势头现在已经达到了不可抗拒的地步。比提将于 11 月成为第一海务大臣,而罗杰·贝莱尔斯将成为他的海军助理。8 月,亨德森再次呼吁放松《海军评论》受到的限制,这一举动含意丰富。海军部新上任的官员们,不会在乎被人视为"工具,压制在海军内部鼓励思想发展的第一次持续努力。"③

海军部同意达成的妥协与亨德森最初的建议相一致,即他应负责把文章提交给海军部审核。这一妥协有一个突出的特点,即亨德森不打算让海军部知道作者们的身份,因此在一定程度上保护了作者,使他们不会受到官方的惩罚。海军部的命令④规定,《海军评论》的编辑负责获得保密许可⑤。根据这项规定,现役海军军官可以重新参与《海军评论》的学术交流。

---

① 《主编的文集》:寇松致亨德森的信,1919 年 5 月 14 日。

② 1919 年 8 月 4 日,海军中将奥斯蒙德·德布罗克爵士成为海军副参谋长(DCNS);6 月,海军少将厄尼·查特菲尔德爵士接任第四海务大臣之职;7 月 2 日,W·C·M·尼科尔森海军少将接任第三海务大臣之职。3 月,海军上将蒙塔古·布朗宁爵士已经成为第二海务大臣,而一直担任海军副参谋长(DCNS)的 J·A·弗格森海军少将,于 8 月 4 日接替亚历山大·达夫海军少将,担任海军助理参谋长(ACNS)。从 2 月到 8 月,威姆斯是海军部唯一一位职务保持不变的海军军官。

③ 《主编的文集》:亨德森致海军大臣的信,1919 年 8 月 20 日。

④ "海军部月度命令第 3937/19 号命令"。

⑤ 《主编的文集》:海军大臣的信件,第 NL 26101 号,1919 年 8 月 20 日。

在接下来的七年中,《海军评论》季刊在这种审查制度下办刊。巴里·亨特已经指出:“这个总的来说未被承认的事实,对《海军评论》产生了深刻的影响,使它在从战争向和平调整的这关键几年当中,发挥了有效的改革媒介作用。”①此言不虚,但是无论亨德森、迪尤尔和里奇蒙德承认与否,《海军评论》的作用已经发生了变化,这也是真的。改革的推动力正在向其他方向运动。1920 年至 1923 年,虽然里奇蒙德本人不是太满意,但他成功地管理了海军高级军官战争理论培训班,而德拉克斯则担任皇家海军参谋学院院长,瑟斯菲尔德担任副院长。1923 年,雷金纳德·亨德森在格林威治接替了德拉克斯的院长之职。贝莱尔斯继续担任第一海务大臣的海军助理,直到 1925 年。这些“少壮派军官”的其他成员,在海军部内部,担任的职务越来越高,而且正如后来的事实所证明的那样,他们的职位越来越有影响力。无论结果可能有多么不圆满,1939 年至 1945 年之间取得的成果是不可否认的。

《海军评论》确实变成了一种讨论特定话题的机制——在 1939 年以前,军官训练和舰队航空兵一直是热议的问题。对于初级军官的首次写作尝试而言,《海军评论》也是一个发表途径。亨德森敏锐地意识到,投稿人群太小,但是这些撰稿人的质量很高。里奇蒙德和其他创始人也竭尽所能,刊登了一些特别有意思的辩论,涉及海上贸易控制等话题,而且在“少壮派军官”当中,许多人都积极参与了第一次世界大战期间的海上贸易控制②。在年纪要小很多的投稿人当中,约翰·克雷斯韦尔、拉塞

① 亨特著,《水兵学者》,第 102 页。

② 特别要参见《海军评论》1925 年第 13 卷“战争中的海上贸易”专题和“海运控制”专题中的文章,作者来源广泛,都参与了 1914 年至 1918 年的海上贸易控制行动。

尔·格伦弗尔和斯蒂芬·金-霍尔的文章不断地成为特稿。斯蒂芬·罗斯基尔发表的第一篇文章于1929年刊出①。在那些后来没有在学术界和文学界扬名立万的投稿军官中,晋升为海军将级军官的"平均成功率"也是非常高的。

亨德森深信,保密审查方面的安排不令人满意,而且还妨碍了《海军评论》的发展。1921年,他试图呼吁修改海军部的保密审查政策,但是没有成功,然后一直等到1925年12月,才再次呼吁修改这项政策。海军参谋部的态度变化在亨德森得到的支持上显而易见。此时,经常投稿的W·A·埃杰顿担任海军计划部部长,而里奇蒙德在"无畏"号战列舰上任舰长时的副舰长,艾伦·霍瑟姆,担任海军情报部部长,而且K·G·B·迪尤尔担任霍瑟姆的副部长。埃杰顿坚决支持《海军评论》,谴责对肯尼迪的文章进行保密审查的行为,宣称在那篇关于"戈本"号战列巡洋舰的文章中表达的批评,"如果算得上是批评的话,也是与个人无关的,而且远没有造成危害,是海军军官可以阅读并认真对待的好文章。"埃杰顿提出了两个问题:一是保密审查有碍《海军评论》的发展吗?二是缺乏保密审查会损害海军的纪律吗?他总结说:"在和平时期,对于一个一心要从内部完善自己的军种来说,传播和讨论观点不会对其无益。"②埃杰顿从海军参谋部多数其他要员那里得到了强有力的支持,虽然海军副参谋长弗雷德里克·菲尔德海军中将和海军大臣奥斯温·默里爵

① "门罗主义",《海军评论》第17卷(1929年),第117-128页。有意思的是,斯蒂芬·罗斯基尔之所以被任命为海军大臣理查德·翁斯洛海军少将的法定历史学家,是因为翁斯洛记得罗斯基尔经常为《海军评论》撰写文章,而且写得还很好。

② 英国公共档案馆(PRO)海军部档案系列(ADM)第1/8708号档案:海军计划部部长的备忘录,1926年1月6日。

士持反对意见。默里觉得,如果不对《海军评论》的来稿进行保密审查,就等于让牲口圈的大门敞开一样,并建议由海军情报部长的一名代表与亨德森合作,承担保密审查员的工作①。

虽然在海军大臣的再三坚持下,保密审查问题最终正式摆在了海军部委员会的面前,但埃杰顿的观点得到了第一海务大臣戴维·比提的充分支持,他们取得了成功。比提对"海军情报部长代表"这个想法特别不屑,而且他的不屑也很明智,因为这个想法简直会把任何不慎重的责任都推到这位不幸的审查员身上,而审查员无法了解海军部内部各个部门关心的问题。

海军部委员会决定,支持给《海军评论》自由,并规定编辑应由一个经过审核的军官组成的委员会协助,在这种安排之下开展审稿工作,并由作为编辑的亨德森最终定夺②。这些安排很快就受到了巨大的压力,因为后来在1926年,海军航空兵主任坚决反对一篇题为"舰队航空兵"的文章③。任何一个与海军飞行员共事过的人都会认为,这篇文章是一篇名副其实的文章;这是一篇令人振奋、直截了当的叙事体文章,毫不犹豫地谴责皇家空军的联系,并谴责飞行薪酬和观察员不足。海军部的困难在于,这篇文章"探讨的话题……[如此敏感],最好置之不理。"④虽然承认这种研究方法不成熟,但迪尤尔赶紧为这篇文章辩护,

① 英国公共档案馆(PRO)海军部档案系列(ADM)第1/8708号档案:海军大臣的备忘录,1926年1月18日。

② 第一届委员会的构成如下:亨德森、里奇蒙德、德拉克斯、K·G·B·迪尤尔和杰弗里·布莱克。

③ [H·圣约翰·凡科特海军上尉,英国皇家海军,]"舰队航空兵",《海军评论》第14卷(1926年5月号),第315-317页。1949年,凡科特以海军上校军衔退役,并荣获一枚优异服役勋章(DSO)。

④ 英国公共档案馆(PRO)海军部档案系列(ADM)第1/8708号档案:海军副参谋长[菲尔德海军中将]的备忘录,1926年7月19日。

宣称"就海军情报部而言,绝对不能这样想,因为这篇文章不包含任何对潜在敌人有价值的内容,没有针对个人的批评,也没有任何颠覆海军纪律的内容。"①最终达成的一致意见是,这篇文章可能不是非常重要,应由《海军评论》自行决定是否录用。编辑认为,根据《国王的规定和海军部的指示》的规定,《海军评论》不是一种"出版物"。秘书处仍然不接受这种观点,但认为这种安排的益处大于害处。

亨德森有他的自由,但是在《海军评论》最初的构想这层意义上,他几乎没有时间来行使这种自由,无论从许多"少壮派军官"的现役军旅生涯来看,还是从他们在担任要求高、责任大的职务的同时从事海军以外工作的能力来看。最后一次,也是最好的一次努力,是里奇蒙德 1930 年发起的推崇较小战舰的运动②。在这场运动中,里奇蒙德和亨德森把《海军评论》用于两个方面。第一,本刊提供了一个阐述里奇蒙德观点的论坛,会迫使海军部"指出他们坚持发展大型战舰的原因。"③这是直接意义上的改革。同时,这也会把这些观点置于整个海军面前,而如果不这样做的话,根本没有可能做到这一点。教育的思想继续存在。

巴里·亨特在《水兵学者》中,评论了里奇蒙德"是什么决定了战舰的大小呢?"这篇文章"不够振奋人心的"研究结果④。他正确地指出,在反对里奇蒙德的观点中,存在不足之处,但是在

① 英国公共档案馆(PRO)海军部档案系列(ADM)第 1/8708 号档案:海军情报部副部长的备忘录,1926 年 7 月 15 日。

② 关于这个话题,参见本书第十一章:埃里克·格罗夫,"里奇蒙德与军控问题"。(原文误为第十章,实应为第十一章——译者注)

③ 英国国家海事博物馆,《里奇蒙德文集》,RIC/7/1:里奇蒙德致亨德森的信,1929 年 6 月 4 日。

④ [海军上将赫伯特·里奇蒙德爵士,]"是什么决定了战舰的大小呢?",《海军评论》第 17 卷(1929 年 8 月号),第 409-433 页。

这场辩论当中,普遍参与的程度不应该低估。除了亨德森专门组织的文章以外,1929 年还有 17 篇答复。在那些作者身份已知的文章中,作者的军衔从海军少将至海军少校不等。在 1930 年的几期当中,又多出了 16 篇文章,而且其中一位投稿人还是一名海军中尉。大多数作者的军衔介于海军少校和海军上校之间;绝大多数作者为现役海军军官。这些作者可能未察觉到里奇蒙德的观点,而且不可能与他在同一学术层次上进行研究工作,但是他们明确地证明,迪尤尔和里奇蒙德长期以来,设法在皇家海军内部固定下来的自由辩论和批判思维等观念,正在深入人心。

结　语

关于《海军评论》的讨论就到这里是合理的,因为里奇蒙德这种"最后的坚决抵抗",预示了这份期刊未来要发挥的作用。1931 年,亨德森逝世,而到了 1933 年,德拉克斯将成为仍然在服现役的唯一一位创始人。这场运动的各项改革在皇家海军的各个机构中已经就绪。新任编辑是海军上将理查德·韦布爵士,会奉行一种比他的前任要温和得多的争议处理方法。也许,这是因为杰利科建议,"将来的争论要更加坦率。"①当然,他采取了一种与海军部和解的路线,最终与第一海务大臣海军上将弗雷德里克·菲尔德爵士达成了一致,同意会把任何"可疑的"文章提交给海军情报部副部长,"由他来决定,为了公共利益,是否应该不予刊发这些文章。"②

① 剑桥大学丘吉尔学院档案馆,《海军上将弗雷德里克·德雷尔爵士文集》,DRYR 3/2:杰利科致德雷尔的信,1931 年 4 月 4 日。

② 英国国家海事博物馆,《迪尤尔文集》,DEW 27:海军上将理查德·韦布爵士致 K·G·B·迪尤尔海军中将的备忘录,1939 年 9 月 11 日。

思想自由的文章继续出现，所以思想自由的回应也继续出现。我们不知道在韦布 1931 年至 1950 年担任编辑期间那些文章作者的身份，但是他们的思路依然有趣，而且普遍论述的是时事问题。韦布感到忧虑的是，现役海军军官会员的数量在减少，而且投稿人的平均资历越来越高①。然而，关于当代话题的文章继续出现，即使更多的文章是回忆性和纯粹历史性的文章。一直到 1939 年，舰队航空兵的未来和航空母舰的运用都是争议不休的问题，军官录用、训练和人事问题也是如此。从那时起，这些问题始终是这些年不变的关切。

那么，《海军评论》是如何发挥作用的呢？第一，它是一个发表论文的渠道，供那些希望使其看法为更多读者了解的聪明的初级军官一展身手。第二，它是海军高级军官使其自己的观点为人所知的手段，不会给他们负责执行的各项政策造成尴尬的后果。这些是匿名带来的持续好处，而且是它的创始人没有完全预见到的。第三，《海军评论》是一个论坛，供那些尚未占主流的思想暴露出来并成熟起来。很难说在《海军评论》刊发的文章和后来的海军政策之间存在一种特殊关系，但是可以公平地说，这份杂志在形成求变的氛围方面，发挥了不可或缺的作用。许多政策，比如录用成年人担任海军军官、改善工程兵军官和补给军官的地位、将级军官名册，以及最近设立的皇家海军作战主任等政策，在执行之前，都以某种形式在《海军评论》上发表过。对人事问题的偏爱或许不可避免，但是论述完善军种联合程序与合作的文章，论述未来英国国防战略的文章，以及论述没有航空

---

① 关于这一时期《海军评论》的关切，参见“阿加格”[笔名]，“《海军评论》创刊五十周年记”，《海军评论》第 51 卷(1963 年 1 月号)，其中有相关的调查结果。

母舰的海军的文章,都对海军思想的发展做出了力所能及的绵薄贡献。

因此,《海军评论》有些方面的成就没有达到其创始人的期望,但有些方面的成就又超出了他们的期望。从最广泛的意义上看,它具有教育意义,因为它发挥着英国皇家海军论坛的作用,供有关人士就变革问题进行辩论,而受到外部干扰的可能性最小。之所以说它具有教育意义,还因为它提供了一种方法,年轻军官可以用这种方法来练手,尝试探讨通过其他途径无法进入其专业领域的问题。之所以说它具有教育意义,还有一个原因,正如亨德森所写:“活到老,学到老。”有人可能会补充说,要起到教育作用,不需要太老。乔恩·住田的文章“捍卫海上霸权”发表在《海军评论》上,第一海务大臣亲自审阅了这篇文章,并签发了出版许可。这样一种期刊一定有某种生命力。里奇蒙德会非常喜欢这种生命力的。

讨　论

以下是从唐纳德·M·舒尔曼、巴里·亨特和詹姆斯·戈德里克的论文出发展开的讨论。

戴维·布朗:我经常会有一种感觉:加拿大造就了一些相当卓越的历史学家。“相当卓越”这个说法是英语中的轻描淡写,你们可以理解,但是唐,一直以来是否有一种特殊的影响,在真正地推动你们,也就是加拿大人,进行历史研究,特别是海军历史研究,并造就了如此之多的海军历史学家呢?

唐纳德·舒尔曼:我知道,巴里·亨特也会有兴趣让我来说说这个问题。1952 年,我在剑桥大学学习,毕业论文遇到了很大的困难,由于一系列机缘巧合,我很快来到伦敦,师从布赖恩·滕斯托尔教授。他很快就觉察到，我不懂海军历史，而且我在试图写一篇关于海洋和大英帝国的毕业论文，所以他开始教我。有意思的是，我和他一直保持联系，直到他1970年去世，但是这种关系涉及的不仅仅是我一个人，因为不仅他教会了我许多知识，而且我的兴趣肯定在巴里身上留下了痕迹，然后也在亚历克·道格拉斯身上留下了痕迹，因为当1965年我休年假住在他位于布莱克希思的家里时，他来到加拿大皇家军事学院，承担起了我的工作。我从这项交易中得到了最大的好处，我可以这么跟你们说。那是一个绝佳的局面，有这个机会提一下这个，我很高兴，因为他是一个绝对无与伦比的老师。他要是教一小组人，他决不会照顾任何人。在开始讲一个话题时，他会说"正如你们所知"，然后给你提供一些信息，然后几分钟之后，你就开始点头，变得兴奋起来，意识到你以前在什么地方读过那个话题的内容，并且你会逐渐把这些信息拼接起来。我想，他对我的影响，以及对巴里的影响，因为巴里在伦敦也见过他许多次，而且我想，他对今天碰巧不在这里的军事历史领域的其他加拿大人的影响，是非常非常有力的，而且一直伴随着我们；这些影响力确实伴随着我们。我想，如果格林威治皇家海军学院漂洋过海来到了加拿大，那它是通过布赖恩·滕斯托尔才来到这里的，我想在这里对这一点表示感谢。

亚历克·道格拉斯：唐刚才谈到了布赖恩·滕斯托尔，我必须作一点补充。我和巴里学习了皇家军事学院开设的第一门研究生课程，课程代码为500的《历史》课，由布赖恩·滕斯托尔任教。那是一段非常有意思的经历，因为布赖恩对我们说："你们告诉我，你们想要我教你们什么课程，列出参数，我会把你们的要求报给学院，那就会成为你们要学习的课程。"他用教辅系统教我们，这种做法在北美还不是那么普遍，而且这种教法极其有用。他使我们接触到了他认为正确的海军历史的解读,但不是卡伦德的解读。

埃里克·格罗夫:刚才,您提到了杰弗里·卡伦德的名字,我很高兴,因为我刚才也准备在我简短的发言中提他,但现在还要稍短一点。我想,对于英国皇家海军在历史研究中的某些弱点,对于主流海军在研究历史过程中遇到的问题,他是相当重要的。首先,唐的论文极其有意思,我只谈一两点。他认为,科贝特在教的那些海军军官没有共同的背景。我想,我会主张,他们拥有相同的背景,实际上共同点比 20 世纪其他任何时期都多,因为他们都有在"大不列颠"号战列舰上的训练经历,都出过海当过海军军官候补生。不可否认,他们是在不同的军舰上服役,当然,它们当中的许多军舰都是帆船。1911 年春天,查特菲尔德到皇家海军战争学院上学,而在此之前,他先在两艘帆船上出海训练。他最开始接触的两艘军舰是帆船。接下来,他们完成了海军中尉课程,接受了一些相当严格的数学智力训练,所以,他们事实上确实有着相同的背景。不可否认,如果说他们能透彻地理解科贝特的讲座,可能是不恰当的。有人说,他过去总是一开始就说,"先生们,现在你们比我还懂这个问题,"然后再提出一个复杂的观点。我想,这些军官对这种过渡的反应是极好的。在与不同年龄的海军军官交谈时,我也发现了这一点。

然而,有意思的是,我们之前说过,科贝特是失败的。实际上,科贝特之所以受到批评,不是因为他失败了,而是因为他成功了。在 1931 年《海军评论》对科贝特的谴责中,有人说正是因为他的过错,皇家海军才在第一次世界大战中采取了这样一种防御政策。请记住,在他写的日德兰海战官方历史的绪论中,有一句话声名狼藉:"人们不应该全力以赴地打一场大决战,这种观点可能与海军部的观点不一致。"所以,事实上,他受到了批评家的谴责，因为他给海军灌输了一种过分注重防御的学说，给他们灌输了被陆地束缚的战略家的危险思想，比如卡尔·冯·克劳塞维茨的战略思想。我自己的感觉是，实际上，他确实对听过他讲课的海军军官的思维方式产生了一些影响。我想，他确实对英国海军采用的战略思想产生了一些影响。我认为，在第一次世界大战中，这种影响是较好的影响，而不是较坏的影响。所以，我无法确定，在这层意义上他是不是这样失败的一个人。当然，他没有完全取得成功的领域是，在海军军官的初级训练中，没有得到他想要的那种历史。我记得，当我研究《海洋战略的若干原则》的绪论时，我在《科贝特文集》中找到了一篇非常有意思的论文。他在文中说："我们讨论了历史应该怎样教的问题，而且我们决定，在奥斯本皇家海军学院的前两年中，向学员讲授的历史，应该都与海军英雄有关。"他们在奥斯本皇家海军学院找到了做这项工作的完美之人。杰弗里·卡伦德，《英国的海上霸王们》的作者，写了这本相当出色的书，针对的读者群是十二三岁的男孩子，目的是要准确无误地告诉他们，这些过去著名的海军军官是怎样做事的。堪称悲剧的是——因为我在不同时期都在达特茅斯皇家海军学院尝试讲授历史课，所以我会带着感情说起这个——《英国的海上霸王们》成了大学四年整个历史课程的唯一教科书。实际上，这是达特茅斯皇家海军学院的失败。1910 年前后，科贝特和达特茅斯皇家海军学院的一位教师有一些书信往来。我想，他们在信中提到了一些写一本书的计划。这本书会比《英国的海上霸王们》更高级，而且可以说，这会是一本介于中间状态的书，比卡伦德的简单描述要复杂一些，同时又不会像它们将要发展出来的观点那么复杂——我们现在可能会在皇家海军战争学院将其称为战略研究。他们从来没有写成这本书。这是一个很大的悲剧，在海军军官的历史教育和战略教育领域,造成了一个持续很长时间的断档。事实上,这本书没有成书,导致人们认为,海军历史只不过是《英国的海上霸王们》而已。这种认识是非常危险的。非常不幸的是,像杰弗里·卡伦德这样一位献身事业的老师,就这样与世长辞,而且对皇家海军和历史研究之间的关系产生了如此负面、如此有害的灾难性影响。

值得注意的一点是,“塞尔伯恩方案”绝对不能与“大不列颠方案”相混淆。我感觉它们是极其不同的。“奥斯本-达特茅斯方案”是一个奇怪的杂合体。该方案的确设法在初级阶段引入科学技术方面的训练内容。在这层意义上,该方案是非常先进的,而且根据这套方案,海军培养了一些非常优秀的人——例如,布莱克特勋爵,虽然他离开了海军,但他倾向于认为,他得到的学术训练是相当好的。实际上,该方案当时试图要做的,正如现在一些关于它的最新研究揭示的那样,是要采用一种相当务实的方法,把现代工程学作为一种传授灵巧手艺的方式,就是人们在操纵风帆、桅杆和快艇过程中学到的那种灵巧的手艺。这是费希尔的想法,而且可能还是一个缺陷相当多的想法。达特茅斯皇家海军学院从来没有由文职工作人员控制,现在也是如此,而且海军参谋部总是倾向于有最终的发言权。有几次文职工作人员实现了一些重大变化,而且在 20 世纪 30 年代,随着阿尔法班的组建,海军参谋部有点想要尽力完善那里学员的学术教育。历史教学一直是一个比其他任何问题都严峻的问题,因为缺乏可以用于历史教学的时间。很难把历史课硬塞进去,因此,有时候不得不采取一种说教性极强的方式,一种唐·舒尔曼可能会不那么喜欢的方式,在讲历史之前,设法先教原则,因为没有足够的时间,而且这种做法有时候没有达到效果。

詹姆斯·戈德里克说,事实上,到了 20 世纪 20 年代,这项制度已经变得相当好了，这是完全正确的。里奇蒙德没能对 20 世纪 20 年代海军参谋部的创建产生一些直接影响，这是一个很大的悲剧。比如说，如果你读一下查特菲尔德的文章，你就会发现，对于海军参谋长应该在做什么，他给出了相当清楚的定义。人们认为，他是在为海军参谋部提炼舰队的经验。这种事情是《海军评论》有时会尝试去做的工作。

唐纳德·舒尔曼：首先，科贝特教的那些水兵有着相同的背景，这一点我同意。但是，他们是一群不能用常规学术背景来衡量的人，尽管那样衡量会让他们得到今天任何一所研究生院或别的什么地方的认可。我倒是认为，他们在学术上一定是相当鱼龙混杂的。

第二，关于战略问题。1914 年之前，我认为，科贝特没有说服皇家海军接受一种观点，即一场漂亮的战役不会永远都能解决一切问题，而且我认为，从那以后，他没有取得多少成功。他这种观点军官们已经听了很长时间了，但是直到 1916 年，他的观点才真正成为头条新闻。然后，人们才真正试图指责杰利科，因为他在日德兰海战后，没有非常积极地建设大舰队，而且人们指出，也许他没有用最佳的方式来打那场海战。这一点可以争论，但是科贝特直接给西德纳姆勋爵写了一封信，说他非常清楚，西德纳姆在新闻媒体中对他的谴责，针对的不是皇家海军战争学院在教什么。接着他抱怨说，他同样清楚，在给学员讲课之前，他已经允许西德纳姆察看授课材料。后者对授课材料表示同意；当这些材料在“绿皮小册子”的第二版中出现时，他也表示同意；而且当《海洋战略的若干原则》出版时，他也表示同意。科贝特不明白，为什么西德纳姆跳了出来，暗示他是一个说谎之人，虽然没有使用这个词。

下面，关于卡伦德的问题，我必须提一下，因为我们刚才还提到了布赖恩・滕斯托尔,而且说到了供男孩子们读的书籍,谈到布赖恩・滕斯托尔写了一本书,名为《海军历史的现实问题》。这本书的每一页,都是要驳斥卡伦德在《英国的海上霸王们》里提出的所有荒唐观点。

有人说,在格林威治皇家海军学院,卡伦德经常散步,口袋里装着一本布赖恩的书,而且书中所有用红笔划出的部分,都是对作为该院院长的他的直接批评。这本书也对我的职业生涯有点影响。如果我可以做点评论的话,海军上将卡斯珀・约翰爵士来到加拿大皇家军事学院时,他是第一海务大臣。在他来之前,有人告诉我,他会问历史工作者一些尖锐的问题。他对我说的所有的话是:"你相信《英国的海上霸王们》所说的吗?"我说:"不相信,长官!您教这本书吗?"他回答说:"当然不教!哦,来,坐到我旁边。"所以,我午饭时就坐在他旁边。他们从酒窖里端来了大约六瓶优质法国博若莱红葡萄酒。然后,我说:"去要点这种东西,"然后告诉他们要多少瓶。他们端来了两瓶。我们开怀畅饮,而我半个下午都在陪他品酒。他非常坚定地说,《英国的海上霸王们》讲的不是正道,而且他还说,他认为到1935年或1936年左右,科贝特的影响力已经够强了,并说卡伦德研究历史的方法已经过时了。

我还想再说一件事情。也许,等詹姆斯・戈德里克回答完这个问题,我应该问问艾伦・皮尔索尔。我认为,在某些方面,卡伦德被低估了。在英国海军历史的运用方面,他占有一席之地,而且艾伦在多个场合和我说起过这个问题,但是首先,请詹姆斯・戈德里克回答。

詹姆斯・戈德里克:至于《英国的海上霸王们》对达特茅斯皇家海军学院的军官们产生了什么样的文化影响,我无法代表该院发表意见。但是,因为我们已经详细讨论了这本书,我可以说一下它对澳大利亚皇家海军学院毕业生的影响。这本书不同凡响。我认为,埃里克的观点是非常好的,《英国的海上霸王们》适合在前两年使用,而且就此而言,这是一本非常好的书。从海军教育这层意义来看,我现在讲的不是他在英国国家海事博物馆的工作,而是从海军教育这层意义来看,卡伦德干的工作远非他力所能及,这是他的悲剧。在《里奇蒙德文集》中,有一封很长的信,是 1924 年自尊心受到伤害的杰弗里·卡伦德写给里奇蒙德的[经英国格林威治国家海事博物馆理事会许可,全文刊登在下面],问里奇蒙德为什么攻击他的历史教学工作。里奇蒙德采取了下面这种观点,认为卡伦德对海军中尉说了错误的内容。里奇蒙德认为,如果把这些内容讲给学员听,他是能接受的,但不能对 20 岁的海军中尉讲。问题是,最初根据"塞尔伯恩方案"构想出的制度,从未被允许发挥作用。

英国格林威治国家海事博物馆:《里奇蒙德文集》,RIC 7/4:杰弗里·卡伦德致里奇蒙德海军上将的信,1924 年 12 月 22 日

杰弗里·卡伦德教授(文学硕士、综合安全评估学博士)的备忘录

英国格林威治皇家海军学院历史系,邮编:S.E. 10

1924 年 12 月 22 日

敬爱的里奇蒙德海军上将:

非常感谢您的来信。关于那篇评论,我只能说,那是很久以前写的——事实上,是在您离开英国之前写的。我本来想它会

在18个月之前刊出,想来编委会会有(这样或那样的)担心,然后把它压下来。

你我如此互相对立,是海军教育的一个小悲剧。这种对立的基础是什么呢?

您否认那种认为您要给海军军官灌输"海洋军事知识"的观点。我也否认那种认为我教"考古学"的观点。近21年以来,我一直在教这样或那样的海军军官,而且在其中的大部分时间里,我一直在努力,一直在撰写"传记"。我很愿意承认,在过去3年里,我做了英国航海研究学会所有单调乏味的工作——但结果却没能让这个机构出现在破产法庭上。我在《海员镜报》上发表的文章,几乎全都是"传记类"文章,或者是关于传记的杂闻。

那么,我们之间的分歧在哪里呢?

我们俩都站在反对技术的一边,都致力于改善海军军官的教育工作,而且我们俩都热衷于海军历史研究。

说到我们俩的相似之处,如果再进一步的话,我想我会说,我们俩都同意,如果海军军官不能从海军历史中找到让他们成为优秀军官的指导,那么让他们学习海军历史就是徒劳无益的。

那么,我们的分歧在哪里呢?

我仔细分析了这个问题,尽可能谨小慎微、平心静气,终于得出了下面的结论。

我认为,您的看法是,可以从过去的历史中推断出来的教训,应该由教师来吸取。

我相信,我把这种看法归咎于您,没有对您造成伤害。

现在,在我看来——至少在**历史**领域——**您**是最理想的海军军官。也就是说,您在读历史,您在做更多工作;您对历史刨根究底;这样做了以后,您得出了您的结论。您指出这个人哪里做错了,而另外一个人,握住基本原则不放,在哪里取得了彻底的胜利。

这正是我们想要的结果。每一位海军军官都应踩着您的足迹,尽其所能来做到我们榜样的那种地步。

到目前为止,还没有出现争论。

那么,我说到哪儿了呢?

我是一名“教师”,一名职业教师。28 年前,牛津大学为我颁发了“文学”教师资格证。在那之后,我又得到了英国教育部颁发的教师资格证,而且一直按照可以约束教师的每一项法令行事。28 年来,我一直在从事教学工作,平均每天工作 8 小时,从 1 月份一直工作到 12 月份。我对理科的任何分支都一窍不通:我都没有资格教最简单的数学。28 年前,我开始在牛津大学的历史荣誉学院教历史,而且从此以后,一直在教历史:教了 28 年通史,教了将近 21 年海军历史。这是一种连马汉、劳顿和科贝特都缺乏的经验。从 1873 年开始,劳顿就在这里教数学和气象学,一直教到退休。历史对他而言——直到他退休——只是一种穿插表演。

此时此刻,关于我自己,我可能说出来的,就只有另外一点了。没有什么会给我带来更大的快乐,除非与海军军官达成一致意见——如果这在人为角度来说有可能的话。我已经和他们一起生活了将近 21 年,而且始终觉得,他们在所有人当中,偏偏就是最能容忍的人,也是最可爱的人。如果他们要和我谈论关于战争的任何方面,我应该是谦恭的信徒当中最为谦恭的。

但是,我也是有限度的,而如果有人试图在**历史教学**问题上对我指手画脚时,就达到了我的限度。

有一种令人瞠目的异端邪说认为,从过去吸取教训是“教师”的**职责**。对此,作为一名历史老师,我会调动浑身每一个好斗的细胞予以反抗。

那不是教师的职责;那是学生的职责。

作为一名“写过海军历史题材的所有名人”的学生,您已经拥有了一项惊人的事业,一项与您兴趣相合的事业,而且得到了同一领域有所成就的所有人非常真挚的敬佩。但是,作为一名历史老师,您给人留的印象就没那么深刻了(如果我可以直言不讳的话)。您不教在亚里士多德时代就已经过时的高雅艺术;您教的是您从那些古老战争中吸取的教训。

现在,我们想让所有海军军官吸取那些古老战争留下来的教训。但是,其他海军军官**必须**沿着里奇蒙德海军上将走过的路走下去。一定不能有华而不实的方法——根本没有捷径。历史已经使里奇蒙德海军上将变成了现在的样子;历史将会对有着类似能力和作用的其他军官做出同样的事情。但是,他们必须直接去研究历史,必须直接聆听历史老师的教诲;尽管有人急于效仿**您**这个榜样,但总会有需要我来做的工作,而且是我无论如何都无法做完的。

但是,当有人要求我(就像现在这样),用合理的教条(为了指导未来而从过去总结出来),去激活死板事实的死板内容(有人谴责我给我的学生讲这些死板事实),我相信,我的回答会始终是,我宁肯受火刑,也不会这么做。

目前,在格林威治皇家海军学院的这位历史学教授和他的批评者们之间的斗争中,让我觉得如此荒谬、如此像一场闹剧的是,如果这位教授被打败了,而他的批评者们大行其道,那么海战的基本原理,就将由文职人员向海军军官提出,供他们考虑。如果这算不上是归谬法的话,那么再进一步看就毫无用处了。尽管聪明人可能会补充说,如果您与一位历史学教授交手,然后替他决定他应该教什么和不应该教什么,那么您就是在模仿寓言里的那个傻瓜的行为,因为那个傻瓜买了一条狗,然后坚持自己学狗叫。

恭祝新年万事如意!

相信我

您真诚的

杰弗里·卡伦德

艾伦·皮尔索尔:卡伦德无疑是一位非常好的老师。我想,他最初是从奥斯本皇家海军学院开始教历史的,也许他让自己变得对那个年龄段的学员相当专注,因为他实际上从来没有教过任何资格比较老的人,直到第一次世界大战结束之后,他来到格林威治皇家海军学院任教。也许,在某种程度上,他对自己的见解相当固执。奥斯本皇家海军学院被裁撤,是因为那是那套经济方案的一部分,而不是因为它缺乏设施。奥斯本皇家海军学院和达特茅斯皇家海军学院合二为一,但是接下来,他又调回了格林威治皇家海军学院。我想,他在那里又开始主要给海军中尉讲课。当然,根据我在20世纪60年代对仍然健在的海军将领进行采访的经验,他们都总是提到《英国的海上霸王们》这本书。

值得一提的是,在英国的海军历史中,有一个有意思的运动。具体来说,从1893年英国海军档案学会成立开始,后来继续发展,到了1911年,英国航海研究学会基金会成立。熟悉海军档案学会历史的人都知道,在成立之初,它的编辑,当然还有它的理事会成员,事实上许多都是资历相当老的海军军官。今天,我们提到了H·J·梅。他是一个很有意思的人物。他的英年早逝,可能是皇家海军一项非常严重的损失,在我们感兴趣的方面尤其如此。我们还有斯莱德和奥特利。毫无疑问,他们二人同样赞成研究战争问题的较高层次。然而,从长远来看,他们三位都陷入了某种困境,要么是一种天生的感觉,认为思考和讨论具有颠覆性,要么是有其他因素干扰了他们的研究工作。

戴维・布朗:我想,作为主持人,我不应该多说什么,但是我一直在等待,希望有人提起海军档案学会。对我来说,那是一个春天,从 19 世纪末开始,实际上它点燃了人们对海军历史的兴趣。我刚才想到,它的影响是否如此之小呢?而且,我想听到关于这个问题的一些评论。

詹姆斯・戈德里克:我想,它或许很重要,但是我无法确定是否有人做过关于它的正式研究工作。当然,当您去看海军档案学会理事会创建后前 25 年的会员身份时,总会有一两个现役海军将级军官,有时候会有三个,他们都是海军档案学会的会员。另外,在海军档案学会早期出版的书籍当中,编撰文集和制定文件的海军军官贡献了大量的稿件。

查尔斯・费尔班克斯:詹姆斯・戈德里克的报告非常有意思。我有一个问题。我在想,对于 19 世纪 90 年代皇家海军里改革派的战略和命运,以及第一次世界大战之后改革派的战略和命运,您能否做一下对比呢?像费希尔和珀西・斯科特这样的人,对海军部平庸古板、墨守成规等问题,持非常反对、非常轻蔑的态度,但尽管如此,在一个远比第一次世界大战之前甚至之后出现的英国社会还要专制的团体中,他们竟然能一路顺风顺水,在我看来,这始终是一个奇怪的悖论。然而,他们升任的官职远比迪尤尔或里奇蒙德等人的更有实权。在某种意义上,相对于那些卷入某种对抗性态势,与权力机关产生纠纷,然后在一定程度上适得其反、自食苦果的人,他们是更成功的。我想知道您能否评论一下这些差异。

詹姆斯・戈德里克:首先,我要说,约翰・费希尔不是一个叛逆者，不管从这个词的哪种意义来看。如果您把他看作19世纪80年代和90年代的一个精明圆滑之人，我的印象是，他是非常有手腕的，很会结交朋友，很会保持友谊，而且他能保证，如果他要批评人的话，批评的方式也很有讲究，以致达到的效果是，他自己会毫发无损。

我认为，珀西·斯科特是一个典型的受害者。他在一定程度上是成功的，因为那个时代正好适合他想要的改革，但是我想，在那起射击学和涂装工作丑闻之后，他的事业并不是他想要的。我想，那些人和我们现在谈论的迪尤尔这些人之间的差别在于，反抗行为发生在初级军官层面。我想，在迪尤尔的案例中，尤其明显的一点是，你不能过早地反抗。因为我看过迪尤尔关于海军参谋部的一些论文，特别是那些与《海军评论》有关的论文，所以现在我不得不说，关于他的平衡和客观性，我有很多问题。我可以理解，在晋升为现役海军将官这个问题上，为什么他没有得到认真考虑。1926年，他在《海军评论》上发表了一篇文章，引起了一些问题。在他的备忘录里，有一份为这篇文章做了辩解，但是这份备忘录的语气真地会让你觉得，他应该先把它放一放，既然是前一天晚上写的，然后第二天早上再想一想。我想，您提的问题是级别问题，或者等级问题，您试图在什么级别或等级上进行反抗。

希尔海军少将：这有点像是《海军评论》的编辑发表的声明了。首先，关于那个“黑匣子”的问题，我应该讲一点。那是一个白铁皮做的旧箱子，现在放在我书房的一个书架上。我觉得，箱子里曾经装过亨德森的卷边三角帽。现在，箱子装着《海军评论》的存档文件，或者说是《海军评论》更珍贵的部分。我经常让詹姆斯·戈德里克这样的人查阅这些档案。我想，在他那份很有水平的总结中，他已经很好地利用了这些档案。对于他刚才说的内容,我只有一两点不同意见。我相信,1919 年的时候,《海军评论》的一个主要反对者确实是奥斯温·默里。詹姆斯看过一些我没看过的关于海军部态度的备忘录,但是默里与亨德森往来书信的语气确实极其生硬。他可能是在按上级指示做他的工作,就像一名优秀公务员一样,也可能是他本人反对《海军评论》。

《海军评论》确实是作为一个通讯学会的方式开始办刊的,而且这种传统得以延续的方式很有意思。我们确实保持了从一期到另一期的通讯往来,而且通讯量经常非常大,这是《海军评论》的巨大快乐之一。我想,通讯栏目确实以一种非常活跃的形式,刊登有时候相当乏味的话题介绍。

我真正想要做的,是要设法把我们刚才听到的三份精彩报告融为一体,因为确实在我看来,《海军评论》与通力协作的科贝特和里奇蒙德,开启了一个解放进程,而且这种解放感,尤其是在《海军评论》前两年各期当中,正如詹姆斯所说,抽象的水平非常高。这种解放感是巨大的。许多思想迸发而出。这些思想经常是非常抽象的思想;同时,它们也经常是非常活跃的思想。在我看来,这种解放感是普遍深入的。当然,这种解放感是通过这个新兴学派的会员而产生的,但是我认为,这种解放感的传播范围远远不止于此。第一次世界大战之后,人们有一种感觉,认为如果从英国大舰队的作战命令中解放出来,从更为墨守成规的思想中解放出来,那么新的思想会展翅翱翔,不仅在各个参谋学院会这样,而且在各个舰队也会这样。

1929 年至 1932 年,查特菲尔德抛开了非常详细的地中海舰队演习命令,并在他书中一个著名的段落中说:“我无法用这种方式来训练地中海舰队。官兵必须时刻做好响应信号的准备。”20 世纪 30 年代,W·W·费希尔训练地中海舰队打夜战,而这种训练在希腊的马塔潘角展示了它的成果。

在第二次世界大战期间，尤其是战争初期，还发生了其他一些事情。我认为，英国皇家海军志愿后备队(RNVR)的影响再次使这种解放感增强。我的观点是，在20世纪20年代和30年代，这个始于爱德华七世时代的解放进程，一直持续到第一次世界大战之前的乔治五世时代初期。这个解放进程穿过小溪，穿过峡湾，席卷20世纪20年代和30年代的皇家海军，使皇家海军做好了在第二次世界大战中取得胜利的准备。我只想说一件事情，现在仍然有一些人，在皇家海军内外，对《海军评论》有一点怀疑。

我真诚地希望，我们会一直在《海军评论》中有一种非常严肃的方法，但是那里有幽默的空间。我确实在用各参谋学院和皇家防务研究学院的来稿。实际上，一些分量较重的来稿都来自于那里。这些来稿一直都是由海军协会会员撰写的。

蒙特内格罗海军上校：我只想补充两点。对于科贝特在其他国家的影响力，这两个想法也许与这个问题的进一步研究有关。不幸的是，我们今天这里没有德国历史学家，但是我想要指出，对于一些评论员来说，奥托·格罗斯海军上校为德国提出的海战学说，看起来是科贝特思想的某种衍生物。我真地不知道，格罗斯的书对第二次世界大战中德国的海军思想有什么影响。但是不管怎样，这本书留传下来了[《世界大战中的海战启示录》(柏林：1929年)，翻译成西班牙语后，书名为《海战学说：从世界大战中得出的启示》(布宜诺斯艾利斯：1935年)]，而且我认为格罗斯是一位声望很高的作家。

另外，我们已经让人把奥斯卡·迪·詹贝拉尔迪诺的著作翻译成了西班牙语。他在20世纪30年代进行创作，他的书名字叫《海战的艺术》(罗马：1937年)。我认为这是一本好书，不过在我看来,这本书是卡斯泰海战思想的某种总结,意大利式的总结。

唐纳德·舒尔曼:我必须承认,我一听说要召开这次会议,就知道会有一点问题。在某种意义上,就海权的运用而言,很长时间以来,人们认为马汉就是马汉。我经常把他看作一位世界级思想家。对此我没有好争论的,但是当涉及到科贝特时,我不希望今天下午谈论里奇蒙德。要把科贝特提高到海权问题世界级思想家的高度,我真地有一个很大的疑问。我认为,他不是世界级思想家。我甚至都觉得,他连战略家也算不上,而且我认为,他那本所谓的《海洋战略的若干原则》,虽说是 1911 年出版的,但是不会永远流传下去。我的确认为,作为一名历史学家,能把档案材料用作塑造自己国家海军历史的材料,他一定会活在我们心中很长时间。英国人(我不会用“盎格鲁-撒克逊人”这个词),或者说大不列颠人,用一支始终越战越勇的海军,把一个帝国维持了四百多年,在国家和海军之间的关系方面,一定会让人感兴趣的。在我看来,这可不是一件小事。因此,我接受把科贝特定位为一名沙文主义的英国思想家这种看法,而且对于把他定位在这个层次,我是相当满意的。

乔恩·住田:希尔海军少将的话引起了大家对詹姆斯·戈德里克那篇关于《海军评论》的论文的思考。我们一直在审视的这个问题,是《海军评论》的影响,或者说,是科贝特或里奇蒙德对英国皇家海军的影响,但是从某种意义来说,我想,尤其是《海军评论》,也许还有科贝特和里奇蒙德对海军历史的研究方法,代表了一种努力,使皇家海军和英国社会变革的步调一致起来。此时此刻,我想到了 G·M·扬关于 19 世纪重要意义的评论。我的意思是,在英国发生变化的是什么呢?G·M·扬对此做了总结。他可能总结得不正确,但是他的评论很有意思。他指出，19 世纪在英国发生的事情，是“出现了公正无私的情报部门。”也许你们一直在读哈罗德·珀金关于 19 世纪英国职业社会和职业话语崛起的著作。我想，当理查德·希尔谈论《海军评论》中出现的思想解放现象时，这种解放是在英国海军文化中发生过的事情，而且我认为，是在更大的英国文化中发生的，也许是几年之前，也可能是几十年之前。我们可以把《海军评论》的这个问题，以及某种海军历史或海军分析的崛起，视为使英国海军文化适应已在英国创建的那种工业化社会的一种方式，而不仅仅从纯粹的海军角度来看待这种现象。我想，那会受到太多的限制。

塞恩斯伯里海军上校：这个关于思想解放用于何处的问题，是一个很有意思的问题。这个问题，我提醒你们，与其说是关于海军档案学会的声明，倒不如说是在为它做宣传。今天，在这间屋子里，至少五六个人正在忙于准备一本文件汇编(《英国海军文件：1204—1960》)，以便明年(1993 年 6 月)庆祝海军档案学会成立一百成年。这是一种大张旗鼓的宣传；现在就参加并取得资格吧。有意思的是，《海军评论》和《海员镜报》都是因为想要通过书信进行交流这种愿望而开始办刊的。《海员镜报》是航海研究学会会刊，最初每月出版一期。第一次世界大战期间，《海员镜报》逐渐停刊。当 1918 年重新开始出刊时，《海员镜报》仍然是一种每月出刊的出版物，激发出大量积极的通信。这些都是证据，证明这种渴望交流的愿望，渴望展示经历的愿望，渴望交流交换思想看法的愿望。我认为，作为一个通过书信进行交流的团体，海军协会真地没有运行得很顺利，但是《海军评论》的出版，把海军协会的风头抢得太快了。

我不知道有多少人知道这一点，我承认，而且现在我急着要坦承：也许我本应该了解得更多。但是在对海军档案学会

(NRS)的前一百年做了点研究后,我只发现,航海研究学会(SNR)是一种从海军档案学会分离出来的小团体,还不完全是,而是海军档案学会的一个产物。现如今,在航海研究学会内部,有些人在说起地中海中的那些石锚时,充满深情,但又充满绝望,把石锚当成了一种速记短语。相当明确的是,海军档案学会的会员们认为,航海研究学会的会员们、地中海中的那些石锚以及“胜利”号风帆战列舰的修缮者们,按照海军档案学会组建时要服务的那种人的标准,都不是相当符合。海军档案学会决定,不组建海军档案学会的考古分支机构,或者更为现代的历史分支机构,而是应该相当有感情同时又非常明确地鼓励航海研究学会,去把自己建成一个团体,把自己从海军档案学会脱离出来,并开始自己独立生存下去。事实上,航海研究学会是海军档案学会的一个产物,以我本人为例,其渊源上的紧密程度远远大于我以前的一般性认识。

关于人们对海军档案学会的认识,我发现还有一点很有意思,而且我必须得说,在谈到NRS(海军档案学会)和SNR(航海研究学会)这两个由三个单词的首字母缩写而成的名词时,难度极大,总是要相当明确,这个人是在谈论正确的缩写。唐·舒尔曼在他为科贝特写的令人敬佩的传记中,所指的是海军档案学会。他写到:“此外,为了应对国外海军的发展和挑战,海军档案学会才刚刚成立,这是一种学术反应,但也是一种自觉反应。”现在,我一刻也不会以咄咄逼人的方式挑战他,但是如果有人逼问,我一定会说,我们一直在说,海军档案学会之所以存在,就是要出版海军的文件,通常用英语出版;要是没有它的存在,这些文件恐怕就会不见天日了。我刚才在想,你们是否感觉到,海军档案学会经历了一种二次发展,而这种发展要么是通常没有人认识到,要么是我们认识到了也不说。

唐纳德·舒尔曼:您在质疑的问题是,海军档案学会是否是一种针对国外海军发展和挑战的学术性自觉反应呢?我想,在英国海军历史的那段时期,从1889年一直到哈丁委员会和海陆两权标准创建的那个时期,就英国海军而言,是一段不确定性非常大的时期。就在那个时候,他们有了他们可以进行训练的舰船,并可弄清在未来战争中如何使用这些舰船。所以我认为,人们对这个问题的兴趣,首先是从这个自然趋势发展起来的,但是我认为,促成海军档案学会成立的原因不止这一个。其次,人们想知道伊丽莎白一世时代发生了什么,而海军档案学会也是对这种愿望的一种自觉反应。随着《德雷克与都铎王朝的海军》的出版,随着劳顿最初几部著作的出版,海军档案学会才真正开始有所作为。在这种意义上,我想他们是非常正确的。当我提起科贝特自己对其出版经历的反应时,如果从1885年至1886年,他曾试图要写《都铎王朝海军中的德雷克》,依我看,他是达不到预期效果的。人们在下一个时期才准备好迎接这样一本书,因此就有了一种针对这种情况的反应。第三,我认为海军档案学会是同一种强烈的出版欲望的一部分,其标志是弗吉尼亚·伍尔夫的父亲出版了《国家传记辞典》。我想,加德纳也在出版他的历史著作。与此同时,关于美国内战的《官方文件》也在出版。所以,在所有这些层面上,都有一种推动力。

我想,我那句话的措辞非常不好,因为我认为海军档案学会没有沙文主义,不是在对德国、法国或具体的其他什么人做出反应。焦点不在那里,这种情况可能会在后来发生,比如1910年。

安德鲁·戈登:我刚才一直在想,詹姆斯·戈德里克是否有兴趣,把他关于军官教育的学术苛求性而非思想性的评论,与下面这种论调联系起来:本世纪见证了一系列发明,其哲学渊源越来越明显,而且在本世纪的前40年里,越来越多的科学进步,是由受过科学训练的哲学家,或者有哲学能力的科学家取得的;英国皇家海军的军官教育在学术上要求很高,但不具思想性,这大大削弱了皇家海军的武器采购能力,因为,我们这么说吧,科学的树丛在朝着哲学的云底方向生长,而那里本来是需要哲学指导的。突破云底的第一棵树,也是最高的那棵树,我认为,是火控问题。我认为,英国皇家海军没有采用波伦火控系统,这个问题是乔恩·住田一直在研究的,从本质上来说,是哲学上的失败,而不是技术上的失败,因为他们拥有机械制造方面的能力和数学方面的知识。鉴于他们军官教育的狭隘性,这种哲学上的失败几乎是不可避免的。

詹姆斯·戈德里克:正如戴维·布朗刚才指出的那样,答案是"是的"。如果我现在可以再补充的话,这是一个我们作为历史学家尚未考虑的问题,而且我认为,我们必须考虑这个问题。英国皇家海军在某些方面的失败,以及它在其他方面的成功,一定与两种关系有关:一是与最宏观意义上的教育制度的关系,二是与皇家海军一直奉行的军官结构的关系。我想,有必要研究美国海军的成功和失败,因为美国海军有着非常不同的教育制度,而且对军官结构的看法完全不同。比如说,最近有一本书,作者是海军中将路易斯·勒·贝利爵士,书名是《一名海军工程兵的自传》,是他的第一本自传。这本书用相当多的篇幅,描述了皇家海军在工程方面的一些根本性失败。我认为,这些失败的间接原因,不是皇家海军的行政部门缺乏了解,而是缺乏兴趣。另一方面,可以非常坚决地认为,在本世纪内,美国海军出现了一些重复性专业失误,原因是在错误的地点出现了太多的工程兵。澳大利亚海军的答案,我想,是英国人的战法和美国人的装备。但是,这两方面都是我们尚未考察的问题,而且我认为这些问题需要考察。正是因为乔恩·住田等人的研究工作,以及路易斯·勒·贝利爵士等人的自传,这些问题才开始变得明显起来。这是一个目前要面对的问题:你们如何打造能应对这类问题的教育制度和军官结构呢?

罗杰·奈特:巴里·亨特指出,在皇家防务研究学院院长办公室里,保存着几部古老的经典著作。大家可能会感兴趣的是,皇家防务研究学院(RCDS)保存的那本科贝特的《海洋战略的若干原则》,在该院的图书馆里一直保存到 1989 年,现在这本书在我的书架上。

第七章 晚宴后演讲:趋势与变革

盖伊·F·利亚尔代海军少将
(英国皇家海军,巴斯勋爵士、
最高级巴斯勋爵士)

今天晚上,能应邀在这次研讨会上发言,我十分荣幸。我之所以有资格在这里发言,我想,是因为我最近在海军中的经历,但更重要的是,还有一段历史渊源。我们家族有着悠久的从军历史,我的祖上有多位陆军、海军和皇家海军陆战队的军官。我的高曾祖叔父是弗朗西斯·利亚尔代海军上校。在1812年战争中,他是一名海军军官候补生,当英国的"贝尔维德拉"号护卫舰被约翰·罗杰斯海军准将指挥的一支强大的美国中队追击时,他是第一批在首轮交战中受伤的舰员之一。因为美国海军"总统"号护卫舰上的一门主甲板舰炮爆炸,再加上"贝尔维德拉"号护卫舰采取了权宜之计,将一个舰首锚、一个流锚、两个备用锚、驳船、小帆船、小工作艇和34吨水,从舰上扔到了海里,这才使"贝尔维德拉"号护卫舰得以逃到哈利法克斯。利亚尔代海军上校最后在当时的格林威治海军医院工作(我最后一次任职的地方),1863年去世。在我们的《国家传记辞典》中,关于他的记录是:“他是一个增光添彩之人,是一个自吹自擂之人,即使对他自己崇高的职业也是如此。”

因此,我今天在这里,会有一点为利亚尔代家族报仇雪耻的意思,所以各位要坐好了,让自己坐得舒服点。

有意思的是,他的两位叔叔参加了1794年6月1日那场光荣的海战。可怜的海军军官候补生莱昂内尔,在豪勋爵的旗舰上服役,没能从那次作战经历中幸存下来,但是他的哥哥,弗雷德里克·利亚尔代,皇家海军陆战队的一名少校,却在战斗中功勋卓著。在此之前,他受到了海军部军事法庭的审判,因为他冒犯了“阿里尔”号单桅帆船的军需官,与他吵了一架,做出了与军官身份不相符的行为。他这次作战的表现与之前的这些表现判若两人。顺便说一句,在他那份军事法庭判决书上面,同一页纸上还有一份判决书,处理的是“慷慨”号武装商船上一位名叫布莱的船长及其哗变船员。在我们这些人当中,跟海军行政部门官员和军需官打过交道的人,肯定会由衷地同情弗雷德里克!

我的第一个战略要点就来源于此——“冷战”短暂地分散了英国皇家海军的精力,“冷战”的结束意味着,皇家海军现在可以重新回到它该做的事情上了——与法国人作战!我希望,等今天下午埃尔维发完言后,他会把我这番话带回巴黎,当作英国对外政策的恰当真实表达!

对于以上这些细节,我要感谢美国驻英国圣詹姆斯宫的海军武官乔·麦克利里海军上校。他很厚道,给了我一本《1812年海战》。这本书是西奥多·罗斯福写的,当年他是一名23岁的学生。他在书中对1812年海战的描述是,它标志着美国从一个弱小、孤立的海洋大国开始转型,转变为一支国际力量,拥有一支规模足够大的海军,能保卫其海外帝国。这本书是一部有着扎实学术功底的著作,在书中描写的许多场单舰交战中,对于舰载排炮的发射重量和舰员数量，作者对每一场都做了近乎痴迷的计算和比较。

我今天晚上的讲话，受到了小韦恩·P·休斯海军上校在纪念马汉《海权论》问世一百周年研讨会上宣读的论文的启发。他在文章中提出了一些非常了不起的真知灼见，他说：

> "如果历史学家要帮助军人在未来作战，那么寻觅永恒不变的确定因素，或者像马汉所说的原则，就是不够的；这种寻觅是必要的，但不是充分的。从上一场战争来看下一场战争，不管多么朦胧，关键在于研究趋势。为了看出**趋势**，必须掌握一大段历史。"①

今天晚上，我在这里提出来与你们分享的思想相当透明。现在，我们站在技术进步和历史进程史无前例的巅峰，我无法确定，历史的教训是否还适用。弗朗西斯·福山用黑格尔派哲学家的方式说过，历史已经走到了尽头，而我在四周的走廊还能隐约听到这句话的回音。今天的报纸看起来会否定他，但是我相信，从这样的海权观来看，过去一直有一种趋势，但现在有一种灾难性的不连续性。我在这里用的是"灾难"这个词的技术含义，指一种在受力时非常迅速的状态改变。

这是一个朴素的、不搞学术的水兵看待海权的方式。几个世纪以来，海洋一直是一块白板，一个平台，作为一个用于机动的场地，其特点几乎像一块陆地。制海权的延伸，需要用于改装的安全港口实现地理延伸，需要建立后勤补给站点。安提瓜岛、西蒙斯敦、福克兰群岛、亭可马里、直布罗陀，会跃入我的脑海。这是一个有条不紊的过程，需要资金和意志力。持久不变的，是从近距离集中火力击败敌人核心力量的需要。西奥多·罗斯福

---

① 小韦恩·P·休斯，"马汉、战术与战略的原则"，载哈滕多夫编，《历史对马汉的影响》(纽波特：美国海军战争学院出版社，1991年)，第34页。

近乎痴迷的计算**意义重大**，它们是战斗的决定因素，而且对敌优势的所有好处的增殖——阻断贸易、围困城市、两栖作战、陆战支援、不公平的关税、交通封锁——会遵循必然而又简单的逻辑接踵而来。在那个时期，这些事情具有战略影响力。

在读美国著名历史学家加勒特·马丁利对西班牙无敌舰队战败的叙述时，下面这段话给我留下了深刻的印象。1588 年 7 月 31 日，就在西班牙无敌舰队出现在英吉利海峡中的埃迪斯通暗礁附近后不久，这段话描述的事件就发生了："在沉重的战舰底下，海洋似乎在发出呻吟。……"

> 当时的不确定性有足够的理由。这样的一支舰队，在世界上是一种新生事物。没有人曾经在战斗中见过两支这样的舰队。没有人知道舰队上的新式武器会做什么，也没有人知道什么样的战术会使这些武器发挥最大效能。这在海战史上是一个新时代的开始，是那漫长的一天的开始，当天的第一线作战军舰（又名"桅帆战列舰"），船舷是木制的，依靠风帆驱动，而且装备的是滑膛加农炮，将要成为海战的女王；这一天，披有装甲的、配备来复枪和加农炮的蒸汽动力战列舰仅仅标志着傍晚的到来，所以当文物工作者们为这个时期想好了一个名字时，他们可能会把双方的战舰放在一起，而直到现在，我们一直把这个名字叫做"现代"。刚开始时，第一线作战军舰是没有名字的，人们也不知道怎么使用它。那天早晨，在埃迪斯通暗礁附近，在对阵双方的舰队中，没有一个人知道怎样打一场现代海战。全世界都没有一个人知道怎么打。

这里没有时间和空间来阐述这场大灾难的每一个方面，但是让我们来看一下这场海战中各舰的配置情况，作为我刚才提到的趋势和不连续性的一种表现。你们都会记得，西班牙无敌舰队沿英吉利海峡北上，摆出的是一种牢不可破的新月形队形，两翼的跨度大概是其纵深的四倍，后部呈凹陷状。在我们这些人当中，曾经学习过《盟军1号战术出版物（ATP－1）：盟军海军机动指令》的人，我敢肯定这里有几位，（我始终认为，机动“manoeuvering”这个词的拼写，尤其是“eu”，是残忍的美国殖民主义的表达方式）一定会认识这种队形，在20世纪60年代和70年代的护航警戒示意图中，也许会画得更直一些。编队后部的缺口，可以让梅迪纳·西多尼亚的战舰抢风调向，驶向受到威胁的侧翼，或者让护航的航空母舰变换战斗空中巡逻的位置安排，但是编队的队形和作战原则保持不变。我想，在纳尔逊时代，如果舰上总值日军官在关键时刻偏离作战队形大约50英尺，那么他就会不得人心。在第一次世界大战的日德兰海战中，刺耳的信号会伴随着一个错误，比如说，从“英国大舰队作战命令”指定的舰艇位置发出的一份电报的错误。在第二次世界大战期间和之后的日子里，配备了短程高频声呐的护航舰艇，在曲线形反潜警戒网中作业时，必须呈现出一个不可渗透的正面。这种严格的规定可以在海军历史上一段比较有名的信号中推断出来——我想知道在座的各位谁能认出它来呢？

> 各舰注意，我是“阳光”。执行跟随命令。停止加油。舰队航向180。“小男孩们”重新调整警戒位置。

在台风中服从这道命令困难重重，导致史蒂夫·马利克海军少校上了军事法庭。他是美国海军“凯恩”号舰长奎格海军中校的副舰长。在这艘战舰上，值更军官们大概习惯了大约半英里的瞭望范围。在我们在座的人当中，有些人会记得，根据“朗姆酒”战法和“可乐”战法，重新调整警戒位置会有什么样的特点，以及随之而来的许多近乎碰撞的险情。随着低频中程声呐和性能更强的防空武器系统的问世，在 20 世纪 70 年代和 80 年代，配置好的箱形警戒圈，大小也许会达到 12 平方英里。最近，一艘配备了拖曳式阵列声呐的护航军舰，或者一艘被动作业的潜艇，可能会配置 4 800 平方英里的警戒水域，而一架巡逻机可能会配置 20 000 或 30 000 平方英里。经过四个世纪以后，这是一个相当大的飞跃。

护航的战术是什么样子呢？18 世纪的海军将领们和 20 世纪的护航部队指挥官们发现，护航战术是有效的，因为考虑到了某些数学上的比例——护航面积与可防御的圆周之比；武装民船或潜艇的潜航速度与护航舰队速度之比；敌人的搜索能力与待搜索海洋面积之比，在此面积内，护航舰队变成了一个躲避搜索的水滴，而不是一条可以预测的商船运输航路。几个世纪以来，这些简单的比例第一次被核潜艇、卫星和电子战监视系统打乱。过去战术上的必要条件现在需要重新推演。1780 年，罗德尼海军上将和大西洋战役中著名的潜艇杀手，英国皇家海军沃克上校，作战时的航速相同，而且面对的是相同的武器系统射程——大约 1 500 码。现在，我们看到的是几乎无法探测到的武装民船，航速 30 节，配备射程为 200 英里的导弹若干。我那个中队里的护航舰艇，在它们下水那一年，只能在第二次世界大战时通常的探测距离——大约 5 英里——的三四倍远的位置探测到潜艇，但到了 20 世纪 80 年代中期，随着装备的更新，几艘舰艇已经能在 150 多英里的位置探测到敌军的潜艇。

帆船时代还有其他的著名通信案例："英国期望"和"我刚开始交战"的信息数据速率，与日德兰海战时手发无线电报的信息数据速率略有差别。突然之间，对于今天通过卫星链路传到一支特混舰队的数以兆字节计的信息数量和速度，人类的想象力变得无法理解。现代技术甚至在屏幕上绘制地图，用五种主要颜色显示全球范围内的军舰和飞机。这真地已经改变了海权的性质。大英帝国在缺乏指令的情况下,已经在很大程度上,意外地落入了企业家式的军人手中。现在,海上的指挥官已经沦落为部队武器系统管理员,所有的政治决策都是实时在总部制定的,无论是在白宫,还是在白厅。交战规则会作出裁定,好吧,就像人们在流行音乐界所说的那样。

下面,稍微离里奇蒙德和科贝特的工作再近一点。系统的作战分析是什么样子呢?到了1870年左右,在第一位毛奇的任期内,参谋实地考察和假设分析已经在普鲁士军队中变得司空见惯。纳尔逊过去经常与他的舰长们系统地讨论战术,而且今天,关于海军问题较高层次的思考,我们已经听到了许多最先萌芽的新思想。詹姆斯·戈德里克,现在是澳大利亚皇家海军战争学院的教员,很快就要成为澳大利亚的总理。在他23岁时完成的著作《英王的战舰在海上》中,他让读者注意到了一封重要的信件,是1914年10月30日杰利科海军上将发给英国海军部的急件。万一德国的作战舰队采取一体化的作战方式,动用其潜艇,而且鉴于当时得到的情报,这种情况看起来合情合理,那么他会如何采取必要的行动,这封信做了解释。但是,信中没有说:"在斯卡帕湾战术学校的战术场地,我已经和我的舰队参谋们和下级参谋们一起验证了这些结论,而且我们一致同意,……"因为当时的装备和文化都不到位。也许,如果装备和文化已经到位的话,一体化反潜战(ASW)现在可能就不会像这样依然艰难!最近,在运用分析技术来模拟商业和军事问题方面,在运用计算机来模拟武器系统效能方面,发生了一场革命,客观地建立了一些管理信息系统;同时建立起来的还有一种鼓励对这些管理系统进行批判性评论的氛围。

所有这一切是怎样与地理和政治这两个海权的根本基础产

生联系的呢？在今天的均质世界中，战略利益边界的缺乏产生了一种推论，认为我们再也不会见到规模像麦克阿瑟和尼米兹在太平洋发动的那场战役那么大的事件。也许，历史学家们会把那场战役视为历史上最具独创性、最成功的战役。战略在衰落，作战艺术的水平可能再也见不到了，然而，战术可能会幸存下来。

那么，到目前为止，要做一下总结，我们最近自相矛盾地成功地为海军部队指挥官配备了史无前例的广域监视和攻击能力，再加上史无前例的机动性，才及时地看到，指挥官的自主性和政治有用性降到了空前的最低点。

“缺乏自主性”，我想，我们都可以解决。海军人员是公务员，而且无论如何，始终都需要技术人员的输入。“不断下降的政治有用性”更加难以下咽，但是必须要面对。我们正在暗中凝视着一面镜子，但是有组织的暴力，作为一种解决国家之间分歧的方法，在过去一个世纪左右，如果我们把战争的目标和它们最终的达成情况进行比较的话，确实看起来取得的成功相当之少。我简直是不得不尽力相信，面对当代各种全球性问题，人类正在开始吸取这个教训，也许人类还受到了近期核动态的制约。这是一种包罗万象的思想。根据这种思想，最近发生的事情对空军和某些类型的陆军有利，但是对海军就不那么有利了。

下面我们来看贸易。贸易现在的国际化程度非常高，以致传统上划过船头的炮弹，可能会招致三四个国家、两三个保险市场、丰田汽车公司和通用汽车公司愤怒的惩罚。这艘商船、船上的货物、船上的船员和商船的再保险金额，所有这些主体都拥有部分所有权。上个星期五，我在我工作的协会的会议室中，与一个名叫戴维·格林的小伙子进行了会谈。他是大型国际化工公司德国赫斯特公司董事会的主要成员。他对我说：“您知道我妻子的哥哥名叫阿尔弗雷德·塞耶·马汉吗?"我们的对话超出了我在接下来的几天里要做的事情。我说:"不,这个我不知道。"他说:"哦,您知道他的爷爷也叫阿尔弗雷德·塞耶·马汉吗?"难道这不是一个相当不同寻常的巧合吗?难道你们不这样认为吗?这是一个由商业纽带捆绑在一起的小世界,这就是我的观点。现在,事实上海洋是自由的,是由商业利益保证的。现在,每天的外汇交易额是9000亿美元。与我在上文引用的军事领域的数字一样,在过去十年里,世界范围内的跨境证券交易也出现了明显的尖峰,以每年28%的复利率在增长,从1200亿美元增长到1.4万亿美元。国际上的银行贷出公债总额,已从1980年欧洲经济合作与发展组织(OECD)国内生产总值(GDP)的4%,增长到1991年的44%,或者说,从3240亿美元增长到7.5万亿美元。这些都是强大的刺激因素,可以遏制可能在千岛群岛、斯普拉特利群岛(即我"南沙群岛")、帕拉塞尔群岛(即我"西沙群岛")、大小通布岛或阿布穆萨岛周围发生的任何小规模骚乱。谁能在地图上精确指出这些地方在哪里,我给他10美元。

再往内陆一点,随着东欧剧变而来的悲剧性领土和民族冲突,似乎有可能会被欧洲经济合作与发展组织、西方七国集团(G7)和所有西方国家忽视,并且残忍地任由他们自行解决。或者我们也可以认为,与其说被他们忽视,倒不如说被他们承认,认为这些冲突不会受到强制或劝阻的影响。如果大规模杀伤性武器受到了威胁,利益就会增加。在这样的想定之下,各国的海军用处不大。它们可以在萨拉热窝上空制造空中掩护,或者对伊拉克形成相当外围的右翼,而且它们可以确保像坦克这样的重型装备,在合理的时间范围内,安全抵达预定的目的地。

但是,再回到我的技术主题,要付出什么样的代价呢?我们不应该低估这些"第三世界"冲突的技术跨度——现如今,任何一个国家都可以购买一架配备一枚激光制导导弹的苏-27“侧卫”战斗机——但是持续的作战效能，确实取决于后勤补给能力、情报与监视、复杂训练设施、空中预警(AEW)、联合监视与目标攻击雷达系统(JSTARS)以及一体化的诸军兵种联合作战的方式。这些东西超出了小国的能力范围。比较富裕的国家可能不希望充当世界警察，但希望改变其开支分布情况，将更多的资金花在更为紧迫的计划上面：比如为了控制人口，在比较不发达的国家中，对妇女进行教育；又比如禁毒、军备裁减、军备压制、环境保护、渔业保护、反海盗和移民控制等社会计划。在这些国家，军费开支会在多大程度上得到保持呢？所有这些活动都倾向于预防冲突，而不是促成冲突。比如说，要抵挡塞尔维亚从海上发动的一场进攻，英国需要什么样的国防开支水平呢？

鉴于靠近陆地的机场具有相对效能，如果通过根据想定做出的严格分析，不能证明没有陆上机场足以为任何假想军事行动提供所需的空中掩护，那么仅凭航母战斗群的灵活性，就不足以证明其费用具有合理性。再比如说，越来越没有经验的纳税人担心发生事故，担心核反应堆的处置情况。在他们看来，攻击型核潜艇也不会自动地具有合理性。自从攻击型核潜艇发明以来，只用过一次，费用非常昂贵，而且对周边环境也不安全，似乎成了普遍裁减军备时容易管理的成熟目标。顺便说一下，普遍裁减军备使核动力弹道导弹潜艇(SSBN)具有更好的耐攻击性。在正在崩溃的核威慑秘密中，作为最后一招的工作台，核动力弹道导弹潜艇本身仍然看起来有前途。

我们的重大利益又怎么样呢？北大西洋公约组织(NATO)联盟已经保证了40年的安全，但是我敢肯定，对北约过去10年里战略的可靠性有些担忧的人，不止我一个：预警时间与增援时间的函数因素问题无法解决，为“冬季演习/高水平演习”

(Wintex/Hilex)系列演习制定想定也困难重重。这一系列演习会令人信服地说明，穿过德国平原或那唯一一条结了冰的挪威公路的坦克突击，会怎样对什么人带来好处，或者解释最近的一些问题，与“后续部队进攻”概念和哪些德国人会因此而死去有关。在1588年，你们会记得的，没有人知道如何打一场现代战争。当我是参与者时，我从来没有真正地把它弄清楚，但是事后我才弄明白，在“联合努力/远洋旅行”(United Effort/Ocean Safari)系列演习中，那些极其复杂、极具雄心的跨大西洋演习，真地植根于作战现实吗？显然，它们在和平时期的政治保证中发挥了作用，特别是对北约的北翼成员国来说。这里有一个令人好奇的问题，我真地想要知道答案——前苏联的潜艇部队在多大程度上**实际**进行过反舰演习呢？以我的经验，他们似乎一直在进行反航母训练。在意识形态发生剧变以后，再过30年或40年，一个繁荣的俄罗斯会有什么动力去把它都毁掉呢？但是，人们的确在波斯湾石油中看到了共同利益和重大利益，因为剩余的可开发碳氢化合物来源汇集在那个地区。有人注意到，伊朗在秀肌肉、买武器，并准备填补萨达姆之后的各种真空。伊朗购买了3艘“基洛”级柴电潜艇，可能听起来数量不多，但对那些已经对阿拉伯海的热力结构进行过主动声呐搜索的人来说，这一数量不少。在中东的这个地区做一点威慑投资，显然是明智的，但是不一定要投在海军上。

北约联盟的战争都是内部的战争——土耳其与希腊之战、英国与冰岛之战，但是北约的战术学说和程序，却只在北约成员国之外的地方愤怒地使用过。北约联盟的灵魂**也许会**变成某种超国家的联合国维和机构，需要高科技的海上力量，但是各个联盟的历史和其他征兆并不支持这样做。

这是我围绕这个话题进行的高度压缩的漫谈。在这个节骨眼上，我必须得说，这些是我的个人看法，而不是任何智库或国防部的意见。我希望自己已经明确表达出：一直到最近，各国海军都受到了发展趋势和可控趋势的影响，在这些趋势中，战争的原则普遍适用，而且历史外推法用处很大，即使经历了水雷、飞机和潜艇这些新技术的出现。在过去 20 年里，在如此之多的确定因素或者说原则中，灾难性的变化，包括战略上的和技术上的，已经在过去下面划了一条线。在今天的环境下，里奇蒙德和科贝特一定会欣喜若狂。他们一定会有一张白纸，可以在上面画图，而且画图的工具要比当年好很多。在这些工具当中，有一件当然就是美国海军战争学院，它为尼米兹海军上将的思想做出了非常重要的贡献，而且它无疑会为更幸福的 21 世纪做出贡献。

第八章　作为当代分析家的历史学家:朱利安·科贝特爵士与海军上将约翰·费希尔爵士

乔恩·住田铁郎博士
(马里兰大学)

朱利安·斯塔福德·科贝特通过撰写帆船时代海战方面的书籍,确立了他作为英国主要海军历史学家的声望。他对他那个时代的海军问题也非常感兴趣。1904 年至 1910 年,海军上将约翰·费希尔爵士担任英国皇家海军的第一海务大臣。作为费希尔的知己,科贝特撰写了支持海军部政策的文章和备忘录。他通过自己的文学创作努力为费希尔提出的有争议的倡议代言,对英国公众和官方的看法产生了有利的影响,因此为海军改革的顺利推进做出了重要贡献。“在‘无畏’号战列舰时代协助费希尔,”科贝特的传记作家唐纳德·M·舒尔曼写道,是“他最伟大的与历史无关的活动。”①科贝特拥有训练有素的律师的论

① 唐纳德·M·舒尔曼著,《朱利安·S·科贝特,1854—1922:研究从德拉克到杰利科之间英国海洋政策的历史学家》(伦敦:皇家历史学会,1981 年,以下简称“《科贝特》”),第 197 页。

辩能力，拥有经验丰富的历史学家的分析技能，拥有知识分子的正直，而且——因为他与费希尔的关系——拥有接触机密信息的权力。因此，他关于现代海军问题的作品，不仅仅是具有党派性的学术论辩。事实上，科贝特是严肃的海军分析的早期践行者。特别值得注意的是，他那个时代的核心政策问题，是主力舰的设计问题，而他对此的评论，内容充实，发人深省。

然而，科贝特关于这个问题的著作，基本上没有人研究，原因有两个。第一，"无畏"号战列舰是费希尔担任第一海务大臣之初引进的新型战列舰，但在被人们视为权威的历史当中，费希尔对该舰的立场却被严重歪曲①。那些阅读科贝特著作的人，由于看过这些被严重曲解的事实，再加上对机密材料一无所知，就不可能看到，在科贝特对战列舰和巡洋舰的形式和功能的思考，和海军部内部就同一问题展开的严肃辩论之间，存在着一种密切的联系。因此，科贝特关于战舰类型的论述，看上去要么是显而易见的，要么是独立存在的，而事实上，这两种情况哪一种都不对。第二，关于海军参谋部的组织编制、海军教育的适当形式、英国面对侵略的脆弱性以及海战理论等问题，科贝特也撰写了重要的著作。学者们关注这些值得研究的问题，并非没有道理，但是他们专注于这些问题，严重不利于我们理解科贝特作为一名重要技术问题分析家的活动。

本文要脱离之前关于科贝特对费希尔影响的研究②，把他

---

① 小查尔斯·费尔班克斯，"'无畏'号战列舰革命的渊源：一篇历史编纂学随笔"，《国际历史评论》第13卷(1991年5月号)，第246－272页。

② 彼得·马什·斯坦福，"朱利安·科贝特爵士在'无畏'号战列舰时代的工作"，载《美国海军学院论文集》第77卷，1951年1月，第60－71页；唐纳德·M·舒尔曼著，《海军的教育问题：英国海军战略思想的发展，1867—1914》(芝加哥：芝加哥大学出版社，1965年)；唐纳德·M·舒尔曼著，"一位历史学家与海军职业的崇高方面"，载A·M·J·海厄特编，《从英国"无畏"号战列舰到美国"北极星"潜射弹道导弹：自从马汉以来的海洋战略》(安纳波利斯：美国海军学会出版社，1973年)；唐纳德·M·舒尔曼著，《科贝特》。

的政策分析作为与其纯粹的历史学著作或战略理论著作截然不同的范畴进行考察。为此，本文将原原本本地汇报科贝特对主力舰特点问题的看法。在他对海军部的战争计划所做的介绍中，在他发表在普通媒体和军队媒体上的文章中，在他为海军高级领导人和内阁成员准备的机密备忘录中，以及在《海上战略的若干原则》的某一章中，科贝特表达了他对这个问题的看法。本文将解释科贝特的著作和费希尔的技术激进主义之间存在的联系，评价科贝特作为海军分析家的长处和弱点，并评价他对“无畏”号战列舰时代英国决策方面的历史视角的影响力和局限性。最后，本文将尝试简要论述科贝特和费希尔的故事与我们自己时代的海军关切之间的关系。

* * *

科贝特的第一部主要历史著作，是《德雷克与都铎王朝的海军》，于 1898 年出版，接下来，是《德雷克的继承者们》，于 1900 年出版。这两本专著格外引人注目，因为科贝特在书中突出了战舰设计、枪炮和战术问题，以及这些问题之间的相互关系和它们与战略的关系。他在书中写道，英国人在海战中取得胜利，在很大程度上是因为他们引入了一种新型战舰——速度快、机动性强的帆船，上面装备了大量火炮，但是其低矮的桁索船体，使敌人易于登船。据科贝特记载，速度和敏捷的操作使英国战舰有可能与对手保持距离，因此可以避免英国人处于劣势的登船竞赛，同时，火力方面的优势使它们能从远距离重创敌人。科贝特指出，之所以建造这样的战舰，是因为英国人相信，它们的质量优势会让国王能以较低的代价，建设和维持一支能力更强的海军①。

① 朱利安·斯塔福德·科贝特著，《德雷克与都铎王朝的海军：英国作为海洋强国的崛起史》，共 2 卷（伦敦：朗曼与格林出版公司，1898 年），第 363 - 409 页；《德雷克的继承者们》（伦敦：朗曼与格林出版公司，1900 年），第 416 - 438 页。

大家将会看到，在伊丽莎白一世在位期间，英国对待海战的态度，就像科贝特描述的那样，与 20 世纪初费希尔支持的态度，有着惊人的相似之处。

1902 年，在费希尔担任第二海务大臣期间，科贝特开始撰文公开支持费希尔关于海军改革的建议。这位历史学家和这位海军上将，看起来是从 1903 年就相见并通信的。在接下来的两年里，费希尔为科贝特提供了解释他对海军政策看法的公文和其他秘密文件。这些文件包括 1899 年至 1902 年费希尔指挥地中海舰队期间的讲稿[①]。在这本印刷版文集中，费希尔说，鱼雷的威胁使近战不可能发生，需要具备速度上的优势，使英国战舰能保持足够远的距离，从而使鱼雷构不成威胁，而且在这样的距离上作战，会使精确的远程炮火成为必备战力。费希尔还认为，装甲巡洋舰应该与战列舰一样大，而且"一流的装甲巡洋舰，就是一艘带有伪装的快速战列舰"[②]。科贝特认为，费希尔过度强调了装备的重要性，因此科贝特感到烦恼[③]，但是根据这位历史学家不久之后要写的作品来看，可能可以放心地说，科贝特饶有兴趣地接受了费希尔关于装甲巡洋舰的论述。

1904 年 10 月，费希尔成为第一海务大臣。这为他提供了将他关于装甲巡洋舰的想法付诸实践的机会。应他的请求，海军部组建了一个由文职技术专家和海军军官组成的委员会，任务是考虑战舰设计问题。1905 年初，该委员会召开了会议。此时，费希尔已经做好了彻底放弃战列舰的准备，转而支持一款新

---

① 舒尔曼著，《科贝特》，第 36 页。

② 剑桥大学丘吉尔学院档案中心，《费希尔文集》，FISR 8/1，第 F. P. 4702号档案："机密文件选粹：地中海舰队，1899—1902"，1902 年 10 月 15 日，第 3 页、第 10 - 11 页和第 75 页。

③ 舒尔曼著，《科贝特》，第 36 页。

型装甲巡洋舰，尽管其防护措施不如已有的战列舰，但是速度要快得多，而且配备的武器更多。然而，该委员会没有接受这项建议。不过他们之间达成了妥协，委员会同意建造1艘快速战列舰和3艘超级装甲巡洋舰。这艘战列舰被命名为“无畏”号，其建造工作是加急进行的，以便尽早测试其新颖的武器系统和推进系统的实用性。“无畏”号战列舰于1906年入役，比那3艘装甲巡洋舰早18个月。根据1905年至1906年的预算订购的战舰，具有一些与以往根本不同的特征，引起了一场争议风暴，使人们更加坚决地反对费希尔的教育和管理改革，更加坚决地反对他的总体领导风格①。

在一份1905年11月印制的秘密报告中，费希尔再次要求用相当于一种大型装甲巡洋舰的战舰取代战列舰。这份报告费希尔给科贝特也寄了一份②。1906年末至1907年初，朴次茅斯皇家海军战争学院的一个秘密委员会起草了几份战争计划。在这些战争计划的绪论中，科贝特第一次写下了他关于装甲巡洋舰的看法。这些战争计划的正文，是根据一些研究和几年前举行的几场原始军事演习撰写而成的，既没有考虑到日俄战争的最新教训，也没有考虑到1905年费希尔的战舰设计委员会推荐的速度更快、火力更强大的武装战列舰和装甲巡洋舰。历史学家们正确地认为，这项制定计划的努力没有任何实际意义，对于那些指责海军部缺乏战争计划的批评家来说，充其量不过是一

① 乔恩·住田铁郎著，《捍卫海上霸权：财政、技术与英国海军政策(1889—1914)》(波士顿：昂温·海曼出版公司，1989年)，第51-61页。

② “我们造舰计划的战略问题”，载“海军评估委员会报告：1905年11月16日”，1906年1月，第51-61页，收录在剑桥大学丘吉尔学院档案中心，《费希尔文集》，FISR 8/6，第F. P. 4709号档案中，另外，在伦敦国防部图书馆亦有收藏。我要感谢尼古拉斯·兰伯特博士，是他告诉我科贝特收到了这份报告。

种抚慰而已[1]。另一方面，科贝特漫长的开场白却是一种严肃的尝试，试图要解决引入“无畏”号战列舰所提出的问题，以及它的装甲巡洋舰姊妹舰，3艘“无敌”级战列巡洋舰，即将建造完毕所提出的问题。

在证明“无畏”号战列舰的合理性时，科贝特没有遇到麻烦。“无畏”号战列舰的防护能力与任何其他战列舰的相同，而且火力和速度还占有优势。他说：“战争艺术的抽象理论能如此正确、如此令人信服地转换成装备，这样的实例在历史上实际上是很难找到的。”[2]“无敌”级战列巡洋舰的情况是另一回事。“在所有的海军问题中，”科贝特写道，“巡洋舰的问题是最难解决的，也是最不确定的。”[3]他指出，就大型装甲巡洋舰而言，从根本上来说，问题在于资源：装备重型大口径主战兵器的高速装甲巡洋舰，费用与战列舰的一样高，因此，建造这样的装甲巡洋舰，必定会减少作战舰队可用的战列舰数量。然而，科贝特也承认，具备战列舰威力的快速部队偶尔也会需要，以便加强执行封锁任务的巡洋舰。他试图辩称，“无敌”级战列巡洋舰那种装备重炮的战舰，不仅是在敌人海外交通线沿线行动的较弱巡洋舰的理想支援战舰，而且能大大提高英国作战舰队的作战能力。

科贝特根据历史上与事实相悖的情况为这种主张进行了辩护。他指出，在帆船时代，英国压倒性的海军优势意味着，英国舰队通常会进入既定的阵位，试图对撤退中的劣势力量采取决定性的行动，而且完全有理由相信，在可预见的未来，任何海战

① P·K·肯普海军中校编，《海军上将约翰·费希尔爵士文集》（以下简称“《费希尔文集》”），共2卷（伦敦：海军档案学会，1960—1964年），第2卷，第316-317页；舒尔曼著，《科贝特》，第66-69页。

② 肯普编，《费希尔文集》，第2卷，第327页。

③ 肯普编，《费希尔文集》，第2卷，第333页。

都会是这种情况。科贝特写道，一支作战舰队，在一个快速、强大的海军中队的加强下，会具备以下能力：

> “能够全线出击，咬住逃亡之敌的尾巴，并拖住敌人，直到这支加强作战舰队有时间将其牢牢控制。考虑到这一目标，以往设计的任何战舰，致命性都不如‘无敌’级战列巡洋舰。作为支援舰只，‘无敌’级战列巡洋舰未必火力强大，而且未必造价昂贵，这一点是可以承认的。但是，当权衡其收益时，这种缺陷就是无关紧要的。……实际上，‘无敌’级战列巡洋舰是我们最伟大的艺术大师们最珍惜、最独特的抱负的表现形式，以前从未得到过充分的表现。这是从霍克到纳尔逊所有这些老将军们为之叹息但从未得到的理想舰种。这种认识植根于我们的战法最重要、最古老的传统之中，植根于我们的海军优势的根本条件之中。”①

然而，费希尔想要用大型装甲巡洋舰取代战列舰，包括像“无畏”号那样的战列舰。对于这个目标，科贝特持非常保留的态度。因此，虽然“无敌”级战列巡洋舰断言，它们是“唯一的战列舰类型，无论未来正确与否，一定会跨越目前妨碍它们合理存在的界限，”但科贝特对它们的断言提出了警告②。费希尔认为，大型装甲巡洋舰会有能力发挥较小的巡洋舰的作用，因此会使这些小巡洋舰没有必要存在。对此，科贝特也持反对意见。“海战理论，”科贝特坚持认为，“只要我们还不能洞悉它，就自然会要求我们像过去伟大的大师们那样配备相当多的普通巡洋舰，以便发挥控制海上通道和交通线的主要作用。”③科贝特表

① 肯普编，《费希尔文集》，第 2 卷，第 326 - 327 页。

② 肯普编，《费希尔文集》，第 2 卷，第 327 页。

③ 肯普编，《费希尔文集》，第 2 卷，第 327 页。

达了他对“无敌”级战列巡洋舰的看法。即便未来的情况证明，费希尔等人的观点可能会改变，科贝特有理由这样表达，但这还是引起了费希尔的不悦。但是，战争计划制定完毕后，科贝特在几个星期之内就发表了一篇文章，为海军部的政策进行了辩护。这篇文章会让第一海务大臣对他感激有加。

科贝特的文章题目是“海军部近期受到的攻击”，刊登在《十九世纪》月刊 1907 年 2 月号上①。文章的前半部分泛泛地告诫了费希尔的批评者，后半部分驳斥了批评者们对海军部的战舰设计政策提出的具体指控。第二部分的大部分篇幅用于讨论大型装甲巡洋舰，科贝特打算用它来回应一篇由海军上将雷金纳德·卡斯坦斯爵士撰写的文章（匿名撰写），是关于巡洋舰的历史发展的，那篇文章发表在《布莱克伍德杂志》1 月号上②。卡斯坦斯认为，从 16 世纪到 19 世纪的历史记录证明，应该在战列舰和巡洋舰之间做出明确的区分，像“无敌”级战列巡洋舰这种中间舰种是不可靠的，大量小型的、相对廉价的巡洋舰在战时必不可少。

科贝特承认，卡斯坦斯“用最能干、最彻底的方式”完成了他的历史调查，但是接下来，他提出了一个问题：“整个这段历史是否并非没有根据呢?”他解释说，

> “一个历史学家，在澄清当今的问题时，是世界上最不可能贬低海军历史的价值的人，但是他无法否认，如果我们仅从表面上寻求指导，而不是探寻为这种表面提供其形态的根本条件，历史可能会多么具有误导

---

① 这篇文章的一个较早版本曾作为海军部的秘密印刷品在内部流传。对此，参见“海军部近期的管理”，1907 年 1 月，收录在伦敦国防部图书馆收藏的《克里兹文集：克里兹手稿》第 3 盒中。感谢尼古拉斯·兰伯特博士提供。

② “巡洋舰的发展”，《布莱克伍德杂志》第 180 期（1907 年 1 月），第 21－35 页。

作用。历史的价值不仅在于总结过去的经验,而且在于证明,根本条件的某种彻底变化什么时候使这种经验变成了危险的先例。”①

接下来科贝特说,在帆船时代,与中等规格的战船相比,体积最大的战船速度较慢,机动性较差,而且巡洋舰甚至能追上最快的商船;另一方面,在蒸汽时代,体积使速度有所提高,而且很少需要或者根本无需牺牲机动性,这意味着,快速战列舰可以追上小型巡洋舰,而且大型班轮可以超过小型巡洋舰。科贝特通过逻辑思维推断,大型非装甲巡洋舰没有多少作战价值,因此他支持建造大型装甲巡洋舰,虽然他承认,还有一种情况,就是要“建造某种吨位较小的舰队巡洋舰”,来“填补”驱逐舰和“无敌”级战列巡洋舰之间的“空白”②。

在一篇较早的文章中③,卡斯坦斯坚持认为,主力舰的发展史已经表明,增大吨位不会形成最终的优势,因为对手可以作出回应,成比例地增加他们自己的主力舰吨位,使双方的相对地位保持不变。科贝特反驳说,根据“不平等定律”,或者“以胜过对手的王牌取胜的原则”,如果敌人的装备有所改进,就要通过进一步改进己方装备的方式应对,这种游戏是生活中长期存在的事实——也就是说,这是一种历史事实,而且在“无畏”号战列舰的情况下——再含蓄一点说,在“无敌”级战列巡洋舰的情况下——结果从来没有说“让我们的邻国更烦恼,或者让我们自己更舒服。”“这手牌玩得很好,也很有胆识,但尽管如此,”他坚持认为,

---

① 朱利安·斯塔福德·科贝特,“海军部近期受到的攻击”,《十九世纪》第 61 卷(1907 年 2 月号),第 203 页。

② 科贝特,“海军部近期受到的攻击”,第 204 - 205 页。

③ “主力舰的发展”,《布莱克伍德杂志》第 179 期(1906 年 5 月),第 577 - 596 页。

> “确切无疑的是，这条古老的定律正在强迫玩牌的双手。无论我们有没有意识到，这条定律都具有决不屈服的力量——18 世纪那些伟大的海军大臣们无法抵御，我们现在的海军部委员会同样无法抵御。无论财政部会如何抱怨，这条定律都会像潮汐一样继续发挥作用，直到事实毫无疑问地证明，增加主力舰的吨位再也不会提高其作战价值那一刻为止，或者说直到对装备[原文如此]的某种考虑阻碍了主力舰的进一步发展那一刻为止。”①

科贝特用一个关于海军舰炮和战术的段落，结束了他对战列舰设计问题的讨论。海军舰炮和战术方面的评估有利于“无畏”号战列舰，同样也适用于大型装甲巡洋舰②。就他对舰炮问题发表的言论来说，他明确指出，这些言论是根据他对机密信息的了解而做出的。这表明，“务实之人”——换句话说，就是那些直接负责当前舰炮政策的军官——已经达成了共识③。

在继续汇报之前需要说明，关于历史分析与当代政策讨论之间的关系这个一般性问题，科贝特在他的文章中提出了两点看法，值得我们注意。第一，科贝特贬低了“仅仅从教科书上”学到的历史的价值；他认为，相比之下，有价值的历史是从对“国家机密文件”的漫长研究中学到的，而且这种历史的支撑依据，是对当权人士的秘密政策考虑进行的长期直接观察④。第二，科贝特指出，对海军部持批评态度的人错误地运用了历史，这是他作为一名职业历史学家介入这场关于海军政策的公开争论的合理依据。他认为，费希尔的对手们

① 科贝特，“海军部近期受到的攻击”，第 206 页。
② 科贝特，“海军部近期受到的攻击”，第 206 - 207 页。
③ 科贝特，“海军部近期受到的攻击”，第 206 页。
④ 科贝特，“海军部近期受到的攻击”，第 199 页。

“对历史进行了回顾，目的是要追踪海军从过去到现在的真实发展方向，要把它投射到未来，并因此要主张，我们现在的政策没有沿着正确的路线前进。他们诉诸的是历史，那么就由历史来评判他们吧。”①

科贝特也许意识到，过份强调历史专长方面的主张，会给他带来危险，于是在1907年3月的第一个星期，他在英国皇家三军联合研究所做了题为“战列舰速度的战略价值”的发言，其言论的保留程度比之前的更大。他从一开始就指出，他甚至连尝试对这个问题做出任何武断结论的想法都没有②，并把他关注的内容缩小到一个问题，即从战略、续航时间或速度的立场来看，哪一个更可取。科贝特用这种方式回避了一个更难回答的存在争议的核心问题，即为了安装更大的发动机，应该在多大程度上牺牲武器和防护装置。此前一年，科贝特的一位密友，埃德蒙·J·W·斯莱德海军上校，在朴次茅斯皇家海军战争学院的一次讲座中已经谈到了这个问题③。尽管如此，他有足够的机

---

① 科贝特，“海军部近期受到的攻击”，第202页。

② 朱利安·斯塔福德·科贝特，“战列舰速度的战略价值”，《皇家三军联合研究所学报》第51卷(1907年3月号)，第824页。

③ E·J·W·斯莱德海军上校，“战列舰的速度”，1906年5月31日，载“‘无畏’号战列舰和‘无敌’级战列巡洋舰备忘录”，1906年6月，剑桥大学丘吉尔学院档案中心，《费希尔文集》，FISR 8/8，第F.P.4718号档案。对于科贝特与斯莱德的关系，参见舒尔曼著，《科贝特》，第24页。科贝特可能还顺便对下面的文章做了回应：B·E·多姆维尔海军上尉，“1906年金牌奖随笔；主题：‘在现代战列舰中，从战略和战术上讲，速度和武器装备的相对价值是什么？在理想的战列舰中，速度和武器装备应该为对方付出多少牺牲为宜？’”《皇家三军联合研究所学报》第50卷(1906年)，第385－413页；布莱克·乔克，“战术速度”，《联合军种杂志》第34卷(1906年10月号)，第1－15页。另见“速度问题——同一个问题的两个方面”，载约翰·莱兰和T·A·布拉西编，《1906年海军年鉴》(朴次茅斯：J·格里芬出版公司，1906年)，第144－155页。

会再一次让卡斯坦斯面临捍卫其主张的任务，因为卡斯坦斯声称，费希尔建造“无畏”号战列舰和无敌级战列巡洋舰这样的大型战舰的政策——这样做主要是为了获得高速度——相当于否认“历代水兵的经验”①。

卡斯坦斯声称，可以通过反例证明，中型主力舰会得到批准建造的命令。科贝特对这一主张进行了抨击。他指出，19 世纪初，海军上将托马斯·哈代爵士，纳尔逊的旗舰舰长，后来成为一位非常受人尊敬的第一海务大臣，“提出了他的指导原则，即在一般的作战行动中，携带所有装备的，是强大的桅帆战列舰，处理较小舰艇的，是大型护卫舰。”“我不是说这能为现在的我们证明一切，”科贝特继续说，“但这的确证明，对于我们现在正在讲的整个那段历史时期，海军这个军种的传统是什么，如果我们没有研究过这个问题，那么对于如何谈论海军这个军种的传统，我们就应该非常谨慎。”②在速度这个更加具体的问题上，科贝特毫不含糊地说：“自从伊丽莎白一世时代以来，海军这个军种的传统，毫无疑问始终是……要最大限度地实现战列舰速度的最大化，而且为了实现这个目标，海军在战斗力方面不断做出巨大的牺牲。”③最后，他用下面的教训结束了自己的论述：“如果没有优势速度，我们可能无法靠我们自己的力量维持防御态势，或者在敌人对我们采取防御的情况下突破防御态势。”④

科贝特的文章和讲话，特别是前者，对支持海军部的舆论产

① 科贝特，“战列舰速度的战略价值”，第 827 页。科贝特回应的是卡斯坦斯在《布莱克伍德杂志》第 179 期(1906 年 5 月)上发表的“主力舰的发展”一文中的言论(第 595 页)。

② 科贝特，“战列舰速度的战略价值”，第 828 页。

③ 科贝特，“战列舰速度的战略价值”，第 829 页。

④ 科贝特，“战列舰速度的战略价值”，第 833 页。

生了有力的影响。费希尔对这篇文章产生的效果喜出望外,而且他无疑会欢迎更多这样的作品,但是科贝特也许是明智的,他决不会再用如此明显的党派性口吻为报刊杂志写文章①。1908年3月,费希尔邀请这位历史学家去协助军械部的弗雷德里克·C·德雷尔海军中校,为海军高级军官起草一份秘密的备忘录。这些高级军官支持费希尔增加英国未来战列舰和大型装甲巡洋舰的主战兵器口径的计划。随这封邀请函寄给科贝特的,还有一份关于战列舰兵器的"秘密"级印刷品,其中含有支持安装最大口径舰炮的技术信息②。不久以后,科贝特和德雷尔合著了一份文件,显然是在为了内阁成员的利益,对全用大口径舰炮的主力舰类型进行更为全面的辩护。这份文件于6月份出台③。

费希尔似乎一开始就提醒德雷尔,"他必须与[科贝特的]看法保持一致。"④无论如何,科贝特的主要贡献,除了确定论证和语体的总体安排以外,显然是要对卡斯坦斯可能会提出的那种

---

① 舒尔曼著,《科贝特》,第70页。对于科贝特引用哈代的观点,一位学者做出了尖锐的回应,但决不是无效的历史回应,参见布莱克·乔克,"一些批评",《联合军种杂志》第36卷(1908年10月号),第6-16页。

② 1908年3月9日,费希尔给科贝特寄了一份关于兵器的印刷品——很可能是剑桥大学丘吉尔学院档案中心收录的《费希尔文集》,FISR 8/8,第F.P.4718号档案:"军械控制官准备的文件:供战列舰辅助武器选用的各型舰炮之比较",载"'无畏'号战列舰和'无敌'级战列巡洋舰备忘录",1906年6月。关于这份备忘录,参见英国格林威治国家海事博物馆,《里奇蒙德文集》,RIC 9/1:费希尔的秘书[查尔斯·沃克?]致科贝特的信,1908年3月9日。

③ 舒尔曼著,《科贝特》,第72页。这里给出的说法,与舒尔曼根据原始文件中给出的日期做出的叙述略有不同。下文引用了这些原始文件。第一份文件于3月14日开始起草,于3月18日完成。第二份备忘录看起来是一份内阁文件,虽然英国公共档案馆收录的《1880—1914年内阁文件目录》(伦敦:英国皇家出版局,1964年)没有列出这份文件。

④ 剑桥大学丘吉尔学院档案中心,《费希尔文集》,FISR 1/6,第F.P.296号档案:费希尔致科贝特的信,1908年3月10日。

反对意见做出有历史依据的有效回应①。在这份关于增加舰炮口径的文件中，科贝特说，批评海军部的人会“极力主张，如果我们通过增加舰炮口径和战舰大小的方式来增加舰载兵器的负担，那么我们会失策的，因为其他国家肯定会效仿我们的做法，最终我们仍然没有任何优势。”虽然这种观点很有分量，而且这种观点的持有者也广泛存在，但是他反驳说：

> “这种观点已经提出，但是它经不起推敲。如果采纳了这种观点，就意味着我们故意把主动权拱手交给我们的对手。在和平战略中，主动权很可能与战争中的作用一样重要。只要我们保持主动，我们就能使对手处于一种有兵无备的一贯状态，扰乱他们的造舰政策，并且通过在每一个独立作战单元中保持永久的优势，推迟对手们能以优势地位发动战争的那一刻，以此来保持和平。在18世纪后半叶，我们把造舰方面的主动权交给了法国，而且在[19世纪]初期，我们又把主动权交给了美国。这样做的结果非常惨重，所以会阻止我们重复同样的错误。”②

在第二份文件中，科贝特要处理的问题是批评家们根据历史对远程火力提出的种种反对意见，并反驳一种观点：集火射击

---

① 舒尔曼著，《科贝特》，第72页。从论据的安排和语言的运用角度来看，科贝特的贡献大小可以通过比较来衡量，可以比较正在讨论的这些文件和德雷尔在英国海军部枪炮部撰写的[弗雷德里克·C·德雷尔海军中校和C·V·厄斯本海军中校]《波伦瞄准修正系统，第一部分：技术历史和与F·C·德雷尔海军中校的火控系统的技术比较》，1913年5月，收藏在伦敦国防部图书馆；也可以比较海军上将弗雷德里克·C·德雷尔爵士著，《海洋遗产：海战研究》（伦敦：英国国家海事博物馆出版社，1955年）。

② 剑桥大学丘吉尔学院档案中心，《德雷尔文集》，DRYR 2/1：“13.5英寸舰炮和12英寸舰炮作为战列舰武器的相对优点之讨论”，[1908年3月18日]，第3页。

可通过联合几艘战舰的武器集中打击一个目标的方式实现，就像在18世纪那样。有些批评家认为，纳尔逊“一直想要横靠敌人”。对于这些人，他回答说：“纳尔逊和整个英国学派之所以首选近距离，是因为正是在近距离内，我们国家的枪炮系统和我们在机动方面的优势技能，才能形成最强的火力打击效果。”科贝特接着说，目前皇家海军在远程火控方法方面，“领先于我们的对手，”要接近敌人或者“任由敌人接近我们，”就是要“给我们自己带来势均力敌的形势和鱼雷威胁，而且我们会丧失在枪炮方面所有毫无疑问的优势。”①在集火射击问题上，科贝特写道：

“事实上，‘无畏’号战列舰这种战舰，是一种非常古老的观念的表现。这种观念认为，要谋求最经济的战术集火射击，就要在尽可能最少的作战单元中，聚集可以得到的最多的枪炮能量。如果在打近战的古代，这种观念正确的话，那么在现代战争中，这种观念更加正确。由于火控方面的考虑，集中一艘以上的战舰集中向相同的敌人开火，从而实现有效的集火射击，这种做法要面临一些限制。如今，与古代相比，这些因素的限制性更强，完全不成比例。实际上，这个问题研究得越多，似乎通过集中各作战单元火力的古老集火射击方案来确保战术优势的希望越小。不浪费能量的集火射击是无处可找的，除非通过集中各作战单元火力强度的方式。”②

---

①　剑桥大学丘吉尔学院档案中心，《费希尔文集》，FISR 8/31，第F.P.4881号档案：“唯一的舰用大口径舰炮兵器”（1908年6月），第39页。

②　“唯一的舰用大口径舰炮兵器”，第47页。这一部分可能是根据英国海军部枪炮部编写的“集火射击实验：1906年10月4日在波特兰英国皇家海军‘陆秧鸡’号驱逐舰上实施的射击报告选粹”撰写的，1907年1月。伦敦国防部图书馆，第1015号活页文选。

在刚才援引的这些节选中,两项主张特别重要:第一,海军部的政策要在和平时期保持主动权,方式是不断引进技术上领先于其他国家战舰的新型战舰;第二,据推测,皇家海军的舰炮领先于所有其他海军的舰炮,这在一定程度上证明,建造最适合打远程海战的主力舰是有正当理由的。在其他地方,科贝特的备忘录指出,皇家海军的火力控制方法"无疑会改进"①;"率先实施打击,能率先开始持续命中,简而言之,能在敌人命中自己之前命中敌人,具有极其重要的意义;"②最后,高速是"必要的,以确保交战双方保持理想的距离,从而充分形成远程舰炮火力的优势。"③

这些论述究竟在多大程度上代表了科贝特的观点,现在难以确定。他是按照买方标准撰写这份文件的,是和另一位非常受人尊敬的技术材料专家一起起草的,而且是匿名创作的。另一方面,毫无疑问,在取得速度优势和远程火力优势的重要性方面,科贝特提出的观点是费希尔持有的观点,而且这位第一海务大臣也相信,如果不牺牲装甲,这些特点无法在英国可以负担得起的主力舰中取得。这相当于说,要建造大型装甲巡洋舰,以便取代战列舰④。科贝特非常清楚,费希尔对大型装甲巡洋舰偏爱有加。他可能知道,在刚刚出版的那一年的《海军年鉴》中,有人抨击大型装甲巡洋舰的概念⑤,于是承认,他的备忘录不仅仅是对"全用大口径舰炮"原则的简单辩护。而且,他足够聪明,清

---

① "唯一的舰用大口径舰炮兵器",第 38 页。

② "唯一的舰用大口径舰炮兵器",第 39 页。

③ "唯一的舰用大口径舰炮兵器",第 40 页。

④ 住田铁郎著,《捍卫海上霸权》。

⑤ "装甲巡洋舰问题",载 T·A·布拉西编,《1908 年海军年鉴》(朴次茅斯:J·格里芬出版公司,1908 年),第 83－91 页。

楚地看到,费希尔激进构想的可行性在很大程度上取决于火控问题,而火控问题在他的备忘录中占有突出位置。

鉴于速度优势可以用来保持远距离,火控优势理论上能使英国大型装甲巡洋舰在反过来被对手击中之前命中对手。在这种情况下,在与敌方战列舰交战的过程中,英国大型装甲巡洋舰缺乏重装甲的事实就不重要了。对于这个问题,阿瑟·亨格福德·波伦想出了一种非常先进的机械解决办法,从1906年就开始研制。但是,1908年3月,海军部采用了一种基本上靠手动操作的火控系统,而策划者不是别人,正是德雷尔①。海军部有一种错误的印象,认为德雷尔的手动系统比波伦的机械装置好,拒绝采用波伦的机械装置。就在波伦得知海军部决定的当天,费希尔已经安排科贝特和德雷尔进行合作。几乎没有多少疑问的是,这位第一海务大臣鼓动二人进行合作,目的是要让这位历史学家把握他认为是火控领域最新重要发展的内容。这是机密知识,费希尔当时希望科贝特像他之前做到的那样,在将来撰写支持海军部政策的文章之时慎重使用。

然而,德雷尔的火控系统无法工作,而且他对此的解释非常难以令人信服②。此外,通过与斯莱德——海军情报部长,科贝特在皇家海军战争学院的前同事,波伦的坚定支持者③——交谈,科贝特很可能知道,整件事情还有另一面。而且,他可能还读过波伦对这件事情透露内情的叙述。这份材料于1909年春

---

① 剑桥大学丘吉尔学院档案中心,《费希尔文集》,FISR 1/6,第F.P.296号档案:费希尔致科贝特的信,1908年3月10日;英国格林威治国家海事博物馆,《里奇蒙德文集》,RIC/9/1:德雷尔致科贝特的信,1908年3月10日。

② 住田铁郎著,《捍卫海上霸权》,第129–132页、第136页。

③ 住田铁郎著,《捍卫海上霸权》,第132页。

天印刷出来，供私下传阅①。因此，最迟到1909年年中，科贝特毫无疑问已经意识到，他面对的是在一个得不到权威解释的技术问题上出现了根本分歧的海军部，这是他以前从未遇到过的。由于海军的舰炮专家陷入了僵局②，而且鉴于在主力舰的未来发展方面，舰炮问题具有核心重要性，故而作为一种澄清公开或秘密的官方话语的手段，历史分析的作用就很小了。总之，科贝特决不会再次直接撰文支持海军部的主力舰政策③。但是，1908年6月，他准备的那份内阁备忘录，不完全是他对这个问题的定论。

1909年，海军部定购了“雄狮”级大型装甲巡洋舰，或者说战列巡洋舰，因为这种巡洋舰后来逐渐以战列巡洋舰著称，比“无敌”号战列巡洋舰及其姊妹舰要大得多、快得多，而且携带的武器装备更多。费希尔认为，“雄狮”级大型装甲巡洋舰的问世，为用战列巡洋舰取代战列舰奠定了基础④。但是，1910年，卡斯坦斯在朴次茅斯皇家海军战争学院做了几次讲座，对这一方案的潜在技术假设提出了挑战⑤。卡斯坦斯认为，历史的教训是，为了将装甲的弱点降低到最低程度，而与敌人保持一定的距离，这样做是找不到安全感的；要找到安全感，就要近距离包围，在

---

① 阿瑟·亨格福德·波伦，“‘阿里阿德涅’号轻型巡洋舰的试验记录等”，1909年4月，载乔恩·住田铁郎编，《波伦文集：私下传阅的阿瑟·亨格福德·波伦印刷版著作(1901—1916)》(伦敦：代表海军档案学会的乔治·艾伦和昂温出版公司，1984年)，第194-236页。

② 住田铁郎著，《捍卫海上霸权》，第146-158页。

③ 关于科贝特拒绝为费希尔撰写有关其他问题的宣传性文章的情况，参见舒尔曼著，《科贝特》，第98页。

④ 住田铁郎著，《捍卫海上霸权》，第162页。

⑤ 1910年3月16日，费希尔的一位支持者，R·H·S·培根海军少将，在海军建筑师协会做了一次讲座。这次讲座可能在一定程度上激怒了卡斯坦斯。关于这次讲座，参见R·H·S·培根海军少将，“未来的战列舰”，《海军建筑师协会会刊》第52卷(1910年)，第1-21页。

近距离包围圈上，可以依靠自己的舰炮火力对敌舰实施沉重打击，以便迅速解除敌人的武装①。这个时候，费希尔已经离职，但是批评者再次通过对过去有敌意的解读，对他的构思进行了抨击。费希尔请科贝特出版一部关于海军战略的专著，而这些抨击可能在他的请求中发挥了作用②。无论真实情况是什么，这位历史学家确实在1911年写出了这样一部著作，题目是《海洋战略的若干原则》，书中有一章讲的是海战手段的理论，而且这一章的大部分篇幅都用来讨论战列舰和巡洋舰问题。

到了1910年，德雷尔1908年提出的方法已经不足为信，而且在远程有效射击的实用性问题上，海军的专家们仍然有分歧。此外，科贝特可能已经意识到，卡斯坦斯正在与波伦通信③，而人们普遍认为，波伦是英国卓越的火控问题专家④。因此，如果

---

① 海军上将雷金纳德·卡斯坦斯爵士著，《战斗中的桅帆战列舰》(爱丁堡和伦敦：威廉·布莱克伍德出版社，1912年)，第105页。海军上将西普里安·布里奇爵士在海军建筑师协会做了一次讲座，其间对卡斯坦斯的立场予以支持。对此，参见“五十年来战术思想的建筑表现”，《海军建筑师协会会刊》第53卷(1911年)，第34－49页。

② 朱利安·斯塔福德·科贝特著，《海上战略的若干原则》，由埃里克·J·格罗夫编辑并导读(安纳波利斯：美国海军学会出版社，1988年；第一次出版时间为1911年)，第xxiv页。费希尔似乎还鼓励他的其他支持者之一去同时撰写一部著作，部分篇幅用于阐述他提出的战列巡洋舰概念。对此，参见杰勒德·费因斯著，《海洋帝国：危险与防御》(伦敦：A·特里赫恩出版社，1911年)，第220－224页。

③ 1909年至1912年，波伦和卡斯坦斯的书信往来，大多关注的是主力舰的设计、战术和火控问题。关于这些书信，参见剑桥大学丘吉尔学院档案中心收藏的《波伦文集》。关于科贝特和卡斯坦斯之间的友好个人关系，参见舒尔曼著，《科贝特》，第168页。

④ 波伦写了一篇文章。在文章中，波伦抨击了过度强调远程火力的观点，并对卡斯坦斯在朴次茅斯皇家海军战争学院的系列讲座做出了积极的评价。关于这篇文章，参见阿瑟·亨格福德·波伦，“论战争与变化率”，1911年1月，载住田铁郎编，《波伦文集》，第281页、第288－290页。

没有费希尔提供的秘密信息的支持，而且面对的对手可以得到许多人会视为权威的技术建议，那对战列巡洋舰进行涉及火控讨论的任何辩护都会让科贝特心里没底。这也可以说明，为什么他在论述主力舰问题时完全避开了舰炮问题。这是通过拐弯抹角的方式来解决问题，使之变成现行舰队划分方法的效度问题。现行的划分方法把舰队划分为战列舰、巡洋舰和小舰队等类型，而且根据规定，每个类型都要履行不允许其他类型履行的职责。科贝特认为，这种划分方法是 18 世纪中叶通过安森勋爵的行政改革确立的①。接下来，他提出了一个问题："这种专业化的划分一直延续到我们自己的时代，那它是否是真正的发展脉络呢？"②

为了回答这个问题，科贝特首先搬出了一个一般命题，即"海战的目标是要控制海上交通"③。然后，他举出理由极力证明，根据安森的组织方式创建的舰队，鉴于英国敌人的性质以及当时的技术情况，非常适合完成那样的任务，但是现在出现了两点新的技术考虑，与舰队传统构成的持续有效性背道而驰。这两点考虑是，配备大量武器的商船袭击舰的发展，和装备了鱼雷的小舰队舰船的发展。这两点考虑促使大型装甲巡洋舰问世，以便保持海上交通的控制权，加强作战舰队的警戒力量，防止敌巡洋舰撕开警戒幕从而为小舰队打开用鱼雷攻击主要战线的通道。虽然科贝特显然在谴责把大型巡洋舰"过度发展"成战列巡洋舰，但是他事先也指出，"纳尔逊摸索寻找的，正是具备巡洋舰

---

① 科贝特在这里大量借鉴了他自己最近对这个问题进行的广泛研究。对此，参见朱利安·斯塔福德·科贝特著，《七年战争中的英国：联合战略研究》，共 2 卷（伦敦：朗曼与格林出版公司，1907 年），第 2 卷，第 12 章。

② 科贝特著，《海上战略的若干原则》，第 112 页。

③ 科贝特著，《海上战略的若干原则》，第 117 页。

速度的战列舰。”[①]最后,科贝特说,英国受到的威胁主要来自于德国强大的作战舰队。他的态度强烈地暗示,这种情况即使没有促成具有战列舰威力的大型巡洋舰的建造,也足可证明其建造是有正当理由的[②]。

虽然作为一部全面的海军理论著作,《海上战略的若干原则》已经取得了经典的地位[③],但是书中关于舰队构成的那一章,只能看作是一种分析谋略而已。实际上,火控问题是战列巡洋舰政策问题的核心。通过避开火控问题,科贝特撰写的这篇文章,即便是对于他那个时代见多识广的读者来说,肯定看起来也是抽象晦涩的[④]。1913 年 4 月,在历史研究国际会议上发言时,科贝特可能是对这类批评做了回应。“对于认为历史学家的职责只是收集和整理事实为军官所用的任何建议,要予以断然拒绝,”他说,

> “同时同样必要的是,要坚持一条界线,超越了这条界线,历史学家就不应该冒险得出结论,而且这条界线可以非常明确地划出。它位于历史结论和技术结论之间。前者取决于历史证据和受过训练的历史判断之间的平衡;后者是通过运用历史结论来解决现代技术问题而得出的。第一类结论显然是职业历史学家的研究范畴;第二类结论超出了他们的研究范畴,必须留给各军种的专家们。这两个领域可以轻松地保持分离状

---

① 科贝特著,《海上战略的若干原则》,第 126 页。

② 科贝特著,《海上战略的若干原则》,第 127 页。

③ 舒尔曼著,《海军的教育问题》,第 174 - 182 页。

④ 关于可能是波伦几年以后对这一章的反应,参见剑桥大学丘吉尔学院档案中心,《波伦文集》,PLLN 6/3:波伦致卡斯坦斯的信,1916 年 7 月 21 日。关于这封信的背景,参见《波伦文集》,承蒙安东尼·波伦惠允:卡斯坦斯致波伦的信,1916 年 7 月 4 日,以及舒尔曼著,《科贝特》,第 168 页。

> 态，而且它们的相互关系可以同时得到积极的保护。要是承认，就像在海军事务中那样，如果没有航海技能，任何技术结论都是不可靠的，那么如果没有学识，任何历史结论同样是不可靠的。
>
> 为了用一个具体的实例来说明这一点，我提出的观点是，现在正确的战列舰类型，就是一种技术结论。但是，另一方面，确定决定过去战列舰类型的原则，却是一种历史结论。对于现在的战列舰类型，历史学家与其没有任何关系，但是他的职责是，要确保错误的历史结论没有用来证明某种特定的现代战列舰类型是对还是错。"①

科贝特阐明了他在论述他那个时代的海军问题时所依据的原则，可能可以按照下面的方式重新表述：作为海军事务分析家，历史学家的作用是重要的，但是作用是有限的；作为历史学家，更为可取的是，通过不置可否的方式保持正直，而不要作为研究过去的认真学生，去涉足那些超出这种学生认识范围的事务。

* * *

1907 年，在主力舰设计之争这个问题上，卡斯坦斯坚持认为：

> "海军的思想分为两派——历史派和**装备派**。历史派的拥护者们向海战和陆战艺术大师们寻求指导；他们认为，根据历史来研究战术和战略是非常重要的。**装备派**的信徒们不相信过去的教训适用于现在；他们

---

① 朱利安·斯塔福德·科贝特，"参谋的历史"，载朱利安·斯塔福德·科贝特与 H·J·爱德华兹编，《海军和军事随笔：在 1913 年历史研究国际会议海军和军事组宣读的论文》(剑桥：剑桥大学出版社，1914 年)，第 32－33 页。

忽视了战术和战略研究，并把他们的精力投入到了舰船、舰炮、装甲等装备的研制上面。”①

这种二分法满足了卡斯坦斯的论辩要求，但是不应将其视为费希尔和他的反对者之间冲突的准确描述。他们之间的冲突更多的是在财政设想、技术视野和政治方面的分歧，也许还有社会观的分歧。与此同时，毫无疑问，卡斯坦斯这种根据是否有历史理解来对形势特点进行描绘的做法，为1906年至1911年之间的大部分公开争论和官方内部争论奠定了基础。他在这方面的成功没有给他所在的一方带来好处，原因基本上可以归咎于科贝特的著作。

根据历史对“无畏”号战列舰和战列巡洋舰进行的批评，为科贝特在当代政策的讨论中创造了用武之地，如果没有这些批评，他可能不会有这个机会。由于在技术论战中不是费希尔的海军部的对手，这些第一海务大臣的反对者们就借助历史来支持他们的主张。然而，他们分析中的各种不足引起了历史学家的反击。对于这项任务，科贝特是理想的人选，因为他花了许多年的时间研究前几个世纪的海军文件，并对这些文件的重要性进行了反思。他的博学使学识不如他的海军军官，比如卡斯坦斯，看起来像是历史知识这片森林中的偷猎者，而他是猎场管理员。因此，虽然科贝特是一位民间学者，但他对当代海军问题的讨论却披上了一种威权感，胜过名义上会被认为更善于研究这些正在讨论的问题的那些人所做的讨论。当时，科贝特熟悉费希尔给他提供的机密信息，在一定程度上，通过使用这些信息，

① “巴弗勒”[海军上将雷金纳德·卡斯坦斯爵士]著，《海军的政策：战争研究请求》(爱丁堡和伦敦：威廉·布莱克伍德父子出版社，1907年)，第vii-viii页。

他能够使人理解对海军部有利的技术、战术和战略方面的主张。

到了20世纪初，在英国有一个问题变得明确起来，即在历史争端中，业余人士不是专业学者的对手，因此，如果没有具体事实根据的话，在公共政策的某个特定点上，向先例寻求支持是很危险的①。出于同样的原因，如果专家的学问超过历史界限太远，就会丧失专业水准的衣钵②，并且有损学识尊严的威信。这一点科贝特很清楚，而且当他的技术论辩变得有问题时，就像战列巡洋舰被认为是战列舰的替代品时的情况一样，他为什么拒绝参与争论，或者极其保留地参与争论，也能由此得到解释。在《海上战略的若干原则》中，有一章论述的是舰队的结构。在这个具体情况下，科贝特的论述是间接的，甚至到了抽象的地步，不是因为他是一位不在乎相关性的艺术家③，而是因为他是一位历史学家，遵守了他认为是他那个行当的行为准则。

在费希尔关于主力舰设计的主张方面，科贝特的分析论著的影响力似乎微不足道。费希尔对这个问题的看法，在他与科贝特开始见面和通信之前就已经形成④，这就是说，他们的观点要么仅仅是碰巧一致，要么就是，在他们的观点不一致之处，就像在战列巡洋舰问题上，这位第一海务大臣的看法没有发生过变化。实际上，科贝特通过他关于德雷克的纯历史分析论

① A·F·波拉德教授是他那个时代研究都铎时期的英国的主要历史学家。威尔士的政教分离政策就出自波拉德教授之手。1912年，休勋爵和罗伯特·塞西尔勋爵对这个问题感到失望。关于这一点，参见约翰·格里格著，《劳合·乔治：从和平到战争(1912—1916)》(伯克利和洛杉矶：加利福尼亚大学出版社，1985年)，第27-31页。

② 关于英国的专业人士问题，参见哈罗德·珀金著，《专业学会的崛起：1880年以来的英国》(伦敦：劳特利奇出版集团，1989年)。

③ 舒尔曼，“一位历史学家与海军职业的崇高方面”，第10-11页。

④ 住田铁郎著，《捍卫海上霸权》，第38-45页。

著——在本文的开头已经做过概括——可能对费希尔的思想产生了更为深远的重大影响。科贝特在书中描述了英国海军取得胜利的基础,即财政、技术、战术和战略的综合作用。相比之下,在他对主力舰设计问题的分析中,科贝特所持的以作战为主的观点,意味着他对财政问题和技术问题的关注不够,而这两方面的问题,是费希尔用战列巡洋舰取代战列舰这一方案不可分割的一部分。当历史妨碍费希尔实现他的目的时[①],他非常喜欢把历史看作是无关紧要的因素。科贝特的这种不够重视,很可能与费希尔的这种喜好一样,限制了科贝特政策分析著作的影响力。这些著作写的是这位第一海务大臣对主要战舰的最佳特点的思考。

当把科贝特高深的历史论述方法应用于他那个时代的问题时,这些方法或许还产生了一种重要的附带影响。通过发现潜在原因和外在结果之间那种通常很隐蔽、复杂的关系,这位历史学家阻遏了通过类推进行推理从而实现过度简单地得出论断的趋势。他的努力促进了研究方法的完善。卡斯坦斯 1910 年至 1911 年在朴次茅斯皇家海军战争学院做的系列讲座,质量远远高于他 1906 年至 1907 年在《布莱克伍德杂志》上发表的文章的质量[②]。研究质量上这种相当大的提高,就可以说明研究方法的完善程度。因此,就科贝特作为一名分析家的影响力而言,他的研究方法的严谨性本来是可以与他的具体论证同样重要的。我们可以从中吸取以下教训:在海军政策的制定问题上,历史学

① 赫伯特·里奇蒙德海军上校 1909 年 6 月 3 日的日记,载阿瑟·J·马德编,《一位海军上将的画像:赫伯特·里奇蒙德爵士的生平与文集》(马萨诸塞州坎布里奇:哈佛大学出版社,1952 年),第 52 页。

② "巴弗勒"[卡斯坦斯]著,《海军的政策:战争研究请求》,以及卡斯坦斯著,《战斗中的桅帆战列舰》。

家最恰当的作用，不是要为批评家提供答案，也不是要为问题提供解决办法，而是要提出调查的标准，拓宽视野，并且在必要时用其他方式调整讨论的过程——当然，这是一些有限的作用，但是尽管如此，根据情况的不同，这些作用是宝贵的，甚至可以说弥足珍贵。

第九章　过程：制定现代海军战略的若干现实问题

戴维·艾伦·罗森伯格博士
（坦普尔大学）

一名研究第二次世界大战后美国海军和核战略的历史学家，为本书这样一本论文集投稿，可能似乎有点时代错乱的味道①。朱利安·科贝特爵士和海军上将赫伯特·W·里奇蒙德爵士留下了他们的痕迹，描述并且分析了从16世纪到20世纪中叶英国海军的历史和战略。科贝特于1922年与世长辞，比世界上第一次受控核裂变反应早了20年。里奇蒙德见证了原子弹的问世和在实战中的运用，并且对于这种轰炸战略的明智与否提出了他自己的疑问。这种战略造成了“非战斗人员大规模

①　笔者要感谢乔恩·T·住田教授、美国海军凯文·里尔登上校、拉里·西奎斯特上校和彼得·斯沃茨上校，因为他们对本文之前的几稿提出了非常有用的意见和建议，虽然有时候让笔者很痛苦。笔者还要感谢福特基金会及约翰·T·麦克阿瑟和凯瑟琳·D·麦克阿瑟基金会，因为它们为笔者提供了资助，帮助笔者进行美国二战后防务政策档案研究。

丧生，都市、城镇和古代宝藏的大规模毁灭。”[1]然而，1946 年，他与世长辞。当时，那种武器对军事的启示，特别是对海军战略的启示，还没有充分显现。但是，科贝特和里奇蒙德，在他们那些写于海军技术突飞猛进的时代的经典历史研究著作中，既提供了做学问的典范，又给出了一些有用的真知灼见，供我们这些试图理解战后时期同样惊人的进步的人享用。

我们来看一下 1914 年《海军和军事论丛》一书中包含的忠告性论述。这是笔者发现的同时收录科贝特和里奇蒙德二人文章的唯一一本论文集[2]。值得注意的是，这些文章在 1913 年 1 月举行的历史研究国际会议海军与军事组宣读过，涉及的问题是海军历史应该如何撰写。科贝特和里奇蒙德都热情洋溢地称赞由专业人员撰写的新的海军历史。他们认为，这种历史著作会使历史领域恢复活力，而且事实会证明，在海军军官应对当前挑战的努力中，这种历史著作会十分有用。他们认为，过去的种种历史著作都太肤浅，对于任何真正对海军历史这个学科感兴趣的人来说，没有多大价值。

海军历史，用科贝特的话说，通常被认为“是一种垃圾堆，”某种特定理论或政策的支持者们“可以从中很方便地抽出一块砖头，狠狠地砸向他们的对手。”[3]里奇蒙德指出，海军历史在描述战舰和海军如何发挥作用方面，经常非常不充分或者不准确，以致本应该从历史的真知灼见中获益的海军军官，非

---

① 海军上将赫伯特·W·里奇蒙德爵士，“序言”，载海军上将杰拉尔德·迪肯斯爵士著，《轰炸与战略：全面战争的谬论》（伦敦：桑普森、洛和马斯顿出版公司，1946 年），第ⅶ-ⅷ页。

② 朱利安·斯塔福德·科贝特与 H·J·爱德华兹编，《海军和军事论丛：在 1913 年历史研究国际会议海军和军事组宣读的论文集萃》（剑桥：剑桥大学出版社，1914 年），第 23－38 页、第 39－54 页。

③ 朱利安·S·科贝特，“参谋的历史”，第 24 页。

常倾向于认为海军历史是一派胡言[1]。他们二人一致认为，海军历史的重生，牵扯到收集和呈现信息方面的一种新职业水准，而且在海军历史应该解决什么问题方面，人们的理解也得到了扩展。

在他的文章“参谋的历史”当中，科贝特主张，海军历史，尤其是近代海军历史，很可能只有通过历史学家和海军军官协作的方式，才能撰写出来。前者如果独自工作，几乎一定会犯错误，因为他们对这个神秘的知识体系和以“航海技术”著称的神秘经验一无所知；后者在独立工作时也会像前者一样容易犯错误，因为他们缺乏历史学方面的训练。

> “理想的情况可能是，历史专家和海军专家之间进行自由协作。但是，我们也可以满怀信心地寻找这种理想的情况，可以从煞费苦心地学习历史方法要素的海军军官那里寻找……；反过来，也可以从某种文职人员那里寻找。在海军业余历史工作者的探索道路上，对于困扰他们的比较明显的陷阱，这种文职人员有机会摸清它们的情况，而且虽然探讨海战原则问题的专业文献不是非常多，但是他们会不辞劳苦地去掌握这些文献。”[2]

在“海军军官眼中的海军历史”一文中，里奇蒙德从不同的视角提出了类似的观点。他认为，对于试图增进对其职业的了解的海军军官来说，历史可以有巨大的价值。历史会教他们了解“一个国家的海军在战争中是如何运用的；海军是如何对己方

---

① H·W·里奇蒙德海军上校，“海军军官眼中的海军历史”，第44-45页。

② 科贝特，“参谋的历史”，第33页。

要素施加压力的，又是如何能使压力施加到敌方要素身上的；一支海军部队的行动遇到了什么样的限制，从其行动中又会产生什么样的结果。”①然而，历史必须涉及赋予海军这个军种以特性的特定情况和关切。历史应该描述海军作战行动的政治和军事背景，海军在和平时期的活动，向特定海军将领下达的具体命令，他们在设法执行命令过程中遇到的各种障碍，包括天然障碍和人为障碍，他们在战斗之前和战斗期间做出的选择，以及这些选择的结果。

历史学家必须为事件提供广泛的视野，同时不能无视决策者的实际视角。在分析战时海军作战行动时，里奇蒙德写道：

> “我们想要的是，一名海军将领所面对的相互矛盾的要素是什么样子；让我们在分散他注意力的因素中来看待他；给我们指出他在采取行动时，掌握了什么样的信息，或者缺乏什么样的信息。只要有可能，要把我们放在他那个位置上，要让我们去思考，我们自己应该做什么。这会让我们对战争形成一种正确的看法——原原本本地认识真实的战争，敌人的运动情况不明，隐藏在已经拉下的帷幕后面。批评一名指挥官的所作所为时，如果这种批评要对学生有任何价值的话，应该根据这位指挥官当时掌握的信息，而不应该根据我们此后能随意支配的信息。”②

然而，就像里奇蒙德接下来所说的那样，作战只是一支舰队在生命中最令人瞩目的时刻。在战斗开始前，确定历史后果的过程与作战本身同样重要。他只是简单地讲了一下计划问题，

① 里奇蒙德，“海军军官眼中的海军历史”，第 40 页。
② 里奇蒙德，“海军军官眼中的海军历史”，第 46－47 页。

但是他指出，计划是一个复杂的过程，需要考虑许多方面，不像它可能看起来那么直截了当，也没有那么顺理成章：

> “然而，我们希望知道的，不仅仅是作战计划。为了弄清这些计划，还应厘清导致制定这些计划的因素。……海军与海军之间，或者舰队与舰队之间，即使有一目了然的问题，那也是极少的。每一种使问题复杂化的因素都会影响双方的行动自由。政治情况可能会妨碍行动自由。当我说‘妨碍’时，我用的不是这个词的抱怨之意——当必须考虑不止一种影响力的时候，无论沿着哪一条路线行动，都不会有完全的行动自由。这是事物的本质。这一点被人们忽视得太频繁了。”①

八十年后，科贝特和里奇蒙德的评论，仍然能为我们思考海军历史提供坚实的基础。海军历史这个领域，需要把历史学家的知识和经验与海军军官的知识和经验整合到一起。研究海军历史必须考虑到两个方面：一是决策者个人独特的有限视野，二是历史进程的广袤范围。海军历史不应该仅仅是某种政策辩论中的攻击或防御手段，而应该对试图增长知识和试图对其选择进行评估的海军军官和决策者有用。

战后美国海军战略的历史，乍一看，可能看起来与里奇蒙德和科贝特笔下的战役史和战斗史大相径庭，但是这些观点仍然可能提供有益的指导。海军军官的职业经历是如何影响他们对战略制定问题的态度的呢？个人的决定和组织的决定织入海军和国家战略这张大网的程序是什么呢？从可能有助于解决当前问题的过去的战略制定工作中，我们能吸取什么样的经验教

---

① 里奇蒙德，“海军军官眼中的海军历史”，第 42 页。

训呢？

从20世纪50年代开始，一直到20世纪80年代，学者们一直很想质疑美国海军是否拥有某种战略[1]。海军军官一般在“冷战”的秘密氛围中制定他们的计划，在各军种之间甚至军种内部存在激烈竞争的国家委员会中证明这些计划的合理性，在不同密级的壁垒后面完成他们的活动，然后发现，这些因素和他们职业中越来越突出的技术问题，使他们在向海军以外的人士解释他们的战略构想时，在解释他们如何理解自己在战后世界中的作用时，遇到了极大的困难。

1952年8月6日，阿利·伯克海军少将，时任海军作战部长办公室战略计划处处长，在写给他海军学院的同学、时任杜鲁门总统海军副官的罗伯特·丹尼森海军少将的一封信中，对于海军在举国上下针对战略和使命的讨论中明显的无能，表达了他的失望：

> “在公共关系方面，海军的地位与一名贞节女子的地位非常相似。贞节很少会引人注目，当然更难以引发长篇评论。海军哲学和海洋战略都不引人注目。它们给不出什么灵丹妙药。它们的成功，取决于长期开

---

① 尤其要参见史蒂文·米勒，“艰难的航行：核时代的美国海军”，载迈克尔·曼德尔鲍姆编，《美国的防务》（纽约和伦敦：霍姆斯和迈耶出版社，1989年），第194－230页；约翰·J·米尔斯海默，“战略失策：欧洲的海洋战略和威慑”，《国际安全》第11卷（1986年秋季号），第3－57页，特别是注释18。关于针对这种观点的有益的纠正性论著，参见迈克尔·A·帕尔默著，《海洋战略的起源：战后第一个十年中的美国海军战略》（华盛顿哥伦比亚特区：美国政府印刷局，1988年）；理查德·黑格曼，“再议美国海洋战略的演变：1955—1965”，《战略研究杂志》第14卷（1991年9月号），第299－336页；美国海军罗杰·W·巴尼特上校（退役），“美国海洋战略的由来”第一部分和第二部分，《海军》（双月刊）第10卷第4期，第52－57页，第5期，第58－62页。

展单调乏味的艰苦工作。在这一过程中，没有哪一次行动能独立发挥明显的决定性作用。其最终的成功，取决于一系列小的成功。”①

伯克的失望说明了一个基本问题：按照海军军官的理解，海军战略可能与其说是一些全面、博学的战略理论，不如说是一些一天一天逐渐做出的政策和计划选择，而这些选择的后盾，是作战和战术方面全面的训练和经验，是一支具备快速部署和有效运用能力的现代化、多用途舰队。虽然不断变化的国际地缘政治提出了新的政策挑战，造就了新的潜在军事对手，但 20 世纪的海军都是以技术为依托的人力和资金密集型机构，无法迅速转型，而且其基本运用需要大量时间和努力才能掌握。正如科贝特含蓄指出的那样，现代海军战略看起来，从根本上说，就是要运用职业经验来解决技术问题。

这就提出了一些有趣的问题。现在，海军历史研究的特点是它截然不同的多种分支学科。有些历史学家的研究专长是舰船和武器，有些分析家关注的是技术发展方面科学和机构的运作方式，有些历史学家的论著专门研究战役和军事行动，有些学者探索各国海军在外交政策和外交领域中的作用。海军战略历史学家在对问题进行研究时，经常以外交政策和外交问题为基础，把地缘政治这片“森林”作为背景，以编年史的形式，来记载政府内部、军种之间和军种内部各机构“树木”之间的相互作用。现代海军战略的近代史完全陷入了这样一种“政策”矩阵之中，经常觉得不太需要掌握甚至考虑海军技术的复杂情

① 阿利·伯克致罗伯特·丹尼森的信，1952 年 8 月 6 日，收录在华盛顿哥伦比亚特区的海军历史中心作战档案室《阿利·伯克文集：个人档案》中。

况，或者科贝特称之为航海技术的神秘技能。它们把战略看作一种智力活动，甚至文化活动，要根据它自己的内在逻辑进行判断①。

但是，想法和海军战略之间的关系究竟是什么呢？一位成功战略家的标志是概念，是经验，还是二者的某种组合？什么才能构成一位战略家的经验呢？是学术准备，还是在海上的时间？是以参谋人员的身份在海上的时间，还是以指挥人员的身份在海上的时间？为了再造概念问世时的情况，历史学家必须要弄清楚什么呢？在海军机构和海战的历史塑造过程中，使一个战略概念发挥重要作用和显著影响的是什么呢？

过程是关键。海军军官要取得海军战略和作战方面的经验，弄清楚这些都是怎么回事，然后在海军独特的组织结构内部，在决策岗位上对其进行运用。历史学家面临的挑战是，要使自己在那个世界里走得足够远，以便弄清这种情况发生的过程。确定并分析想法和概念是不够的。为了解释海军战略的历史，我们必须绕到想法的背后，思考这些想法是从哪里来的，又是如何从理论转化为实践的。

为了说明这项工作可以怎么做，我要举一个例子，讨论一下第二次世界大战之后这段时期内，也许是唯一最重要的海战领域技术革新经历的历史过程：核动力弹道导弹潜艇（SSBN）。

---

① 这些做法最近的两个例子是肯尼思·J·黑根著，《这个民族的海军：美国海权的发展》（纽约：自由出版社，1991年）和罗伯特·L·奥康奈尔著，《神圣的舰艇：战列舰崇拜与美国海军的崛起》（科罗拉多州博尔德：韦斯特维尤出版社，1991年）。另见迈克尔·A·帕尔默对前一部著作的评论，发表在美国海军学会《论文集》第118卷（1991年9月）上，第113-114页，以及乔恩·T·住田在"技术、文化与现代战列舰"一文中对后一部著作的精彩分析，刊登在《海军战争学院评论》季刊第45卷（1992年秋季号）上，第82-87页。

这种武器系统的研制是一种革命，与“无畏”号战列舰的研制，与科贝特和里奇蒙德时代约翰·费希尔爵士关于战列巡洋舰的计划有望落实，同样意义深远①。核动力弹道导弹潜艇是国家和海军战略计划与规划的表现形式，而且从1955年起，一直到“冷战”结束，都是大国海军战略制定过程中最有力的影响因素。

这种武器系统为海军向海岸投送战力的能力增加了一个重要的新维度。在此之前，针对岸上目标的海战，涉及旷日持久的军事行动，而且经常只能取得最小的初步战果。而现在，数量不大的核动力弹道导弹潜艇，根据导弹瞄准的目标情况，可以在几分钟之内，使一个国家沦为核辐射造成的瓦砾。反过来，核动力弹道导弹潜艇的问世，给从历史上看算是新领域的反潜战(ASW)造成了一种影响力巨大的新挑战，而且是性质不同的新挑战。随着核潜艇在技术完善程度方面的成熟，

---

①　在“无畏”号战列舰和战列巡洋舰方面，权威的著作是乔恩·住田铁郎著，《捍卫海上霸权：财政、技术与英国海军政策(1889—1914)》(波士顿：昂温·海曼出版公司，1989年)。关于核动力弹道导弹潜艇的发展，目前还没有这样的著作问世。研制核动力弹道导弹潜艇的重要意义，在海军中将阿瑟·赫兹利特爵士著，《潜艇与海权》(纽约：斯坦和戴出版社，1967年)，第250-262页，以及苏联海军元帅谢尔盖·戈尔什科夫著，《国家的海权》(马里兰州安纳波利斯：美国海军学会出版社，1979年)，第221-222页，均有公论。关于这些武器系统的研发问题，最有用的著作如下：美国海军战略系统计划署著，《舰载弹道导弹的事实与年表：“北极星”潜射弹道导弹-“海神”潜射弹道导弹-“三叉戟”潜射弹道导弹》(华盛顿：美国海军部，1990年)；哈维·萨波尔斯基著，《“北极星”潜射弹道导弹的研制：政府官僚政治和计划的成功》(马萨诸塞州坎布里奇：哈佛大学出版社，1972年)；D·道格拉斯·达格利什和拉里·施魏卡特著，《“三叉戟”潜射弹道导弹》(卡本代尔：南伊利诺伊大学出版社，1984年)；诺曼·波尔马和朱瑞恩·努特著，《俄罗斯和苏联海军的潜艇(1718—1990)》(马里兰州安纳波利斯：美国海军学会出版社，1991年)。

随着核潜艇在作战经验方面的成熟，随着从海上发射的弹道导弹（SLBM）射程的增大，战略反潜战变得越来越复杂，越来越困难①。

核动力弹道导弹潜艇是由美国、苏联、英国和法国等国海军研制的，目的是满足国家战略需要，与每个国家对慑止或挑起一场洲际热核战争的需求解读有关。正如每个国家都有各自建造和部署一种核动力弹道导弹潜艇武器系统的战略理由那样，每支海军都会根据各自的内部分析，着手部署这些系统，并制定反击对手那些系统的计划。苏联和美国如何研制和部署核动力弹道导弹潜艇，如何为了反击对方的核潜艇而做准备，这段历史是所谓的超级大国海上军备竞赛的演变过程的主线。

在某种意义上，这段历史可以认为是弹道导弹射程和反潜技术之间相互作用的简史。美苏双方最初的核动力弹道导弹潜艇，必须部署到离对手海岸相对较近的位置，以便进入其目标射程之内。对美国人来说，由于他们的核潜艇噪音更小，而且可靠性更高，在公海部署时没有地理限制，再加上对手没有尖端的监视系统，无法发现正在通过的核潜艇，故而早期的“北极星”潜射

---

① 关于战略反潜战的发展，参见斯德哥尔摩国际和平研究所著，《战术与战略反潜战》（马萨诸塞州坎布里奇：麻省理工学院出版社，1974 年）；乔尔·S·威特，“反潜战的进展”，《科学美国人》第 244 期（1981 年 2 月号），第 31－41 页；英国皇家海军 J·R·希尔少将著，《反潜战》（马里兰州安纳波利斯：美国海军学会出版社，第一版，1985 年，第二版，1989 年）；唐纳德·C·丹尼尔著，《反潜战与超级大国的战略稳定》（厄巴纳：伊利诺伊大学出版社，1986 年）；汤姆·斯蒂芬尼克著，《战略反潜战与海军战略》（马萨诸塞州列克星敦：D·C·希思出版社，1987 年）；简·S·布里默，“打败潜艇：反潜战战略的选择——第三部分：战后时期”，《海军》（双月刊）第 10 卷第 4 期（1989 年），第 67－73 页。

弹道导弹在射程上的限制并没有造成严重的致命性问题。事实上，美国海军几乎根本没有将其核动力弹道导弹潜艇纳入海军军事行动和海战的总体方案当中。美国的核动力弹道导弹潜艇成了美国三位一体的战略系统当中的一部分。在预算方面，这些战略系统基本上独立于美国舰队的其余组成部分，而且在作战方面，情况也是如此，尽管独立性没有那么强。根据隐形深度和海洋深度的不同，美国的弹道导弹潜艇独自行动，而不是由舰队的其他组成部分采取行动，以便保护舰队的其他舰艇，使其免受伤害①。

然而，苏联面对的艰难障碍更多。整个20世纪70年代初期，苏联的弹道导弹潜艇，要想到达他们在大西洋中的巡逻位置，以及后来在太平洋中的巡逻位置，就不得不受美国的探测系统和已部署到位的飞机、水面舰艇和潜艇的夹击。直到1972年第一艘"德耳塔-Ⅰ"级核动力弹道导弹潜艇完工并于1973年部署，艇上搭载的导弹可在苏联本国水域内的巡逻位置打击美国大陆上的目标，苏联的海基战略力量才获得了一定程度的防护能力，可与最初美国核动力弹道导弹潜艇享有的防护能力相匹敌。与美国海军形成鲜明对照的是，苏联海军把他们的核动力

① 美国潜艇的军事行动问题依然是官方严格保密的内容。在詹姆斯·L·乔治编，《美国海军：从20世纪80年代中期看起》（马里兰州安纳波利斯：美国海军学会出版社，1985年）一书中，从第193页至第243页，有两章对战略核潜艇（SSN）和攻击核潜艇做了很好的概述，作者分别是美国海军罗伯特·Y·考夫曼中将（退役）和美国海军詹姆斯·C·海上校（退役）。对于潜艇这个神秘的世界，最撩人心魄的窥探式作品，是1991年1月6日至11日，克里斯托弗·德鲁、迈克尔·L·米伦森和罗伯特·贝克尔，在《芝加哥论坛报》上发表的关于"冷战"期间潜艇军事行动的系列文章。德斯蒙德·鲍尔对核动力攻击潜艇（SSN）和核动力弹道导弹潜艇（SSBN）的军事行动做了批评性讨论，文章题目为"海上的核战争"，发表在《国际安全》第10卷（1985年至1986年冬季号）上，第3－31页。

弹道导弹潜艇纳入了他们的总体海军战略当中，甚至到了20世纪70年代，在本国水域内保护苏联核动力弹道导弹潜艇，已经成为苏联舰队两项最优先任务之一——另一项任务是保护苏联本土不遭到核攻击①。

对于20世纪70年代和80年代的美国人来说，找到反制苏联海军这两项互为补充的最高优先级任务的手段，催生了一系列计划、规划、汇报、演习和军事行动的主要基本要素。这一系列内容逐渐以“海洋战略”之名而闻名于世。在“冷战”后期，“海洋战略”是针对海军军事行动最有争议的举措。从短期来看，也许最好的理解是，把它理解成一系列产物，旨在证明里根政府海军政策和规划决定具有合理性，并把它理解成一组进攻性作战

① 关于苏联潜艇的军事行动及其在苏联海军战略中的地位，从1982年到1990年，在向美国众议院和参议院武装部队委员会做的年度态势报告中，历任美国海军情报部长对此做出了最具权威性的论述。另外，在海军情报部的出版物《苏联海军发展新解》(华盛顿：美国政府印刷局，共六版，1974年至1991年)中，也有最具权威性的论述。在第六版中，有一篇关于苏联海军任务和军事行动的分析，特别全面，页码范围是第20页至第48页。关于第二次世界大战后苏联的海军战略，最好的综述是苏联海军V·多岑科中校的文章，“战后时期苏联的海战艺术”，发表在《海军论丛》第7期(1989年)上，第22-28页。另见詹姆斯·J·特里滕著，《苏联海军与核战争：武器运用与政策》(科罗拉多州博尔德：韦斯特维尤出版社，1986年)；在詹姆斯·L·乔治编，《苏联海军和其他共产党国家的海军：从20世纪80年代中期看起》(马里兰州安纳波利斯：美国海军学会出版社，1986年)当中，罗伯特·赫里克、詹姆斯·M·麦康奈尔、迈克尔·麦克崴尔和理查德·L·哈弗撰写的几章，第9-81页、第123-132页；在布鲁斯·W·沃森和苏珊·M·沃森编，《苏联海军：实力与责任》(科罗拉多州博尔德：韦斯特维尤出版社，1986年)当中，罗伯特·E·麦基翁和戴维·鲁宾逊、罗伦斯·拉森、理查德·费希尔、基思·艾伦撰写的几章，第57-71页、第136-142页、第162-167页、第182-193页；以及布鲁斯·W·沃森著，《海上的红色海军：苏联海军在公海上的军事行动(1956—1980)》(科罗拉多州博尔德：韦斯特维尤出版社，1982年)。

概念,旨在保护海上交通线(SLOC),支援美国和盟国部队在欧洲打一场常规战争①。

然而,从长远来看,“海洋战略”的主要内容体现了20世纪50年代核动力弹道导弹潜艇研发导致的一系列事件的高潮。正如可提出证据加以证明的那样,如果美国的核动力弹道导弹潜艇没有研制,要让苏联海军的领导人,甚至是尼基塔·赫鲁晓夫总理,逼迫一心扑在陆地上的苏军总参谋部生产一艘与之匹敌的核动力弹道导弹潜艇,那几乎是不可能的。况且,如果苏联的核动力弹道导弹潜艇力量不存在,或者不具备从苏联本国水域遂行其“摧毁地面目标”的主要任务的能力,那么旨在通过攻击“敌进攻性海军力量编组”来保护国土的苏联海军战略,就很可能会大不一样②。20世纪80年代的美国“海洋战略”,尽管仍然具有“全球性、前进性和联盟性”,但在范围、焦点和预期效果方面,很可能也会相当不一样。就这一点而论,美国“北极星”核动力弹道导弹潜艇的研制,以及20世纪80年代末关于“海洋战略”的论战,实际上是界定海军战略历史上最近一段时期的分水岭。

---

① “海洋战略”引发了大量的评论。关于这类数量巨大的论著,最有价值的资料是美国海军彼得·M·斯瓦茨上校为海军作战部长办公室战略概念科(代号Op-603)准备的第NPS-56-88-009号报告,《“海洋战略”之争:20世纪80年代美国海军战略思想复兴指南》(加利福尼亚州蒙特雷:美国海军研究生院,1988年2月24日)。关于“海洋战略”,最好的资料是约翰·B·哈滕多夫,“‘海洋战略’的演变:1977年至1987年”,《海军战争学院评论》第41卷(1988年夏季号),第7-28页;弗雷德里克·H·哈特曼著,《海军的复兴:20世纪80年代的美国海军》(马里兰州安纳波利斯:美国海军学会出版社,1990年);以及林顿·F·布鲁克斯海军上校,“海军实力与国家安全:为‘海洋战略’一辩”,《国际安全》第11卷(1986年秋季号),第58-88页。

② 多岑科,“战后时期苏联的海战艺术”,第22-28页。

这个技术革新、战略调整、反应与逆反应的过程，可能看起来是那么地符合逻辑，以致不仅可以预测，而且几乎不可避免。但是，我们当然只是根据后见之明才这样断定的。美苏两国海军和美苏两国政府的内在动态非常复杂，导致他们可能会做出大量不同的选择，从根本上改变这种动态。

“全凭想象”制造核动力弹道导弹潜艇/海上发射的弹道导弹武器系统，以便满足一种预期的而非实际的国家需要（预期是从陆基导弹系统预料之中的最终易毁性这层意义上来说的），本身就是一种了不起的成就。在20世纪50年代中期，对于着手实施一项舰队弹道导弹研制计划，美国海军统帅部决不会有任何热情。在艾森豪威尔政府执政期间，要对由二战时期的战舰组成的已有舰队进行现代化和更新换代，当时普遍认为技术上和财政上的要求可以轻易地让海军感觉到资源压力极大。事实上，到了1957年年末，在“北极星”潜射弹道导弹计划实施两年之后，海军作战部长办公室的计划人员已经可以看到，该计划的代价，加上只建造核动力潜艇的决定，再加上把核动力引入一定比例的新建水面舰艇的决定，会使美国必须放弃把一支由900艘舰艇组成的舰队保持到20世纪70年代的目标①。既然“北

① R·E·罗斯海军少将，《为海军作战部长准备的备忘录》，主题：造舰资金短缺15亿美元，序列号：0041P03，1957年9月13日，装在未贴标签的第Al-1(1)号文件夹中；R·E·罗斯海军少将，《为海军作战部长准备的备忘录》，主题：“北极星”计划对造舰和改装计划的影响，序列号：034903B1，1957年12月13日，装在标签为“造舰和改装计划”的第Al-1(1)号文件夹中。这两份备忘录都装在海军历史中心（NHC）收藏的《海军作战部长办公室（Op-00）1957年文件汇编》第1盒中。关于针对“北极星”计划的反对意见，参见戴维·艾伦·罗森伯格，“阿利·艾伯特·伯克”，载小罗伯特·W·洛夫编，《海军作战部长们》（马里兰州安纳波利斯：美国海军学会出版社，1980年），第277-279页。

极星”潜射弹道导弹计划与已有的海军计划或愿望不一致,而且很可能会制约而不是支持造舰总体目标的实现,那为什么它还实施了呢?

关于20世纪80年代“海洋战略”的成因,可以提出一系列类似的问题。表面上,“海洋战略”看起来是一种精明的策略,其背后有政治动因,旨在证明里根政府增加海军预算以建造一支由600艘舰艇组成的现役舰队具有合理性。1982年夏天,“海洋战略”第一稿的幻灯片展示,目的是要在海军作战部长办公室制定《1984财年计划目标备忘录》(POM-84)之前提出“海洋战略”,并在一定程度上,要证明预算时要考虑的“战争评估”具有合理性①。在“海洋战略”幻灯片展示准备工作进行的同时,《1984财年计划目标备忘录》的“扩大计划附件”做出了一个有先见之明的结论,即“当考虑到[过去的]费用风险和可能的预算现实这两个因素时,如果现在这些趋势继续没有减弱的势头,或者我们不采取纠正性的行动,一支由450～500艘舰艇组成的‘下辖12个航母战斗群(CVBG)的海军’,**可能会是**我们能负担得起的上限。”制定这个附件的目的,是要使之成为一份指南,用于指导这项由600艘舰艇组成的海军计划在“以后的岁月”里要面对的问题,让海军领导人做好解决这些问题的准备,并且也许会让他们找到克服这些问题的办法。然而,当这个附件呈送到海军部长约翰·莱曼面前时,他没有把这份“技术水平最高的”预测性分析视为支持他的舰队建设计划的帮手,而是将其视为一种“不是在这里想象出来的”威胁,于是下令缩小其在五角大

---

① 哈滕多夫,“‘海洋战略’的演变”,第17-23页。

楼内外的流传范围①。

然而，“海洋战略”的核心原动力与这个造舰计划无关。事实证明，由600艘舰艇组成的海军这项计划是站不住脚的，因为预算方面的现实问题，使舰艇数量在1986年停止了真正意义上的增长。但是，“海洋战略”成了美国及其大西洋和太平洋盟友一致认可的海军作战概念，一直到“冷战”结束。到了1983年至1984年，“海洋战略”又有所发展，不止是一种证明海军力量合理性的作战概念，而且成为一种“现有海军力量”的作战概念。“海洋战略”支配着模拟推演、演习和作战计划，而且在美军的几所战争学院，填补了一项长期存在的空白，成为美国海军力量的学说基础。正如“北极星”潜射弹道导弹计划遇到的情况那样，预算之争既提出了军种哲学和战略方面较深层次的问题，又使这些问题难以理解。在解密文件将所有相关事实公之于众之前，海军战略制定问题在这一时期的完整故事还不得而知。但是，这个故事的许多方面现在已经显而易见，而且最近为我们提供的一些内容，与之前“北极星”潜射弹道导弹计划的对应方面同样有趣。

为了探讨这些问题，并且提出一种调研类似历史发展的方

① 1982年8月19日，扩大计划科(代号Op－965)编制了《1984财年计划目标备忘录》的“扩大计划附件”(EPA)。这是一份机密级文件，1991年12月17日，海军作战部长办公室计划资源评估处在删除其中的敏感内容后将其解密。笔者见证了这项研究的潜在重要性及其最终命运。1982年夏天，笔者是一名海军后备役军官，为扩大计划科的若干计划提供保障。1982年时，小J·A·鲍德温海军少将是扩大计划科的科长。从1986年到1987年，他担任海军战争学院的院长。期间，笔者与他就这份文件的问题进行过多次讨论，并与“扩大计划附件”的作者斯蒂芬·拉塞尔·伍德尔海军中校(现为海军上校)进行过多次讨论。另见斯蒂芬·拉塞尔·伍德尔，“远程军事力量计划过程中的战略预测：以海军的运用情况为例”(未出版的哲学博士学位论文，美国天主教大学，1985年)，第362－369页。

法，我整理了一份由 17 个话题组成的调研列表。要理解现代海军战略的制定过程，我们需要某些类型的信息。这些话题为我们指明了这些信息的范畴。下面我将逐一阐述每一个话题，并以美国的海军战略时期为例，从“北极星”潜射弹道导弹计划开始，到“海洋战略”的出台而告终。

第一个因素是**海军军官训练教育计划、职业生涯模式与职业专业化的性质**。监督“北极星”潜射弹道导弹计划发展的海军军官和制定“海洋战略”的海军军官，代表了两代不同的职业军人。

20 世纪 50 年代指挥海军的那一代海军军官，在两次世界大战之间的岁月中，以及在第二次世界大战期间，已经在职业方面达到了成熟的地步。这是造就了第一批职业海军航空兵和潜艇军官的一代海军军官。这一代海军军官还重视教育他们之中的最优秀者，让他们掌握技术工程专业，包括航空工程、军械工程和推进工程等专业，并让这些军官肩负与民用工业共同发展新技术的责任。这些军官习惯于技术革新，就连那些依赖军械局古老的“舰炮俱乐部”的军官，实际上也都是积极的参与者，不仅参与战列舰舰炮和火控系统的完善工作，而且还参与雷达近爆引信、火箭弹和导弹的技术革新工作。这为研制舰队弹道导弹奠定了坚实的基础①。

---

① 关于两次世界大战之间那一代美国海军军官的训练和职业模式，参见戴维·艾伦·罗森伯格，“两次世界大战之间的海军军官发展：阿利·伯克——一名海军职业军官的成长”，《太平洋历史评论》第 44 卷(1975 年 11 月)，第 503 - 526 页；约翰·B·伦德斯特伦著，《第一梯队：太平洋战争中从珍珠港事件到中途岛海战的海军空战研究》(马里兰州安纳波利斯：美国海军学会出版社，1984 年)；贝伦德·D·布鲁因斯，“1960 年以前的几项海军轰炸导弹计划：武器革新假说研究”(未出版的哲学博士学位论文，哥伦比亚大学，1981 年)，特别是第 3 章、第 4 章和第 6 章。

在20世纪80年代制定"海洋战略"的那一代美国海军军官当中,有第一批达到海军将级军官军衔的职业核潜艇军官。这些军官基本上把他们整个职业生涯都花在了核潜艇上,包括核动力攻击潜艇和核动力弹道导弹潜艇,而没有花在柴油机潜艇或水面舰艇上。他们还把他们整个职业生涯沉浸在"冷战"环境中,在极度保密状态下与苏联海军针锋相对。这个对手不断完善,技术方面如此,作战方面亦然,特别是在其潜艇部队当中。与其空中和水面同行一样,潜艇军官的海军战略体验也是由其战争共同体界定的。20世纪80年代,在这些军官中,有三人连续担任海军作战部长,而其他人开始担任美国几个主要舰队的指挥官。这些军官没有启动"海洋战略"的制定工作,但是他们有审定、美化和推广"海洋战略"的机会。就这一点而论,他们对"海洋战略"的最终安排和传播的影响力是很强的①。

---

① 这些关于美国潜艇军官不断变化的职业生涯和影响力的观察,来自笔者的经历:1974年至1983年,担任海军作战部长办公室顾问;1990年至1992年,担任海军部长办公厅顾问;1985年至1990年,在美国海军战争学院担任战略学与作战学教授;1984年以来,作为海军后备役情报军官,为海军情报部提供情报支援。另见哈特曼著,《海军的复兴》,第77-80页;小克莱·布莱尔著,《寂静的胜利:美国对日潜艇战》(费城:J·B·利平科特出版社,1975年),第877-892页;弗朗西斯·邓肯著,《里科弗海军上将与核时代的海军:技术的规律性》(马里兰州安纳波利斯:美国海军学会出版社,1990年),第245-251页、第281-294页;小约翰·F·莱曼著,《制海权:建设一支由600艘舰艇组成的海军》(纽约:查尔斯·斯克里布纳之子出版社,1988年),第1-38页;诺曼·波尔马和托马斯·B·艾伦著,《里科弗海军上将:争议和天才》(纽约:西蒙与舒斯特出版公司,1982年),第267-350页;西奥多·罗克韦尔著,《里科弗海军上将效应:一个人是如何产生影响的呢?》(马里兰州安纳波利斯:美国海军学会出版社,1992年),第308-310页、第329页;小埃尔莫·R·朱姆沃尔特海军上将著,《值更》(纽约:方庭与《纽约时报》图书公司,1976年),第85-122页。

这就把我们带到了下一个话题:**重要(国家或舰队)领导岗位上单个海军军官的职业生涯模式和作战、技术与参谋背景**。在"北极星"潜射弹道导弹计划的制定过程中,有一个关键因素,那就是阿利·伯克是当时的海军作战部长。伯克是一名军械专家。在他那一代海军军官中,最优秀的人得到了技术训练,而伯克就是其中一名受益者。此外,因为在战争期间,伯克曾担任第58快速航母特混部队司令马克·米彻尔海军上将的参谋长,所以他是逐渐崛起的飞行员出身的海军将领们愿意接受的少数水面舰艇军官之一。最终,在战后各军种围绕作用、任务、战略和预算问题展开的斗争中,伯克是一名关键的参与者,他逐渐敏锐地意识到,需要有核威慑。当伯克决定要在1955年至1957年期间推进"北极星"潜射弹道导弹计划时,他不仅了解其技术参数,**他还有个人声望**,这是战胜海军作战部长办公室内部各战争共同体普遍存在的强烈反对意见必备的要件,而且他非常清楚"北极星"潜射弹道导弹对海军和美国具有什么样的战略意义①。

到了20世纪80年代,在美国海军的高级将领中,在晋升为将级军官之前,**在其自己的战争专业以外的**作战经历方面,很少有人具有阿利·伯克那种广博的背景。20世纪60年代和70年代,对海上服役的技术要求终结了各战争共同体中哪怕少量存在的交叉任职可能性。例如,与两次世界大战之间或二战期间的前辈们相比,海航飞行员们的职业生涯轨迹更加狭窄,在军

① 罗森伯格,"阿利·艾伯特·'伯克",第269-306页;戴维·艾伦·罗森伯格,"过度杀伤、核武器和美国战略的起源,1945—1960",《国际安全》第7卷(1983年春季号),第3-71页。

衔达到海军中校或海军上校之前，脱离其战斗机、攻击机、空中预警机、反潜机、巡逻机或直升机专业，到外单位任职的机会极少。从20世纪80年代中期到末期，在海军航空兵界的将级军官中，战斗机和攻击机飞行员占主流；在这些军官中，在没有达到将级军衔之前，多数人都没怎么接触过航空兵界以外的问题。海军的军政专长由一小批专家掌握。在这些专家当中，多数人是从水面战和巡逻航空兵界培养起来的。在这些军官中，很少有人达到海军将级军衔；达到三星或四星将级军衔的人更少。此外，在华盛顿、诺福克、伦敦、那不勒斯或珍珠港任职的海军顶级领导人当中，只有少数人是美国海军战争学院的毕业生（这与1941年时美国海军将领当中只有一人不是的情况形成了反差），而且在地方院校受过国际关系方面训练的高级将领人数还要少得多①。

在潜艇部队以柴油机潜艇为主的那段时期，潜艇军官如果想要晋升为将级军官，就必须进入水面舰艇界。现在，在核潜艇的海上和岸上的岗位上，他们可以走完自己的军旅生涯，至少可

---

① 这些观察是根据以下内容做出的：第230页注释①中描述的笔者的经历；从20世纪70年代中期到1991年这段时间内，《海军时报》周报、《海军航空兵新闻》双月刊和《水面作战杂志》双月刊挑选的海军将领的简短传记；对海军历史中心收藏的20世纪70年代和80年代海军作战部长们和舰队总司令们的官方简历所做的综述；在洛夫编的《海军作战部长们》一书中，对1961年以来飞行员和水面舰艇军官出身的海军作战部长们的简历所做的综述；约翰·B·哈滕多夫、B·米切尔·辛普森和约翰·R·沃德利著，《水兵与学者：美国海军战争学院的百年历史（1884—1894）》（罗得岛州纽波特：美国海军战争学院出版社，1984年），第275-323页；约翰·M·柯林斯著，《美国国防计划批评》（科罗拉多州博尔德：韦斯特维尤出版社，1982年），第49-72页、第133-144页；美国海军保罗·R·施拉茨上校（退役），“勇士们会从哪里来？”，载美国海军学会《论文集》第115卷（1989年6月），第62-69页。

以升至海军少将,甚至可以升至海军中将。有几位军官拟提升到总部任职,担任舰队司令的行政助理或海军作战部长的行政助理,但是这些军官是极少数的例外。海曼·里科弗海军上将在 1982 年退休以前,主管美国的核潜艇计划,并负责美国海军许多其他工程和规划方面的工作。他不仅积极反对潜艇军官到美军的战争学院学习,而且还反对战争学院开设的课程。他的态度,再加上核潜艇职业生涯对远洋航行和技术能力提出的大量要求,导致了一种局面,即在 20 世纪 70 年代和 80 年代,晋升到海军总部任职的潜艇部队的将领们,没有一个具有过硬的军政背景①。

海军的将级军官大多在职业生涯后期才接触到海军职业更为崇高的方面,因此在着手处理战略问题时,不是从理论或历史的视角入手的,而是从更为狭隘的战役视角入手的,以他们自己在海上发挥各自战争专业特长的经验为基础,而且他们的技术取向和规划取向,是在华盛顿最近出现的预算之争的基础上形成的。海军将级军官可以把情况介绍、文件和证言的准备工作授权给手下的军政专家,而且会阅读他们的成果,并从中受到教育。但是,在 20 世纪 60 年代到 80 年代之间,对于美国海军与国家军事战略是如何联系在一起的这个问题,他们极少参与宏观的战略分析,而是更喜欢强调美苏两国海军之间的动

---

① 参见第 230 页注释①中引用的公开出版的文献来源,以及威廉·J·克罗海军上将的回忆录,再加上戴维·切尔诺夫著,《在从华盛顿到波斯湾的射向上:新型军队的政治工作和作战行动》(纽约:西蒙与舒斯特出版公司,1993 年)。

态平衡①。

有一个领域是海军高级领导人普遍没有经验的，那就是核战略领域。这不是说海军将领没有核武器方面的经验。从20世纪50年代一直到80年代末和90年代初，核武器在美国海军舰艇上出现得相当普遍。攻击机飞行员受过投放核弹的训练；水面舰艇军官负责保护和使用装有核弹头的反潜火箭（ASROC）和舰对空导弹；潜艇军官负责保管装有核弹头的鱼雷、火箭推进的深水炸弹、巡航导弹（“天狮星”舰载巡航导弹，后来是核动力对地攻击型“战斧”式舰载巡航导弹［TLAM－N］），当然还有“北极星”潜射弹道导弹、“海神”潜射弹道导弹和“三叉戟”潜射弹道导弹。舰队指挥官在部署和运用麾下部队时，必须要考虑

---

① 这个观察结果是有依据的。笔者回顾了20世纪60年代至80年代初期海军作战部长和海军部长的国防态势报告和国会证言。另见劳伦斯·科布撰写的“乔治·W·安德森”、小弗洛伊德·D·肯尼迪撰写的“戴维·拉马尔·麦克唐纳”、J·肯尼思·麦克唐纳撰写的“托马斯·欣曼·穆勒”，以及诺曼·弗里德曼撰写的“埃尔莫·R·朱姆沃尔特”，均收录在洛夫编，《海军作战部长们》，第321－379页；朱姆沃尔特著，《值更》，第329－348页、第461－464页；劳伦斯·J·科布，“美国海军优势地位的削弱：1962—1978”；以及小弗洛伊德·D·肯尼迪，“从海上交通线的保护到国家海洋战略：1977年至1984年卡特和里根总统任期内的美国海军”，载肯尼思·J·黑根编，《在和平和战争时期：解读1775年至1984年美国海军的历史》（康涅狄格州韦斯特波特：格林伍德出版社，第二次修订版，1984年），第327－370页；小罗伯特·W·洛夫著，《美国海军的历史：第二卷（1942—1991）》（宾夕法尼亚州哈里斯堡：斯塔克波尔图书公司，1992年），第602－728页。这种模式有以下三个批评性例外：1970年夏天，朱姆沃尔特海军上将为“六十号工程”所做的努力；1978年，詹姆斯·L·霍洛韦三世海军上将对第1号海战出版物（NWP－1）《美国海军的战略构想》进行的第一轮修订；托马斯·B·海沃德海军上将的“美国海军战略的根本原则”。参见罗杰·W·巴尼特，“美国海洋战略的由来”，第二部分，《海军》（双月刊）第10卷第5期，第58－62页；朱姆沃尔特著，《值更》，第59－84页；哈特曼著，《海军的复兴》，第14－40页；以及笔者的非机密、未发表的研究“‘六十号工程’：二十年后的回眸”，这是笔者1982年夏天为海军作战部长办公室扩大计划科准备的一份文件。

这些核能力。此外，海军作战部长和从其顶级计划人员中精心挑选出来的一个小组，一直被迫应对棘手的核军控问题，因为作为参谋长联席会议成员，海军作战部长有这样一项职责。

然而，多数海军军官把核武器视为一种可能必要的邪恶力量，因为在保管和安全方面，核武器有大量繁琐严格的要求。能与陆军大量原子作战野战手册和计划条例相比的海军战术和战区核战规程很少。同样重要的是，虽然美国核动力弹道导弹潜艇力量在美国核规划和战略方面的作用越来越大，但是并没有制度上的推动力促使核动力弹道导弹潜艇最优秀的艇长们去掌握核目标选定或核作战的复杂内容。这样的能力往往只能为一名潜艇军官赢得一次在岸上长期任职的机会，到大西洋或太平洋潜艇部队总部去从事核动力弹道导弹潜艇作战的计划工作，或者到位于奥马哈的战略空军司令部总部任职，在联合战略目标计划参谋部工作，接下来再到华盛顿继续担任一次这样的职务，然后随之而来的就是退休①。

海军的“核过敏”，可以这么说，对 20 世纪 80 年代“海军战略”的界定方式产生了重要影响。虽然许多参与酝酿“海洋战

---

①　关于美国海军在维持核规划方面的核心能力面临的问题，公开出版的最好的综述可以在美国海军林顿·F·布鲁克斯上校撰写的“扔掉‘指挥棒’”一文中找到，刊登在美国海军学会《论文集》第 115 卷中（1989 年 6 月），第 32 - 36 页。这些评论也反映了笔者 18 年以来担任顾问和海军后备役军官的服役经历：从 1974 年到 1980 年，支援核计划科（代号 Op - 604）；从 1980 年到 1992 年，支援核战争与军控处（代号 Op - 65）；从 1992 年开始，支援核政策科（代号 Op - 514）。所有这些单位都隶属于海军作战部长办公室。关于海军的核政策，最简洁的声明来自一名军官。他在上面提到的一个组织中负责战区核计划工作。他说：“海军的核武器政策是个‘呸’（做啐唾沫的动作），但是这并不意味着我们不在乎。”关于陆军的核政策，参见约翰·P·罗斯著，《美国陆军核学说的演变：1945—1980》（科罗拉多州博尔德：韦斯特维尤出版社，1980 年），以及小约翰·J·米奇利著，《致命的幻觉：陆军的核战场政策》（科罗拉多州博尔德：韦斯特维尤出版社，1986 年）。

略”的执行军官在核问题方面，既有教育背景，又有经验(即使他们不是潜艇军官!)，但是他们有意识地做出了选择，将“海洋战略”做成一个以常规为主的概念，旨在解决东西方常规平衡问题，找到运用海军力量的最佳方法，以抵消苏联在海上和岸上的优势。这个“海洋战略”在反核动力弹道导弹潜艇、反要塞方面的内容，尽管切中预期的苏联海军战略的要害，但也只是一项范围广泛、包罗万象、旨在充分利用海上能力的学说的一部分，而且是在苏联海军战略问题上最敏感的一部分。后来的执行军官沿用了这一学说，把它“视为意识形态问题。”虽然在关于“海洋战略”的多数公开争论和学术争鸣中，核升级问题占主导地位，但是海军内部对“海洋战略”的观点，仍然将其主要视为一种常规战略。这不仅反映了一个事实，即海军的大部分力量主要是发挥非核作用，具备非核能力，并且里根政府的国家政策强调一种持久的常规战争战略，而且还反映了海军的主要观点，即核武器充其量只是海军战时任务的附带武器，而且在许多方面，更多的是一种令人讨厌的东西，而不是一种有用的资产①。

在分析战略主动权的过程中，需要考虑的第三组因素是**海军武器系统的采购成本、能力、操作模式和维持要求**。这些因素是海军力量最明显的体现，但也是历史学家分析或理解最不好的因素。采购成本决定了可以建造和维护的舰船和武器的类型与特点。另外三个因素决定了它们可以怎样使用。这四个因素共同设置了海军部队能够完成的可能任务的限制条件。海军军官在军旅生涯当中，一直要学习这些武器系统，而且这种经历会

---

① 关于“海洋战略”以常规战略为中心的主张，以及关于“海洋战略”的执行军官在这个问题上沿用的“意识形态”学说，笔者的论述有据可循。1992 年 12 月，关于本文一份较早的草稿，拉里 · 西奎斯特海军上校为笔者提供了评论意见。这是笔者这些论述的一部分依据。另见哈滕多夫，“‘海洋战略’的演变”，第 18 - 25 页。

影响他们对待战略制定问题的方法。

从20世纪50年代中期到80年代中期，在这段时期内，美国海军经历了一场深刻的更新换代，不仅体现在它的领导人方面，而且还体现在它采购的武器和这些武器的操作方式方面。在军事行动方面，从第二次世界大战之后开始的连续海外部署，于1950年完成制度化，成为美国海军的标准作战样式。马汉有一句名言："决不要把作战舰队化整为零。"与此不同的是，美国海军的作战部队被分成了四支舰队，其中两支舰队常驻海外，另有几支特混部队常驻波斯湾这样的动荡地区。战舰定期轮换，以提供和平时期的军事存在，支援盟友，保障美国在全世界的利益。为期6个月或历时更长的部署周期(每18个月)，基本上界定了战舰和人员的军事行动日历。美国海军一直奉行这种全球性日程安排概念，虽然有时形式上有所变化，但甚至在朝鲜战争和越南战争这些重大历史时期，也没有放弃过。从20世纪50年代到80年代，新型武器系统扩大了战略选择的范围。核动力攻击潜艇和核动力弹道导弹潜艇只是关键革新之一。美国海军至少采购了三代陆基海航战机和舰载机；直升机技术成熟起来，在美国舰队中普遍存在，在后勤、反潜和水雷战领域大显身手；多用途舰对空导弹、空对空导弹、空对地导弹、对地攻击导弹和反舰导弹加入美国舰队序列；美国海军根据登陆艇已被证实的能力，以及直升机突击的前景，组建了一支新型两栖力量。反潜战变得越来越依赖于探测系统和武器系统的一体化运用。比如说，前者包括20世纪50年代由固定的海洋监听站组成的声音监视系统(SOSUS)，后者包括巡逻机、猎潜特混大队和攻击型潜艇。到了20世纪80年代，空间战和电子战已经成熟起来，也成为海战不可分割的一部分，而且美国调拨了大量资源，用于建造"宙斯盾"导弹巡洋舰和驱逐舰，研制和部署天基监视系统和通信系统。所有这些发展，都标志着美国海军建设、维护和活动的方式发生了累积性变化，而且为人们理解海军战略的弹道导弹时期提供了背景①。

---

① 美国海军作战样式的变化在下列文献中有全面的描述：洛夫著，《美国海军的历史：第二卷》，第278－485页；帕尔默著，《海洋战略的起源》，第172页；简·S·布里默著，《美国海军的发展》（马里兰州安纳波利斯：航海与航空出版公司，1983年）；以及亚当·B·西格尔著，《1946年至1989年美国海军的危机反应活动：一份初步报告》（弗吉尼亚州亚历山大：海军分析研究备忘录中心，第CRM 89－315号报告，1989年11月）。关于具体舰队和特混部队的情况，尤其要参见美国第六舰队的菲利普·阿方斯·迪尔海军少校（现为海军少将），"制度化的海军存在个案研究：1946—1968"（未出版的哲学博士学位论文，哈佛大学，1975年）；爱德华·J·希伊著，《美国海军、地中海和"冷战"：1945—1947》（康涅狄格州韦斯特波特：格林伍德出版社，1992年）；小约瑟夫·安布罗斯·舍斯塔克海军中校，"第七舰队：政策指令与军事力量态势差异研究"（未出版的哲学博士学位论文，哈佛大学，1984年）；乔尔·J·索科尔斯基著，"核时代的海权：美国海军与北大西洋公约组织（1949—1980）"（马里兰州安纳波利斯：美国海军学会出版社，1991年）；罗尔夫·塔姆尼斯著，《美国与北极地区的"冷战"》（佛蒙特州布鲁克菲尔德：达特默思出版公司，1991年）；以及迈克尔·A·帕尔默著，《驶向"沙漠风暴"行动：美国海军与波斯湾》（华盛顿：美国政府印刷局，1992年）。海军技术领域的变化，在诺曼·弗里德曼的著作中，有特别精彩的论述，如果说不是用文件证明的话，尤其是在1982年至1985年之间，美国海军学会出版社出版了他的四部极好的插图版设计史，分别记载了美国驱逐舰、航空母舰、战列舰和巡洋舰的设计史。具体来说，这些著作包括他的专项研究，《航空母舰的空中力量》（纽约：劳特利奇出版社，1981年）；他的评估研究，《战后的海军革命》（马里兰州安纳波利斯：美国海军学会出版社，1986年）；他的工具书，特别是《美国海军的武器》（马里兰州安纳波利斯：美国海军学会出版社，1983年），以及《美国海军学会版世界海军武器系统指南：1991—1992》（马里兰州安纳波利斯：美国海军学会出版社，1991年）。另见罗伯特·加德纳和兰德尔·格雷编，《康韦海事出版社出版物中涉及的全世界战舰：1947—1982》，共2卷（马里兰州安纳波利斯：美国海军学会出版社，1983年）；E·W·金海军少将编，《海军工程与美国的海权》（马里兰州安纳波利斯：航海与航空出版公司，1989年），特别是第8章至第11章；以及布鲁斯·W·沃森著，《世界各国海军不断变化的面貌：1945年至今》（伦敦：兵器与装甲出版社，1991年）。

第四组因素直接建立在第三组因素之上,即**战术学说和/或海军作战艺术的变化**。由于武器系统发生了变化,新的战术必须要加以完善,才能用来抵御这些武器系统。喷气式飞机、导弹和核武器主导着防空作战(AAW)问题。这导致了几支新的特混部队的组建,其宗旨是要欺骗来袭之敌;导致了新的指挥与控制安排,比如合成作战指挥官(CWC)的设立,以便使军事行动的协调程度最大化;导致了远程防御系统的使用,以便在弓箭手(即导弹发射装置)对着目标松开手中利箭之前,置弓箭手于死地。核潜艇由于航行速度快、隐身性能好、续航能力强,提出了史无前例的战术挑战。到了20世纪50年代,众所周知的是,最有效的反潜武器,就是另一艘潜艇。接下来的30年都用在了实现这种潜力上面。到了20世纪80年代,美国根据多年的演习和军事行动,在防空作战和反潜战领域实现了战术革新,为"海洋战略"奠定了越来越自信的战术基础。"鱼叉"反舰导弹的研制改变了许多反水面舰艇作战(ASUW)学说,而直升机和气垫登陆艇也同样改变了许多两栖作战学说①。

与第三组因素同样紧密相关的另一组因素是,**单艘舰艇以外的战术单位**(包括下列适当的情况:中队、支队、特混大队、特混部队、特混舰队,以及地区司令部和地区舰队)**的行政机构、作**

---

① 学者们对现代海军战术发展的论述,不如对现代海军技术发展的论述好。有用的评估包括:美国海军韦恩·T·休斯上校(退役)著,《舰队战术:理论与实践》(马里兰州安纳波利斯:美国海军学会出版社,1986年);卡尔·劳滕施拉格尔的两篇文章,"技术与海战的演变"和"海战中的潜艇:1901—2001",都很容易找到,载史蒂文·E·米勒和斯蒂芬·范埃弗拉著,《海军战略与国家安全:国际安全读本》(新泽西:普林斯顿大学出版社,1988年),第173-221页和第238-284页。关于合成作战指挥官这个概念,参见美国海军罗德尼·P·伦普特上校,"战斗群指挥与控制的组织工作",未发表的论文,罗得岛州纽波特市,美国海军战争学院高级研究计划,1986年11月。

战学说、战略计划和指挥与控制的组织工作。在这些因素中,有些已经在上文当中提到过,比如美国四支特混舰队的创建和合成作战指挥官(CWC)的作用。但是,应该强调的是,在美国海军当中,战时和危机战略计划与作战决策,基本上是沿着联合指挥线和地区指挥线分散制定的,而不是由位于华盛顿的海军作战部长办公室控制的。尽管二战以后,美国国防组织工作集中化趋势越来越明显,但是这种分散式做法现在仍然得到了保留。

珍珠港和诺福克的地区总司令,以及他们下辖的大西洋舰队总司令和太平洋舰队总司令,再加上美国海军驻欧洲部队总司令,都有设立、指挥和遂行军事行动的特权。20 世纪 80 年代中期,美国"海洋战略"逐渐显示出了进攻思维和计划的特点。其渊源是 20 世纪 70 年代末期美国海军驻欧洲部队、大西洋舰队和太平洋舰队的一些作战概念,以及 20 世纪 80 年代初期北约的"海上作战概念"和《太平洋司令部战役计划》①。

接下来的两组因素是一个整体的两个部分。这两组因素一**是情报信息的来源,包括其性质、质量和频率,二是情报生产、分析和通报的过程**。这些因素本质上互为补充,但是相互之间又截然不同。无论一个情报来源可能有多好,如果其信息和重要

---

① 关于美国海军指挥结构的描述,参见布里默著,《美国海军的发展》,第 33 - 60 页;诺曼·波尔马著,《美国舰队的舰艇和飞机》(马里兰州安纳波利斯:美国海军学会出版社,第 11 版至第 15 版,1978 年至 1993 年)中关于"舰队编制"的章节;以及圣菲公司著,《美国海军指挥、控制与通信指南》(圣迭戈:美国海军海洋系统中心,1979 年 7 月)。关于各位总司令的作战概念对美国"海洋战略"的影响的描述,参见哈滕多夫,"'海洋战略'的演变",第 19 - 21 页;罗伯特·S·伍德,"20 世纪 80 年代舰队复兴与'海洋战略'",载约翰·B·哈滕多夫和罗伯特·S·乔丹编,《海洋战略与力量均势:20 世纪的英国和美国》(纽约:圣马丁出版社,1989 年),第 330 - 347 页;以及罗伯特·S·乔丹著,《联盟战略与各国海军:北大西洋公约组织海洋维度的演变与意图》(纽约:圣马丁出版社,1990 年),第 49 - 62 页。

性得不到决策者的注意,从而无法用它来制定计划和方案,那么这个情报来源就毫无价值可言。这包括各类情报,无论是侦察卫星或侦察机拍摄的图像情报,还是截获的通信情报,抑或是人力情报报告。与美国战后海军战略有关的情报史,基本上不为人所知。但是,某些情报样式是清楚的。

第一,技术情报收集工作,宗旨是跟踪敌方武器系统的研究、发展、建设、鉴定和部署情况。这一直是情报工作中的一项优先内容,而且一直指导着美国多数"国家技术手段"的发展,全面监控苏联,重点监控苏联海军。对这种技术情报进行分析,一直是战后关于苏联海军的情报报告的主要工作。美国海军率先研制了新颖的情报系统,不仅要收集情报,而且要处理和通报情报。20 世纪 70 年代初期,海洋监视信息系统(OSIS)在一系列国家级和舰队级作战情报中心和设施中建立起来,以便监视全世界的海洋威胁,尤其要监视不断扩张的苏联海军。到了 20 世纪 80 年代,这套系统已能为舰队总司令们和位于华盛顿的海军统帅部实时提供一种史无前例的画面,显示当前苏联海军的能力和部署。海军计划人员和指挥官第一次能每天都掌握一支敌国海军在战区范围内和全球范围内的运动情况,这使他们在分析苏联海军活动方面有了一种很强的自信感①。

美国海军还越来越重视分析苏联的军事思想和计划工作,部分依据是苏联的军事著作和军事学说。到了 20 世纪 80 年代初期,关于苏联海军的预期战时作用,情报界已经达成共识,代

---

① 美国海军塞缪尔·L·格雷夫利中将(退役),"海洋监视信息系统(OSIS)",以及富兰克林·W·迪德里希,"天基海洋监视系统指挥、控制与通信(C^3)方面的体系结构考虑",载戈登·R·纳格勒和理查德·D·德劳尔著,《海军战术指挥与控制》(华盛顿哥伦比亚特区:武装部队通信与电子协会[AFCEA]国际出版社,1985 年),第 138-147 页和第 192-206 页。

表性事件是1982年针对苏联海军的国家情报评估。这次评估的结论是，苏联海军会奉行一种以防御为主的战略，把最优先的防御重点放在两个方面：一是保卫苏联免遭来自海上的攻击，防御范围为海岸线以外2000～3000公里（在美国通往欧洲和东亚的各条海上交通线范围以内）；二是保卫苏联的海基战略打击力量，这些力量将部署到苏联本土附近水域防卫森严的海上要塞①。

情报界的这一共识看起来是美国海军一项决定的关键组成部分。20世纪80年代初期，美国海军决定，对苏联采取一种公然进攻性海洋战略，放弃服务于20世纪60年代和70年代提出的那种防御阻拦战略的各项计划。如果苏联先倾向于使用大部分海军航空兵和潜艇部队，来保卫通向祖国的通道，保护苏联在本土附近水域部署的核动力弹道导弹潜艇，海军战略家们认为，使苏联加强这种倾向显然对美国有利。战略家们希望，这种战略在危机期间，会成为一种积极的威慑，防止敌对冲突的实际爆发，而且如果敌对冲突爆发，这种战略会成为一种手段，使苏联海军始终处于防御态势，并处于相对脆弱的境地。②

情报界这种共识对美国海军领导层的全部影响，可以用几条相对简单的标准来衡量：海军将领们了解了什么情况？他们什么时候知道的？他们的信息来源是什么？在海军将领关于战略和力量结构的决定方面，这种信息来源是如何直接发挥影响的？在进入21世纪之前，这些问题的答案可能不会公之于众，但是对于从历史角度深刻理解"冷战"末期美国军事战略是如何

---

① 关于苏联海军战略，参见第224页注释①中引用的文献来源。哈滕多夫在"'海洋战略'的演变"一文第23页，提到了1982年针对苏联海军的国家情报评估。

② 关于这种威慑观，最好的阐述现在仍然是林顿·布鲁克斯，"海军实力与国家安全：为'海洋战略'一辩"，第62－73页。

制定的，这样一种评估至关重要。

战略计划人员是使用情报产品最深入细致的用户之一，而在战略制定过程中，下一个重要因素是，**全海军范围内战略计划工作的结构、组织和程序**。与美国武装部队的其他军种相反，从历史上看，美国海军一直对制定书面战略学说这种观点反应冷淡。海军领导人，从福里斯特·谢尔曼，到埃尔莫·朱姆沃尔特和詹姆斯·霍洛韦三世，都发表过声明，指出了一些构成战略计划和作战计划基础的基本概念。但是战时海上军事行动将以什么形式进行，就这一个问题的不确定性，就已导致海军避免采用应对敌对冲突的唯一的、详细的行动计划。相反，海军把像这样详细的计划编制权赋予了负责战区作战部队的将级军官。海军制定了应急计划，但是这些应急计划没有编纂成作战原则。在位于珍珠港、诺福克、伦敦和海上的舰队总部，计划人员小心翼翼地提防着华盛顿，以防他们的决策特权被人挪用。在特混部队的构成和作战行动方面，就连**舰队总司令们**达成一致的概念，华盛顿也一直抵制，直到最近才开始接受。

从 20 世纪 50 年代初期开始，在美国政府所在地，美国海军的战略计划职能一直归海军作战部负责计划、政策和作战的副部长办公室所有。从那时起，这个组织的各个分支机构，在制定基本的海军战略概念方面，一直发挥着关键作用①。在 20 世纪 50 年代，海军作战部长阿利·伯克为美国制定了一项新颖的核战略，描述为“有限威慑”战略最为合适。在协助伯克制定这项战略的过程中，战略计划处（代号 Op－60）发挥了关键作用。

① 关于美国海军总部这个组织的最好的描述，参见托马斯·C·霍恩著，《权力与变革：海军作战部长办公室的行政史（1946—1986）》（华盛顿：美国政府印刷局，1989 年）。

这个概念指望用一支相对较小的“北极星”潜射弹道导弹潜艇力量,大约由 45 艘核动力弹道导弹潜艇组成,来充当安全的国家威慑力量,部署在海上,无遭受突然袭击之患。海军战略计划人员希望,这支威慑力量可以最终取代艾森豪威尔政府建造和计划的数量要大得多的空军陆基轰炸机和弹道导弹。他们认为,通过降低抵御苏联核威胁的脆弱性或目标瞄准要求,依赖核动力弹道导弹潜艇将减少国家对战略核力量的需求。这将把有限的预算资金解放出来,允许国家和海军做好准备,以应对海军战略家自 1954 年以来一直主张的一种比核冲突更可能出现的威胁——由苏联或其代理人在欧亚大陆外围对美国盟友发动的有限战争。这个“有限威慑”概念,虽然从未作为国家军事战略予以贯彻,但是在其问世后的 30 年里,既指导着美国海军使用“北极星”潜射弹道导弹的战略计划工作,又成为美国海军核战争思想的基础①。

20 世纪 80 年代,战略计划处的战略概念组(代号 Op-603),是制作“海洋战略”简报的焦点。这份简报成为“海洋战略”这个概念在美国海军内部最著名的体现。战略概念组的工作人员由海军指挥军官组成,他们是海军政治军事计划智囊团的一部分。这个组织对这份简报连续进行了四次修订,每份修订稿都以书面形式在海军内外流传,使舰队就修订稿中的基本概念达成了一致,而且通过向美国武装部队的其他军种汇报的形式引起了争议。在海军作战部长的参谋人员与盟国海军和友好海军的对等人员定期举行的“海军对海军”会谈期间,以及在北约和其他同盟的军事会议上,战略概念组还带头处理战略问题。这使美国的“海洋战略”能在国际受众面前得到审视,有助于确保欧洲盟国和太平洋盟友接受“海洋战略”中的“前沿防御”、“灵活反应”等基本概念。

① 罗森伯格,“阿利·艾伯特·伯克”,第 292-305 页;罗森伯格,“过度杀伤、核武器和美国战略的起源,1945—1960”,第 50-71 页。

在华盛顿之外，设在海军战争学院的海军作战部长战略研究组（SSG），提供了一条独立但平行的计划思路。海军作战部长战略研究组不是一个组而已，而是由来自海军航空兵、水面舰艇和潜艇界以及海军陆战队的高级军官组成的连续集体，任期一年，研究海军作战部长和各舰队总司令提出的战略问题，并撰写研究报告。在海军战略问题上，战略概念组利用的是海军的一小批政治军事专家的才华，而海军作战部长战略研究组利用的是战争各界领军人物集体的固有合力，他们当中的许多人是第一次跨越自己的职业专长来看待海军战略问题。海军作战部长战略研究组的不同化身，“活动起来就像一小群蜜蜂，从一名将级军官飞到另一名将级军官，讨论问题，交换意见，然后带着刺激性想法的花粉，从一个司令部飞到另一个司令部。”这些高级军官在海军作战部长战略研究组的工作经历，还带来了进一步的意外收获，因为这些军官在战略上“受到了启迪”，返回舰队或华盛顿，晋升为海军将级军官，而且到了 20 世纪 90 年代初期，又在海军的高级领导岗位上任职①。

1985 年至 1986 年，随着“海洋战略”直截了当的公开披露，与针对苏联海军战略的不断发展的情报评估一起，这些努力达到了巅峰。1985 年春天，战略概念组在海军战争学院主办了一次学术会议，在会上向一大群防务学者简要介绍了“海洋战略”，并在与会学者当中展开了讨论。1985 年 6 月，在众议院武装部队委员会召开的听证会上，海军部长约翰·莱曼、海军作战部长詹姆斯·沃特金斯海军上将和海军陆战队总司令 P·X·凯利上将，第一次把战略概念组的简报与由 600 艘战舰组成的海军这项计划明确绑定在一起。最后，1986 年 1 月，作为在当年夏天退休之前的告别声明，海军作战部长詹姆斯·D·沃特金斯

---

①　哈滕多夫，“‘海洋战略’的演变”，第 15－25 页。

海军上将发表了美国的“海洋战略”，刊登在美国海军学会《论文集》的一份特别增刊上。随“海洋战略”一起发表的，还有莱曼部长的一篇文章，论述的是由600艘战舰组成的海军这项计划，另外还有凯利上将的一篇文章，补充说明“海洋战略”在两栖战方面的内容。沃特金斯的文章是“海洋战略”公开程度最高的版本，成为后来人们评论和批评的基础。这篇文章含有关于“海洋战略”理论基础的最清楚的描述，以不涉密的形式提供的信息，涉及美国核动力攻击潜艇（SSN）对部署在大西洋和太平洋要塞中的苏联核动力弹道导弹潜艇实施的战略反潜战的敏感任务，比在此之前战略概念组在机密简报中收录的信息还多①。

在“海洋战略”的战略计划过程中，产生的“产品”要服务于若干目的。其中的一个目标，是美国海军的内部目标，在战略概念组那份广泛流传的简报当中，以及在海军作战部长战略研究组撰写的更为敏感的报告当中，都有相应的概括。这个目标将成为一种刺激因素，既影响舰艇总部的战争计划人员，又影响关心海军未来能力的其他人。他们关心的是，如果美国人认定，苏联从陆地、空中、水面和潜艇对美国造成了非常危险的威胁，那么美国海军未来要有应对的能力。第二个目标，是要给苏联留下一种印象，即美国海军在认真奉行其“前沿进攻”战略。从1982年到1985年，在美国关于“海洋战略”的公开声明中，这个目标有所体现；更重要的是，从1982年到1989年，在北大西洋、西太平洋和东地中海，在美国举行的一系列重要海军演习中，这

① 1986年至1990年，笔者在美国海军战争学院讲授战略和作战方面的课程。在比较了“海洋战略”公开出版的不涉密版本和战略概念组的机密简报之后，笔者的许多学生做出了这些评论。第99届国会众议院武装部队委员会海权、战略物资和关键物资小组委员会第一次会议编，《关于由600艘舰艇组成的海军和“海洋战略”的听证会实录》（华盛顿：美国政府印刷局，1986年），第13－71页，披露了这份机密简报经过脱密处理之后的版本。

个目标也有所体现。在理解这些声明和演习的意义方面,苏联人的动作比许多美国人的还要快。在沃特金斯海军上将的文章发表以后,许多美国人才开始详细评论航母战斗群前进作战的意义,以及在苏联本土附近水域遂行战略反潜战的意义。苏军实际上是否按照美国海军的意图,在受到美国系列动作的鼓舞后,采取一种防御性战略,在俄罗斯海军和总参谋部的档案向学者们开放之前,没有人会知道答案①。最后,在用来证明持续实施的海军造舰、飞机采购和基础设施建设等计划具有合理性方面,"海洋战略"有些姗姗来迟。有意思的是,直到1985年,作为

① 关于美国海军这些演习的年录,参见雅各布·伯雷松,"美国航空母舰在北大西洋和挪威海的军事行动",载约翰·斯科格兰和阿恩·布伦特兰著,《苏联在北极水域的海权》(纽约:圣马丁出版社,1990年),第107-120页;以及威廉·J·迪克,"美国海军:部队、作战原则、任务与军控"(华盛顿:亨利·L·史汀生中心,1990年),第29-100页。关于苏联的反应,参见詹姆斯·T·韦斯特伍德,"苏联对美国'海洋战略'的反应",以及戴维·艾伦·罗森伯格,"'几乎不可能想象出更糟糕的事情':苏联人对美国'海洋战略'的看法",载《海军战争学院评论》第41卷(1988年夏季号),第62-68页和第69-105页;耶·尼基京海军上校,"一项'新战略'的老假设",这是关于部署在大西洋、地中海、印度洋和太平洋的美国海军的四篇连载文章,刊登在俄罗斯国防部中央机关报《红星报》第10期、第12期和第19期上(1989年1月),英语译文由联合出版物研究处(JPRS)和联合海事局(UMA)共同翻译,编号分别为第JPRS-UMA-89-007号文件,1989年3月16日,第57-58页;第JPRS-UMA-89-008号文件,1989年4月3日,第43-46页;第JPRS-UMA-89-009号文件,1989年4月20日,第80-82页;于立林,"美国海军:一项'新海军战略'的老假设",《海军论丛》第2期(1989年),第65-70页;M·博伊特索夫,"对抗思维尚未消除",《海军论丛》第10期(1989年),第65-70页,以及V·M·米哈伊洛夫海军上校,"美国海军战略"和V·A·加尔科夫斯基海军上校,"论海军在国际关系中的作用",两篇文章均刊登在《军事思想》第1卷(1990年1月)上,第59-78页。另见题为"祖国受到的威胁"的地图,1989年由苏联总参谋长谢尔盖·阿赫罗马耶夫元帅向美国参谋长联席会议主席威廉·J·克罗海军上将提供。这张大幅地图概要说明了美国军事力量,尤其是海军,对苏联构成的威胁,现在悬挂在五角大楼参谋长联席会议主席助理办公室2E868号房间外面。

证明预算具有合理性的理由,“海洋战略”才公开提出,就像里根政府真正增加国防开支的措施蹒跚而出那样。

全海军范围内规划制定和采购计划工作的结构、组织和程序,是海军战略计划工作的补充,以物资为指向。传统上,规划制定和采购计划工作在位于华盛顿的海军总部集中进行,但是直到最近,这项工作或多或少地分散在海军各界,形式上如此,功能上亦然。1992 年以前,在海军作战部长手下,掌管海军航空兵界、水面舰艇界和潜艇界的几大“巨头”(海军作战部副部长或助理部长)的办公室,一般都会制定他们各自掌管的海军界的中期总体规划和年度“战争评估”,然后“整合”到海军预算计划当中,与国防部的总体预算请求绑定在一起。

20 世纪 50 年代,美国海军领导人,特别是海军作战部长,对预算过程影响很大,即使不一定能控制预算过程。总统和国防部长会为即将到来的财政年度给海军一个预算数字,然后海军领导人会根据他们对国家需求和海军需求的评估,制定这些资金的分配计划。海军预算请求由国防部长办公厅和白宫审核,但是这种审核远远算不上有系统性,通常只有数额最大的单笔开支(比如建造一艘航空母舰,采购飞机的价格,或者舰艇现代化计划)会受到质疑①。

在伯克担任海军作战部长期间,海军规划制定工作被当作一种工具使用,用来详细制定海军的长期路线,以及不远将来的路线。1955 年至 1956 年,海军作战部成立了一个长期目标组(代号 Op-93),以便制定长期目标和要求方面的声明。长期目标组得到了海战分析组的支援。1956 年年末,海战分析组拿出了一份关于“北极星”潜射弹道导弹的关键分析报告。报告的结论是,“北极星”潜射弹道导弹最适于“国家级”威慑任务,即它的目标应

---

① 霍恩著,《权力与变革》,第 29-55 页。

该是苏联的工业和城市，而不是“海军感兴趣的目标”，而且根据1948年的《基韦斯特协议》，战区支援允许动用舰载航空兵①。

这项研究得到了伯克的批准，最终起到了帮助这位海军作战部长的作用。1957年12月，伯克批准了一个力量建设目标，将组建一支由40艘核动力弹道导弹潜艇组成的战略核力量，每一艘都装备16枚“北极星”潜射弹道导弹，为“20世纪70年代的海军”做准备。40艘这个数量远远超过了海军目标的需要。后来，这个目标数量又提高到45艘，而肯尼迪政府最终批准了41艘。正如上文指出的那样，1957年夏天和秋天，长期目标组和海军作战部长办公室(OPNAV)的造舰与改装常务委员会准备的未来兵力水平研究指出，除非预计的造舰资金得到大幅增加，“北极星”潜射弹道导弹和核动力的费用，将有可能使1971年的兵力水平达到693艘现役战舰，而不是之前认为满足战时要求所需的927艘现役战舰。虽然这些评估的某些细节不准确，特别是美国将要建造的核动力水面舰艇的最终数量，但是这些评估做出的基本判断，即海军的兵力水平将不得不下降，事实证明是正确的②。

---

①　罗森伯格，“过度杀伤、核武器和美国战略的起源”，第52－53页；罗森伯格，“阿利·艾伯特·伯克”，第280－302页；戴维·艾伦·罗森伯格著，《海军长期计划工作中的历史视野》(华盛顿哥伦比亚特区：美国海军研究顾问委员会，1980年9月出版，1981年1月发行)。

②　罗斯海军少将，《为海军作战部长准备的备忘录》，1957年9月13日和12月13日；题为“20世纪70年代的海军”的研究，通过《阿利·伯克海军上将致发行目录办公室的备忘录》传送，主题：美国海军长期目标声明(1967—1972)，序列号：04P93，1958年1月13日，刊登在罗森伯格的专著《海军长期计划工作中的历史视野》的附录A中。1976年，海军作战部长办公室综合计划处(代号Op－90G)的一项研究指出，到1971财年结束时，现役舰队兵力水平已经降至702艘战舰，而且在接下来的一年中，进一步降至654艘，而到1974财年结束时，又进一步降至496艘。参见曲线图：“现役舰队兵力水平历史数据(按财政年度绘制)”，海军作战部长办公室综合计划处二组(代号Op－90G2)制图，1976年3月1日，收录在本文作者的文件档案中。

到了20世纪80年代，美国海军的现役兵力水平已经显著下降，甚至比20世纪50年代末预计的下降数量还多，降至大约450艘或480艘现役战舰。规划制定工作的程序也发生了重大变化。20世纪60年代，国防部长罗伯特·麦克纳马拉已经把计划、规划和预算系统（PPBS）引进了国防部，并且已经利用1958年的《国家安全法修正案》赋予他的额外权力，对各军种的计划目标进行严格分析和质疑。麦克纳马拉的改革，以及海军内部所谓的海军航空兵、水面舰艇和潜艇"联盟"的发展壮大，都严重降低了海军作战部长亲自指导海军制定各项综合计划的能力。

虽然到了20世纪70年代，海军的规划制定工作受到了许多内部和外部压力，但在影响海军未来的发展方向方面，仍有巨大的潜力。在未来的部队结构中，舰艇规模或组合方式的变化，以及飞机类型的变化，都将深刻地影响作战样式和战略。20世纪70年代期间，系统分析处（代号Op-96）的计划人员围绕"如何确定一支海军的规模"展开了研究。这些研究曾经考虑过几种兵力水平方案，包括500艘、600艘、700艘和800艘舰艇四种方案。埃尔莫·R·朱姆沃尔特海军上将，1970年至1974年的海军作战部长，认为一支由770艘舰艇组成的舰队，是满足国家安全需要所需的最小值。1975年，福特政府同意，美国海军在20世纪80年代的兵力水平目标是600艘舰艇①。

这样一支舰队看起来应该是什么样子呢？这个问题在美国海军内外引起了激烈的争论。1977年，国家安全委员会对美国

---

① 威廉·W·考夫曼著，《一支十分高效的海军》（华盛顿哥伦比亚特区：布鲁金斯学会，1987年），第6-7页；哈滕多夫，"'海洋战略'的演变"，第10-11页。

军事战略进行了分析，得出了一项悲观的结论：根据美国军事战略对战争开始和常规力量平衡的假设，在可预见的未来，与苏联打的一场以欧洲为中心的全面战争，必定会很短，而且战争进程太短，海军无法对地面战役造成冲击。因此，美国的海上需求只需要一支由 10 个航母战斗群组成的海军，并需要一种围绕防御阻拦作战构建的战略，以保护大西洋中的那条海上交通线①。

同年，系统分析处的扩大计划科（代号 Op－965）开始进行一项"新颖的战斗群概念研究"，旨在考察在世纪之交之前，美国海军的兵力结构有何备选方案。扩大计划科考察了一些概念平台，包括高长宽比气垫船、大型小水线面双体船（SWATH）式舰船和吨位较小的垂直短距起降（VSTOL）式航母。这项研究提出了在此之前无法想象的幻觉，即海军要过渡到一个没有大型甲板航母的时代。然而，这项研究拒绝变革，"原因仅仅是为了要把'更多现代'工艺和技术用于传统的海军职能，"这在很大程度上是因为，"生产和部署许多更有前途的未来新颖海基空中（或导弹）平台"所需的技术尚不存在②。

1977 年至 1978 年，根据卡特政府国防部勉强下达的紧急指示，海军部长授权开展一项名为"2000 年海洋计划"的研究，在海军战争学院开展研究工作。这项研究考察了三种海军兵力水平对近期国家安全的潜在影响。第一种涉及 439 艘水面舰艇、10 艘航空母舰、10 艘"宙斯盾"舰和 80 艘核动力攻击潜艇；第二种涉及 535 艘水面舰艇、12 艘航空母舰、24 艘"宙斯盾"舰和 94 艘核动力攻击潜艇。这项研究最终支持第三种，即建设一支"风险较低的海军"，由 585 艘水面舰艇、14 艘航空母舰、28 艘

① 哈特曼著，《海军的复兴》，第 24－27 页。

② 伍德尔，"远程军事力量计划过程中的战略预测"，第 356－362 页。

"宙斯盾"导弹巡洋舰和98艘核动力攻击潜艇。这种选择要求20世纪80年代海军的预算要连续实际增长4%。"新颖的战斗群概念研究"考虑过彻底变革,但是暂时拒绝实施。与之形成反差的是,"2000年海洋计划"这项研究支持最保守的兵力水平选择,而且受到了批评,被人们认为仅仅是在拥护"既定智慧"。"风险较低的海军"这种选择有点像是里根政府的海军建设蓝图,因为里根政府的海军由600艘水面舰艇、15艘航空母舰和100艘核动力攻击潜艇组成①。

正是因为里根政府增加了国防开支,才使美国由600艘舰艇组成的海军成为可能。从1981财年到1985财年,国防预算部门使国防开支平均每财年增长9.3%,而从1981年到1986年,实际支出额平均每年增长6.8%。美国海军的兵力水平,从1980年的479艘水面舰艇,增加到1988年的565艘水面舰艇。到1988财年结束时,美国共批准了4艘核动力航空母舰、28艘"宙斯盾"巡洋舰和驱逐舰、6艘核动力弹道导弹潜艇和24艘核动力攻击潜艇。美国授权的飞机总数,从1980年的4436架,增加到1988年的5012架。但是,随着1986财年的结束,国防预算也停止了增长②。

里根政府扩军备战的举措弥补了因20世纪70年代美国舰

---

① 非机密的执行概要,"2000年海洋计划",1978年;哈特曼著,《海军的复兴》,第27-33页。

② 关于里根政府扩军备战的预算数字,可参见丹尼尔·维尔斯著,《扩军备战:里根时期的防务政治研究》(纽约州伊萨卡:康奈尔大学出版社,1992年),第35-42页。关于海军现役兵力水平的提高,参见美国海军审计长办公室编,"预算与部队概要",美国海军部长办公室(NAVSO)第P-3523号文件,1992年3月31日。关于单艘战舰的建造情况,参见伯纳德·普雷兹林和A·D·贝克尔三世编,《美国海军学会1993年版世界作战舰队指南》(马里兰州安纳波利斯:美国海军学会出版社,1992年),第782-944页关于美国海军的那部分论述。

队衰落而造成的许多不足。一般认为,除了“宙斯盾”舰和“战斧”式对地攻击型巡航导弹和反舰巡航导弹以外,里根政府建造的舰队是没有创新性的,但是舰队能力在质量和数量方面有所提高,再加上新的战术概念和部署,足以使舰艇指挥官们充满自信,认为他们可以迎险而上,幸存下来,并占据上风。批评家们质疑,这支由 600 艘舰艇组成的海军,在规模和构成方面,是否足以完成“海洋战略”中提出的各项任务。事实可能会证明,这是一个不可能有答案的问题,因为苏联经济的崩溃和“冷战”的结束,使美国舰队和“海洋战略”要应对的战略挑战荡然无存。在苏联解体之前,里根政府在 1986 年已停止增加国防预算。这个事实有助于证明,扩大计划科在 1982 制定的“扩大计划附件”(EPA)中做出的预测是正确的,即建设一支由 600 艘舰艇和 15 艘航空母舰组成的海军这一目标将难以实现,而且基本不可能坚持到 20 世纪 90 年代。如果“冷战”继续存在,而且美国海军再次发现自己的舰队在走向衰落,那么“海洋战略”的贯彻有可能会问题越来越多。

接下来的两个因素集中在海军规划制定人员必须考虑的实际装备器材要素上。这些要素包括两个,**一是一个国家海战技术的研发进展状态,二是海战技术研究、发展和生产所需的国家科学与工业基础设施的状态**。从 20 世纪 50 年代到 80 年代,这两个要素都经历了相当大的变化。20 世纪 50 年代,第二次世界大战期间开始的工业动员和科技革新浪潮达到了巅峰,而美国则乘风破浪大展宏图。这种汹涌澎湃的变化包括:用于武器和推进的核技术,用于雷达、声呐和通信系统的电子技术,用于推进飞机和导弹的燃料,以及用于火箭和导弹的制导系统技术。1955 年,当“北极星”潜射弹道导弹计划开始时,这种导弹的概念最初指望在一艘水面舰艇上,用一颗相对较大的核弹头部署一枚大型液体燃料导弹。当时，用潜艇发射这种导弹被视为一种选择，但是因为这种导弹的体积及其燃料的挥发性，这种选择被认为是有问题的。最初的几种设计预计，单艘潜艇能携带的这种大型导弹不超过 4 枚。然而，到了 1956 年夏天，技术上的预测已经发生了戏剧性的变化。技术革新有望能大大减少弹头的体积和重量，而且性能更稳定、效率更高的固体燃料也在研制之中。在先进技术蓬勃发展的支撑下，从 1955 年特种计划处（SPO）奉命研制一种舰队弹道导弹开始，到第一艘携带“北极星”潜射弹道导弹的核动力弹道导弹潜艇“乔治·华盛顿”号（USS George Washington）离港进行第一次海底威慑巡逻为止，仅仅用了五年时间。海军与四个美国造船厂签订了造舰合同，建造用于“北极星”潜射弹道导弹力量的 41 艘核动力弹道导弹潜艇。这些造船厂在不到十年的时间里，就完成了他们这项艰巨的任务：第一艘潜艇于 1957 年 11 月下水；最后一艘潜艇，“威尔·罗杰斯”号（USS Will Rogers），于 1967 年 4 月入役①。

到了 20 世纪 80 年代，美国迅速生产搭载具有技术革新性的海军武器系统的舰艇的能力已经显著下降。1967 年至 1968 年，国防部的“X 战略”（Strat - X）研究提出了“后继核动力弹道导弹潜艇”的概念。1969 年，海军作战部长制定了“海底远程导弹系统”计划。这种武器系统，现在已经重新命名为“三叉戟”潜射弹道导弹，于 1972 年 5 月获准研制，携带该系统的第一艘潜艇于 1974 年 7 月定购。直到 1976 年 4 月，第一艘新型核动力弹道导弹潜艇“俄亥俄”号（USS Ohio）才下水，而且直到 1981

---

① 关于“北极星”潜射弹道导弹的研制，相关信息取自萨波尔斯基著，《“北极星”潜射弹道导弹的研制》，第 61 - 229 页，以及美国海军战略系统计划署著，《舰载弹道导弹（FBM）的事实与年表：“北极星”潜射弹道导弹-“海神”潜射弹道导弹-“三叉戟”潜射弹道导弹》，第 4 - 28 页。

年11月才入役,此时该计划已经开始了12年。当时,只有一个造船厂准备生产核动力弹道导弹潜艇。“三叉戟”潜射弹道导弹的研制进展只能算是稍微迅速一点。1971年,第一份研制合同签订。1979年,第一枚“三叉戟”潜射弹道导弹搭载在一艘略经改装的“海神”潜射弹道导弹潜艇上开始离港巡逻。20世纪70年代和80年代,类似的耽搁困扰着海军的其他研发和建造计划①。与第二次世界大战期间和20世纪50年代他们的前任们形成对照的是,海军领导人不得不接受一种必要性,即在制定计划时,必须要留出大量的提前量,以适应舰队在实际组成和能力方面的变化。

影响海军战略制定工作的最后一个内在因素是,**海军这个军种的国家级领导人的性格和品格**。关于一项规划是否制定或者是否实施,关键性的个人经常会起到至关重要的作用。在科贝特和里奇蒙德所处的时代,在导致“无畏”号战列舰和战列巡洋舰得以建造的过程中,海军上将约翰·费希尔爵士发挥了关键作用。就像这种情况一样,阿利·伯克也对启动“北极星”潜射弹道导弹计划这项决定起到了关键作用。其他关键人物使这项计划得以进行下去,尤其是威廉·F·雷伯恩海军少将,伯克任命他为特种计划处处长,以及海曼·乔治·里科弗海军少将,他负责监督核潜艇的研制与建造工作。虽然如果没有伯克、雷伯恩或里科弗,美国的弹道导弹潜艇最终也会问世,但是其对海军战略和国家战略的革命性影响,可能会大大降低。伯克很有先见之明,看到了“北极星”潜射弹道导弹在国防领域可以发挥

---

① 《舰载弹道导弹(FBM)的事实与年表》,第32-59页。在布里默著,《美国海军的发展》,第61-72页,可以找到关于20世纪80年代初期战舰如何设计和建造的简要概述。

的作用;雷伯恩和他的团队确保了最尖端的技术得到运用,在最后期限内成功地研制出了“北极星”潜射弹道导弹;里科弗和他的海军反应堆部门制定了性能和安全标准,确保了卓越的性能。同样,苏联海军的射尔盖·戈尔什科夫大将也是一位关键人物。虽然他的作用更难以研究,但在影响海军战略的弹道导弹时代方面,他的影响力看起来与他的美国同行一样大,甚至也许更大①。

然而,当考虑20世纪80年代的海军领导人时,要确定关键人物的难度更大。没有任何一个人能对“海洋战略”的形成负责。虽然沃特金斯海军上将的名字与“海洋战略”联系最为紧密,因为他的文章发表在美国海军学会的《论文集》上,但是他并没有启动首先让这个战略概念成形的系列研究和汇报工作。在忙于“海洋战略”的执行军官中,有些人在确定其形式方面起了关键作用,并且明确阐述了它的目的,所以这个概念才能在海军内外赢得支持。在这些军官中,罗杰·W·巴尼特海军上校和彼得·斯瓦茨海军上校这两名军官,是最有说服力和创新性的思想家和作家,在让战略概念组的简报通过海军统帅部在所有

① 罗森伯格,“阿利·艾伯特·伯克”;萨波尔斯基著,《“北极星”潜射弹道导弹的研制》;邓肯著,《里科弗海军上将与核时代的海军》,第17-51页;理查德·G·休利特和弗朗西斯·邓肯著,《核时代的海军:1946—1962》(芝加哥:芝加哥大学出版社,1974年),第297-391页。就笔者所知,关于戈尔什科夫大将的作用,现在还没有用英语或俄语撰写的全面评估。从以下著作可以很容易地看出他的重要性:罗伯特·赫里克著,《苏联海军战略:五十年的理论与实践》(马里兰州安纳波利斯:美国海军学会出版社,1968年);布赖恩·兰夫特和杰弗里·蒂尔著,《苏联战略中的海洋》(马里兰州安纳波利斯:美国海军学会出版社,第二版,1989年);以及迈克尔·麦克威尔,“戈尔什科夫的海军”第一部分和第二部分,美国海军学会《论文集》第115卷(1989年8月),第44-51页,第116卷(1989年9月,原文未指出是“第116卷”,疑为“第116卷”——译者注),第42-47页。

美国舰队内部流传方面，他们发挥了关键作用①。

至于在海军内部，是否有某个人对"海洋战略"的形成负有不可或缺的责任，这个问题可以论证。在一些参与者看来，海军部长约翰·莱曼很可能最接近于这样一个人，但是他现在仍然是一个最有争议的人，而且关于他的作用，最终的裁定将需要度过更多的时间，并且需要比现存海军档案查阅权更大的权限。莱曼当然是一位海洋战略的主要倡导者，而且是"美国海洋战略"的主要倡导者。1981 年，他要求海军作战部长办公室做出一项战略声明。这的确足以启动"海洋战略"的制定过程。也许同样重要的是，莱曼努力改革舰艇和飞机的合同订立与采购过程，而且还为了由 600 艘舰艇组成的海军这项计划，对国会进行了有效的游说。莱曼的这些工作对 20 世纪 80 年代美国海军能力的提升至关重要②。

有意思的是，在海军战略制定的这个时期，唯一一个最关键的人物，可能会是里科弗海军上将。他的影响力更多地起到了制动器的作用，而不是发动机的作用。在 20 世纪 70 年代，海军军官对工程技术的掌握，在整个美国舰队是很普遍的。里科弗强调，要提高他们的掌握程度。如果说这种强调没有积极阻碍人们认真考虑战略问题和挑战的话，也足以把人们的注意力从战略问题和挑战上转移开。1982 年，里科弗被迫退休。这可能把海军多数军人领导人从这位"和善的老绅士的"权威中解放了

---

① 参见哈滕多夫，"'海洋战略'的演变"，第 18 - 23 页。另外，笔者还参考了 1992 年 12 月拉里·西奎斯特海军上校对本文的一份初稿做出的评论。

② 笔者参考了 1992 年 12 月，彼得·斯瓦茨海军上校对本文的一份初稿做出的评论。另见莱曼著，《制海权》，第 115 - 195 页。在哈特曼著，《海军的复兴》，第 87 - 217 页，可以找到另外一种说法，但对莱曼影响力的强调要少得多。

出来。有人会想知道,如果他一直还在服役,直到他 1986 年去世,他对“海洋战略”的制定过程可能会造成什么样的冲击①。

既然海军战略制定工作是在国家战略这个更大的背景下进行的,那么分析海军战略制定过程时,还必须考虑另外一些因素,比如**国家战略军事计划工作的结构、组织和程序,国家规划制定和采购计划工作的结构、组织和程序,以及国防领导人的性格和品格**。

国家战略军事计划工作的负责单位是参谋长联席会议(JCS)、联合战区的总部参谋机构和特定部队指挥官的总部参谋机构。1942 年以来,海军作战部长一直是参谋长联席会议的成员,而担任战区和舰队总司令的海军上将们,都受参谋长联席会议的《联合司令部计划》影响。1949 年以来,参谋长联席会议已经授权制作一系列文件,以指导应急和需求计划制定工作。虽然随着时间的流逝,这些文件的名称倾向于发生变化,但有两份文件是基本产品。第一份文件是一份能力计划,旨在对任务的优先性进行排序,以便在发生敌对冲突时,由现有军事力量完成这些任务。第二份文件是一份需求计划,确定在中期未来之内,美国为应对各种紧急情况所需的军事力量类型和数量。

20 世纪 50 年代期间,这两种产品每一种都是各军种围绕战略概念、作用和任务、部队编成和总体兵力水平等问题相互争斗的主题。海军提出的“有限威慑”概念,以及“北极星”潜射弹道导弹系统的指挥与控制安排,都是参谋长联席会议辩论的热门话题。“有限威慑”概念没有被接受,未能取代已有的国家核

---

① 尤其要参见波尔马和艾伦著,《里科弗海军上将》,第 294 - 295 页(原文为 294 - 259 页,经确认,应为第 294 - 295 页——译者注),以及哈特曼著,《海军的复兴》,第 19 - 38 页。

目标选定和核运用战略，这导致核动力弹道导弹潜艇被界定为三位一体的核力量的一个支柱，而不是伯克之前预想的支配性备用核力量①。

能力计划和需求计划持续制定至20世纪80年代。自20世纪50年代末期以来，需求计划变得越来越没有相关性，因为为了足以在一场全球冲突中保卫美国的利益，如果说算不上充裕的话，参谋长联席会议确定的必备兵力水平大得不切实际，降低了参谋长联席会议的可信度；与此同时，兵力水平计划和规划工作的责任日益由国防部长办公厅接管。20世纪80年代，参谋长联席会议的需求计划，基本上与“海洋战略”和由600艘舰艇组成的海军无关；1982年，参谋长联席会议的“计划人员”要求建设16个“大型甲板”航母战斗群和6个“中型甲板”航母战斗群②。能力计划仍然重要，因为它确定了“作为国家军事战略的海洋组成部分”的“海洋战略”打算完成的任务。

国家规划制定和采购计划工作的结构，在“北极星”潜射弹道导弹和“海洋战略”这两项计划中，发挥了重要作用。在这两种情况下，国家规划制定和采购计划工作的结构是这样的，以致它允许海军保留制定其内部预算和各项计划的自主权。这种自主权为这两项计划提供了推动力。此外，在每一种情况下，海军提出的各项造舰计划，都是在军费预算正在增加时纳入国防部预算内的。“北极星”潜射弹道导弹是在艾森豪威尔执政期间研

---

① 罗森伯格，“过度杀伤、核武器和美国战略的起源”，第9-11页、第50-71页。另见参谋长联席会议联合秘书处历史组编，《参谋长联席会议组织年表：1945—1984》（华盛顿：参谋长联席会议联合秘书处，1984年），各种版本的《联合参谋军官指南》，以及从1949年至20世纪80年代与战略计划有关的解密版和非机密版《参谋长联席会议政策备忘录》。

② 在解密版“《1984财年计划目标备忘录》的‘扩大计划附件’”中，有关于参谋长联席会议的“计划人员”的描述。

制的，当时国防总开支是有一个上限的。在艾森豪威尔政府就任之前，海军提议建造40～45艘核动力弹道导弹潜艇，但只有19艘获准建造。是肯尼迪政府加速了核动力弹道导弹潜艇的建造计划，使其总数达到了1967年的41艘。国防部长麦克纳马拉的分析重视难以瞄准的战略核力量，而且一度增加了海军的常规力量，以支持肯尼迪政府的“灵活反应”政策。20世纪60年代和70年代，由于资金保持稳定或者减少，海军提出的规划倡议遭到了更强烈的反对。

正如前面指出的那样，20世纪80年代初期，里根政府大幅增加了国防预算的规模。另外，国防部长卡斯珀·温伯格决定，各军种部长应该拥有更大的权力，以便建议各自军种的各项计划做出变化，而且参谋长联席会议也应该在预算过程中发挥更大的作用。直到20世纪80年代中期，影响力更大的经济和政治因素才结束了国防预算真正增长的时代，但是对于由600艘舰艇组成的海军的发展而言，国家军事规划制定工作的程序发挥的影响力不大，但做了许多有益的工作，而不是起到了抑制作用①。

国防领导人包括美国总统、组成国家安全委员会(NSC)的其余文职官员(包括副总统、国务卿和国防部长)、总统的国家安全顾问、国防部副部长、负责政策的国防部副部长、负责采购的国防部副部长、各位助理国防部长以及参谋长联席会议主席。20世纪60年代和70年代，国家安全顾问们对政策制定的整个过程发挥了强有力的影响，而对于内阁单个官员和总统私人选

① 维尔斯著，《扩军备战》，第31－55页、第168－226页；卡斯珀·W·温伯格著，《为和平而战》(纽约：华纳图书公司，1990年)，第39－79页。

定的非正式顾问团官员来说，当他们的上司选择授权给他们时，他们便行使了很大的权力。激进派国防部长，比如罗伯特·麦克纳马拉、梅尔文·莱尔德、詹姆斯·施莱辛格和哈罗德·布朗，真地发挥了具有重要历史意义的作用①。

然而，有意思的是，在我们这里关注的这两种情况下，总统对战略制定过程产生的影响最大。在维持国防开支问题上，艾森豪威尔总统的态度很坚决，但是在确保美国不会在军事技术方面落在苏联后面这个问题上，他也很坚决。1955 年，《民防动员办公室技术能力专家组报告》（简称《基利安报告》）出台。这是一份关于洲际弹道导弹和中程弹道导弹的报告。艾森豪威尔总统愿意接受报告提出的建议。这为"北极星"潜射弹道导弹计划奠定了国家政策基础。1957 年，当苏联发射了第一颗人造地球卫星以后，他决定加速各项国家导弹计划。这导致"北极星"潜射弹道导弹得以提前在海上部署。里根总统致力于加强美国军事力量建设，接受了共和党《1980 年纲领》对由 600 艘舰艇组成的海军这项计划的认可，而且在 1982 年的一次讲话中，他支持把"海上优势"视为国家安全的一个必要条件的看法。实际上，里根总统所做的这一切，确保了海军各项雄心勃勃的计划会向前推进，行政部门几乎不会反对。然而，应该指出的是，在共和党《1980 年纲领》和里根总统 1982 年讲话中，海军部长莱曼都是一个关键的幕后因素②。

---

① 迄今为止，关于美国国防部长的作用，最好的综述仍然是道格拉斯·金纳德著，《国防部长》（肯塔基州列克星敦：肯塔基大学出版社，1980 年）。在罗杰·特拉斯克著，《国防部长简史：1947—1985》（华盛顿：国防部长办公厅历史办公室，1985 年）一书中，可以找到一部详实的国防部长简史。

② 关于艾森豪威尔的决定的讨论，参见罗森伯格，"过度杀伤、核武器和美国战略的起源"，第 38－49 页。关于里根的决定和国防规划，参见莱曼著，《制海权》，第 93－155 页。

与国防问题有关的国家政治制度的性质和结构也是一个因素。不仅行政部门可以决定美国的军事计划和战略，而且国会也可以。连续几任众议院武装部队委员会主席，比如卡尔·文森、来自南卡罗莱纳州的孟德尔·里弗斯，以及来自路易斯安那州的F·爱德华·赫伯特等人，长期以来一直发挥着关键作用，推动着海军各项计划的发展，决定着这个军种的大部分基础结构。国会在质疑和直接影响国防政策方面的作用，在越南战争和水门事件之后有所加强。国会工作人员的规模有所扩大，影响力有所提升。一些新的立法参谋机构先后成立，比如国会预算办公室和技术评估办公室。国会要求的研究和报告，数量从1970年的26项，增加到1988年的719项。在授权和拨款过程中，众议院和参议院做出调整的国防计划，数量从1970年的850项，增加到1988年的3000多项①。海军领导人不得不把相当多的时间和精力花在应对国会的严格审查上，以便赢得国会对海军各项计划的支持。

1985年夏天，众议院武装部队委员会关于"'由600艘舰艇组成的海军'和'海洋战略'"的系列听证会，是一次至关重要的考验。最终，众议院议员查尔斯·贝内特的海上力量小组委员会得出结论："与海上力量小组委员会考虑的更为有限、面向防御的几种选择相比，'海洋战略'提供了一种针对苏联敌对行为的更好的海军威慑方案，"而且"按照目前的描述，由600艘舰艇组成的海军，在满足'海洋战略'的力量结构要求方面，是一种合

---

① 巴里·M·布莱克曼著，《国家安全的政治策略、国会与美国防务政策》(纽约：牛津大学出版社，1990年)，第23－62页。唯一一项明确考察战后时期海军与国会关系的研究，是小詹姆斯·普雷斯利·克拉夫特的研究，"1956年至1966年国会在确定海军战略支持美国外交政策过程中的作用"(未出版的哲学博士学位论文，宾夕法尼亚大学，1969年)。

理的、平衡的方案。"①不过，海军是如何为这些听证会做准备的，以及在海上力量小组委员会拿出报告的过程中，发生了什么样的幕后运作活动，将成为一项令人神往的个案研究关注的内容。

在海军战略制定过程中，最后一个需要考虑的因素是，**与国防有关的国家财政制度和经济制度的性质、结构和状态**。分析这个因素可不仅仅是一次经济决定论的运用。经济总体情况与军事预算之间的关系，是一种复杂的相互作用关系。事实经常证明，在经济可以保障多少国防开支这个问题上，预测数额太低，就像在艾森豪威尔执政期间那样，这位总统害怕，长期增加军事预算，可能会导致美国成为一个"战时及平时均遵守军事体制的国家"。在肯尼迪执政期间，国防预算大幅增加，比许多人认为适当的数额高出许多，但是明显的不良效果不多。林登·约翰逊为越南战争和国内计划增加了相应的国防预算，促成了20世纪70年代通货膨胀的混乱局面。

这样的经济疲软时期可以成为一种严重的抑制因素。20世纪70年代，通货膨胀率达到了两位数的水平，海军计划人员估计，由于螺旋式通货膨胀导致费用不断增加，在"五年防务计划"中，他们会失去30%的采购计划。里根政府加强军队建设的努力，以及建设一支由600艘舰艇组成的海军的计划，受到了一些人和一些团体的谴责。他们认为，这些举措代价太高，是美国经济和财政制度无法维持的。历史学家不仅必须要评估这些预言可能如何影响了这项计划，而且还要评估这些预言是否准

---

① 第99届国会第一次会议，众议院武装部队委员会海权、战略物资和关键物资小组委员会编，《1985年12月关于"由600艘舰艇组成的海军"和"海洋战略"的听证会报告》（华盛顿：美国政府印刷局，1986年），第iii页。另见哈特曼著，《海军的复兴》，第48－164页。

确，特别是要考虑到20世纪80年代联邦预算赤字的增长情况，80年代结束时美国的经济健康情况，以及未来国防开支的前景等因素①。

结　语

在海军战略制定史方面，仍然有大量工作要做。这里确定的17个因素，无论是单个来看，还是组合到一起来看，都可以在其基础之上写一本专著，论述战后时期的美国海军，或者论述其他国家的海军，或者论述其他历史时期的其他军种。当然，这份因素列表的目的不是要能普遍应用。这份列表适用于海军历史，反映的是单个军种的倾向。要分析联合作战或诸兵种合成作战的战略制定问题，需要总体上平行的列表，为其他军种或其他国家的武装部队列出类似因素和额外因素。此外，这份列表面对的是长期和平时期的战略制定工作，而不是在短得多的时限内发生的战时战略制定活动。

关于战略制定过程，还需要做最后一点评论，作为送给粗心大意之人的警示之言。在美国海军当中，战略制定过程的话语出现在四个不同的论坛里，每一个都有各自的文件制作和解读问题。在最顶层，也是最容易看见的一层，是海军将领对国会和公众所说的话。这种话语是一种组合体，汇集了官方的公开声

---

① 对近代军事历史进行的经济分析，既罕见又宝贵。斯蒂芬·伍德尔的博士学位论文，“远程军事力量计划过程中的战略预测：以海军的运用情况为例”，讨论了与军事计划工作财政制约因素有关的许多方法问题，因此可能对研究当代战略的历史学家有用。还有一项研究，问题要多一些，但是很有意思，即菲利普·皮尤著，《海权的代价：从1815年至今资金对海军事务的影响》(伦敦：康韦海事出版社，1986年)。

明、关于特定防务问题的官方文件、在国会发表的证言、普通新闻媒体对个人进行的访谈以及专业性更强的防务出版物对个人进行的访谈。与公开观点差一步的,是海军将领在官方通信中,经常是机密通信中,对参谋长联席会议和国防部长办公厅(OSD)所说的话。这里是政策经常得到最明确阐释的地方。下一个话语层次通常只针对海军的眼睛和耳朵:当海军将领命令其执行军官去准备各种各样的文件和计划时,海军将领对执行军官所说的话,以及执行军官在执行命令时,相互之间所说的话。这里是工作文件和最初指令充当基本交流手段的地方。最后,在这个结构的最核心,是海军将领们只在他们自己内部说的话。这种话语通常在面对面会晤时发生,否则要通过私人通信和“特殊种类/个人”(SPECAT/PERSONAL)文电通信的方式来进行。

前两个层次记录起来相对容易,相关的档案一经解密即可实现。后两个层次对于历史学家来说,问题越来越多,而且可能可望不可及。一个计划一经完成,工作文件经常被销毁。敏感的个人文电和私人通信经常被烧掉,以避免将来记者们对其进行曲解。得以保留的文电通信通常保存在长长的成卷的缩微胶片上,除了文电的密级和日时组之外,没有其他索引可查。口述的历史,以及采访开始不久之后录制在磁带上的访谈,可以提供一些至关重要的真知灼见。同样,根据日记、备忘录以及回忆出版的回忆录,也可以实现同样的目的。然而,只有进入到战略制定过程的这两个最核心的层次,才能充分了解海军处理问题的方式的真实历史。

如果历史学家可以把战略历史当作学术历史的一个分支来看,分析从其隐藏的根源抽象出来的思想和概念,那实在是太简单了。但是,正如科贝特和里奇蒙德在那么多年以前就提醒过那样，只有在海军的背景下，才有可能理解海军战略，因为海军实际上是在它们所有的复杂性和神秘性中发挥作用的。在战后时期，与80年前相比，这种提醒的正确性甚至更强。在那个时候，有一些知识分子，像里奇蒙德、科贝特和马汉，用外行可以理解的字眼，制定并表达出了海军战略。对于战后时期而言，没有这样的先知，只有苏联的戈尔什科夫大将可能是个例外。20世纪50年代和60年代是所谓的"第一代"文职核战略家的全盛时期。然而，无论是美国的"北极星"核动力弹道导弹潜艇，还是苏联的核动力弹道导弹潜艇，都不是文职防务知识分子的成果。在美国，事实上，在这些知识分子中，多数人是为兰德公司工作的，而且作为空军的承包商，他们当中许多人的工作，就是要使人们怀疑核动力弹道导弹潜艇武器系统的潜在贡献。美国的防务知识分子与陆军和空军打交道更多，这与海军的情况形成了反差。美国海军很少走出自己的军官队伍，到外面去寻找一个声音，向全世界表达美国海军的设想和战略概念①。

这些设想和概念是一个局外人难以理解和解释的。海军战略制定的过程不是一个机械的动态过程，而是一个有机的动态过程，一个不容易用流程图记录的动态过程。这个过程更多地依赖作战经验，或者战略规划的种种现实(经常涉密、含糊、复杂，而且表达得很不好)，而不只是依赖容易界定的理论。这种情况使这个过程难以追踪，而且描述起来甚至更难。

扎实地了解近代史，可能会使这个问题更容易处理一些。但是，即便是海军军官，一般也做不到对他们自己这个机构的近

① 关于文职核战略家的作用，参见弗雷德·卡普兰著，《末日大决战的奇才们》(纽约：西蒙与舒斯特出版公司，1983年)，以及格雷格·赫尔肯著，《战争的法律顾问们》(纽约：牛津大学出版社，1985年)。

代史非常精通。美国陆军和空军招募了一批受过历史和社会科学训练的军官学者,让他们在它们的军种学院和战争学院教学,并协助它们做高层计划工作。空军历史办公室在五角大楼有一个特别分支机构。这个机构的文职学者定期在那里任职,为空军决策工作编写历史支援年录,提供历史信息支援。参谋长联席会议供养了一个历史学家小组,但是他们非常活跃,任务不仅是要提供广泛的参谋历史,而且还要对当前的发展提供历史视野。

另一方面,美国海军选择用文职学者在海军军官学校、海军研究生院和海军战争学院讲授历史和战略。高层军职领导人实际上是怎样决策的,这些教授很少有机会去看看,如果曾经有过的话。一个名为当代历史科的机构在海军历史中心成立,工作人员是文职学者,目前已经写出了一些给人留下深刻印象的专著,内容是第二次世界大战之后的海军历史。当代历史科的工作人员自愿为从事近期计划工作的执行军官提供支援,但是他们接触到高层决策者的机会一直极其有限。海军分析中心根据自己在作战分析方面的丰富经验,也有选择性地考察了海军近代史的某些方面,但是他们接触到高层决策者的机会也同样有限,而且他们的工作成果在海军内部还没有广为流传,也没有在公众当中广泛传播。

在海军战略制定方面,历史背景的缺乏可能比其他军种中的情况更为明显,但是它们之间的差别只是一个度的问题。在五角大楼,一般来说,历史是上个星期发生的事情,而不是去年或过去十年发生的事情。在保持机构记忆方面,各个机构没有做出多少努力。那些的确发挥这样一种作用的人,一般来说,没有受过历史过程方面的训练。他们之所以得到记录历史这个岗位,是因为在他们各自的办公室,他们是寿命最长的文职雇员,而且经常视野肤浅或者狭窄。扎实的历史记录保留和分析工作,会有助于扩大决策者看待当前问题的视野。反过来,增加官方历史学家接触决策过程不同阶段的机会,会帮助他们写出更好的历史。最终,这种历史可能会用于使海军之外的人和海军本身更容易理解海军。然而,目前的海军历史系统必须扩大和重组,如果它既要成为决策者的有效资源,又要成为当代事件的有效编年史记录者的话。

因此,历史学家必须重建海军军官从来都不知道的内容,不仅仅是里奇蒙德建议的作战方面的内容,而且要在创建和维持一支现代海军这个更广泛的背景下重建。海军历史学家在公职内外的新工作领域,在于先确定再整合所有要素,包括技术要素、组织要素、作战要素、政治要素和经济要素。这些要素会从根本上影响战略制定工作。在评估战略和关于战略的表述方面,背景是至关重要的。技术、官僚机构、专业训练和经济情况,都是这个背景的组成部分。在学者们着手对这里概括的背景进行这种详细的调查研究之前,根据我们对海军战略制定过程的深入了解,要写出海军战略的全面历史是不可能的。

讨　论

以下是从乔恩·住田和戴维·罗森伯格的论文出发展开的讨论。

W·A·B·道格拉斯:先生们,上午好!我刚才准备说女士们、先生们,但是我看我们这场讨论可能没有女士参加,我没有看见一位女士出席。主持今天上午的这场讨论,我非常高兴。在我们准备从加拿大来这里时,一名加拿大高级军官对出席这次会议的加拿大人的数量表现出了些许吃惊。这也许说明,加拿大高级军官没有读过加拿大历史学家写的所有著作。有意思的是,今天我们在这里讨论的是两位英国海军理论家和历史学家。他们在英国得到了许多关注,而且在北美也得到了同样多或者更多的关注。

当年,在我还是海军中尉那段快乐的日子里,加拿大人和澳大利亚人在英国皇家海军参加海军中尉资格课程。我亲身体会到,在这群学员当中,这些来自北美洲的学员和来自澳大利亚的学员,始终都是捣乱分子。我想,在这个特殊领域,我们今天还可以说,北美洲人和澳大利亚人仍然是捣乱分子。我们在这里也有一些年轻的美国人。我不知道我们是否把他们叫作"少壮派"。他们的知名度很高,因为他们是有争议的人物,而且在各自的领域内非常受人尊敬。

乔恩·住田:我想用一小段个人轶事开始我的发言。大约五年前,我去过马里兰州贝塞斯达市的一家旧书店。我在那发现了阿尔弗雷德·塞耶·马汉的《海军战略》。这本书我没有。我立即把75美元啪地一下拍在收银台上,把它买回了家。我一翻开封面,就发现了扉页上的题字:"作者带着感激的记忆和诚挚的问候,请斯蒂芬·B·卢斯海军少将雅正。"这真是不同寻常,因为这本书是马汉赠送给他的良师益友兼庇护人的那一本。然而,这还不是唯一让我吃惊的事情。当我一页一页地翻阅时,我发现那些纸还是毛边。看起来,卢斯也没读过这本书。我要把这件轶闻当作我的引子,探讨历史著作或基于历史的战略理论对政策制定或政策讨论有什么影响这个问题。

很难证明历史或理论对政策的具体影响。所以,我打了退堂鼓,转而探讨我认为更简单的一个问题,可以根据我掌握的证据进行评价的问题,即朱利安·科贝特爵士对一个具体问题的分析成果。我想,如果我能考察他怎样用历史来谈论一个特殊问题，而且在谈论过程中，还与其他人有思想交流，那么我就能弄清楚下面这个问题：在可能会被称之为现实世界的领域中，历史学家的作用是什么呢？通过这种方式，我希望，我能回答历史学家是否能在政策制定过程中发挥有益作用这个问题。

在考虑这个问题之前，值得探讨一下下面这种可能性，即虽然历史学家和海军军官显然有着共同的兴趣，但他们可能不能进行富有成效的交流。还有一种方法可以描述这种情况。那就是说，要让海军历史学家和海军军官把他们对一个问题的独立分析整合起来，就会像试图通过让两个独眼之人描述同一个物体，从而取得用双眼来看这个物体的效果那样。这也许是因为，他们的学术视野有冲突，就是约翰·基根在《战争的面容》中描绘的那种视野冲突。在这本书中，基根指出，在英国桑赫斯特皇家军事学院进行训练的军官，事实上，同时卷入了两种正好相反的教育观。第一种是专业教育，涉及唯一一种视野。它的清晰度扭曲了现实，以便通过反复灌输的方式，培养受训学员在战争中执行艰难任务的能力。第二种是通识教育，涉及多种视野的提出。在这个过程中，许多不精确和近似的东西被学员接受，以便考虑什么可以被称为真理。

让我们做个假设：在政策问题上，历史学家和海军军官有可能会富有成效地联系在一起。这样，我最初的问题，用最简单的形式重新表述一下，就是“历史能影响政策吗？”真地需要再问一些其他问题：哪种政策？哪种决策者？哪种历史？还有，哪种历史学家？这些问题把我们带到了朱利安·科贝特这个具体案例。

科贝特在写战略问题时，主要是从作战的角度入手的。然而，在现实世界中，技术和行政是我们视为战略制定的许多种决策中尤为关键的组成部分。因此，在许多情况下，战略可以视为一种多维度或者多层次的问题解决过程，其最终目标可能是海军部队的有效部署，但是这种部署的性质很复杂，使其不能一直修正，以便用从作战研究得出的战略原则对其进行指导。如果情况是这样的话，那么对于参加政策制定工作的海军军官来说，因为在政策制定过程中，技术、行政或其他非作战因素都有重要影响，战略历史学家关于作战历史的一般性结论，可能就不是一种合适的指导。这并不是说科贝特的工作无关紧要，或者毫无用处，而是说虽然在那样一个时代，简单的观点不断产生自身的问题，而科贝特根据历史反思，证明了复杂推理的价值，但他的工作并不是历史和政策这个问题的最终解决办法。科贝特的历史观，我认为，是一种妥协，现在应该把它当作一种出发点，而不是当作一种权威的榜样。

最后，让我强调几点。第一，被称之为“海军战略”的东西，大部分涉及多层决策工作，而且在这些层次中，有些包括非作战问题，尚未得到多数研究海军战略和政策的历史学家的充分考虑。第二，要在适当之处把这些因素考虑进去，就需要新的学术工作，而且需要对文件进行大量基础性更强的研究。第三，因海军军官和决策者没有注意到战略历史学家的调查结果而对其吹毛求疵，这种倾向可能是错误的。具体来说，问题也许是历史学家，而不是海军军官和决策者，因为前者没有拿出后者需要的那种成果。就即将到来的未来而言，要解决刚才描述的这些问题，可能有一个不错的出发点，那就是让海军军官用一些睿智的问题去激励历史学家。如果有一点运气，加上大量的工作，再假以时日，那么历史学家就可能会提出他们自己或许睿智的问题。即使不能给出可用的答案，这些问题也可以作为进一步探究的基础。

戴维·罗森伯格：您提出的问题是，历史学家应该注意科贝特的警告吗？需要去注意学识和航海技能之间的区别并避开后者吗？当然，我请您去看看住田教授的论文，看看朱利安·科贝特爵士那番话的可能渊源。另外，历史学家应该设法从军方专家的视角来理解海军吗？把航海技能，或者用今天的话说，把各种各样的海军技术知识考虑进去，难道不是他们的工作吗？

下面我们从海军军官的角度出发，来看看里奇蒙德对海军历史的看法。里奇蒙德给我们提供了一系列论点，我发现相当发人深省。我们想要的，是一幅画面，描绘的是一名海军将领要面对的互相矛盾的要素。他面对着众多分散注意力的因素，需要指出他采取行动时掌握或缺乏的信息。只要有可能，请我们设身处地地想一想，我们自己会做出什么事情来。这会让我们对战争形成一种真实的看法。战争的实际情况是，帷幕拉了下来，挡住了敌人的运动情况。批评一名指挥官的所作所为时，如果想让这种批评对一名学生有点价值的话，要以这位指挥官当时掌握的信息为依据，而不是以之后我们能够自由支配的信息为依据。

要理解作战决策，就不要采用后见之明，而要从做出这些决定的人的角度去考虑问题，这一点很重要。制定和执行大规模计划，无论在和平时期，还是在战争时期，都是另一回事。海军战略的制定工作不是一种简单的逻辑运动，也不是单个指挥官做出的选择的结果。各种力量相互之间的复杂作用，只能用后见之明进行解释、分析和理解。我认为，里奇蒙德很清楚地注意到了这一点，理解得也很深刻。

单艘舰艇以外的战术单位，包括适当情况下的中队、支队、特混大队、特混部队的特混舰队以及地区司令部和地区舰队，它们的行政机构、作战学说、战略计划和指挥与控制的组织工作，显然是需要考虑的要点。此外，还有情报信息的来源，包括这些来源的性质、质量和频率;情报生产、情报分析和情报产品通报的性质;以及海军范围内战略规划计划的组织和程序。在许多情况下,鉴于我们在谈论全国性的总部,这经常被认为是同一个问题的重要组成部分。但是,我认为这不是。在这些位置上和这些办公室里工作的个人,他们要处理的时间范围是不一样的。每天都与战略打交道的人,与战争计划打交道的人,大多数时候关注的是即将到来的未来。另一方面,从事各种规划计划和采购工作的人,最终会考虑许多年以后的事情。战舰会在很长时间内持续存在。战争计划在接敌以后不会继续存在下去;每个问题都需要用不同的方法去解决。各种组织机构以不同的方式组合在一起。文书工作是历史学家要解决的一个巨大问题,但是这两件事情,事实上,都必须当作同一个问题的不同部分进行分析。除了这些因素以外,还有研发工作的进展状态,或者国家的海战技术。

官僚机构内部正在发生着什么,关于这个问题,我们不了解的还有什么呢?科学是如何向前发展的?科学是如何组织的?在海战技术研究、发展和生产方面,国家科学和工业基础设施的状态是什么样的?我这样说的意思是,对于制定各种计划的海军将领来说,除了其他因素以外,有能力建造出他们心中构想的舰艇的造船厂够用吗?另外,对于正在慎重考虑的技术而言,可以用于发展的实验室够用吗?当然,还有海军这个军种的国家级领导人的性格和品格。我认为,正是在这最后一组因素中,取其狭义上的定义,我们才有了《英国的海上霸王们》当中所写的海军历史的基础,而且海军军官学校对待海军历史的方法,大部分也以这一组因素为基础。这种对海军领导人品格的重视,是多年以来我们海军历史研究的核心所在。

达尼埃尔·曼吉海军中将:我发现,我的看法与罗森伯格教授所说的有非常紧密的联系。我想，我可以只用一分钟时间，谈谈我自己在接受战略思想并将其转化为海军计划方面的经验。我们回到 1975 年。当时，在加拿大，我们处于最不景气的状态。和平已经破裂；我们的总理断然反对军队。当时他受到了一点儿震动。他刚刚被扔出欧洲，因为赫尔穆特·科尔先生告诉他，通往欧洲的道路是用坦克铺成的，所以他们正准备做出一项决定，购买一些坦克，以便保持这条通往欧洲的道路畅通无阻。我们被告知，要继续把某个海军计划做下去，但是根本一个计划也没有。想法是无数的。我们被告知，要建造主权战舰，那是我们真正需要的一切。我们被告知，要建造小型战舰，要建造许多战舰。我们被告知，要建造几乎所有东西。我们被告知，要忘掉任何像战争的东西。因此，这场游戏的性质，就是沿着一条路线，集中精力建设海军和政府其余部门。

我们是否做了正确的事情，是另一个问题，但是我们已经开始进行研究，而且我们有能力证明，比如说，一般意义上的目的性大概与任何东西一样，都是不错的赌注，而且等到你在一艘军舰上装上一点防空系统、一点反潜战系统、一点水面战系统、一些传感器和一架直升机的时候，你就拥有了一种看上去非常像护卫舰的东西。这种东西是我们被告知不能接受的东西。我们绝对会问心无愧地用我们可以找到的历史学家或任何其他人的成果，争取把政府的注意力集中到这上面来。实际上，这样做的确取得了成功。1975 年的那项成果导致了 1992 年刚刚开始入役的首批军舰和飞机得以开建。所以，我只做一点评论，说一下我与这个问题的联系非常紧密，但是我不确定我的评论对说明海军历史的价值有什么作用。

詹姆斯·麦科伊海军中校：首先，我想对乔恩·住田和他的讨论，或者他的探索，做一点评论，以便找出历史学家是否影响

当前事件和当前思想这个问题的答案。我想，这里的问题或者说悖论是：历史学家们不善于用他们惯用的做法来评估他们自己的有效性，因为他们始终设法把结果归结于原因，并设法用文件来证明结果和原因，这是他们的工作性质决定的。在这个不够严密的世界里，在他们发挥了效力的地方，他们的效力主要是通过影响思想实现的，还是通过影响教育实现的，就像我们昨天晚上[在利亚尔代海军少将的讲话中]听到的那样，这个问题解决得不太好。有意思的是，住田博士为了得出一个明确的答案，仔细研究了科贝特和费希尔的关系。在这个过程中，依我看，他实际上发现了一个问题成堆的领域，散发着浓重的复杂气息。在我这个持怀疑态度的人看来，费希尔利用了科贝特在学术上受人尊敬的地位和影响力，试图证明一项技术采购决定的合理性，但几乎是在事后证明，因为这项决定是他回避过的，与火控问题有关。这种认识使我想到了我自己的一些工作。这些工作清楚地向我表明，历史学家的工作真让人受不了。大概 10 年前，我出于好奇，做了一项研究，选择了一个特殊的项目领域，即英国皇家海军舰艇的雷达供应问题。结果发现，在 20 年的时间里，在供应过程中，权力滥用情况是相似的。在供应过程中，参谋机构会写下需求情况，而且几乎就在一件特定装备的选择工作要完成的时候，政治领导人就会做出一点决定，对这件装备是否合适进行干预。我突然想到了一个例子。参谋机构正在从一个特定的海外制造商那里挑选一种特定的雷达。那个制造商所在的国家，不是我们希望向其出售另一件完全不同的装备的国家。所以，在 6 个月的时间里，参谋机构的需求完全被重写：分配的罗经点、等级次序、不同技术指标的权重——完全被重写，以便给出满足政治需要的答案。历史学家怎么处理这种情况呢？在这一点上，罗森伯格教授是相当正确的。他尽力不把焦点放在几个月后的会议记录上，而是放在当时的组织和政治动态上。在这种采购领域，你的工作是让人受不了的。

乔恩·住田：好，作为回应，我想，您看出来科贝特被人利用了，您是对的，虽然在我的论文中，我尽力说明科贝特有他的限度。比如说，在《海洋战略的若干原则》中，他写下了他认为可以写的内容，回避了技术问题，因为技术方面是有问题的。关于您的另一个观点，在我那本关于费希尔的书中，我试图精确描写所有的政治、财政和技术细节，而且还试图说明，纯粹的偶然从根本上影响了一项采购计划的过程；那是一本非常难写的书。这次经历让我深信，研究战略原则不会让你在许多领域大有前途。你必须要做的，就是考察单个案例，而且不能浅尝辄止。你必须要能坐得住，连续多年研究这些事情，连一丝一毫的细节也不能放过。即便是那样，也不能保证你能还原事件的本来面貌。如果认为对重要决定的理解对海军军官和决策者有价值，那么你就必须给出准确的描述，而这意味着，你要仔细研究大量的文件。除了推测以外，再没有别的办法可以做到这一点。推测可能是必要的，但推测不是历史研究。

戴维·罗森伯格：下面就让我点评一下两位的评论吧，也算是对乔恩刚才发言的跟进。我们拥有大量海军历史方面的文献。我们所有人都很熟悉这些文献。从某种意义上来说，我们当中的多数人，在涉足海军历史的时候，都是从这些文献开始的。这些文献范围广泛，包括《简氏防务周刊》、美国海军学会的《世界作战舰队指南》、康韦海事出版社的图书以及诺曼·弗里德曼在这个领域的惊人努力，等等。但对学者们来说，这是不会去参考的东西。研究海军历史的学者，实际上会走出去，参考雷文和罗伯茨（艾伦·雷文和约翰·罗伯茨）的著作，参考康韦海事出版社对海军发展史的各种概述，而极少参考诺曼·弗里德曼这位连脚注都不做的物理学家的著作，这样的频率是多大呢？事实是，我们掌握一批必须要回头去重新研究的文献，因为诺曼·弗里德曼给我们提供的，是大量关于战舰生产过程的信息。多数情况下，这种信息没有被学术型历史学家认为是合法的研究成果。这种信息是狂热爱好者们的研究成果，然而却创造了一个庞大的产业。这种信息的确让人们很活跃，而且毫无疑问，至少在某种程度上，也使海军学会的图书计划得以维持。问题是，我们需要把战舰及其发展当作一个历史问题来探讨，而且我们需要结合组织、品格和技术来探讨这个问题，不能把这个领域完全留给狂热爱好者们。这项工作必须得做，而且也正是乔恩终于着手在做的工作。我们所有人，在某种程度上，都是因为受到了这些巨大的灰色漂浮物的刺激，才开始做这种事情的。问题是，怎样把这种最初的兴趣转变成某种东西，既可以教育你在这个领域中的同事，又可以确保普通民众理解这个学科与更大的文明史之间的关系。我们的任务很艰巨。不知道在这个国家，我们能否造就优秀的军事历史学家毕业生，而且由此维持一代军事历史学家的概率要小很多，维持一个海军历史学家的概率还要小。只要环视一下这间会议室的朋友们和熟人们，我就知道，今天在这里开会的有些人，就不是靠在这个领域工作来维持生计的。我们面临着严峻的挑战。

拥有一所海军战争学院是很好的。我希望，进入 21 世纪以后，我们还会继续拥有这所学院。我们未来要面临重大的挑战。我想，詹姆斯·戈德里克、约翰·哈滕多夫和乔恩·住田在召集这场特殊的讨论会时，这也是他们脑海中所想的一个方面。他们把这场讨论会视为一种工具，用它来厘清关于这个职业整个未来的各种问题。

马克·米尔纳：我想回到乔恩·住田提出的一个观点。关于我们怎样使海军历史对从业人员有用,我同意他对整个问题的看法。在某种程度上,我们两个人的看法与一个事实有很大关系。这个事实是,我认为,作为与现役军官相对的历史学家,我们真地是无政府主义者。我们真地没有给他们提供他们认为自己想要的那种东西。当我去新不伦瑞克大学承担历史教学任务时,这所大学刚刚失去了国防部对其《军事与战略研究课程》的资助。这门课程的内容是这样的:99%的军事研究内容是关于历史的;44%的战略研究内容是关于历史的。我记得当时我给渥太华负责公共政策的官员打过电话。我问他们:"你们怎么把新不伦瑞克大学的这门课程砍掉了呢?"他们的回答是,公共政策委员会审查了全国所有的课程,得出的决论是,历史课向前看的程度不够。我不知道你们对此做何反应,因为这显然是一个意识形态问题。

我必须再给你们讲一件轶事。我们现在又把这门课程开起来了,而且现在已经重开许多年了,但是在很大程度上,这仍然是一门受政治学驱动的课程。今年春天,我碰巧在欧洲,参加情况巡回简介,在大客车上与政治学家度过了漫长的七天。政治学家们给我们做了情况简介,然后又做,然后再做。每一位都有一个答案。每一位都有一个流程图。每一位都有一个模型。每一位都有一个范式。每个人都有一种解决办法。你出来的时候,会感觉温暖和高兴,因为世界正在像它应该呈现的那样展现在我们面前,而且如果你只要能让第三方冲突解决方案生效,那么南斯拉夫的所有问题就会得到解决。我们在许多场合都听到了历史学家做的情况介绍,而且他们充其量只是无政府主义者。他们详细地叙述了问题。最后,历史学家说:"好了,现在你们知道了问题是什么。祝你们好运!"所有政治学家出来的时候,都只是摇头。模型在哪里呢?范式在哪里呢?我们要怎样去解决这个问题呢?

说了这么长的开场白,下面我要给你们提两点看法。一是,我认为,海军历史学家有两种主要作用。我们发挥的作用实际上是把集体记忆系统化。正如已经指出的那样,军人的集体记忆会像一条记录那样长久存在。在许多情况下,没有那么长久。他们不知道他们不知道什么,因为他们从来没有知道过,而且没有人告诉他们。我们实际上在做这项工作,而且我认为,这是一种很有用的作用。另外,除了实际上把历史当作一门学科而从事教学工作以外,作为分析和组织事实的一种方式,做研究和把问题想透,正是我们所能提供的一切。你可以告诉人们他们过去的情况;你可以教他们怎样用历史的方法分析和思考。但是,最终你无法告诉他们,一个现在的问题的"答案"是什么,因为那是他们必须自己去解决的事情。在这种意义上,我们有一个真正的问题,因为那些实际是从业人员的人,需要知道未来那个答案是什么。我们无法告诉他们这个。这就是我们在兜售历史价值的过程中遇到问题的原因。我经常对我的学生们讲,历史的问题在于,没有真正的新问题,只有新的人。我想,有句话说"如果你想要有一种新想法的话,那就拿起一本旧书",真地是说到了点子上。这是我提的第二点。怎样想办法让那些必须知道未来的人信服,对于这个问题,也许各位想要评论一下。

戴维·罗森伯格:历史学家无法为现在的问题提供解决方案,而且我们的存在真地不是为了要回应批评家的指责。但是,我们可以提高探究的标准,开阔调整讨论方式的视野。我想强调的是,这一点很重要。这种努力的基础,必须是一般意义上的海军历史,而不是特殊意义上的历史。我觉得,现在被称为海军历史的东西是有许多问题的。这种海军历史不是讲授的历史,也不是写下来的历史,是完全错误的。实际情况是,这种历史是如此地不完整,但却被当成是完整的历史予以呈现。我认为,我们调整讨论的方式、开阔视野、提高标准的能力,要取决于按不同方式做事情的严肃的从业人员。在这间会议室里,有许多人正在做着那种我认为应该做的历史工作。问题是,我们的人数还不够,而且事实上这个领域不是由这间会议室里的人界定的,而是由其他人界定的,这就影响了我们谈论历史的方式。在非常不同寻常的事情中,有一件就是今天在这间会议室里严肃的从业人员齐聚一堂。我们需要这样的人到一起聊一聊。多数情况下,如果你要是去军事历史学会,或者去美国历史协会,或者无论什么地方,你都不会有这种机会的。海军历史专业人士的集中程度还不够高。

彼得·斯瓦茨海军上校:我在思考的问题是,海军历史学家和理论家对像我自己这样的海军军官有什么样的影响。我最熟悉的个案研究,是美国海军在20世纪70年代末和80年代初完成的一个项目,就是把后来以“海洋战略”著称的东西编成了法律文件。斯彭斯·约翰逊和我都是做那项工作的那个集体的成员。我们发现,现在我们自己有点历史产物的样子。

是我们自觉地受到了理论家的影响吗?我谈谈个人意见。我自己的经历,以及我觉得是我们在那里工作的其他人的经历,表明答案是否定的。构成我们努力去做的事情的,不是马汉的形象,也不是科贝特或者里奇蒙德的思想。是我们受到了历史学家的影响吗?是的,尤其是受到了坐在这间会议室中的两位的影响,他们是约翰·哈滕多夫和戴夫·罗森伯格。当然,影响我们的历史学家还有更多。他们做了什么呢?我想,他们做的正是乔恩·住田所说的。他们提高了探究的标准,开阔了视野,用其他方式调整了讨论的过程。这是发生了的事情,而且是真实的。这种情况在我的经历中也是真实的。戴夫是对的。海军军官不了解他们自己所在机构的近代史。当然,当我们仔细梳理这个问题时,这一点变得非常明显。与此同时,伴随这种发展的,是一件发生在海军历史中心的大好事:当代历史科成立了。迈克·帕尔默的书和那套丛书中的其他书,事实上,的确有助于阐明海军的近代史。

关于所有这一切,有两个方面最有意思:首先,事实公开以后,在法律文件的编纂、审视、修改并开始公布这层意义上,当"海洋战略"制定完成之后,先是以机密形式公布,然后又以不涉密的形式公布,我们开始考察历史方面的内容和历史案例。我们发现,在我们讨论的事件中,有一定的有效性。对20世纪70年代和80年代的苏联怎样理解?你的想法之所以产生,是因为历史记录表明,在克里米亚战争中,英国人、法国人、撒丁尼亚人和其他人对俄国人做了什么。但是我要说的是,关于克里米亚战争的新文献不断问世,当我们开始审视这些文献时,我们注意到,那是一场全球性冲突,一场海上冲突,一场联盟之间的冲突,而且在阿拉斯加、彼得罗巴甫洛夫斯克和科拉半岛这样的地方,都发生了军事行动。在这些地方,我们开始看到一些惊人的相似之处。只有特定的几条路线才能让一个全球性海上联盟到达俄罗斯或苏联。这几条路线都在那里;它们一直在那里。这是令人激动的事实。

但是,在审视迈克·帕尔默关于福里斯特·谢尔曼的著作和埃德·米勒关于《橙色战争计划》的著作时,还有一件事也是真实的,那就是计划人员在制定战略时经历了什么。我们做过的事情很多,而且我们看到,通过事后审视历史,这些事情的正确性得到了证实。这就强化了我们的感觉:"嘿!作为从业人员,我们走的道路是正确的。"

我讲的最后一点与别的东西有关,是戴夫在发言中关于俄国人的观点。有意思的是，在我非常有限的经历中，我发现俄国人认为，我们没有做过我们做过的事情。他们认为，我们做了恰恰相反的事情。我们完全了解在克里米亚战争中发生了什么，在1918年、1920年、1921年和1922年的武力干涉中发生了什么，而且明白我们在利用他们。1985年至1986年，特罗福门科出版了一本书。他在书中勾勒了这段历史的轮廓，而且一页又一页地引用马汉的《亚洲问题》。马汉的《亚洲问题》：既然这是约翰·哈滕多夫和其他人从未对我提起过的一本书，所以，我们来看看它，也看看马汉的问题。有谁读过《亚洲问题》吗？有一个，两个，好，三个。当然，你们当中的两三个人看过，这个数量不大，所以让我们假定在座的各位有10个人读过吧。马汉讲的是什么呢？他讲的一个问题是，如果你们是一个海上联盟的话，你们怎样到达俄罗斯呢？其他问题包括，在大洋两边，为什么你们需要一些大陆上的锚泊地呢？为什么你们需要动用全球的力量来做这件事呢？诸如此类。俄罗斯人看过这本书。他们知道这本书。他们对“海洋战略”不感到吃惊。在戴夫和乔恩宣读他们的论文时，这些都是我的想法和观察的事实，而且我想我会分享这些东西的。

戴维·罗森伯格：我有一点儿非常简短的评论，是刚刚才想到的。很久以前，我的一个朋友，一位海军情报后备役军官，用自己的话解释了一下乔治·桑塔耶纳的名言。我想，他的解释值得在这里与各位分享：“你懂的，那些研究历史的人，要是眼睁睁地看着别人重蹈覆辙，内心一定会受到谴责的。”

戴维·齐默曼：我的评论主要针对的是戴夫·罗森伯格。我感兴趣的是您的17点主张。您觉得用这种方式提出这17点主张有什么价值呢？您认为我们能从这些单个案例研究中吸取教训吗？有什么特别的教训可以用于其他案例研究吗？依我看，历史非常复杂，我们只能从历史中学到非常一般的东西。当我们与从业人员打交道时，这也许是最难的事情之一。我们无法给你们特别的指导；我们无法给你们未来的答案。在您从头梳理您的 17 点主张时，我就问自己，嗯，我研究二战期间加拿大海军中的科学技术有什么价值呢？在我聆听您的 17 点主张时，我说，也许我赞成这个主张。哦，不，不，这个主张是完全错误的，根据我的案例研究来看。我们必须为第 7 点主张再补充 24 点主张，根据我的案例研究，诸如此类。我想知道，您用这种方式，用这种系统化的方法提出了 17 个问题，您觉得这样做有什么价值呢？

戴维·罗森伯格：第一，无论如何，我都没觉得创立一个统一的海军历史理论领域有什么价值。那不是我的目的。第二，关于您正在研究的问题，科学和加拿大海军，这个问题跟我试图在这里提出的问题差别很大。关于我们研究海军历史的方法有什么标准步骤，我的 17 点主张，用您的话说，只不过是事实证明它们是什么而已。我提出它们的目的，就是要抛砖引玉。事实上，我之所以提出这些主张，是要促使大家思考一个问题，就是怎样确定一个研究框架，以指导大家研究各自关心的问题。具体来说，我提出它们是为了帮助大家思考培养严谨作风这个问题。您自己可能过去也做过这样的事情。我发现，对我自己来说，这是一次有益的实践，可以审视那些为了确定我自己关注的特点，我对于自己一直在做的工作做出的假设。我没有说这是一份完整的清单。我没有说这是所有事情的绝对终点。结果证明，在我开始梳理我一直在研究的这些因素时，这 17 个因素是映入我脑海的内容。我对亚历克说过这个，也对乔恩说过。如果一个人去参加一次历史协会的会议，并试图把这篇文章当成一篇学术论文来蒙骗与会学者，这个人会发现，特别是在社会科学、社会史和知识史,以及今天其他形式的历史,特别是科学史的理论状态方面,像这样的东西,充其量只是一篇出自业余人士之手的文章。当然,如果有人把这篇文章与政治学和决策论联系起来的话,那它就更业余了。我充分意识到,其他领域还有其他的方法。比如说,在美国外交关系史方面,我们有一整套经过修正的方法论。我在坦普尔大学有一位同事,名叫理查德·伊默曼。他的研究领域是国际关系和外交史中的心理学。事实是,我们现在远远落后了。为了了解军事历史和海军历史,我们有像这样的清单吗?在我们这个领域,方法论的前途在哪里呢?这是我在研究的问题,而且列出这些因素,是针对这个问题的一种非常粗糙的方法。实际情况是,在科贝特和里奇蒙德的著作以外,事实上,根本没有关于海军历史本身的历史编纂学文献。这一现象与我们在理论和方法论方面看到的现状相去甚远,甚至连接近都算不上。这就是我在暗示的意思,并不是要提供一种统一的域论。

W·A·B·道格拉斯:在这一点上,我必须说两句了。几年前,新不伦瑞克大学举办过一次会议,名为"历史女神克利俄与战神玛尔斯:历史对军事的影响"。事实上,那次会议的论文集中有一些历史编纂学方面的文章。我的意见是,在海军历史领域,在那些做研究工作的人当中,有人确实以折衷的方式借鉴社会科学的成果,这也是我们应该做的,而且在海军历史领域正在做着非常重要的研究的人,会使我们这个领域更加丰富,使它受人尊敬。

戴维·齐默曼:我本打算问一个关于科贝特和费希尔的问题,但是我觉得,加入这场关于海军历史思考的讨论,可能更重要。首先,请允许我为狂热爱好者们说两句。在这间会议室里的各位学者,可能多数人并未在多个学术领域搞研究。而我就不止一个。在与海军历史学家交流时，我确实有一种耳目一新的感觉，他们与许多学者不一样，因为他们实际上对自己研究的东西感兴趣。这种狂热爱好有一个迹象，就是当你晚饭时坐在一位海军历史学家旁边时，他实际上会兴高采烈地告诉你他发现了什么。但是，在我的另一个学术领域，我经常无比小心地问别人，我能不能以某种方式看看他们的资料。他们的回答是"不能"，因为学术界正在变得越来越像生意场。在我的另一个学术领域，我打交道的大部分学者都是生意人。他们以某种方式，在人类经验的某个特定领域中开了店。他们不知何故，想要利用人类的这部分经验，以使自己变得更重要、更富有，等等。实际上，狂热爱好者们是对自己研究的内容很有热情的人。我想，他们的这种精神就像一缕清风，非常有助于纠正学术的商业化倾向。当然，在某些方面，海军历史作为一个领域，现在是远远落后的。这是实情。在《军事历史季刊》等刊物上，人们确实能读到一些文章，只不过这些文章完全没有注意到这个领域中的重要发现。读这样的文章是非常让人恼火的，但愿这种情况不会在其他领域发生。

在我看来，在职业历史学家、包括负责海军事务的海军军官在内的官员和非专业类狂热爱好者之间，存在着一种三角关系。我们正在走进一个新时代。我想，在这个时代里，在未来一个世纪或者更长的时间里，很可能不会有像第二次世界大战那样的大战。拿破仑一世进行的历次重大战争、第一次世界大战和第二次世界大战催生的庞大军事机构，将萎缩并消失。这些机构的智力基础、系统分析，等等，你们可能会把这些东西称之为这些机构的"规则系统"，也会萎缩，因为将来不会再以同样的方式需要这些东西。我们会拥有一个非常混乱的世界，但是我们会拥有一种文化。这种文化不是非常尊重动用武力或军事力量。

军事事务，包括海军历史，必然是人类生活中不会令人生厌的事情之一。我们以某种方式借鉴这个事实，由于某种原因，既对官方的军事世界很重要，又对这段开放时期的职业历史学家很重要。我们的挑战是，要用某种方式来借鉴这个事实，要加强对历史进行有序的系统探究，而不是要看到这些事情相互矛盾。你们觉得是不是这样呢？

乔恩·住田：我实质上赞成您对历史价值的看法，但是我想，戴维·罗森伯格说的是另一回事儿。在最近出版的两部美国海军通史中，在引用的文献当中，你连一篇诺曼·弗里德曼的著作也见不到。这让我印象很深刻。我简直吓了一跳。他在美国战舰设计方面的几本书，都是严肃的技术研究，建立在大量的档案研究工作基础之上。我觉得，他的书虽然与美国海军历史不相干，但还不致于不能引用。我再说一点，通俗的海军历史有一个问题，需要某些种类的历史书籍，要具有所有的学术附属品，要有大量的脚注，要大量引用文献，要自诩是严肃的研究，但事实上像这样的著作价值很小，因为它们不加区别地引用文献，缺乏令人满意的批判性评注。更糟糕的是，要想把这些错误连篇、瑕疵累牍的著作从书桌上拿走，以便人们可以开动脑筋谈论重要的事情，那是要付出大量时间和精力的。最后，我们可以说，在军事历史领域（而且很可能一般来说），一直有一种倾向，就是去研究最容易研究的东西，而不一定去研究有重要意义的东西。因此，重大问题有时是通过微不足道的方式谈论的。

戴维·齐默曼：我完全同意。由于某种原因，为了发展一个健康的学科，我们必须按照里奇蒙德创办《海军评论》季刊时的思维方式，来考虑各种各样的问题。就是说，要做点现在用其他方法做得不对的事情。我们不仅要考虑相对于渊博的学识来说，一个处于边缘的领域的缺陷，而且还要考虑更具雄心的学术领域的缺陷，像社会科学，就是一种雄心比历史大得多的领域。从二三十年前提出的目标来看，社会科学是完全失败的，没有实现这些目标，也没有通过任何方式说明为什么自己没有实现这些目标。

唐纳德·舒尔曼：依我看，在我们对较早的历史时期的某些研究方法中，现在缺失的问题，是要了解当时的技术发展水平。就拿编史工作的经济学问题来说吧。如果你去看 1900 年至 1915 年这段时期的书，你会几乎根本找不到任何经济史。直到比尔德夫妇在美国著书立说，人们才开始从经济学角度审视美国历史。20 世纪 30 年代，H·A·L·费希尔的书仍在剑桥大学使用，毫无经济史可言。我把经济学当作那时候的书中根本不提的那种历史的一个例子。我认为，对科贝特而言，乔恩·住田非常谨慎地指出，科贝特是从作战的视角来看待整个事情的。我想这是对的。我觉得，他非常善于那么做，而且当他开始那么做时，他表现出了历史连续性，但是没有努力在自己的著作中涉及其他因素。奇怪的是，在他教里奇蒙德期间——事实上他确实教了——里奇蒙德的做法似乎与他的不一样。在里奇蒙德的《1739—1748 年战争中的海军》一书当中，就有许多经济学的内容。科贝特经常把这场战争称之为“你的战争”。里奇蒙德是否有能力涉足经济学的内容，并用我们视为高深的方式涉足，这个问题回答起来更难。

如果你想一想威廉王战争，你就可以看到变化，也可以看到这种变化在海军历史领域花了多长时间才出现。在《英国在地中海》这本书中，科贝特为这种变化设定了参数。他的主要观点是清楚的，也是独特的，但是他没有详细论述。他对贸易真地没有那么感兴趣。约翰·埃尔曼把这份材料都看完以后说：“哦嗬！科贝特完全没提贸易嘛。”他的观点是十分符合逻辑的，但是经济方面的细节，就是出航舰队的后勤细节，以及他们在做的那种贸易和事情，在历史部分完全没有提到。他改变了这种做法。在《海军的教育问题》中，我说过，我认为在我们这一代历史学家当中，约翰·埃尔曼对海军历史的影响最为深刻。如果他有一个顺理成章的继任者的话，我觉得会是亨利·埃克尔斯。

W·A·B·道格拉斯：除了埃尔曼以外，我想再补充两位有影响力的人物。他们是杰拉尔德·格雷厄姆和I·R·克里斯蒂。他们的一些学生今天也在这里。我相信彼得·斯坦福对科贝特有所了解。我想知道，在这个问题上，他有没有什么要说的。

彼得·斯坦福：对我来说，这有点像重访伊甸园的感觉，因为40年前，在我24岁时，我写过一点关于科贝特的东西。那时候，我非常担心的是，海军就是为了打仗才存在的，这种过于简单的定位，不足以应对20世纪不断发展的挑战。科贝特对我来说，就像是使徒保罗在前往大马士革途中，从天而降照在他身上的那道上帝之光一样。

我有点吃惊的是，我们竟然如此坚决地排斥这种观点，因为它是如此地显而易见，以致历史和历史学家不会在那里对有活力之人发号施令。我喜欢乔恩·住田的结论，历史学家的任务是"提高探究标准，开阔视野，用其他方式调整讨论的过程"。但是，在我看来，我们应该以此为起点继续前进。科贝特留下来的伟大礼物，是要唤醒读者的历史想象力，让读者在时间的长河中看到自己，然后采取相应的行动。实际上，这意味着，读者要得到一个经验丰富的水手得到的智慧——一种对各种情况的"感觉"，一种对意外情况的意识，一种看出模式和洞察虚假模式的能力(运用错误的相似情况，可能是一个比根本不查阅历史档案更糟糕的问题!)。

我们似乎是在为了“蚊子”使尽浑身解数（历史学家的适当作用始于何处，又终于何处，我们怎样才能得到更多的尊重，等等），而让“大象”从我们旁边悠然走过。1941 年，我们卷入了持续发展的战略现实当中，而欧内斯特·J·金海军上将本人，显然没有觉察到这些现实。这是一个再贴切不过的例子。不是开玩笑，我们不得不从过度紧张的加拿大经济中，得到极其需要的护航舰艇，但仍然蒙受了非常可怕的舰艇损失，以致到了现在，战争推演人员认为，这些损失把二战延长了大半年（换句话说，要把损失掉的舰艇吨位恢复一半，而安维尔政府的下台时间要比实际下台时间早两个月；巴顿将军没有那么早就耗尽了汽油，等等）。我知道，我们不应该对历史进行“如果怎么样，就会怎么样”这样的假设，但是这些是在推演盘上得出的与实际情况迥异的结果。

除了他充满愤恨的恐英症和“强人”式的固执以外，金还有什么问题呢？他完全没有觉察到德国逐渐对英美海洋霸权造成的挑战；如果他要是明白了这一事态的严重性，他从骨子里就会知道，英美联盟的大动脉是北大西洋的海上航线——切断了这条航线，二战就结束了；美国最危险的敌人是纳粹德国，加大这条航线的运力，就会使打击德国的战力翻两番。如果他读过科贝特写的那种历史，他就会明白，武装力量存在的目的，不是要你打我我打你，发动某种旨在消灭对方的系列攻势，最终的结局，可能是两支最强大的军队打个你死我活，直到其中一支倒地毙命；武装力量存在的目的，是要执行国家政策。但是，金没有看出来，罗斯福总统宣布的那项政策，依赖的是北大西洋中的那条补给线。他不得不被催促着，开始建造护航船只，建立东海岸护航舰队，等等，而且他把他能调动的所有资源，都调到了太平洋。如果一种资源投送到欧洲需要一个舰艇吨位的话，那么投送到太平洋就需要三个舰艇吨位。为什么呢?因为太平洋战争是“美国海军的战争!”

这就是我称之为“大象”的问题。这头“大象”如此之大,人们实际上看不见它——我们就像为了我们的事业跑来跑去的陆地蟹一样,只看到四棵巨大的树干直入云霄。对历史的无知就是这么大的问题,而且在今天的美国,这是一种特有的地方病。

我知道,在这次会议上,没有人会蠢到把历史视为黑匣子的地步,没有人认为历史会吐出问题的答案。但是,在说明了这一点,接受并理解了这一点之后,我们难道不能再进一步问一下历史对什么有好处吗?有一个很好的出发点,就是要承认历史是一个过程,一个持续的过程,有着惊人的连续性(偶尔还有惊人的逆转!)。国家战争学院的斯潘塞·约翰逊说:“海军历史是我们这个职业的实验室。”我把这句话写了下来,因为它太有道理了!费希尔勋爵说:“衡量一个实验最好的标准,是相对于1英尺的12英寸。”在这里,我们有一系列相互关联的此类实验,是在几乎无限多种条件下,付出了巨大的代价才做完的。我们不应该完全让自己沉浸在这些实验当中并从中得到我们对我们学科的“感觉”吗?这种“感觉”是一名优秀海员对大海和天空的感觉,是他对自己的船只在不停运动的海天线上的表现的感觉。

但是,最重要的是,我觉得我们必须要坚持把历史视为一个过程,并在内心深处知道,历史在我们周围发挥着作用,过去和未来也并非在不同的房间里,而是同一种现实的组成部分,我们现在正在穿过这种现实,并且把它称之为“现在”。科贝特曾经把这一点解释得非常好。他把历史说成是一条从一个深渊流向另一个深渊的河流:

> “不要因为现在而泄气。现在可能看上去是一场大灾难,使所有过去的事情变得无关紧要,不值得人们

花精力去研究。让我们记住,伟大的战争在当时总是有这种影响的。虽然我们离这场巨大的战事很近,但它看上去就像一场洪水,蓄势待发,然后把过去的学问所依赖的一切一扫而光。但是,情况并非如此。因为时间给了我们距离感,所以我们只是把这场洪水视为一条奔流不息的河流中的又一个深渊,而且这个深渊中的种种现象,不管这个深渊有多大,是无法为我们所理解的,除非我们知道这条河流的整个流向,以及汇入这条河流的所有支流的性质。”①

这段话给我留下了很深的印象,所以我把它抄了下来,寄给了我的朋友们。我母亲说,这是她读过的关于历史的最有说服力的东西,也是她读过的最令人感动的说法。她在历史方面是有学问的。这正是我们应该努力让海军军官掌握的东西,而且实际上应该让所有美国公民都掌握,这就是历史素养。那就让我们努力实现这一目标吧。这项工作是够艰难的,面临的挑战也更多。

至于这次会议上讨论的“我没有得到尊重”这种综合症,让我们先这样理解:海军军官,实际上所有公民,都是在为历史女神克利俄工作的。如果你已经充分理解了历史是个过程这种观点,而且如果你已经意识到历史中各种连续的连续性,那么显而易见的是,不管愿意不愿意,我们都是在为历史工作,我们都是在为历史补充我们这个时代的故事。这是,或者应该是,一种让历史学家感到惭愧的想法,但也是一种让他们的工作值得尊敬的想法。

---

①　朱利安·S·科贝特,“海军历史的复兴”,《当代评论》第110卷,1916年12月号,第740页。

唐·舒尔曼把“大决战”派与那个时代的唯装备论倾向联系起来。这种做法是很好的。科贝特的授课对象不喜欢他在英国战略思想发展史中描述的微妙过程。科贝特对此感到惊讶，也感到受到了伤害。这是一种敏锐的观察力，直指科贝特所做贡献的核心。我同意舒尔曼的观点，认为科贝特是看清了英式战略思想发展脉络的第一人。可以说，英式战略思想始于德雷克，并为皮特和丘吉尔的思想注入了活力。我跟汉基勋爵和查特菲尔德海军少将(比提海军中将在日德兰大海战中的旗舰舰长)促膝长谈过，谈的是科贝特的思想及其对温斯顿·丘吉尔可能的影响。然而，他们真地一点都没有这种感觉。恐怕英国皇家海军认为，科贝特这个人把所有事情变得如此复杂，真地不想让我们与德国人拼个你死我活。

不管怎样，在这个世界上，要做的事情就是要做正确的事情，让魔鬼感到羞愧(或许让他感到吃惊会更恰当!)。科贝特为海洋史做到了这一点，而且我认为，他也为一般意义上的历史做到了这一点。这是他真正的贡献，而且这就足够了。舒尔曼对此看得很透彻，而且说得也非常清楚，因为他像科贝特一样，尊敬像充满活力的人流一样的历史洪流，至少与我们一样真实，没有把历史洪流视为某种可以拆散、磨碎然后在试管中重新组装起来的东西，而是把它视为某种狂野的东西，“做着它自己的事情”，必须从整体上看，必须按自己的主张来看。

乔恩·住田：我想简要地回应一下唐·舒尔曼的发言。在我的论文中，我的确对科贝特的理论著作和分析著作做了区分。实际上，我认为科贝特的确在著作中纳入了经济学方面的内容，至少在《德雷克与都铎王朝的海军》中纳入过。我想，这一点肯定在关于“舰队”那一章中谈到了。在科贝特那个时代，有大量关于经济学和金融学的文献资料。我们有奥本海姆，他给我们留下了《皇家海军的管理工作和与海军有关的商船运输的管理工作：1509—1660》。在当时的事务方面，当然还有伯纳德·马利特，他写的是19世纪末和20世纪初英国预算方面的内容。比如说，如果你看马利特的著作，你会看到，许多关于预算的讨论都与海军和陆军有关。我不是说科贝特忽略了经济学问题。我只是说，在他的主力舰分析中，没有谈到经济学问题。我不会说科贝特为了不值得的目的而出卖了自己。我想，那样说就太过分了，因为在我看来，科贝特确实具有知识分子的正直。他确实想要支持费希尔，但是这种支持是有限度的。在《海洋战略的若干原则》中，“舰队的组成”这一章令人好奇。从这一章就可以看出这一点。在这一章中，科贝特见风使舵——这是一种谋略。关于他在这个问题上所持动机的解释，我推荐你们去看看他1913年在一篇随笔中说过的话。戴维·罗森伯格在汇报中引用过这篇随笔。

迪安·阿拉德：我们一直在痛惜，作为历史学家，我们被决策者忽略了，虽然刚才已经讨论清楚了，我们不会为时弊开具药方。那么我们能为决策者提供什么呢？我想区分一下决策者对历史学家研究成果的运用和对历史的运用。依我看，就像乔恩·住田在一些发言中指出的那样，问题不是历史没被运用，而是历史被决策者过度运用了，事实上，历史已经被决策者反复错误地运用过。决策者很想让他们的政策植根于历史，植根于他们对历史的理解。我们遇到了一些奇怪的情况，比如越南战争的决策和《慕尼黑协定》的翻版。说起这些事情，我们可以滔滔不绝说个没完。决策者基本上没记住马汉的一部分论述。他说：我们必须记住的，不仅是历史和过去之间的相似之处，而且还包括历史和过去之间的不同之处。这就提出了一个问题，即决策者借鉴的错误历史和历史总库问题。我们怎样才能够净化这个问题呢？解决办法我看是把我们正在做的工作继续下去，就是要做专业的历史研究，要运用批判性的标准。我们不想让决策者去读一篇《美国历史评论》上的文章，但是有一种细水长流的过程，最终会使《美国历史评论》中的概念，在20年或30年以后，出现在教科书中。我想听听各位专家对决策者误用历史这个问题有什么高见。

乔恩·住田：您的发言把我刚才想说的说得更清楚了。决策人确实错误地运用历史。您可以看出来，这正是科贝特想要与之斗争的东西。他认为，费希尔政府的批评者们在错误地运用历史。他在回应的正是这个。他把这项工作做得非常有效，而且我认为，做得非常恰到好处，特别是在那项早期的分析当中。我要补充的唯一一点是，我想我们需要用更复杂的眼光来看待海军历史，以便在现在完成那项任务。

戴维·罗森伯格：在历史被错误地运用这方面，我同意迪安的观点，而且我认为，有两种思想需要我们去考虑。一种思想与我们如何教育海军军官这个问题有关。当我们考察教育机构对待海军历史和历史的方式时，比如说各军种院校的对待方式，我们要看的一般是海军军官对历史的理解，特别是对海军历史的理解。在美国海军军官学校，有一种很特别的方法，与空军军官学校和陆军军官学校采用的方法形成了对照（这个观察结果来自我自己的经历，我曾经帮助培训过几位陆军军官学校的历史学家）。美国海军军官学校碰巧有一支以文职人员为主的教员队伍，课程定位也与另外两个军种的院校不一样。在海军军官学校，他们研究海军历史。那里有研修海军历史的要求——我猜现在要学半年的海军史和半年的世界史。就是这么回事。在美国陆军军官学校，至少在我最近的记忆中，那是在20世纪80年代中期，学员要学一年的军事艺术史。他们也有一项要求，我记得这项要求与空军军官学校的一样，要学整整一年的历史。这额外的一年学的不是军事历史，也不是海军历史，而是历史。无论是美国社会史，还是欧洲史，关键是要把历史理解成一种动态过程，要把历史理解成某种超越吸取的教训和一串串名称与日期的东西，要采用一种视角更为宏观的方法来研究历史，如果你愿意的话，要采用一种哲学方法去理解问题。可能自从阿利·伯克还是一名海军军官学校学员时起，海军军官学校就一直在遵循这种历史教育模式。你们可以回顾过去，会发现从1919年到1923年，伯克学的是什么，那里有非常相似的历史研究方法。

鉴于工程学在美国军队当中，特别是在美国海军当中一直是重点，我们实际上看到的情况是，学员离开院校以后，接触历史的可能性最小，即使不是完全没有。你会发现，自己处于一种不得不去提醒别人的境地，比如说核潜艇艇员，要提醒他们，海曼·里科弗主张，海军战争学院不需要存在，因为如果一名核潜艇军官是一名优秀军官，那他无论如何都会把这种东西全都读了。他不会非得到这所学院这样的地方来，因为他已经对历史和战略有所了解，所以不会非得在海军战争学院把这里的学员要学整整一年的东西从头到尾学一遍。这种在历史方面缺乏训练的情况，导致了官方补充阅读材料清单的随意开列。海军陆战队总司令列了一份阅读材料清单，其中包括大量历史方面的内容。在海军政策说明书中，海军现在也有一份阅读材料清单附录。海军认为，海军历史应该读，但是海军不提供阅读的顺序和阅读的方法。这份清单附录只是一种瑞典式自助餐，海军人员可以从中挑选自己感兴趣的东西。因此，我们还没有给我们的军官提供一种方法，帮助他们理解历史是什么，而且在如何研究海军历史和运用海军历史方面，我们提供的还要少得多。

问题的另一个方面，与我们最终指望如何在决策中运用历史这个问题有关。我有幸(或不幸)有过三次独立的机会，把历史运用到政策制定上。有一次，我参与了詹姆斯·施莱辛格策划的一个项目，就是国防部长办公厅授权的“战略军备竞赛史”项目。最后，我们提交了一份长达 1 000 页的“绝密”级文件。现在，这份文件的 90%已经解密。这是一次考察战略军备竞赛模式的尝试。我当时在海军工作，为海军内部的研究提供保障。这个项目遇到了什么情况呢？它开始于 1974 年，一直到 1977 年年末至 1978 年年初才完成。研究得出的结论受到了许多读过这份文件的人的质疑，以致这份文件没有导致任何事情的发生。作为国防部长，哈罗德·布朗看了这份文件，但是看样子这份文件没有对政策起到任何影响。当我们回顾过去，再来看其中已经解密的信息时，这份文件现在的用处是，其中含有大量的信息，会促使我们去查找其他信息。

我还为海军的长期计划工作写过一部历史，是为海军部长办公厅写的。这是一个令人神往的话题，但是历史非常短，所以在论述时可以稍微有点不公平。我发现，令我满意的是，只在一种意义上，这项工作证明是有用的。当时的海军作战部长，托马斯·海沃德海军上将，读了这部历史的草稿。他说，设立一个长期计划办公室可能不是个坏主意。因此，他把他那份我起草的文件草稿交给了当时的查尔斯·R·拉森海军少将(现为拉森海军上将，担任美国太平洋司令部总司令)。拉森随后又把它给我看了，上面到处都是用红笔写的评语。海沃德告诉他：“查克，组建一个长期计划小组吧。这就是你需要知道的。”哎，这不是我期望我写的这部历史要发挥的作用。事实上，这部历史当时甚至都不是终稿。然而，我的确从这个项目得出了至少一条结论。我写的这部历史共 60 页。如果您打算用历史来影响决策，就应该是简史。

最后一次是1989年,我奉命外出服现役,到珍珠港出差整整一个月,去观察1945年以来,在太平洋举行的规模最大的海军行动,“太平洋演习-89”(PACEX-89)中运用的作战概念。我奉命去考察这场演习中运用的作战概念、演习依据的战争计划以及演习的实施情况,然后把我的想法告诉太平洋舰队总司令戴维·杰里迈亚海军上将。经过三个星期的观察和考察之后,我只有一个星期时间来写出一份24页长、单倍行距的“绝密”级文件。我运用了许多历史观点和类比,包括俾斯麦、“施莱费恩计划”和1961年的柏林危机。最终,我接到了一个电话:“我只是想让您知道,总司令召集全体参谋人员,开了五个半小时的会。很多人骂您,但是事实是,我们已经开始重新整理针对全面战争计划工作的整个概念。”我一直没有机会看到这项计划工作进行到了什么地步,但是那个电话还是非常令人满意的。他们明白我在说什么吗?我是受到邀请才出差的吗?或者说,允许我去看工作进展的转写文本吗?不是。这当然令人沮丧,但是这件事情清楚地表明了当代历史学家实际上可以做什么。我要指出的唯一一件事情是,历史学家要是有机会去做类似的事情,那是非常有用的。还没有在这个葡萄园里工作过的历史学家,不应该回避参与的机会,即使实际上得知你的最终影响的机会,可能充其量只是微乎其微的。

戴维·布朗:我这段评论针对的是罗森伯格博士在海洋战略制定问题上的流程观。当美国“海洋战略”文件1986年公开发行版问世时,英国皇家海军看了看,喜欢其中的大部分内容。然而,有那么一两点是我们没有狂热迷恋的。如果你们认为俄国人对你们正在起草的东西表示怀疑,那么当英国海军参谋部真地开始认真考虑它的时候,你们就应该见一见英国海军参谋部。不幸的是，几个星期之前，我对海军助理参谋长（ACNS）说了点什么。我的上司也一直在听，而他通常不听我的。我那天说的跟将历史作为逆向情报有关。所以，他说："对，为什么美国人起草了这份文件？它的背后是什么？他们要干什么？"在美国人写的东西中，公开发表的东西，不是涉密材料，看看我们能找到什么，立一个基础非常非常牢固的案子，调查一下他们究竟为什么做这项工作，这样我们就能看出，在这份文件背后，真正的原因是纯粹的马基雅弗利式权谋政治。我们弄清了整件事情的真相。我们真地弄清楚了。海军助理参谋长买下了我的研究报告；第一海务大臣也读了我的报告。然后，我收到了一封短信，说我真是做了一件非常了不起的工作。

昨天吃午饭的时候，我跟斯彭斯说了句话。你们知道是什么吗？我们立的那个案子是完全错误的。我们有的全是直觉。我们是狂热的爱好者。我们了解全部材料；我们了解原则；我们知道他们在暗示什么。我们喜欢美国"海洋战略"的大部分，但是从零碎东西开始，我们就把它全都搞错了。有一种东西也在驱使着我们，就是我的君主和上司们反问我的一个问题：英国有没有与"海洋战略"对等的东西呢？从逻辑意义上讲，我们有海洋战略吗？这些年以来，我们是如何发展海洋战略的呢？我们的结论是，英国的防务评估都是海洋战略的关键，而且这些防务评估多年以来是不断发展的。在英国，最近一份名副其实的防务评估，我们估计，是蒙巴顿公爵主持的防务评估，因为它是在单一军种氛围下做的最后一份防务评估，1956 年开始，1957 年结束。蒙巴顿拥护布朗提出的几点主张，把它给了当时的国防部长。这份文件现在以《桑迪斯防务评估报告》著称，也叫《桑迪斯法案》。事实上，这是一份非常非常好的海洋战略文件。然后，从那时开始，我真地想知道，在英国防务政策领域，历史学家在制定海洋战略方面是否有任何地位，因为海洋战略一直完全是在防务组织内部制定的，而防务组织不仅仅是陆海空三军。防务组织由这三个军种和一个文职部门组成。这真地是最糟糕的事情——是整件事情最糟糕的方面。文职部门带来的有时会是不良影响。最近，还没有迹象表明，我们这些防务评估，不管你们把它们叫作什么，受到了历史的启发。这些防务评估受到的经济束缚更多。

我们实际上写了这篇关于《防务评估报告》发展史的论文。我们把它寄给了上面的一位海军上将，然后他又很明智地把它寄给了另外一名海军上将。这位海军上将决定把它发表在《海军评论》季刊上，我相信是这样。他干了一件非常可怕的事儿，实际上是把这篇论文交给了文职部门传阅。文职部门认为，海军历史科作为一个官方机构在一份杂志上发表这篇论文是不合适的。虽然这份杂志的发行面不宽，但是显然还是太宽了，真地会让任何人都知道什么工作正在进行。

埃里克·格罗夫：我的发言会相当简短，我想，就发这一次言吧。我感到有点烦恼的是，之前的一些说法认为，历史学家能做的，就是针对过去提出报告，然后说“对啊，历史就在眼前”。这个问题相当有意思。您可能愿意读一读历史学家的报告。他们的报告可能跟您想要做的毫不相干。如果这样的事情做得太多，我就能明白，为什么人们有非常充分的理由认为，人们会走开，然后从其他资料来源得出他们自己的主张。就像我们之前听到的那样，他们往往会运用错误的历史，做出错误的历史类推，然后给出一些错误的答案。我们再回头看科贝特。我认为，戴维论文中的第一个引文是极其恰当的。我想，科贝特在《海洋战略的若干原则》中想做的，是给出海洋战略的原则，而这些原则似乎通过了他掌握的历史的验证。实际上，他在历史领域做得非常好。他对马汉持非常怀疑的态度。这一点相当有意思。我在他的论文中发现了关于马汉的评论，相当有意思，相当苛刻。他觉得马汉肤浅，而且他觉得马汉没有采用足够的原创研究。科贝特认为，马汉对这个问题的思考，没有他科贝特思考得深入。我想，《海洋战略的若干原则》为什么是如此之好的一部佳作，揭示了海上作战的基本原则，为什么是如此有用的一部基本指南，说明了海洋战略是关于什么的这个问题，一个原因就是因为科贝特这部著作的质量。按照当时的标准，这部著作的质量是非常高的，而且时至今日依然如此。这部著作不是为行动开具的处方，但事实上，我确实希望，皮特·斯瓦茨和斯潘塞·约翰逊读过这本书，或许在他们起草那份计划文件之前读过，那样会更好。我想，如果他们读过《海洋战略的若干原则》，他们的计划文件就会从中受益匪浅，而且举个例子，会因为吸收书中关于防御问题的一些观点而获益良多。也许，如果他们实际上只是读了这本书的一部分，他们的计划文件甚至会更好。我同意这种观点：越简短越好。所以，说完这个我就不再说了。这就是为什么我把"绿皮小册子"放在新版《海洋战略的若干原则》书后的原因。如果您想要大概了解一下海洋战略的基本原则，从狭义上讲，大概了解一下海军部队在级别相当高的冲突中的运用情况，那么再好不过的做法，就是去看看"绿皮小册子"，然后掩卷深思。做完这个之后，在制定详细的作战计划时，要用它来指导背后的基本思想。这样的作战计划是后来的历史学家的工作内容，因为他们要分析真正发生的是什么。

彼得·斯瓦茨海军上校：嗯，我们显然已经对这一切感到非常内疚了，因为我们今天在这里正在尽力改正。

杰弗里·巴洛：我只对戴维·罗森伯格和戴维·布朗刚才的发言做一下简评。我想到的问题之一是：我意识到，既然在许多情况下,官方的军种历史学家有查阅信息的特权,包括机密信息在内,那么官方的军种历史学家在这一行中的作用是什么呢?在过去,当然,军种历史学家是受人鄙视的,被人认为是御用历史学家,撰写和汇报他们认为各军种会喜欢的东西。我想,在大洋彼岸的这里,这种情况肯定已经发生了变化。我知道,加拿大的情况已经发生了变化,而且我确信英国的情况也发生了变化。我可以把这个问题提给大家:官方的军种历史学家在整个这一行中的作用是什么呢?

保罗·范罗延:这个问题可能听起来有点酸,但是很高兴我不是海军历史学家。按照我对您的发言的理解,我认为海军参谋部绝对不会向海军历史学家征求意见,因为他们在步履蹒跚地往回走,落后现在30年或40年。我真地想知道,为什么海军历史学家不是主流历史的一部分呢?他们研究经济史、社会史、人口统计史、技术史,等等。我对这个问题很好奇。我做这份工作才一年半左右,所以我还可以说说这个问题。

戴维·罗森伯格:让我从个人观察的角度来对这个问题做一下评论吧。我的观察来自于我的学生时代和担任教授期间,包括我在芝加哥大学那几年,与乔恩·住田在那里一起玩击剑。海军历史尚未融入更为宏观的历史领域,我想原因与教授们在向同事、学生和他们自己要求什么这个问题有关。

那些既有兴趣研究军事历史又上了大学的人,多半,如果各位能原谅我用这个字眼的话,会走捷径脱身。他们会研究那些唾手可得的领域和感兴趣的领域。我一直与我的研究生做斗争,目的就是要告诉他们:“不行。在任何情况下,你们都不应该通过研究四个领域的方式完成研究生教育,决不能先研究美国军事史、美国外交史、欧洲军事史,然后再研究欧洲外交史。你们要做的所有工作,就是钻研同一个领域,大多数情况下应该这样。即使是最优秀的历史学家，也只能为你们提供一个有限的视角，帮助你们理解需要知道的东西。你们需要走出去，挑选至少一个与你的专业完全不同的研究领域，如果不是挑选两个的话，这个领域要有完全不同的路子，可以是社会学，可以是政治学，也可以是地理学。”问题是，在这个国家，海军历史学家多半走的是比较狭窄的研究之路。这条路是我看见他们受过训练的路子，而且这条路是比较快的路子。问题是，走这条路会有什么样的回报呢？鉴于学生经常只想研究战争史，学生会问：“为什么我必须研究那个呢(即一个更宏观的学科或者一个不同的学科)?”我想，这是我们已经失败的领域之一，就是说我们训练研究生的方式是失败的。虽然我认识许多人，他们一直没有这样要求他们的研究生，但是在大多数情况下，研究生教育就是他们这样做的。

W·A·B·道格拉斯：我想我们有点偏离杰弗里·巴洛的问题了。如果可以，我就利用一下我作为主席的特权，给出我对这个问题的答案。官方军事历史学家的作用是确定的，就是要在如何研究军事历史并发表研究成果方面发挥领导作用，而且为了做到这一点，必要时还要站在官僚机构这边。我的前任，作为加拿大武装力量的官方历史学家，就职业而言，是一名思想史学家，而且在他做这份工作之前，就已经非常受人尊敬了。他的前任在做这份工作之前，在这一行当中，也是非常受人尊敬的。我很幸运，能在他们俩之后承担这项工作。

美国空军军事历史办公室的迪克·科恩、莫里斯·马特洛夫、戴维·特拉斯克和迪安·阿拉德，所有这些人都发挥了领导作用，对他们各自办公室历史研究成果的标准和质量进行把关，参加像这次会议这样的会议，并建立了一些组织。在加拿大，我们成立了一个航海研究学会。当然，我的作用跨越了几条界线，因为我也对加拿大陆军和空军负责。所以,我积极参与以前叫作美洲军事学会的组织的活动,而且我希望在这里指出,这个组织现在已经更名为军事历史学会。现在,这个学会几乎没有过去那么恐惧或者憎恨外国人了。明年5月,我们将举行军事历史学会的年会,我们一直在加拿大组织这个年会。明年的年会在很大程度上,将是盟友和联盟各自界线相互交叉的一次会议。我们会把外交历史学家和社会历史学家安排在一起,如此等等,与技术历史学家和军事历史学家一起讨论问题——如果您仍然把他们叫作军事历史学家的话。我相信,会出现一个渐进的过程,使军事历史与其他领域和学科具有同等地位。

丹尼尔·鲍:首先,我想提一下唐·舒尔曼可能知道的事情,就是约翰·埃尔曼是我的博士生导师。在这间会议室的另一边,有人提出了一个问题。我没看见是谁提出来的,但是他要求举一些高级军官错误运用海军历史的例子,如果可以举出的话。我脑子里已经有一个例子了,真地值得与你们分享,与1920年时的比提和里奇蒙德有关。你们会记得,只有为数不多的几名高级军官认为,赫伯特·里奇蒙德很值得倾听,比提海军元帅就是其中的一个。1920年,战列舰在英国,作为一种战争工具,遭到了新闻媒体的狂轰滥炸。1919年,就连杰利科都说,他会因为重型战舰太多而完蛋的。这是1917年潜艇危机和航运危机的原因之一。战列舰遭到了猛烈攻击,而且问题是,战列舰是否还应该建造下去呢?比提想要建造。他问里奇蒙德:“给我一些支持建造战列舰的论据吧。”里奇蒙德的回答,记录在他1920年最后一天写的日记里。他的正直是如何把他带到悬崖下面去的,他的回答会让你们了解得很透彻。他答复了他的朋友比提,告诉比提他完全是在逆历史潮流而动。他应该首先说明和了解海军需要做什么,海军的目的是什么,然后调查清楚战列舰是否会很好地为这个目的服务。里奇蒙德就是不会顺着比提的想法说话，而且我想，从两人这段交流当中，可能我们就可以对里奇蒙德余下的职业生涯一目了然了。

海军历史是怎样与普通历史分离开的，对于这个重大问题，我确实想要评论一下，如果可以的话，并粗略地给出我的答案。实际上，关于这个问题，我胡乱写过几段文字，已经发表了，而且我对这个问题有些想法，想与你们分享一下。我相信，在马汉著书立说那个时代，科洛姆、里奇蒙德，当然还有科贝特，都认为海军历史是普通历史的一部分。海军历史之所以被纳入普通历史，是因为对强国历史的重视。强国历史是 20 世纪与 19 世纪交替时期的核心历史。在历史这一行发生的事情，亦即在西方世界文化领域普遍发生的事情，就是强国历史因为众多原因而变成了**过去时**。强国历史被视为狭隘的历史。诸如此类。列强的争论不再是宏观历史研究的核心。强国历史的消亡有许多表现，其中之一就是里奇蒙德在剑桥大学教授职位的变更。从 1919 年到 1933 年，这个“海军历史教授”职位一直由霍兰·罗斯占据着。1932 年，这个教授职位被变更为“帝国和海军历史维尔·哈姆斯沃思教授”。在写给一位朋友的一封信中，里奇蒙德提到了这件事。他说：“这是一只野兔和一条大蟒蛇的融合。”实际上，这恰恰是剑桥大学海军历史发生的变故。最后，我想，必须要说的是，这种海军历史和普通历史分离的错误，严格来说，不在于海军历史，或者也许甚至连主要在于海军历史也算不上，就像在过去半个小时左右的时间里，我们听到的许多评论所暗示的那样。错误在于普通历史，因为它避开了海军历史，把它推了出去。把海军历史恢复过来的努力充满了危险。我是从一名海军管理历史学家起步的。因为“海军”这个词出现在我做的工作当中，即便是这个职业，也使我像被人涂了柏油一样难受，而且为了取得任期，我不得不走进另一个领域。现在想想，不管怎样，也许当时我想那么做，我真地不知道我当时的动机是什么。但是，我那时知道，从职业角度看，我不能只抱着海军历史不放，然后在这一行中生存下去。我已经重新走进了海军历史，这是因为我有了国家赋予我的权力，有了经济和财政权力。我想，问题就是普通历史把海军历史推了出去。记住罗森伯格教授关于轻松路线的那席话吧。这种情况在其他领域也会发生。他们也挑轻松的道路走，而且这些道路也不都是那么宽敞。我们过去假装这些道路是宽敞的，而且我认为，为了达到论述和标准等目的，这是一件有用的事情，是要去做的。我会把大量的责备放在历史这一行本身的身上。这一行往往具有"海军"这个标签，让我们马上知道，我们要从那里开始，在我们这一行当中，一路向上坡路奋战。各种各样的人都知道这一点(我自己、乔恩·住田和约翰·哈滕多夫)，而且要把它做好，那就是一场非常艰苦卓绝的斗争。

安德鲁·兰伯特：我认为，海军历史的问题，回顾今天上午各位的报告，再看看海军历史对决策的影响这个问题，在一定程度上，原因可以追溯至英国那些档案的一个问题。如果你们看科贝特和里奇蒙德的作品，要考虑一下，在他们主要的历史专著类研究中，他们写的是什么内容。他们写的是一个于1815年结束的时期。19世纪80年代，虽然约翰·劳顿在英国开放了公共档案，但人们只能查阅1815年之前的文件。舒尔曼教授昨天有个观点，说科贝特有可能会写出一本关于克里米亚战争的佳作。我认为，这种可能性是不存在的。他不会查阅到那些公共档案的。我想，这是他们从专长角度讨论的东西和他们能探讨的东西之间存在差别的部分原因。举个例子，在《海洋战略的若干原则》中，在科贝特对克里米亚战争的叙述方面，他犯了一个非常愚蠢的错误。他的参考文献本来就非常少，而他误读其中的一个，于是得出了一些错误的结论。我认为，这是个问题，因为19世纪不是一个以战争为主的世纪，而是一个以技术变革和调整为主的世纪。具体来说，要是具备科贝特那种才干的历史学家，能够写出技术变革时期的历史，而不是战争时期的历史，他们就会更为19世纪和20世纪之交的人们所理解，而且也许会更直接地让人们对他们产生更多的兴趣。实际上，处于世纪之交的人们发现，历史学家的研究成果相关性较小。

关于海军历史这个更广泛的学科，有这样一种东西吗？海军历史是一门学科吗？或者说，我们真地是专门研究一个学科分支的历史学家吗？如果情况是这样的，我要提出的观点是，如果我们把自己看作是海军历史学家，那么我们从一开始就迈错了脚步。我们必须把自己看作是历史学家，因为如果我们不是历史学家，我们就不是海军历史学家。现在没有海军历史，但是有从海军视角写的关于海军主题的历史。如果我们忽略其他任何东西，那么我们就不是在书写历史。我们是在书写某种可能读起来有意思的东西，但那不是历史。

戴维·罗森伯格：兰伯特博士的第一点评论与档案的可用性有关，又回到了杰夫·巴洛提出的那个问题，关于官方历史学家的作用的问题。这个问题，我认为，想要解决是不容易的。官方历史学家面临一个有意思的两难问题。官方历史学家的确有权查阅不对公众开放的材料。问题是，官方历史学家应该为谁书写历史呢？受众在哪里呢？事实上，官方历史学家辛辛苦苦地干了很长时间，希望让材料解密，这样所有人都可以使用，而且一般来说都可以为他们所用。他们应该这样做吗？作为一名具有查阅特权的历史学家，从他正在为决策者提供的东西的角度来看，他的作用是什么呢？这是一个非常有意思的领域。实际上,如果材料按照正确的方式进行包装的话,这位历史学家可以接触到决策者。这位历史学家可以针对当时的问题,把这种材料用在一本简短的专著中,或者用在某种历史评论中,同时用上最近的材料。约翰·哈滕多夫在他做的一项关于美国"海洋战略"的研究中,就做了这样的工作。他的这项研究你们只看到了一部分,发表在《海军战争学院评论》上。问题是,有更多的机会吗?你可以在常态化、制度化的基础上做这样的工作吗?或者说,这项工作是否一定要在特定的基础上做呢?我认为,这是一件我们一直不能轻松处理的事情,虽然我知道有人尝试过。戴维·特拉斯克在国务院尝试过,按照那种方式来用他的那些历史学家。他们提供了一种公共信息服务,做得比其他任何工作都好。这是一个真正的两难问题,但是正如有接触机密材料许可权的人所知,在让你感到泄气以及偶尔内疚的事情当中,这些档案的可用性是其中之一,因为那里有你所知道的全部材料,但是如果你被困在等待解密过程的状态中,你怎么把它发表出来呢?

斯潘塞·约翰逊海军上校:主席先生,如果大家意愿听听一位正在服役的海军军官做几点评论,也许我可以对刚才提出的一些问题做一点说明。我必须得说,住田教授和罗森伯格教授的确引起了我的共鸣,既包括五角大楼实际做事的方式,也包括海军历史学家记录下来的和没有记录下来的事情。1982 年,两位马基雅弗利式历史学家被关进了一间屋子,而我是其中之一。我们有三个星期的时间拿出一份海洋战略,在此之前,在我们职业生涯中的某一刻,我们都读过马汉和科贝特的理论。我们俩一辈子都对海军历史感兴趣。在我看来,这是我们这一行的实验室。那些是这个实验室的报告:试验过什么是有效的,试验过什么是无效的。在实验时,我们完全知道,同样的化学物质混合起来之后，下次再从头做起时，可能会产生不同的结果。

所以，我们受到了海军历史学家或海军理论的直接影响吗？很可能没有。在潜意识里，我们受到了一辈子在海军里学到的东西的影响吗？答案很可能是肯定的。戴维·布朗试图调查清楚的东西，也许现在仍然不知道，首先是制定“海洋战略”的原因。这个问题又回到了乔恩·住田之前提出的一个观点。最后，这个根本原因在于资金和政策。在最初制定“海洋战略”时，对于在一场持续时间出乎意料或者尚不明确的战争中，要怎样让美国海军全体出动，与苏联海军决一死战，我们只是有一种间接的概念。制定“海洋战略”的初始推动力，与几个月之前里根总统上任这件事情有关。他是在一个支持加强国防建设的平台上就职的。虽然已经太晚，新政府无法向国会提交一份新的预算方案，但是他们确实想办法通过了一项国防补充法案，为美国的国防预算增加了许多钱。斯莫尔海军上将是当时的海军副部长。他告诉海军作战部六处（代号 Op－06，就是我工作的地方），在 10 月 1 日海军预算程序启动之前，他想要有一个海洋战略方面的概念，一个将指导规划人员和预算人员明智地花掉这笔钱的概念。这就是全部的推动力。它将为我们自己内部的预算人员和规划人员提供一份综述，内容是他们应该把钱花在什么上面，应该为了什么而花钱，以及不应该把钱浪费在某些可能会被认为是次要的或者无关紧要的项目上面。这是在 1982 年。

我可以告诉你们，在“海洋战略”的初稿当中，我们是没有时间表的。对于美国海军来说，所有战区合并在唯一一个概念性计划之下，近年来这是第一次。一开始的时候，我们绝对没打算让这个计划成为作战计划。然而，当各舰队总司令、海军作战部长和海军部长都赞同这个概念时，当海军作战部长指示，应在海军战争学院对这个概念进行兵棋推演，看看它会不会奏效，然后应把它纳入在太平洋和大西洋举行的舰队演习中时,它就具有了一份作战计划的色彩。当这个概念在舰上军官室级别较低的军官中施行时,在我们海军内部,一种全新思想的火花已被点燃,因为这个"海洋战略"已经制定完毕。它具有的作战色彩,是最初的起草者绝对没有打算让它具有的。

其次,"海洋战略"变成了其他事情的工具。它变成了一份有生命力的文件。在初稿当中,我和我的同事在发动核战争这个问题上停了下来。我们决不触碰核战争这个主题,因为那是将来其他时间和其他论战的主题。然而,"海洋战略"变成了两个新的核政策问题的工具。第一个问题是,如果与苏联海军对抗,而苏联海军在海上核武器方面具有压倒性优势,你怎样威慑他们使之不在海上发动一场核战争呢?苏联海军可能会认为,这场核战争会停留在海上。所以,在"海洋战略"后来的一个版本中,收录了进攻科拉半岛的内容,作为美国公布的政策,现在这些内容变得声名狼藉,而最初把这些进攻内容补充进去,只是为了影响或者告诉苏联人,任何在海上发动的核战争,都不会停留在海上。

1986年,当"海洋战略"以不涉密形式公布时,沃特金斯海军上将本人又补充了一部分,与追击苏联核动力弹道导弹潜艇的核动力攻击潜艇有关,而且基本上不会给它们任何避难所。所以"海洋战略"本身,就变成了其他事情的工具。最后,我可以再补充一点。当我们向国防部长卡斯珀·温伯格简要汇报这项"海洋战略"时,离"海洋战略"第一次呈现在世人面前已经有一个月了,他对"海洋战略"表现出了极大的热情。"海洋战略"告诉他,他要向国会解释建设由600艘舰艇组成的海军的理由,这就是他的解释之道,而且"海洋战略"会支持这一方案。"海洋战略"还告诉他,在里根加大国防建设的努力中,海军究竟要怎样花掉新拨给它的那部分钱。当他和各军种参谋长一起离开那辆坦克时，他转过身来，对参谋长联席会议主席说："什么时候我能见到陆军和空军的战略呢?"他现在仍然在等待之中。

我的观点，真地，就是这个。关于"历史学家怎样才能与海军军官具有相关性"，问题和议题已经提出。乔恩·住田和戴夫·罗森伯格都切中了要害，指出书面历史，按照历史学家目前的写史方式，只包含整个故事的一部分。我会再进一步说，即使是档案局里的档案，也只包含整个故事的一部分。所以，如果你真地想要了解整个故事的全貌，使它将来与其他海军军官具有相关性，你就必须得去追根溯源。这些源头就是制定政策的人，你必须得和他们谈一谈。你必须得知道他们脑子里想的是什么，他们是什么时候制定的政策，他们是怎样做出的决策，以及给他们带来影响的因素是什么。你必须得去诉诸鲜活的历史，而且你必须得在它还具有相关性时将其俘获。50 年以后，当这些档案开放时，那段历史就可以得到验证了。100 年以后，当再也没有可用的资料来源时，你就可以讲话了。但是，如果你没有俘获这段鲜活的历史，依我看，你就已经错过了整个故事的绝大部分。

安德鲁·戈登：我为安德鲁·兰伯特的评论喝彩。完全赞成！我想，海军历史的这部分问题，是从事历史这一行的其他人认为，我们认为这是一个独立的学科，在一个独立的领域当中，仅此而已。我想，我们在文化上是一个独立的实体，因为如果你要撰写海军历史的话，尤其是海军作战史，你确实必须得知道许多文化上不同的东西，以及许多你在其他历史领域中不会找到的东西。我认为，如果我们沿着我们一直在谈论的这些方向发展海军历史，与组织、经济学、政治学和社会学一起发展，如果你去看戴维·罗森伯格列出的 17 个标题(你能塞进去多少个具有相关性的学科呢?数量最高的可以拿到奖品。),那么我们必须要做的,要么是让受过这些学科相关训练的人走进海军历史领域,他们当中很少会有人打算这样做,否则我们就必须得尽力掌握与其他这些方法有关的技能。在一段时间内,我们将会极其业余,极其尴尬。为什么一些海军历史学家不愿意踏入这些领域,这可能是一个原因。由此很快就可以引出一个问题:你认为,如果我们成功地让经济学家、政治学家、政治历史学家、社会学家、组织机构的学生和其他人走进海军历史,那就不会使海军历史进一步远离正在服役的海军军官吗?海军历史与正在服役的海军军官之间的联系,会使历史这一行不愿意把海军历史当作一个有效的领域予以接受吗?如果我们正在取得进步(如果我们想要沿着那个方面取得进步),实际上我们是肩负着与正在服役的海军军官有联系这个重担,同时又使学术界不愿意接受我们吗?我无法确定我们能同时取悦这两个群体。这项工作会非常艰难。我们必须得努力去做。

戴维·罗森伯格:您的问题没有现成的答案,但是我会这样说,一名海军历史学家面临的要求,会最终与他对自己创作受众的理解有关。这是关键问题。理想的情况是,有一个人能用不涉及时代术语的方式交流,同时又能在更大的政治学界,就这些问题为我们的同事写东西。我认为,如果你意识到了你与之共事的受众的需求,这就不是一项不可能完成的任务。最终,问题就成了历史学家和海军军官之间亲密关系的问题。我们在座的各位,许多人都有这样的联系。这并不意味着每一位历史学家都应该有这样的亲密关系,但是我们当中确实有这种亲密关系的那些人,就有责任确保我们能让正在服役的职业军官,注意到他们在通常情况下不会注意到的信息。这项工作归根结底,就是个人以及他们如何工作的问题。

安德鲁·戈登:在我看来,您和乔恩·住田一直在讲的,是海军历史上一次由供给牵引的革命。如果这场革命不是由需求牵引的,那么它就完全是在浪费我们的时间,因为它绝对不会发生。与说服我们自己我们要去往何方相比,创造需求要难得多。

保罗·哈尔彭:道格拉斯博士就官方历史学家的作用做了一些精彩的评论。在科贝特的文章中,这个方面是没有谈到的。这不是他职业生涯非常快乐的结尾,而且对于他对日德兰大海战的论述,英国海军部拒绝承认,这也是众所周知的。然而,我想,应该指出的是,在一次有争议的遭遇中,在与那场海战有关的技术问题上,科贝特受到了“专家”的批评(和政治运动的影响),但是抛开这次遭遇的技术方面不谈,科贝特确实写了一些出色的作品。我感到遗憾的是,几乎没有人会再去真正地读一读官方的历史,因为科贝特对追击冯·施佩海军中将的论述太精彩了。他没有受制于克拉多克海军上将狭隘的叙述、海军部的责任、斯特迪海军中将等因素。相反,他描绘了一幅广阔的画面,跨越的地区大概是环绕地球的四分之三。他阐述了海军部怎样必须在遥远的地方做好准备。这些地方从太平洋延伸到好望角,再到喀麦隆,或者加勒比海。这真是一幅不可思议的画卷,描绘了一支强大海军的机动性和影响力。科贝特还使读者注意到了太平洋,注意到了澳大利亚皇家海军的“澳大利亚”号(HMAS Australia)战列巡洋舰是如何(姗姗来迟)与日本人短兵相接的。这是整个事件经常被人忽视的一个方面。

约翰·哈滕多夫:我想讲三点:第一,这场讨论一开始,乔恩·住田就提到了他那次非凡的好运气,找到了马汉题过字然后送给卢斯的那本《海军战略》。这是一条非常有意思的证据。虽然那本书没有得到仔细琢磨,但卢斯对它的内容相当熟悉。书中的大部分内容是1887年至1911年马汉在美国海军战争学院的讲稿。马汉不在的时候，威廉・麦卡蒂・利特尔把这些讲稿向连续几届学员宣读过。在这些年里，卢斯大部分时间都在海军战争学院。1899 年和 1900 年，他以非正式的形式参加了学员们的工作，并于 1901 年接到命令，开始进入现役，成为教员队伍的一员。1906 年，卢斯鼓动发起一场运动，让马汉回到海军战争学院，整理这些讲稿以便出版。1908 年，海军部长命令马汉只做这一项工作。1911 年 11 月末，由这些讲稿组成的书问世，题目是《海军战略》。然而，在那段时间里，卢斯出了点事情。我始终没能确定究竟发生了什么事情，但是情况是这样的：1910 年 11 月，海军事务委员会的参议员尤金・黑尔坚持让 83 岁高龄的卢斯退出现役。他继续给海军战争学院讲课，最后一次讲课是在 1911 年 6 月（讲稿刊登在美国海军学会《论文集》9 月号上）。他还写了一篇书评，9 月份刊出，还有一篇论文，12 月份刊出。这些著作标志着他多产的写作和演讲生涯落下帷幕。这些著作刊出之后，他再也没有发表过作品，虽然他一直活到 1917 年。迄今为止，他的官方病例档案，在他生病这件事上，给我们提供的证据很少，但是看起来他是得了中风。我以前经常在想，这件事发生在 1911 年 12 月中旬某个时间，但是马汉这本卢斯没有仔细琢磨的书提示我，这件事可能发生得更早。

第二，乔恩・住田和戴夫・罗森伯格在这里做出了一些特别重要的贡献，提纲挈领地论述了海军作战需要考虑的基本因素。他们的工作显然表明，如果要把握海军作战的过程，就再也不能忽视围绕战舰和海军领导人的科学、技术、经济、财政、官僚机构、后勤和政治因素之间复杂的相互作用。虽然我完全接受这种看法，但我也不想做得太过分，不会否认海军理论和海军思想史方面抽象研究的任何价值。虽然理论工作现在不是海军战略背后的驱动力，而且从来也不是，但是我认为，理论工作是有价值的，即使它仍然只是一种学术事业，即使它的历史发展仍然只是思想史中的一个主题。尽管如此，任何一位理论家都会指出，理论具有潜在的实用价值，即使有些人可能会忽视它。在我看来，关于海军的性质和特点，慢慢形成了一些抽象的理解，而马汉和科贝特等学者，包括他们之前和之后的学者，他们的观点正是这些理解的组成部分。这种抽象的理解，在埃尔韦·库托-贝加里的“海军思想的演变”这套丛书中，在海军学会主编的“海权经典名著”丛书中，都有提纲挈领的论述。我认为，这些思想在海军的实际事务中发挥了作用，而且可能会再次发挥作用。然而，这种作用既不应该忽视，也不应该过分夸大，因为通常情况下会有这些现象。此外，住田和罗森伯格的观点应该补充到这些理论当中去。

第三，我们曾经几次提到，职业海军军官是海军历史学家研究成果的受众之一，而且前面几位在发言中也含蓄地指出，作为一个整体，这类受众有着特殊的要求，可能会使我们与学术受众的要求产生分歧。我想，这是一个非常重要的问题，但是它更多的是给我们提供的一个机会，而不是需要我们叹息的事情。海军军官做得相当正确，把海军历史视为一种特殊知识和文献的一部分，而这种特殊知识和文献，把他们的身份确定为一种独特职业的一部分。在这方面，海军历史始终发挥着相对来说更为突出的作用，比如说，相对于教育史对于教师的作用或者法律史对于律师的作用，海军历史对于海军军官的作用更为突出，但是这些历史具有一些相似之处。在一种特定的职业当中，专业人士在运用历史时是有危险的，而我们作为历史学家，可以帮助他们预防这些危险。诺曼·吉布斯曾经写过：“军事历史，除非与普通历史的宏观研究紧密结合在一起，否则只会导致军人进一步陷入近亲繁殖的危险。”作为一名在海军工作的职业历史学家，我知道海军军官面临着同样的问题。但是，我们应该感激的是，海军军官对我们的工作有着天然的、职业的兴趣，而且不回避我们的工作。但是，我认为，必须要设法打破军官在学识上的近亲繁殖现状，鼓励他们对历史的原始兴趣，作为回应和拓展其洞察力的基础，吸引他们用更为宏观的普通历史观去看待问题。我有一种相当强烈的感觉。在一个民主国家，职业军官决不允许变成近亲繁殖的产物。正如某人多年以前跟我讲的那样："历史学家可以是军事工业复合体的文科传教士。"

詹姆斯·戈德里克：如果本次会议的第一个核心问题，涉及的是海军历史学家对于当代海军的恰当作用，那么这个问题至少已经得到了全面的考察，即使答案绝非显而易见。我自己的评估是，通过运用海军历史这一行的严谨做法和标准，对过去进行阐述，海军历史学家能够发挥最好的作用。正如科贝特证明的那样，界定行动原则，使之可以作为帮助评估过去的政策及其结果的工具，这是有可能的。但是，历史原则不一定能转化为当代的种种现实，而且进行这种尝试的历史学家，必须要为了自己如此专注的历史时期，把自己变成某种与之不同的东西。

这不是要否认历史学家可以为当代政策问题提供建议。他们显然可以发挥作用。有一句格言说，历史无论怎么写，都不会给现在的问题提供答案。相反，历史提出了在任何确定解决办法的尝试中都应该问的第一批问题。出于这个原因和其他原因，如果没有坚实的历史分析基础，理性上可信的战略研究就无法切合实际地存在。在这种情况下的类推，就不是盖房子"有砖头没灰浆"了；没有历史视野的战略，更准确地说，就是"有灰浆没砖头"了。正如唐·舒尔曼在发言中做的评论所暗示的那样，基本的观点是，历史为了自身的缘故，又作为一种服务其他目的的工具，其价值取决于历史学家在做自己的工作时所用的学科。

对于海军历史在当代政策制定方面的作用，这种判断对科贝特和里奇蒙德的态度至关重要。里奇蒙德反复强调，他把历史视为达到目的的手段，但是这是一种间接的目的。作为一名海军问题思想家和计划工作者，他把历史作为个人训练的一部分进行研究，而且他的职业优先内容始终在于当代的问题。他之所以支持把历史当作海军内部教育的一种工具，也是出于同样的理由。作为一名海军军官，他重视历史，不仅是因为历史自身的缘故，而且还因为历史在形成才智方面的作用。他还把历史，特别是与英国皇家海军及其对英国安全所做贡献有关的历史，视为一个直通当代问题的连续统一体。在从历史中吸取教训方面，他没有花那么多心思，但是可信的政策应该在特定的背景中形成，所以他把主要精力放在了确定这种背景上面。里奇蒙德，尤其是在他的晚年，写了许多明显只具有较小吸引力的作品，代价是牺牲掉了对重要性进行的历史分析，因为他相信，他的真正职责，无论在皇家海军内部还是外部，在于努力尝试影响当代的国家安全政策。丹·鲍指出，里奇蒙德从来都不是一名新闻记者。这是对的。但是，他仍然是他那个时代的一名海洋战略分析家。

这就解释了为什么其他历史学家，在里奇蒙德自己所熟悉的领域内，有时难以对他做出判断，但是如果我们要认为，海军历史在海军军官教育方面有任何地位的话（这也是本次会议的第二个引人关注的问题），那么里奇蒙德海军上将的立场，就是我们必须要理解的事情。

里奇蒙德本人不止一次地沦为他探讨的海军问题那种复杂性的受害者，而且可以公平地说，他的历史视野往往使他极度轻视或彻底忽视技术变革的影响。戴维·罗森伯格和乔恩·住田都指出，我们需要理解技术在海军历史中的地位，以及技术发展的后果在海军历史中的地位。在这个问题上，他们与科贝特的判断是有共鸣的，都认为历史学家只有不辞劳苦地掌握海军职业的要素，才能理解海军问题。如果科贝特没有察觉到，位于下风向的海岸会给人带来感觉不到的恐惧，他就没法写德雷克时期的海军，而且在写《海军作战史》的过程中，他是非常勇敢的，努力理解1914年至1918年期间海战的复杂情况。

住田和罗森伯格的判断具有启发意义，表明新的能力不会使海军作战行动简单化，而是会使其复杂化。作为一名当代分析家，科贝特谨言慎行，这说明他会非常赞同住田和罗森伯格的判断。如果提供给海军指挥官的东西越多，他们一直努力去做的工作就会越多，而且在做出这种努力的过程中，他们会越来越受制于克劳塞维茨的战争与摩擦的化身。

这种复杂化趋向的内驱力，正是海军普遍不研究历史的根本原因。在本次会议上，我们讨论了海军教育问题。这些讨论的潜台词，正是这种不作为。从本质上看，各国海军都是高度务实的组织。派遣舰艇出海并让它们留在那里，这项工作难度很大，对才智和精力要求很高，所以逐渐形成了一种倾向，任何事情，只要与迫在眉睫的任务不直接相关，海军就会不重视，就会认为多余。经验会成为主宰。因此，如果在一段漫长的时间里有一点技术变革的话，各国海军就会专注于以前发生过什么；从作战意义上讲，它们变得高度保守。如果某种东西以前没有试验过，现在也不会试验；如果一项建议曾经失败过，第二次尝试会因第一次的失败而遭到拒绝。各国海军最终体现了“莫让新生事物出现”这句西班牙语祝福语的含意。

然而，加速技术变革，再加上同样的“务实”方法，依赖个人经验来决定什么具有相关性，就像海军的实际做法那样，使海军不可避免地不把历史作为一种指导来源。海军的集体记忆始终与这个军种所用技术的使用年限有直接关系。科贝特和里奇蒙德与这种趋势展开了艰苦卓绝的斗争，取得了喜忧参半的战果。科贝特和里奇蒙德的服务性工作，目的是要明确，历史专家对风帆战舰时代进行的历史分析确定了一种背景，在这种背景下，战略、战役和战术决策过程可以变得非常明显，以致在研究过去的过程中，当代行为主体取得的利益从学术角度来看会变得无懈可击。在本次会议上，他们的一些接班人提出的问题是，我们作为历史学家，已经让“复杂化进程”把我们自己落在了后面。蒸汽时代各国海军的演变，以及接踵而来的飞机时代和导弹时代各国海军的演变，如果探讨起来，与探讨之前各国海军的演变相比，难度要大得多。然而，我们的相关性，取决于我们是否成功地尝试了这样的探讨。如果这些探讨足够好，海军军官就会自由地吸取教训，找出他们认为适当的相似之处。这便是历史学家应从当今世界为自己的历史学科所期盼的一切。

第十章　科贝特与20世纪90年代

杰弗里·蒂尔教授
（英国格林威治皇家海军学院）

世纪之末的海军议程[①]

随着20世纪临近结束，现代海军正面临着一种形势，而它们对这种形势的许多细节都不熟悉。在世界范围内，海军计划人员不得不重新考虑，海权和海军能为全球安全和繁荣做出什么样的贡献。在这方面，在海军常常炫耀的特色当中，有一个始终是它们了不起的多面性。随着新世纪的不断召唤，对这个属性的需求肯定会很大。世界上主要的海军将需要执行范围广泛的任务，但是它们拥有的资源会显著减少，面对的战略、政治和经济背景会充满不确定性和不可预测性。

根据图1给出的思路，可以看出各国海军面临的军事要求的范围。值得强调的是，图1给出的只是一个范围，各个范畴之间的界线经常是非常模糊的。科贝特会发现，作战是最熟悉的

① 绝对不应以任何方式认为本章中表达的看法反映的是官方的观点。

要求范畴。这个范畴在量表上的一端可以是全面战争，而另一端可以是有限战争，这要取决于一些明显的特征，比如时间长短、地理范围、目标选择原则，等等。在这个范围的最顶端，有一种最严重的前景，但也是最不可能的前景，即与一个大国发生冲突。仅就计划工作而言，西方海军的计划人员可能想把俄罗斯联邦海军(RFN)作为所需特征和能力的衡量对象，而不会像20世纪20年代初期美英两国海军互相看待对方那样来看待俄罗斯海军。(鉴于俄罗斯的国内形势)这种可能性仍然很大，足以使这样一种演习很有意思，因为即便是进入21世纪，在喀琅施塔得、科拉半岛和海参崴地区行动的舰船和潜艇，数量肯定仍然会很庞大。我们的计划人员可能还会专门指出，在过去200年里，俄罗斯海军大部分时间都是一支举足轻重的海军力量。俄罗斯的邻国也不需要多少提醒，都会认为在可预见的未来，俄罗斯将继续是欧洲最强大的军事强国。针对这样一种紧急情况(无论看起来有多么不可能)的战备要求，催生了一种对海上能力的需求。这些海上能力与"冷战"期间保持的海上能力相似，其中一些会是科贝特相当熟悉的。竞争状态下的两栖作战、制海作战、深水反潜战，以及在海上部署核威慑力量，看起来都将属于这个范畴。

<table>
<tr><td>作战</td><td>与大国海军对抗
与小国海军对抗</td></tr>
<tr><td>海军外交</td><td>压制性
联盟建设
海上援助</td></tr>
<tr><td colspan="2">海上的良好秩序</td></tr>
</table>

图1

尽管如此，鉴于当前的政治形势，"俄罗斯威胁"几乎不可能仅仅是一种计划策略，也不可能对伦敦或华盛顿的财政部的看法没有影响。在没有任何可确定的大国敌手的情况下，海军的各项计划仍然需要制定出来，而这是一项海军不熟悉的工作。随着“冷战”的结束，人们普遍期望得到一种和平红利，而这些期望将使这个问题更加严重。因此，在20世纪最后十年结束之前，美英两国海军将进行大规模裁军。1991年8月，莫斯科政变失败。在此之前，海军的裁减力度预计是20%～25%。这次裁军的力度或许会要明显大于这个比例。欧洲各国海军可能会期望，从现在开始，部署在欧洲水域的美国海军部队会比之前少很多。在考虑前苏联事变给海军造成的影响时，这一点值得记住。在当前的情况下，欧洲各国海军更可能效仿海上强国的做法，而不会尝试去弥补任何实力上的欠缺。

根据所有这一切，海军计划人员要把他们的考虑建立在什么样的基础之上呢？由于他们再也不能把敌人的特点作为所需能力的衡量标准，海军计划人员也无法确定应该用什么来取代敌人的特点。也许，这种衡量标准应该是盟友的要求，或者是国防工业的需求，或者是根据国家基本利益外推的系列能力，或者可能是经过巧妙伪装的既定先例。如果这种方法反映的是海洋地位和形势的真实连续性，那么把它当成“老思维”简单地拒绝掉就会是不公平的。例如，英国的海洋需求肯定应该继续由它的地理位置、它对海上贸易的持续依赖和它与美国通过大西洋建立起来的联系来确定，至少在一定程度上如此。像这样的特点不应是稍纵即逝的，而应该在一个相当令人困惑的动态世界中，提供一定的连续性。

海军任务的第二个层次，即与一个威胁性不那么严重的敌人打一场重要的战争，显然有一些要求。基于这些要求做出的某种估算，也不可能像硬性指导那样，给海军计划人员提供很多依据。每种情况都将难以预测，而且很可能在许多细节方面都有其独特性。例如，"沙漠风暴"行动是在一系列非常独特的地理、战略和政治环境下打的。由于这些独特的环境，把从那里吸取的教训简单运用到其他不同情况下就会变得很危险。但问题是，在应对一个有不可预知的多重风险的环境时，几乎每一个可能的敌人和每一种能力，在未来的计划工作中，都可以变得看上去是一个必须考虑的要素。特殊的例子使一般性结论更加难以得出。

通过对武力的有限运用，比如20世纪80年代美国海军对利比亚采取的军事行动，我们可以逐渐采用富有战斗性的外交和压制策略。海军活动的这第二个维度包括继续执行海军外交的各项任务，实际上是扩展这些任务。在一个混乱无序的世界里，海军外交相对来说，可能比在过去更为重要，因为海军外交可以为维护国际稳定做出贡献。过去几年以来，我们已经见到了这类活动的许多实例，特别是在波斯湾、地中海和非洲沿岸地区。海军部队确实具有外交职能方面的巨大优势，因为他们具备固有的灵活性和机动性，而且他们的责任有限，所以如果事情出了差错(这种情况经常发生)，海军部队能够很容易地撤回，难度要比撤回地面部队或者可能派出的空中力量小得多。

我们可以期望，这种海基稳定行动大多可以在某种合作性背景下发生。在这种背景下，每个国家都是一支联合部队的出兵国。这支联合部队或许要在北约、西欧联盟(WEU)或联合国等国际组织的支持下行动。从联盟建设角度看，这种"多国海军合作"(经常缩写为"MINCO")概念也会带来重要的政治利益。创造联盟和为联盟服务肯定会继续成为一项重要的海军活动，会一直持续到21世纪。这项活动是通过多种手段实施的，包括海军联合演习、联合采购、人员交流，等等。针对所有这些目的，海军计划人员无疑会觉得，他们需要提供思想上要与盟友合作的部队，而不是思想上要与敌人作战的部队。因此，各国海军将成为比其过去独立性要小得多的“独立行为主体”。他们会越来越多地与其他行为主体一起为共同问题寻找解决办法。

最后，在这个似乎是在“后冷战时代”出现的海军要求新范围中，剩下的就是那些与维持“海上的良好秩序”有关的更为单调乏味的任务。海基资源(石油、天然气、渔业资源等)越来越重要，而且毒品走私分子、非法移民等，很容易对国内社会构成威胁。这些情况表明，维护海上秩序的任务可能会变得至关重要。这里的当务之急，可能是毒品走私分子、阿尔巴尼亚或阿尔及利亚乘船外逃的难民、污染、资源监督、非法捕捞，等等。环境关切可能会成为一个特别重要的增长领域。这些不可避免的因素显然有助于制定海洋要求，但是可能看上去会是一支“蓝灯海军”而不是一支“蓝水海军”的关切。尽管如此，它们是传统的海军关切，而且在全世界范围内，当然在规模较小的海军当中，它们被广泛地视为海军计划人员要为之准备的最优先内容。

总而言之，在接下来的几年当中，现代海军面对的任务范围很可能要扩大，而不是要缩小；另一方面，资源很可能会继续减少。在“冷战”时代，海军计划人员已经习惯了政治界和战略界给他们提供的指导，但是现在，政治界和战略界为他们提供的指导要少很多。事实上，这一现象没有任何新意。例如，在两次世界大战之间的那段时期，英国各军种参谋长就不停地抱怨，关于他们要准备与谁打仗和什么时候打仗，他们从政治领导人那里得到的指导很少。

在这种情况下，因为他们操控着灵活性几乎无限的部队，又因为他们经常无法找到愿意告诉他们要做什么的人，水兵们往往会对他们的批评者称之为“参数计划”的工作感兴趣。他们拒绝被一种想定绑定，以免这种想定不适合他们应对另外一种想定的情况;相反,他们更喜欢依赖海权的固有灵活性,以便提供必要的选择。有一种特殊的、几乎难以理解的信念,认为一支一流的力量均衡的舰队,有能力妥善处理几乎任何事情。水兵对这种信念有着本能的反感,但是对于跟他们不在一条战线的人来说,这种反感显然会使后者感到愤怒。因此,就有了二战期间美国陆军部长亨利·史汀生那番著名的轻蔑之辞:

> "海军部……经常看上去从逻辑领域退出,然后走进一个昏暗的宗教世界,其中海神尼普顿是上帝,马汉是他的先知,而美国海军则是唯一的正统教堂。"①

有时候,这种必要的思想混乱会被认为是要将就一种模糊状态,会引发人们提出建议,认为海军计划人员应该提高他们所做预言的质量,而不是设法说服财政部允许他们发展妥善处置预言失败的情况所需的灵活性。但是,要点在于,海军计划人员将来可能会更多地运用这种曾经受到批评的方法,而且这种方法或许将来仍然会受到批评。

所以,在这种情况下,科贝特能帮上忙吗?这里的问题,与科贝特能在多大程度上帮助我们有关,不是在了解过去方面,而是在为现在和将来做准备方面。

"了解这些过去的时日有什么用呢?"②

乍一看,科贝特似乎不可能为解决20世纪末海军计划人员的问题做出任何实质性贡献。科贝特自己就说过,历史的价值

---

① 引自R·科默著,《是海洋战略还是联盟防卫?》(马萨诸塞州坎布里奇:阿布特图书出版公司,1984年),第11页。

② 马汉致卢斯的信,1886年1月22日,引自阿扎·加特著,《军事思想的发展:19世纪》(牛津:牛津大学出版社,1992年),第180页。

之一在于，历史既强调过去和现在的相似之处，又强调二者的不同之处。在20世纪的第一个十年和最后一个十年之间，有着太多非常明显、非常重大的不同之处，因而他得出的关于海洋战略和海权的结论，很可能不适用于现在。要论证这一点是很容易的。

首先，有充分的理由可以说，当代的海军技术与科贝特时代的海军技术差别很大，所以他对海洋战略原则的评论，虽然可以澄清一些东西，但同样也可以使一些东西变得模糊。当科贝特设法证明战争的原则永恒不变时，实际上他面对的是来自自己的一种指责。在格林威治皇家海军学院和其他地方，他成功地挑战了一种实在是太普遍的偏见。这种偏见认为，从帆船时代得出的教训，与机器时代海军军官的关切毫不相干。一位分析家曾经公平地说过，科贝特的辩解建立在他界定这些教训和原则的方式之上。

> “科贝特并没有声称，历史研究会为将来的战斗和战役怎么打提供详细的规则。历史研究的价值在于，揭示海权的永恒特征，揭示海权对国家战略所做贡献的特殊性质，揭示海权可以实现什么目标，并揭示海权有什么局限性。具备了这些真知灼见，当代的海军指挥官就会掌握过去这些经历的模式，成功的是什么，失败的是什么，并根据这些来评估他现在的形势，评估惬合心意的行动过程。”①

科贝特对待这个问题的态度，在他对待德雷克的态度上可见一斑。一方面，他对以下事实感到痛惜：“……在伊丽莎白时

① 布赖恩・兰夫特，“朱利安・科贝特爵士”，载G・蒂尔著，《海洋战略与核时代》（伦敦：麦克米伦出版社，1984年），第40页。

代,人们对海战原则的了解与对海战局限性的了解一样少。”[①]同时,他对约翰·蒙哥马利等人1570年提出一系列观点的努力拍手称快,认为这些观点“听起来是那么地合理,现代性是那么地强烈。”[②]另一方面,他钦佩德雷克,因为德雷克在建设性地运用这些原则时,时刻准备着“……要打破规则”[③]。由于科贝特显然把战争的原则视为一种针对思想的指南,而不是针对行动的指令,因此很难理解为什么技术进步竟然会削弱他的思想的价值。

战略上的变化削弱了科贝特的结论作为未来决策指南的实用性。这种主张的实质性更强。一方面,现在国际政治制度的价值与科贝特时期的不同。科贝特赞成他那个时代流行的社会进化论观念,认为国际政治是“一场巨大的博弈”,[④]在这场博弈中,列强被套上了一场争夺权力和影响力的艰苦斗争的枷锁,与现在相比,他们更乐于准备相互动武。这一点对海洋战略特别重要,因为海军至上主义和帝国主义之间存在着明显的联系。但是,“冷战”结束了,公认的世界新秩序开始了,强调共同安全和集体行动,保卫第三世界的稳定,使科贝特关于大国关系的许多评论和假设,看起来具有不再流行的对抗性。

这种情况的结果是,至少乍看上去,科贝特似乎没有谈及图1中体现的量表底端的那些海上活动,而且这些活动很可能会成为21世纪各国海军总体任务中比例不断增长的内容。因

---

① J·S·科贝特著,《德雷克与都铎王朝的海军》(以下简称“《德雷克》”)(伦敦:朗曼与格林出版公司,1917年),第1卷,第ⅸ页。

② 《德雷克》,第1卷,第345-347页。

③ 《德雷克》,第2卷,第75页。

④ J·S·科贝特著,《英国在地中海》(伦敦:朗曼与格林出版公司,1904年,以下简称“《地中海》”),第2卷,第30页。

为同样的原因，科贝特**确实**集中精力关注的那些问题，也有了一种时代错误的味道。在一个时代中，由于各主要海上大国看起来没有重大的、明确的敌手，而且许多人认为，**在海上**发生持续冲突这种可能性本来就难以置信，所以科贝特的许多当务之急，看起来基本上是毫不相干的。他的焦点在于互相都想击败对方的大国海军，而不在于像现在所期望的那样，合作应对造成地区混乱的某种共同根源的大国海军。他对联盟战争的技术性细节感兴趣，这无疑是受到了他的良师益友克劳塞维茨的影响。这种兴趣似乎不会给处理集体维和行动问题的现代计划人员提供多少实用的指导。

以上这两点似乎是科贝特面对的最为严重的指责。科贝特的论点是，从过去得出的思想“……会点亮以后各个时代的大部分黑暗之处”①。他的著作在当代的重要性，需要用这条标准进行判断。在考虑这个问题时，我们会考察当今海军计划人员面对的若干当代问题，看看合情合理地说，科贝特可以提供什么样的指导。

海权的当代价值

科贝特相当清楚，海上的权力意味着陆上的权力。“在本书当中，”他在《德雷克与都铎王朝的海军》中写道，“笔者试图从总体上考察一些客观情况，英国正是在这些客观情况下，通过它的海权，首先成为了欧洲体系中的一支控制力量。”②英国在地中海中的经历也为同一个问题提供了佐证。驻扎在海峡中的一支

① 《地中海》，第1卷，第vii页。

② 《德雷克》，第1卷，第vi页。

海军,“……楔入了法国海上力量的两个中心之间”,而且“……蛀入了法国的根基”①,给法国海军提出了一个战略问题,削弱了法国的国际地位,并且发挥的政治和战略影响与已部署的兵力不成比例。海权可以主导世界大事,这件事情只是主导方式的一个实例。

对于那些从比较狭隘的、比较实用的角度看待海权的人,他持批评态度。对于那些把海权的战略重要性与戏剧性战役的发生率混为一谈的人,他尤其持批评态度,指出“作战行动……经常给海军的运动情况以虚假的重要性。”②有些人认为,海军是一种收入来源,而且有些人痴迷于掠夺的前景。这些人有时还会曲解海上力量的适当作用。“对满载珍宝的舰队的古老渴望……”有时破坏了战略计划,“……就像这种渴望破坏过伊丽莎白时代英国人的战略计划那样。”③“……有一种古老的狭隘观点认为,[海军]是注定要提供商业保护的力量,”④对此他也持反对态度。

如果各个国家想要充分利用海权的潜能,那么各国应该怎样对待各自的海军,科贝特有一些含蓄的建议。他警告说,要恰当地利用这些潜能,各国需要把海军看作治国艺术的一种**永恒的工具**⑤,而不是一种当紧迫需要出现时,可以临时打造的工具。此外,他认为,制定国家战略时,给予海权应有的地位的能力,由于国内政治的干涉,经常带有致命的瑕疵。“在国内,”他在《德雷克与都铎王朝的海军》中说,“政治斗争是至高无上的,

---

① 《地中海》,第2卷,第175-176页、第182-183页。

② 《地中海》,第2卷,第163页。

③ 《德雷克》,第2卷,第54页,以及《地中海》,第2卷,第218页。

④ 《地中海》,第2卷,第232页。

⑤ 《地中海》,第1卷,第225页。

任何事情都必须服从政治斗争。”①关于海军行政、政策、资源配置等因素的战略影响，科贝特讲得很少，因为他对战略的看法非常像对战役的看法。

他认为，海权作为国家战略的一部分，最大的优势之一，是海权在有限冲突情况下的特殊效用。在主角不是邻国的情况下，在距离使报复难以实施的情况下，以及在地理条件有助于隔断任何战斗或者至少会限制战斗范围的情况下，任何冲突都可能会受到限制。拥有制海权的国家处于最有利的地位，可以选择它想要的冲突是多少②。海洋国家可以限制自己的责任，限制的方式是其他国家无法企及的。

在这些思想当中，许多似乎会以惊人的程度保持其凸显度。在一个“冷战”可以有理由被描述为马汉的鲸鱼战胜了麦金德的大象的时代里，可能看起来奇怪的是，海军至上论者担心，人们已经认识到的海权的重要性可能会下降，但情况看来的确如此。现在，没有一个各方一致认定的海上敌人，而且发生重大海战的可能性令人难以置信。这种现实可能会被怀疑论者视为一种迹象，认为海洋的重要性不如从前，而且一定会被他们用作大幅削减海军实力的理由。科贝特曾经告诫说，决策者应该给予海洋应有的地位。因此，他的告诫仍然还是很有效的。

例如，在编写《官方历史》时，科贝特担心英国已经误入歧途，在受陆地束缚的大陆战略中陷得太深③，而且有忽视重要的海洋可能性的危险。他认为，在他周围，他看到国家战略正在过

---

① 《地中海》，第2卷，第139页。

② J·S·科贝特著，《海洋战略的若干原则》，E·J·格罗夫编（伦敦：布拉西出版公司，1988年，以下简称“《若干原则》”），第53-58页。

③ 唐纳德·M·舒尔曼著，《朱利安·S·科贝特：1854—1922》（伦敦：皇家历史学会，1981年），第152-169页。

度“大陆化”，可能会危害国家利益。即便是在现代海洋国家，也有可能会看到同样的影响力在发挥作用。在围绕“沙漠盾牌”行动和“沙漠风暴”行动的性质和重要意义而展开的论战中，结果已经证明，海军至上论者的主张是必要的，因为他们指出，海权漫长、缓慢而且经常平淡无奇的过程仍然至关重要，即使是在拥有飞机、导弹和先进武器的时代，情况也是如此。

在有限冲突的情况下，这可能尤为正确。当海洋这个维度起核心作用时，科贝特关于有限冲突相对可控性的论述，可以通过经常用于对比的两场冲突来证实。这两场冲突，一是 1982 年，英国和阿根廷在福克兰群岛发生的那场既可控又有限的海基冲突，二是差不多在同一时间，以色列在黎巴嫩与之发生的开放性的、不断升级的陆战冲突。政治家们控制有限海基军事行动的能力，似乎比他们控制有限空中或地面军事行动的能力要强。因此，即使在维护稳定的行动中，各大国也更加愿意投入海军部队，因为海军部队可以相当容易地撤退，而空中力量或地面部队经常做不到这一点。国际社会对前南斯拉夫悲剧事件的反应，恰恰说明了这一点。正是在这样的情况下，科贝特关于海权**政治**价值的评论，才看起来特别恰到好处。

科贝特的论证主线是相当明确的。就他而论，舰队的第一项职能是“……要支援或阻碍外交努力。”[①]但是，在他那个时代，大国外交的竞争性倾向意味着，他的重点是在海军外交的**压制性**作用上。科贝特没有详细论述海军外交的技术性细节，没有像现代学者那样对有用的细节进行论述。此外，对于海军外交这个量表的较低的一端，即压制性不那么强的一端，他要说的

① J·S·科贝特著，《七年战争中的英国》（伦敦：朗曼与格林出版公司，1907 年，以下简称“《七年战争》”），第 1 卷，第 6 页。

也不多。当代海军计划人员目前关注的，是海军活动可能为创建或维持同盟或联盟做出的贡献，可以通过一系统活动予以实现，包括双边或多边演习、多国部队编制会谈（至少在新北约内部）、联合采购、参谋学院交流、军舰访问，等等。通过所有这些方式，各国海军真真正正地为现代各国的外交做出了贡献。科贝特肯定会赞同所有这一切，而且无疑会饶有兴致地阅读这些正在形成的文献资料。但是，因为他的创作时代对抗性更强，而且与现在相比，各大国都在一个相互依赖程度要小得多的世界中开展活动，所以坦率地说，他的著作可提供的建议不多。

在科贝特的各种著作中，还出现了另外一个主题，即严格来讲，国内政治和经济事务可能对海军政策造成的冲击。对此，我们可以给予大体相同的评价。他认为，这种冲击经常造成负面影响，因为它会导致意见分歧，或者导致用于海军目的的国家资源无端减少或运用不当。把越来越少的资源与显然不断扩大的义务匹配起来，是一个难题，而且议会议员急于保护他们的选民，因此会向现代海军计划人员施加压力。在设法解决这个难题和应对这种压力时，现代海军计划人员会意识到这个问题。但是，至于应该怎么解决这个问题，他们还是无法从科贝特那里找到多少有用的建议，只能尽其所能，把他们的专业问题尽可能清楚地提出来，使之尽可能有说服力。现在，有许多书很有用，详细地剖析了这样的考虑对海军政策造成的冲击①，但是没有一本是科贝特写的。

总而言之，关于海权的持续效用，科贝特的见解和有力的论据，在当今时代依然具有高度的相关性。在这个时代中，我们已

① V·戴维斯著，《海军上将的游说团》（北卡罗来纳州查珀尔希尔：北卡罗来纳大学出版社，1967年），是这类著作的优秀早期实例。

经看到，所有的海洋国家都在对计划好的海军兵力水平进行完全可以理解的削减，而且这种削减也许在很大程度上是无可非议的。科贝特的观点应该会提醒防务计划人员，在一项制定得当的国家或联盟安全政策中，他们需要确保海权得到应有的注意。完全可能的是，鉴于现在和将来的不确定性，我们的计划人员需要他们能够得到的所有帮助，而且要是故意忽视任何建议来源，或者（当然就现在而言）任何像科贝特的见解那样有说服力的观点，那是他们承受不起的。

诸兵种合成的战法

> “由于人类生活在陆地上，而不是生活在海洋上，所以交战各国之间的重大问题，除了在极其罕见的情况下，始终都是以两种方式得以确定的，要么是你们的陆军能对敌人的领土和国家生活做点什么，要么是你们的舰队使你们的陆军有可能做什么给敌人带来恐惧。”①

科贝特强调的是海权可以而且应该为国家战略做出的贡献。显然，这种强调没有使他做出危言耸听的夸张。承认海权的局限性，作为一个中心思想，贯穿着他的著作。他说：

> “近年来，世界对海权效力的印象已经变得如此之深刻，以致我们倾向于忘记，在决定一场与欧洲大陆强国发生的战争方面，海权本身是多么地无能为力，而且如果不能与军事和外交压力很好地协调起来，海军行动的压力是多么地单调乏味。在打败西班牙无敌舰队

① 《若干原则》，第16页。

之后15年，我们才能与西班牙得到和平，即使这种和平建立在战前状态的基础之上。在特拉法尔加海战10年之后，大革命时期的法国才接受了战败的事实。在热那亚湾，纳尔逊第一次与其海战艺术的终极问题面对面。‘我们英国人，’纳尔逊在那里写道，‘我们英国人不得不感到遗憾，因为我们不能始终在海上决定帝国的命运。’”①

因此，他强调，要在海军战略和军事战略之间达成一种有效的平衡，而且这种平衡的基础，是要坦率地承认，这两种战略的概念、程序和要求，在许多要件方面有着根本的差别。在万恶的旧时代，苏联人在这个问题上的思想经常是很有特点的，认为海军战略不是独立存在的。他的主张与之相反。他认为，一个国家的战略更应该是一种综合体，是从互相对立的因素结合体中得出的。

这两种战略之间的平衡所采取的形式，既要取决于国家的总体情况（因为有些国家显然比其他国家海洋性更强），又要取决于当时战略上特殊的迫切要求。在谈到日俄战争时，他对这一点的看法最有意思。这场战争是一场斗争，涉及一个非常强大的海洋国家，即日本，因为日本得到了一个非常具有海洋特色的战利品，即朝鲜半岛。因此，不足为奇的是，日本战略中的海军要素会在许多情况下占主导地位。在这种情况下，“……一切都要以海洋因素为转移。”②他以赞许的态度，描述了日本人逐渐组建联合参谋部的方式，而这个结论正是建立在这种方式千

① 《七年战争》，第1卷，第5页。

② J·S·科贝特著，《日俄战争中的海上作战行动：1904—1905》（伦敦：海军部战时参谋部，1914年，以下简称“《日俄战争》”），第1卷，第17页。

头万绪的细节之上的。他还指出，在一场基本上是两栖战争的冲突当中，在海军的要求和军事上的要求之间，作战方面的优先内容经常不得不把海军维度放在前面，即使这样会导致海军与陆军之间关系紧张①。

尽管如此，科贝特也没有忽视地面战争的合理要求，即使是在海洋环境下打的地面战争。鉴于这些情况，他认为："显而易见，根据这些路线来打的战争，要求陆军和海军的协调工作要非常准确。这一点，实际上，是头等必要的大事。……"②日本舰队一经集结，"……陆军和海军的运动就会相互关联，而且我们的立场必须是，陆地上和海上的军事行动，都能尽可能密切而清楚地控制在视线范围内。事实上，这场战争基本上变成了两栖战争，而且单个战区内，海军和陆军的军事行动如此紧密地交织在一起，以致一个军种的行动离开了另一个军种的行动，就是难以理解的。"③同样显而易见的是，在海洋性不那么突出的冲突中，可以期望陆军要素占主导地位，但是在这种情况下，海军要素可能需要得到保护。

所以，所有这一切对于当代海军计划人员具有什么样的启示呢？四个临时性结论立即浮现在我的脑海当中。第一，研究这些问题后，可以认为，忽视海权的局限性，或者夸大海权应该主导国家或联盟战略的程度，这两种做法都是不明智的。实际上，科贝特倡导的那种海洋或两栖战略，可以说已经失败了，即使是对于作为海洋国家的英国来说，在20世纪的大部分时间

---

① J·S·科贝特著，《日俄战争中的海上作战行动：1904—1905》（伦敦：海军部战时参谋部，1914年，以下简称"《日俄战争》"），第1卷，第174-175页及第328页。

② 《日俄战争》，第1卷，第68页。

③ 《日俄战争》，第1卷，第187页。

里，那种战略也是失败的①。水兵不应该承诺他们无法兑现的事情。

但是，第二，正如我们已经看到的那样，同样重要的是，海军计划人员要坚持认为，国家战略的海洋组成部分通常是不可或缺的。一项平衡的联合战略可以充分利用陆海空三军能够提供的战力。当极端主义得以避免时，当陆海空三军把炮火对准其他人而不是互相对准时，这种情况更有可能发生。对于这些问题，科贝特的方法承认海权的局限性及其长处，显示出了镇静的节制，因此在当前的情况下，有许多值得推荐之处。

第三，科贝特对海洋国家的独特兴趣，并没有使他忽视以下事实，即战争的三个维度（地面、空中和海上）的最佳组合要根据具体情况而定，而且几乎可以肯定的是，每一次战争的最佳组合都会不一样。在一场与一个来自大陆的敌手进行的大规模战争中，与针对遥远的中等或二三流强国的干预行动相比，海上要素可能会没有那么重要。基于海洋的战法可能特别适合带有浓厚政治气息的有限军事行动，就像我们已经见到的那样。尽管如此，每种情况的唯一性，再加上再明显不过的一点，即我们没有预测事件的能力，强调了能力合成的必要性，各个国家或联盟从中可以做出最佳选择，以便适合各种情况。最重要的是，这种唯一性强调了灵活性的必要性以及各军种之间养成合作习惯的必要性。

第四，科贝特不停地提醒人们，海战不同于陆战（而且大概也不同于空战！），而这些提醒也许应该会使海军计划人员认为，华而不实的参谋机构和华而不实的概念，应该以每个军事维度

① 关于这一点，有一项有用的讨论，参见戴维·弗伦奇著，《英国的战法：1688—2000》（伦敦：昂温·海曼出版公司，1990年），第146-201页。

所能提供的不同品质的建设性组合为基础，而不是以这些差别不存在这样的借口为基础。水兵要想在至高无上的层面做出有用的贡献，他们首先需要掌握海军的本领。这种观念对于政策、教育和训练都有许多启示。

作战、制海权和舰队的构成

自相矛盾的是，正是在科贝特让他的海军受众感到最心烦之处，才是他应该对他们贡献最大之处。科贝特再三设法提醒水兵，他们不应把制海权本身视为一种目的，而且制海权是一个相对概念。绝对的制海权只不过是一种理想；高级别的制海权是极其难以实现的，而且其不必要性达到了惊人的地步。即使是在一场海洋涉及程度极高的战争中，各种有益的军事调动都可以在没有制海权的情况下实施。1903 年，所有的俄罗斯人决定："……就算得不到制海权，他们也能取得胜利。仅仅通过让制海权处于争议状态这种方式，他们就会赢得足够的时间，以便充分利用他们优势巨大的军事力量。"如果日本人得出结论，在这样的情况下，即使不首先确保制海权，他们也能实施两栖作战行动，那也同样是恰如其分的①。

制海权既不是绝对条件，也不是始终绝对是必要条件。这一事实促使科贝特告诫水兵，像克劳塞维茨那样追求通过海上决战的方式取得完胜的想法，事实上是不够明智的。但是，重要的是，不能夸大科贝特对制海权和决战的怀疑。他承认，对"马

---

① 《日俄战争》，第 1 卷，第 46 页和第 73 页；《若干原则》，第 103 - 104 页。

汉式"海洋战略这两个核心目标的共同追求，通常是正确的①。只是他表达了"有时候这种追求可能不正确"的这种意思，才使他陷入与英国海军部之间的麻烦之中。

对于通过作战取得制海权这一不懈追求，他之所以担忧，是因为四个原因。第一，在那些实在太常见的情况下，当相对较弱的对手拒绝参加自己的死刑邀请时，结果很可能会证明，夺取制海权毫无价值②。第二，从作战角度来看，夺取制海权可能对战果不利。第三，集中精力达到确保制海权的严格要求，可能会很容易地破坏一支海军利用这种制海权（或者避免制海权的丧失）的能力，尤其是通过两栖作战行动来确保，以及通过破坏或保卫航运的战役来确保。制海权本身不会赢得战争或者决定政治后果，但是如果能够很好地利用制海权，就有可能。第四，而且或许是最重要的原因，对决战的追求可能会非常容易让水兵和其他人难以看清海权真正意义上是关于什么的。因此，

> "我们需要我们的海军政策和海军行动提供指导。这种指导的眼界要比当前对海军战略的认识宽阔，会使出现在我们眼前的，不仅仅是敌人的舰队、重要的商业航线或者制海权，而且还有海军政策和行动与外交和军事努力整个领域之间的关系。"③

他认为，司空见惯的是，头脑简单之人（包括军人和非军人）将戏剧性战斗的发生率与海权的作用和重要性混为一谈。它们根本不是同一种东西。

所以，现代海军计划人员应该从这一切当中吸取什么样的

---

① 《日俄战争》，第1卷，第46页和第73页；《若干原则》，第91页。

② 《日俄战争》，第1卷，第46页和第73页；《若干原则》，第164页。

③ 《七年战争》，第1卷，第5页。

教训呢？许多内容会浮现在我们的脑海当中。

既然西方的制海能力受到的主要海上威胁看起来已经消失，那么可能特别有必要的是，水兵们应该牢记科贝特的结论，即制海权只是达成某个目的的一种手段。这可能会促使注意力发生转移，从关注海权的要求，向关注海权的后果转移。水兵们通过不过多地强调他们需要什么，而是更多地强调他们能做什么，会在未来有效地赢得资源。

按照同样的方式，批评家们可能需要提醒人们注意，海权和海洋战略比打一些决战更重要。这应该是一种有益的方法，可以保护各国海军不受这种片面观点的危害，即由于目前没有可能需要在一场大规模海上战争中应对的明确对手，所以现在不需要规模庞大的海军。

说到这一点，或许值得短暂地跑个题，回到相对简单的"冷战"时期。科贝特始终对水兵会迷恋进攻这样的风险感到担忧。他认为："现代海军……正在变得太过珍贵和难以取代，因而不能在考虑不周的进攻中白白地扔掉。"虽然使敌人的海岸成为英国皇家海军真正的边疆，可能看上去气势恢宏，但是不可避免的是，这不是一种明智的战争打法。他说："你还是通过哼着皇家海军之歌'《统治吧，不列颠！》'来策划一场战役为好。"①

所有这一切，正如格罗夫的公言所说②，在 20 世纪 80 年代的美国"海洋战略"时期，都引起了巨大的共鸣。具体来说，与美国海军的计划有关的巨大争议表明，虽然在这种情况下，科贝特的告诫可能合情合理，也可能不合情理，但是他提出的这些问题永远都是有用的。

---

① E·J·格罗夫在《若干原则》第 xxviii-xxix 页上的原话。

② E·J·格罗夫著，《若干原则》，第 xxvii-xxviii页。

现在再返回后冷战时代，科贝特那些成熟的观点，包括对制海权的工具性的观点，以及所谓的决战中心性的观点，按照这种方式，在当前形势下，具有特殊的凸显度。现在，军事领域的其他一切都在审视之下。在这个时期，人们有可能会对海洋控制能力的需求再次产生怀疑，即便是在海洋国家也有这种可能性。实际上，水兵们如果忽视这种可能性，那会是很愚蠢的。归根结底，马汉那种制海权模式下的海军，远远不是我们见过的唯一呈现类型，即便是在美国。相反，比如说，在19世纪，政治支持的不是一支有能力打一场舰队战争的海军，而是一支仅仅具备对付北非伊斯兰教地区海盗的能力和为难一个重要海洋国家的有限能力的海军。政治对海军的要求应该远高于这个，但这种观念从19世纪80年代开始才逐渐真正得势[①]。从那时起，几支以鱼雷艇、潜艇和/或飞机为基础的海洋拒止海军，才慢慢出现。如今，世界上的许多海军只关心各自领海的安全。即便是20世纪90年代的美国海军，可能也无法做到完全不受这类挑战的影响。毕竟，在并非很久以前，埃尔莫·朱姆沃尔特海军上将建议改编海军，而对于批评家来说，这样一支经过改编的海军，代表的是对马汉模式的重大偏离[②]。

这些新式海军的正名理由五花八门。有时候，根本不需要有更多的理由，因为盟国会提供必要的一切。更常见的情况是，因为资源短缺，或者因为其他类型的军事准备具有更紧迫的需要，其他任何方案都不可能。有时候，这类主张是建立在以下这个命题之上的，即无论如何，新技术已经使以控制海洋为目的的

---

① K·J·黑根著，《这个民族的海军：美国海上力量的发展》（纽约：自由出版社，1991年），第193－227页。

② K·J·黑根著，《这个民族的海军：美国海上力量的发展》（纽约：自由出版社，1991年），第378－379页。

老式海军变得不合时宜。考虑到所有这些原因，如果水兵们机械地认为，以夺取制海权为目的的海军是可供选择的唯一样式，那么实际上，这会是很危险的。

在这个问题上，科贝特冷静的正确判断力可能会有所帮助。他提醒我们，作为一条一般规则，需要先夺取（或者保持）制海权，然后才能安全有效地加以利用。但是，读过他的著作后，我们可能会认为，在可以称之为“控制舰队”和“利用舰队”的两个概念之间，为了后者的利益，需要转变一下平衡①。那些对未来海军的规模和样式表示担忧的人，有可能会得出结论，认为对于主要目的是要赢得制海权的力量，现在的需求相对较少，而对于打算利用制海权的力量，现在的需求相对较多。实际上，在美国海军新战略的制定过程中，这看起来是一个潜在的主题，“来自海上”。

在从“沙漠盾牌”行动和“沙漠风暴”行动得出正确结论的过程中，科贝特对输出而不是输入的关注是特别有价值的。主要的海上贡献不在于赢得制海权，因为事实证明，这一点在争论当中几乎没有，而在于利用制海权，利用方式是，要先强行制裁向战区运输军用物资和人员（这是海权**政治**有效性的一个极好的关键实例），最后要强行制裁向岸上投送兵力。这场冲突涉及的海区具有束缚性，而且还有一个事实，即在本质上，这是领土相邻的两个国家之间的战事。这两点意味着，这场冲突远远不像是在福克兰群岛打的那场海上战争，但是，即便如此，在作战行动的后续实施过程中，观察家可以看到的仍然不仅仅是科贝特海洋战略观点的一点儿暗示。比如说，

> “这种采用佯攻袭扰敌人的能力，当然是盟军联合作战的独特属性中固有的。……例如，在扫雷艇中，有

---

① 关于这个问题的讨论，参见《若干原则》，第114－115页。

> 一种新工具，……能以较小的代价，给舰队造成一种非常强烈的印象。要是一支由这样的扫雷艇组成的小舰队，出现在一个受到威胁的海岸附近任何一个可以通行的地方，并且展示了将这个区域的水雷清扫干净的能力，从精神上来说，要无视这种能力的展示几乎是不可能的。"①

这听起来几乎像是从施瓦茨科普夫上将的一封急件中节选的内容，当然突出了"利用舰队"的特点，在充满不确定性的未来，很可能会具有特殊的价值。

关于舰队的构成，还有其他几个方面也值得一看，即控制舰队本身的最佳特点。随着"冷战"的结束，对于在当地海域实施军事行动的要求，各国的兴趣都在显著提高，而且海军关注的重点也从遂行蓝水军事行动向遂行绿水军事行动转变。但是，这种态势与几种长期存在的对新技术后果的担忧相互矛盾。许多人主张，尖端的鱼雷、海军的导弹、快速巡逻艇、安静的柴油近海潜艇和攻击机，已经大幅增加了蓝水部队在当地水域遂行军事行动的风险。国内对可能的生命损失的政治敏感度使得困难增大，而且可能会大幅缩小强弱之间的能力差距，使前者更加难以控制后者。

这并不是一个全新的问题。科贝特清楚地意识到，针对地方大国的防御措施而实施的军事远征支援，赋予舰队"……一种最艰巨的任务"②。在他那个时代，有许多人主张，现代鱼雷的问世，会给参与大规模作战行动的舰队造成重大的风险。在分析了火攻船的影响之后，他得出结论，与小规模反击作战特别相

---

① 关于这个问题的讨论，参见《若干原则》，第303页。

② 关于这个问题的讨论，参见《若干原则》，第280－281页。

关的武器，从长远来看，可能会继续得到证明，是可以遏制的，因为“这类武器的局限性已经得到了更为准确的衡量。”暂时还不可能得出明确的结论，尤其是因为“潜艇的价值尚未得到证实，只会加重笼罩在下一场海战上空的迷雾。”他的结论是，这样的武器至少会证明一种使海战变得复杂的因素，而且他还明智地指出：

> “这种精神上的影响会是相当大的，而且至少在未来当战争开始时就会倾向于使大规模作战行动偏离正确方向，阻碍其进行，并使行动路线丧失精确性，而这种精确性以前会以决战的方式，非常直白地得出结果。”①

这样的看法正好反映在“沙漠风暴”行动的经验当中。起初，常规的认识是，波斯湾这个地区太狭窄，不适合几个航母战斗群在那里作战，装备了舰对舰导弹的快速巡逻艇会构成难以应对的威胁，而且伊拉克人布设的雷场会使兵力投送行动难度过大。在所有这些看法当中，显然是有实质内容的，但是在每种情况下，多国联盟都以可以接受的代价，压制了伊拉克的海洋拒止能力。简而言之，海湾战争的经验似乎证实了科贝特所说的一切。

结 束 语

看起来，从上述分析当中可以得到几个尝试性的结论。首先，当代海军计划人员面对的形势，在许多重要的方面，不同于科贝特时代的主流形势。世界局势不如那时候那么明朗，在某

---

① 关于这个问题的讨论，参见《若干原则》，第 321 - 322 页。

些方面对抗性也不那么强，而且在技术方面也远远优于那个年代。这自然而然地意味着，20世纪90年代的某些核心关注问题，根本没有在科贝特的著作中引起共鸣。在海军外交的技术性细节方面，在核武器的操作方面，在多国海军合作的程序方面，或者在海上军控理念方面，科贝特提供的指导很少。同样，在科贝特确实写到的内容当中，最引人注目的，是作战舰队的作战行动领域，而且他写的这些内容，作为历史分析来说，大多是引人入胜的，但是对于20世纪90年代这个与以前差别很大的世界来说，所提供的指导很少——虽然他看起来与“冷战”时期的海上对抗更为“相关”。科贝特认为，海军历史的大部分价值在于，它能确定什么是新的。从这个视角来看，他的著作在现代世界中具有相当大的负面价值。

但是，在做完这两项重要的鉴定之后，仍然不可否认的是，科贝特这些优秀的著作，在学术上具备优雅的品质，是经过潜心研究才创作出来的，对于现代海军计划人员来说，仍然具有许多实用之处。我之所以这样说，有两个原因。第一，他所说的大部分内容，就其本身而言，看起来仍然切合实际，仍然具有相关性，正如我们所见到的那样。

第二，也是更重要的原因，科贝特这些反思的价值，与其说在于他所说的内容，不如说在于贯穿他所有著作的那种合理适度的精神。他提出了一些永恒的问题，而不是尝试去给出答案。他的观点是思考的工具，而不是取代思考的东西。因为他能看到每个问题的两面，因为他避免了绝对，因为他如此巧妙地避免了成为一名“可怕的因繁就简之人”，所以对于那些为未来准备海军决策者的机构来说，科贝特的著作当然应该保留在阅读书目的显著位置上。

第十一章　里奇蒙德与军控问题

埃里克·J·格罗夫

（国际安全基金会）

如果说有什么特别事件，致使赫伯特·里奇蒙德爵士从英国皇家海军退出现役，那就是他决定，在1929年11月21日和22日的《泰晤士报》上，要用他自己的名字发表两篇文章，题目分别为"规模较小的海军——一条适合所有国家的标准"和"主力舰"。在这两篇文章中，里奇蒙德提出了关于海军军备限制的激进观点，与英国海军部的政策不一致①。结果可想而知，是一封海军大臣写给他的充满尖锐批评的信，而且不再继续为他提供服现役的机会。在他那些海军军官同僚的脑海中，里奇蒙德变成了一个人物，既与军备限制这个总体思想有关，又与次年签订的《伦敦条约》的负面影响有关②。这种关联一直持续到今

① 《泰晤士报》，1929年11月21日和22日；另见巴里·亨特著，《水兵学者：海军上将赫伯特·里奇蒙德爵士，1871—1946》（安大略省滑铁卢：威尔弗雷德·劳里埃大学出版社，1982年，以下简称"《水兵学者》"），第197-198页。

② 《水兵学者》，第198-205页；这封由奥斯温·默里爵士寄给里奇蒙德的信，收录在英国格林威治国家海事博物馆《里奇蒙德文集》第RIC 7/2卷第3号文件夹中。

天，而且无疑是委托我写篇文章的原因。然而，里奇蒙德并不是一位简单的裁军支持者。实际上，他坚决反对他那个时代削减海军军备的条约，特别是1930年签订的《伦敦条约》。丘吉尔以前是反对这些条约的，但现在是一名在野党政治家，正在寻找反对政府的攻击手段。正如里奇蒙德在给丘吉尔的信中所写的那样：

> “我坚信，支配《伦敦条约》的思维过程，与战略的每一项原则，以及关于防务的所有合理政策，都是完全不一致的。有一种假设认为，海上力量是能用严格的数学公式计算出来的。这是很幼稚的。”①

下面，我希望准确地阐述里奇蒙德关于海军裁减军备的看法，并解释为什么我的观点与官方在这个问题上的路线不一样。然后，我会评价他的看法造成的影响，进而对所有这一切能告诉我们什么做一些评论，指出作为他那个时代的海军事务分析家，里奇蒙德的长处是什么，而且或许更重要的是，他的局限性是什么。

先说一下“军控”这个说法。这是一个一战以后产生的术语，而且里奇蒙德本人是不会认可的。这个术语经常与“裁军”混淆，特别是在大西洋的另一边——美国。“裁军”与“军控”这两个概念有重叠之处，但不是相同的概念。“裁军”的意思是“削减或废除军备”；“军控”的意思是“国际上对军备政策实行的约束，无论这些政策是与军备水平有关，还是与其性质、部署或运用有关。”②“裁军”的逻辑是，武器是不好的，即使不废除的话，

---

① 里奇蒙德致丘吉尔的信，1930年5月22日，收录在《里奇蒙德文集》第RIC 7/2卷第3号文件夹中。

② 赫德利·布尔著，《军备竞赛的控制》（伦敦：为战略研究学会服务的韦登菲尔德与尼科尔森出版社，1961年），第ⅸ页。

也应该削减；“军控”的逻辑是，如果通过条约保持某种达成一致的平衡，武器可以使其拥有者的安全感增强，因此是好的。里奇蒙德的“裁减军备”概念反映了当时对裁军的密切关注，而裁军反映的是1914年至1918年一战造成的创伤。但是，裁减军备也是一种军控形式，因为他在寻觅一种方案，可能会让他那个时代的各国海军，特别是大英帝国的海军，在一个巨额国防开支在政治上和经济上都不受各国政府和各国人民欢迎的世界里，更加有效地维持安全。作为一名海军军官，他不能使用当时裁军方面的语言。1931年，他出版了他在军备限制方面的主要成果，即《经济与海军安全》一书。正如他在书中所写：“……当人的要素通过感情用事的方式表现出来时，无论偏向哪一个极端，增加军备或者废除军备，都会受到引力作用，因此裁减军备的事业就会受到危害。”①

军控的精髓是限制潜在对手的力量，以便让一方约束自己的力量。里奇蒙德完全接受这个基本逻辑，甚至欢迎。他最重要的观点是用吨位小得多的舰艇取代他那个时代的大型主力舰，而这显然建立在限制对抗力量这种可能性的基础之上。他认为，舰艇的大小“完全是由其他强国相似的舰艇的大小决定的。也就是说，舰艇的大小是相对的，而不是绝对的，是外在的，而不是内在的。主力舰的大小是由其他强国主力舰的大小决定的，而不是由巡洋舰或潜艇决定的，也不是由炸弹或水雷决定的。”②

正是因为在现实当中，国际上出现了限制海军的对话，里奇

① 海军上将赫伯特·里奇蒙德爵士著，《经济与海军安全》（伦敦：欧内斯特·本出版有限公司，1931年），第87页。

② 向主力舰易毁性委员会提交的草案，1936年。收录在《里奇蒙德文集》第RIC 7/2卷第2号文件夹中。

蒙德关于小型战舰的观点才逐渐变得明确起来。1920 年时，他还支持常规主力舰。正如他在那年 12 月份致亨德森海军上将的信中所写："如果其他强国继续建造常规主力舰，并且研制一种几乎不会沉没的战舰，就像现代战列舰看上去那样，我认为，常规主力舰也不会消亡，因为我不知道除了动用这些战舰以外，我们要怎样才能掩护我们远航的各个海军中队。"①然而，就在当月，里奇蒙德收到了他的朋友罗杰·贝莱尔斯写给他的信，告诉他帝国防务委员会已经讨论了一个问题，就是可能会得到其他强国的同意，削减主力舰的建造经费②。就在一个多月之后，1921 年 2 月一开始，里奇蒙德向博纳·劳委员会提交了证明材料。这很可能是他的证明材料背后的一个因素。这份证明材料让海军部大为光火，反对立即建造新主力舰。然而，即便在这个时候，里奇蒙德还是接受一种观点，即一旦研究工作研制出了扩大行动半径的方法，并且完善了反潜艇攻击的方法，新的大型主力舰还是必须要建造的③。里奇蒙德转而支持大规模削减舰艇大小，原因似乎是华盛顿会议上美国国务卿休斯各项建议对海军看法造成的冲击，以及各国对这些建议明确、积极和普遍的反应。对里奇蒙德来说，问题在于，休斯提出，未来的战列舰最大排水量应该以 35 000 吨为限，而里奇蒙德认为，这个吨位限制太大。他决定给《泰晤士报》写一封匿名信，署名为"海军上将"。这封信于 11 月 21 日刊出，比他那篇署了实名的文章整整早了

---

① 里奇蒙德致亨德森的信，1920 年 12 月，收录在《里奇蒙德文集》第 RIC 7/1 卷中。戈德里克海军中校提醒我注意这封信，对此我表示感谢。

② 在关于"舰艇的大小"的信函中，1920 年 12 月 16 日，收录在《里奇蒙德文集》第 RIC 6/4 卷"战列舰的未来"中。

③ "主力舰调查报告"附录二中的"证明材料概要"，海军部档案系列(ADM)第 116/3610 号档案，收录在位于英国伦敦基尤区的公共档案馆(PRO)。

8年，造成了相当大的影响。在信中，里奇蒙德主张，35 000吨这个限制纯粹来自于一场斗争，即“一场要生产出比敌人或可能的敌人拥有的东西更为强大的某种东西的斗争。这并不是一种军事上的理由，而是一种机械的理由。既然我们的政治家们正围坐在会议桌旁，以友好的方式讨论这个问题，那么他们就有了这样一个以前从未出现过的机会。他们有人民在背后给他们撑腰。”①

然而，如果说里奇蒙德接受了现代军控理论的一条基本原则，那么他坚决拒绝接受另一条，即“均势”(parity)这个概念。他说，在华盛顿会议上，均势概念“带有纯粹的算术内涵，而且它上面没有附加任何限制。‘均势’的言外之意是某种形式的平等。在什么方面平等呢？或者说与什么平等呢？均势是纯粹数学意义上的相等吗？均势指武装的数量还是指安全呢？在这些概念之间，存在着很多差别。**数学意义上的**均势，在实际应用中，结果只能导致一国对另一国的**实际**优势。例如，有两个毗邻强国，其中一国在海上易受致命伤，另一国不会在海上受致命伤，这两个强国之间的海军军备均势，会使前者任由后者摆布。由于各国的情况不同，包括地理、军事、经济和商业等方面的条件，装备方面的均势(按照这个词现在的内涵)，无疑是安全方面的不平等。”②

里奇蒙德因此主张，1922年的《华盛顿条约》和1930年的《伦敦条约》的基本前提是“经不起推敲的”。正如他1929年8月在给第三海务大臣罗杰·巴克豪斯爵士的信中所写：“我完

① 《泰晤士报》，1921年11月21日。这封信也收录在《经济与海军安全》中，第26－30页。

② 《经济与海军安全》，第37－38页。

全反对限制总吨位……而且也反对限制舰炮的口径。”里奇蒙德断言，国家安全应该确定，一支海军的实力“不是像美国人所说的那种威望——‘我们是一个大国，有权拥有一支与任何其他强国一样大的海军’。这种说法是有害的，而且是荒谬的。”他说，配额会导致“口水战”。因此，最简单的方案是，只限制单艘舰艇的吨位，别的什么也不限制。这种吨位是“能计算出来的。吨位是唯一可以计算出来的东西。没有人能计算出来一支海军整体上的需求，除了有关的单艘舰艇之外。要求科学分配总吨位，是根本没有可能性的。……这种要求是一种数学意义上的谬论。而且，这种要求也与英国的利益完全相悖。唯一科学的限制形式，是限制舰艇的吨位，而且决定舰艇大小的唯一科学依据，就是舰艇的作用。绝对的衡量标准（与相对的衡量标准相区别）是舰艇的大小、海军作为其终极目标要维护的舰艇战力和速度以及海军不得不在其中实施军事行动的地理条件和距离。”①

里奇蒙德主张，这种绝对的衡量标准有足够的战力“来捕获商船”②。在他最初于 1921 年以“海军上将”名义发表的信中，里奇蒙德就提到了 10 000 吨的排水量限制，这个数字是签订不久的《凡尔赛条约》确定的。他在信的结尾说，尽管如此，这个数字建立在臆测的基础之上，“它可以是 6 000 吨或 14 000 吨。我确定它不会更多。”③在 20 世纪 20 年代末期，随着他不断细化和捍卫他的观点，他最终接受了 6 000 吨这个较小的数字。他认为没有任何理由建造排水量大于 7 000 吨的舰艇。里奇蒙德认为，这样一个排水量限制数字，而不是其他数字，应该是英国

---

① 里奇蒙德致巴克豪斯的信，1929 年 8 月 24 日，收录在《里奇蒙德文集》第 RIC 7/2 卷第 3 号文件夹中。

② 《经济与海军安全》，第 98 页。

③ 《经济与海军安全》，第 30 页。

在即将召开的伦敦会议上的目标[1]。“最小的吨位，”他认为，“会将其他变化的可能性降低到最低限度，而且不会把跟一个国家相比产生的劣势强加给我们，因为我们已经建造了某些类型的舰艇来应对其他类型的舰艇。因此，最小的吨位是对这个国家的需要最为有利的吨位。……所以，对这个国家来说，不具体针对任何特定强国，小吨位是一种优势，小吨位使我们能以更为经济的方式生产舰艇，以应对外国在把各自的需要转化为造舰行动时可能会对这些需要做出的解读。”[2]吨位较小的舰艇所需要的还有较少的保障和较小的海港[3]。军控会因此巩固英国的安全。然而，让里奇蒙德非常懊恼的是，伦敦会议扩大了华盛顿会议配额体系的范围，将巡洋舰和驱逐舰也纳入其中。里奇蒙德把这项规定归咎于二战期间英国海军力量在这两类战舰方面不够充足[4]。

在里奇蒙德 1931 年发表的最终版看法中，里奇蒙德主张：“就战术和战略而论，一艘排水量在 6 500 吨左右的战舰，大小足以满足需要。……能让各国达成一致的最简单、最符合逻辑而且——在战略和战术意义上——最经得起推敲的方案，是把战舰的排水量限制在这个大小左右，各国可以自由体现它们满足需求所需要的任何特点。”但是，每吨排水量的成本限制，根据评估，是“理想的、切合实际的和公平的”，可以作为一种预防手段，防止各国绕过这种相关规定，根据给定的排水量限制，建造过度强大、过度昂贵的舰艇。里奇蒙德想到了德国新的“德意

① 参见《里奇蒙德文集》第 RIC 6/4 卷中收录的文件。在这卷档案中，还有里奇蒙德在帝国防务学院对这个问题进行的深入研究的档案。

② 1927 年 10 月 7 日的文件，题为“舰艇的大小”。

③ 1927 年 10 月 7 日的文件，题为“舰艇的大小”。

④ 亨特著，《水兵学者》，第 206 页。

志”号战列舰。名义上，这艘战舰是根据《凡尔赛条约》规定的10000吨上限建造的。如果这个10000吨的上限无法重新谈判协商，里奇蒙德尽管会心有不甘，但仍然会愿意接受这个数字，作为主力舰的排水量上限，同时将巡洋舰的排水量上限确定为6500吨。这样的巡洋舰“大小足以满足各国的战略和战术需要，不会有例外。”巡洋舰的数量不应该有限制①。

然而，在里奇蒙德眼中，《伦敦条约》详细阐述的配额，更多的是他的宿敌“装备”派的具体表现。里奇蒙德始终正确地坚持认为，海洋战略是一件比舰艇和舰炮的纯粹数量复杂的事情。正如他在1920年所写：“在我同意以下说法之前，我要先暂时停下来：美国的重型战舰数量比我们自己的多，这会给美国提供‘制海权’，或者说，他们那边拥有的重型战舰数量与我们的相等，这会把‘制海权’转移到我们自己手中。”②我们必须来看整个战略格局。1921年，在“博纳·劳主力舰调查”完成之后，里奇蒙德随即提交了他的证明材料。这份证明材料让海军大臣和第一海务大臣恼羞成怒。里奇蒙德在证明材料中主张，即使美国人建完了他们所有的新战列舰，他们现代化程度更高的作战舰队，在战争中是否有能力阻断英国生死攸关的南美贸易，这一点绝非明朗。里奇蒙德使“博纳·劳主力舰调查”委员会的半数成员深信不疑，但是朗、比提和丘吉尔持有不同意见。他们在报告上尖刻地批示：“里奇蒙德海军上将对这个问题的看法不能令人信服，感觉在研究这个问题方面，他没有得到与海军部的海军

---

① 《经济与海军安全》，第221-222页。

② 为博纳·劳委员会起草的文件第一稿，“战列舰与潜艇：关于20世纪20年代针对战列舰是否应该继续建造问题的讨论文件汇编”，收录在《里奇蒙德文集》第RIC 13/7卷中。

参谋部相同的机会。”①

研究里奇蒙德的作家们往往会站在他这一边，并把他视为一位与主导海军部的技术“工匠们”做斗争的英雄。然而，还有另外一种看法，也是我建议采纳的。里奇蒙德费尽周折地批评了一些人，但是他跟这些人一样，都有局限性。他的著作，包括发表的和没发表的，表明他不仅没有承认他那个时代海战的技术性质，也没有承认和平时期海军竞争的经济和政治动态。他的思想当中的这些缺失，导致他奉行了一种海军军备限制的错误观念，而且这种观念本身是不切实际的，并且对那些为了维护大英帝国的海军安全而在不利环境下挣扎的人来说，也是没有帮助的。

在里奇蒙德的职业生涯中，他指挥过三艘装备有全大口径舰炮的战列舰，包括“无畏”号战列舰本身。然而，他似乎从来没有接受这些战舰在设计方面依据的前提。尽管他与阿瑟·波伦有过接触，但他始终否认精确的远程炮火是可能实现的。20 世纪 20 年代，他在一篇题为“针对批评的评论”的未公开发表的文章中提到，就不应该推动皇家海军发展远程火力，而且皇家海军无法“迫使敌人做出决定”。如果可以在较近的距离内击中敌人，“难道没有什么好的理由这样做吗？”②里奇蒙德坚持公然抨击费希尔的技术优势政策，因为技术优势是一战之前英国海军政策的核心（而且乔恩·住田已经对这种技术优势做了相当精

① 海军部档案系列（ADM）第 116/3610 号档案。海军部保存的这份“主力舰调查报告”和上面的旁注，明确了海军部领导人的看法。海军大臣用红笔做的批示最能说明问题。

② 收录在《里奇蒙德文集》第 RIC 6/4 卷中。另见他 1909 年 4 月 8 日的日记，当时他是“无畏”号战列舰的舰长，收录在 A·马德著，《一位海军上将的画像》（伦敦：乔纳森·凯普出版社，1952 年），第 47 页。

彩的解释)①。正如他 1920 年所说:“在舰艇大小和军备方面,始终要把我们的竞争者远远地抛在后面这项政策,削弱了我们的海上力量,削弱的程度比潜艇和飞机都要大。”②

里奇蒙德的小型舰艇理论建立在一些相当经不起推敲的技术前提之上。他认为,与大型装甲战舰相比,小型舰艇不那么容易遭到炸弹或鱼雷的攻击,而且数量更多、操控更好的小型舰艇,可以通过近距离包围然后用少量炮火歼灭的方式,歼灭大型舰艇。他的历史知识不利于他做出这些判断。他对“经典的”帆船时代最熟悉,也就是 17 世纪末到 19 世纪初的那段时间。在这个时代里,水兵既是战舰推进系统不可或缺的组成部分,也是其军备不可或缺的组成部分。固有的技术品质对一艘战舰或一支舰队的表现起边缘作用。里奇蒙德绝对正确地断言:“我们过去经常以建造效率更高的舰船为目的,水兵要更好,军官要更好,舰船要能保持一直在海上。我们让西班牙人建造了‘皇家菲利普’号三层甲板战列舰和‘特立尼达’号(至圣三位一体)四层甲板战列舰。”③但是,里奇蒙德无法想象,当时西班牙的人力炮手和水兵,与 20 世纪的机械劣势有相似之处,如果只是部分相似的话。更多的舰炮和更大的舰船也无法弥补 1800 年时专门技术方面的劣势,而且鉴于海军武器的状态,这些东西或许甚至到了 1900 年也无法弥补。然而,“‘无畏’号战列舰革命”这个说法概括的那一揽子技术的问世,使技术本身相对来说更加重要

① 乔恩·T·住田著,《捍卫海上霸权:财政、技术与英国海军政策(1889—1914)》(波士顿:昂温·海曼出版公司,1989 年)。

② 为博纳·劳委员会起草的文件第一稿,“战列舰与潜艇:关于 20 世纪 20 年代针对战列舰是否应该继续建造问题的讨论文件汇编”,收录在《里奇蒙德文集》第 RIC 13/7 卷中。

③ “针对批评的评论”,收录在《里奇蒙德文集》第 RIC 6/4 卷中。

了，而且随着20世纪逐渐过去，这种趋势会继续重要下去，虽然人的因素依然会存在。

里奇蒙德有一项主张没有错。他认为，“海上战争的全部经验”表明，“战争都是由人打赢的。”但是，有一点他错了，就是上升到**普遍原则**的高度，认为“决定这个问题的”，**永远**都是“战略、战术、水兵和炮手的技能”。有一种看法认为，“武器是夺取胜利最重要的要素”，里奇蒙德听说后，立刻拒绝接受，认为这是一种“错误的”理论，“任何战争研究者都不曾赞成过，虽然对于‘技术专家’来说，受到蛊惑而相信这种理论是自然而然的事。”他赞成马汉的一项主张，并引用马汉的话说：“从历史上看，优秀之人配破船，比拙劣之人配好船要好；法国大革命一再给我们下面这个教训，即我们自己这个时代，因为对装备改善方面的最新成果感到愤怒，已经基本上淡出了记忆。”①唉，对里奇蒙德和马汉来说，工业革命对20世纪海权的冲击，使他们必须不那么教条地对待法国大革命时期的种种教训。技高一筹仍然很重要，而且有时候还会起决定性作用，但是与帆船时代相比，连贯性要差一些。

为了对里奇蒙德公平起见，我必须声明，刚才说的这些话是有确切的背景的，那就是对限制每吨排水量造价这种思想的讨论。他认为，在**这个问题**上舞弊，不会带来决定性优势。这种观点在拉普拉塔河海战中得到了证实。在这场海战中，三艘排水量符合“里奇蒙德标准”的战舰迎战并击败了一艘吨位更大的战舰。这艘战舰至少看起来是按照10 000吨的排水量限制建造的，因此有许多容易遭到攻击之处。实际上，如果所有人都愿意拆毁他们已有的主力舰，然后完全重新开始建造，那么里奇蒙德的思想可能会在技术层面发挥作用。但是，里奇蒙德并没有不

① 《经济与海军安全》，第141页。

现实到为此争辩的地步。他认为，那些老旧的“庞然大物”会继续存在，直到用坏为止[①]。里奇蒙德接受以下现实，即这些战舰会继续服役一段时间，而且实际上会得到改造，以提高战力，但是他从未完全想透这种情况的作战意义。鉴于20世纪20年代和30年代的可用技术，只有大型主力舰才能为其他同类战舰提供一种明确的答案。这就要求新型主力舰至少要有一定的希望，能击败日本海军“长门”级战列舰和美国海军“科罗拉多”级战列舰。难以想象里奇蒙德推崇的排水量为6 500吨、舰炮口径为6英寸的战舰有能力做到这一点。此外，要这样主张的话，那可就不仅仅是过于片面的唯装备论了。随着那些超级“无畏”号战列舰日渐羸弱，在潜在敌人可能出现的地方，剩余的老旧战列舰可能不会始终能够投入使用。而且，里奇蒙德本人不相信飞机或者潜艇能提供备择反制能力[②]。

1921年12月，在提交给内阁的备忘录中，海军部指出了这些问题以及相关问题，以便驳斥“海军上将”的那封信：

> “在综合考虑这个问题时，应该牢记，战争的经验清楚地证明，在大小不一的舰艇交战过程中，较小的舰艇遭到了摧毁，没有能力给较大的舰艇造成任何明显的毁伤。
>
> 因此，可以得出结论，如果各主要海军强国把各自替代舰艇的吨位限制在10 000吨以内，他们就会任由没有签订协议的任何小国摆布，因为这样的小国可能会选择建造大型战舰，比如说排水量为20 000吨的大

---

① 署名为“海军上将”的那封信的草稿，收录在《里奇蒙德文集》第RIC 7/2卷第3号文件夹中。

② 里奇蒙德对航空母舰的反对是特别值得注意的，参见《里奇蒙德文集》第RIC 6/4卷中收录的文件。

舰。此外，有必要拆毁所有的现存主力舰，因为这些替代舰艇会被它们轻易摧毁，除了逃跑能力以外，各方面都不如现有主力舰。”①

休斯建议，主力舰建设要放上10年的“假期”。“海军上将”对此也表示欢迎。这与海军部的想法完全相悖。海军的想法强调，需要为未来保持尽可能多的工业基础设施。里奇蒙德认为：“害怕装甲板公司和其他公司会蒙受损失，是在本末倒置。各国海军之所以存在，不是要维护装甲板公司的存在，但是反过来说是对的。况且，通过缩小舰艇的大小，对装甲板的需求明显减少。”他这种观点在逻辑上可能是正确的。然而，正如安德鲁·戈登指出的那样，工业基础设施方面已经完成的削减，当形势急转直下时，对英国的反应能力造成了重大冲击②。机器时代的海权不能像水龙头一样开关自如。这不是18世纪，那时候利用抓壮丁组成的部队和海军储备物资，就可以迅速动员一支由闲置待修但仍能参战的舰船组成的舰队。

美国在华盛顿会议上提出的那些建议，含蓄地要求大量拆毁比较老旧的战舰。里奇蒙德对此感到担心。他对过去的过度强调也明显地反映在这些担心上面。正如他在1921年11月末写给凯斯的信中所说：“如果我们在美国佬的催促下毁掉了这些老旧战舰，我们就会削弱自己，削弱我们战斗力的一个重要因素，那就是与陆军联合打击敌人的能力，我们据此可以给敌人造成损失，而敌人不能给我们造成损失。……看在上帝的份儿上，别让

① 海军部档案系列(ADM)第116/3445号档案中收录的第297－B号文件，1921年12月2日。这份文件是在比提赴华盛顿开会期间，由第二海务大臣奥利弗签署的。

② G·A·H·戈登著，《英国的海权与两次世界大战之间的采购活动》(伦敦：麦克米伦出版社，1988年)。

我们以这种方式去做会妨碍我们打击能力的事情啊!”[1]里奇蒙德既没有考虑到海军部紧张的预算会受到的影响,也没有考虑到保持大量老旧战列舰的现役舰队,而这些老旧战列舰只适合用作辅助舰船,要么当作现役舰船使用,要么当做预备役舰船使用。

关于20世纪海军竞争的经济动态与和平时期动态,里奇蒙德的观点是有瑕疵的。上述看法反映了他这些有瑕疵的观点。就像他从未与现代海战中的技术变革做过斗争那样,他发现自己难以接受英国在世界上的地位已经发生了根本变化。《经济与海军安全》做出了一些非同寻常的论断,认为自从1899年的《海军防卫法案》颁布以来,“没有发生过竞争”,而且认为“只有当非凡的野心、个人的虚荣心和几乎幼稚扭曲的眼光,在德意志帝国皇帝的批示中得到外在的表达,从而引起竞争性建设时,竞争性建设才算开始。”[2]19世纪90年代和20世纪初期,英国海军部感觉到了来自俄罗斯和法国的非常真实的压力。考虑到里奇蒙德展示出来的对于这种压力的明显无知,就很容易明白为什么里奇蒙德发现难以理解费希尔的政策[3]。此外,里奇蒙德的这种错误认识,从根本上导致了他的建议出现瑕疵。他建议,这样单方面宣布海军实力执行“两强标准”,会得到各国的普遍接受,并且不会给竞争性建设造成压力。

尽管过分简单,但这个配额体系确实给任何潜在的海军军备竞赛确定了一个上限。实际上,在《经济与海军安全》中,他勉

---

① 里奇蒙德致凯斯的信,1921年11月30日,收录在《里奇蒙德文集》第RIC 7/2卷第3号文件夹中。

② 《经济与海军安全》,第16页。

③ 在住田教授的学位论文中,最重要的一个部分,解释了英国与法国和俄罗斯在这个时期的敌对关系。参见乔恩·T·住田著,《捍卫海上霸权:财政、技术与英国海军政策(1889—1914)》(波士顿:昂温·海曼出版公司,1989年),第一部分。

强地承认，华盛顿会议确定的配额的确有点道理。

> “就华盛顿会议而言，对于这个权宜之计，要说的很多。这个权宜之计并非与当时的情况格格不入。那时候，需要的就是一种手段，无论多么不合理，无论与永久用途多么不协调，只要能止住花钱如流水的势头，只要遏制那些使海洋国家感觉到威胁的敌意。然而，本应该向政治家们明确指出，虽然这个权宜之计可以有效应对紧急情况，就像一件旧马甲可以用来堵住正在漏油的油箱上的一个洞一样，但是其科学性太差，与现实的关联度太小，不能作为一项限制军备的永久原则。”①

然而，里奇蒙德自己那项“科学性”更强的原则，能否解决华盛顿会议配额体系要解决的问题，还远远不够明朗。英国已经没有能力与 20 年前就已存在的各类主要对手开展竞赛，但里奇蒙德不承认，高估了 20 世纪 20 年代和 30 年代英国在吨位较小的主力舰领域的竞争能力。采纳里奇蒙德的意见，有可能会打开新型廉价主力舰数量竞赛的泄洪闸门，而且这可能会造成严重的政治和经济影响，并且肯定会对英国不利。为了达到军备竞赛的稳定状态，里奇蒙德首选的体系是，由各国单方面声明打算实施的政策，而这种政策要以每个国家要保卫的海洋利益为依据。各国对利益的解读是不一样的，但是里奇蒙德没有解决这个问题。实际上，他很不情愿地改变了主意，接受了主力舰排水量配额为 10 000 吨的观点，虽然他的说法有别于此。他认为，《凡尔赛条约》规定，德国的海军实力为 8 艘主力舰，因此对于其他列强来说，一致同意的“标准”应该是，法国 10 艘，意大利 10 艘，日本 12 艘，美国和英国各 20 艘。但是，其他舰艇不应该

① 《经济与海军安全》，第 36 页。

受到限制①。

很奇怪，里奇蒙德理想地认为，各国能按照各自对手可以接受的方式确定各自的海军实力。与他那一代所有的英国海军军官一样，他觉得在所有战舰类型方面，美国人都坚持要与英国保持平等的做法，既不符合逻辑，又没有合理性，是情感战胜了理智。1929 年，他希望他关于小型战舰的建议，会"把一颗炸弹扔进他们在伦敦的营地"。"……我发现很难相信，"他写道，"面对逻辑和经济，如果不是面对傲慢的话(——我可能甚至会说体面，如果那可以依赖的话)，他们会站出来反对我的建议。"②美国人对大型战舰比英国人更情有独钟，实际上会对这种观点淡然处之。

如果说里奇蒙德在判断海军各部门的看法方面有问题，那么他就不可能把思想降低到政治家和公众的层次上。虽然在战略评估方面，他可能是正确的，认为如果美国海军达到了华盛顿会议之前构想的建设水平，那么美国海军对英国海上交通的威胁程度，可能不会像英国海军参谋部料想的那么严重，但是一支由装备有 16 英寸舰炮的主力舰组成的美国舰队，对于英联邦各自治领和其他地方对英国在世界上的地位的认识，可能会产生什么样的冲击，他对此的确是低估了。1920 年，英国海军部主张保留 4 艘装备有 16 英寸舰炮的主力舰，同时非常正确地指出，如果英国最好的主力舰只搭载 15 英寸舰炮，而且只有 1 艘主力舰具备美国舰队多数作战单元的大小，那么"世界上的其他国家……就会看得出来谁是第一，谁是第二。"③

---

① 《经济与海军安全》，第 137－138 页。

② 里奇蒙德致巴克豪斯的信，1929 年 8 月 24 日，收录在《里奇蒙德文集》第 RIC 7/2 卷第 3 号文件夹中。

③ 海军部档案系列第 116/3610 号档案中收录的第 CP 2176 号文件，"海军政策与建设"。

里奇蒙德正确地指出，现有的限制体系——以及按照美国人的要求削减英国巡洋舰实力的做法——把竞赛转移到了其他渠道，而不是彻底将其废止。这个限制体系没有给出“通过预防竞争的方式实现节省的任何保证。竞争——独创性、设计、编制——无法从务实的世界中消除，而且绝非没有可能的是，这个配额体系的结果会导致增加开支，而不是节省经费。任何一个国家，由于知道即将按要求以书面形式声明自己的需求，而且自己将永远受到这份书面需求声明的束缚——很可能在后续讨价还价过程中还会减少，因而都不会愿意在声明中给出最低的数字。除了要留出在妥协中会被砍去的余头(因为政治协议通常就是通过这种方式达成的)，这个国家还要为自己的估算错误留出进一步的余量，以便像工程师在使用材料时那样，留出一个‘安全系数’。这个国家会宁愿冒拥有太多主力舰的风险，也不愿冒主力舰太少的风险，而且以后，政府可能未必不会发现自己受到了舆论的压力，要把主力舰的数量建造到那个预先确定的数字，不管现实中的政治条件或其他条件是否要求那样建造。这不是节省。”①

实际上，华盛顿会议催生了一种巡洋舰，对于英国的需求来说，一方面太大，一方面造价太高，而且正如里奇蒙德所写，伦敦会议创造了一种巨型“轻”巡洋舰，英国不得不用自己吨位更大、造价更高的巡洋舰予以应对。日本在根据条约限制建造主力舰的同时，还利用这些条约来强调投资，发展没有限制的新能力。在一定程度上，正因为如此，当日本接受1930年伦敦会议确定的巡洋舰和驱逐舰的配额时，日本海军感到非常恼火，因为日本接受决定就意味着日本海军会处于劣势。里奇蒙德对此并不感

① 《经济与海军安全》，第43页。

到吃惊。法国对自己在华盛顿会议上受到的待遇耿耿于怀，而里奇蒙德一直对此表现出了相当多的同情。美国人的记录更加混乱，但是在20世纪30年代，确实运用了这些条约限制来刺激海军的建设和开支。

20世纪30年代，海军开支"降至最低点"，并开始再次增加。然而，新一届海军会议应于1935年召开，而且在令人敬畏的新任第一海务大臣厄尼·查特菲尔德爵士的领导下，英国海军部开始为这次会议制定计划。因为皇家海军在1930年的伦敦会议上失败而归，里奇蒙德受到了查特菲尔德不公平的责备，但是查特菲尔德的观点并非与他这位同龄人的截然相反①。查特菲尔德显然承认，作为一个从根本上来说战线拉得过长的帝国，英国会从限制战舰的大小和造价中获益，特别是当海军重整军备普遍面向空中力量时。海军参谋部把他们建议的主力舰吨位减少到最低限度，仅够应对已有的主力舰类型，决定建造排水量为25000吨、舰炮口径为12英寸的主力舰。巡洋舰的排水量不会超过7000吨，携带口径为6英寸的舰炮，而且一旦吨位更大、符合"条约"规定的巡洋舰数量上限确定下来，英国巡洋舰的数量也不会受到限制②。查特菲尔德反对这个配额体系，因为它"打击了民族自豪感和……威望"。这个配额体系"被日本人带着愤怒接受了，而且也被法国接受了，因为法国那个时候不是那么介意，只要意大利受到的约束与法国受到的一样。"在随后几年里，这个配额系统成了牢骚越来越多的话题。这些配额对

---

① 查特菲尔德勋爵著，《事情可能还会发生》(伦敦：威廉·海涅曼出版社，1947年)，第60页。

② "1935年海军会议的准备工作"，海军部档案系列(ADM)第116/2999号档案。

巡洋舰、驱逐舰和潜艇也不适用，而且不能再谈判协商①。除了强调威望而不是强调安全以外，查特菲尔德这些看法并非与里奇蒙德的看法相差太远。

查特菲尔德和里奇蒙德的潜在交集甚至更紧密。正如查特菲尔德后来所写：

> “因此，我写了一份备忘录给海军大臣，极力奉劝他，主力舰配额（或者数量限制）应该废除，而且应该只对主力舰的质量进行限制。这意味着，每个国家都应该自由地建造主力舰，需要多少就建造多少，但对于舰艇的大小，也就是过去几十年里竞争的真正原因，每种舰艇类型都应该限制，并且限制到最小吨位，这样各国才能达成一致。……质量限制从而变成了海军限制的主要形式。任何国家在海上的投资都不会超过抵御风险所需的数量，而且对于一个国家建造的舰艇数量来说，这本身就是某种相当有力的制约。另一方面，如果一个国家建造了一艘比它潜在对手的战舰吨位更大、火力更强的战舰，这个国家就会严重扰乱安全平衡。这个国家挑起了一场竞赛，不仅表现在战舰吨位大小以及由此造成的费用方面，而且也会表现在数量方面。任何一种新型或吨位更大的战舰或舰炮，都会远远超过建造较早或吨位较小的战舰，所以这种设法要胜过别人的古老习惯，始终是海军竞争最恶毒的形式。……因此，如果你没有准备要在海军财政方面全力以赴，而且希望以节俭的方式重整军备，那么确保实现这个目标的最佳方式，就是根据国际法去限制舰艇的大小。这种方式像所有

① 查特菲尔德著，《事情可能还会发生》，第71页。

这样的规则一样,绝对不是令人满意的。这种方式意味着,你要相信你的对手不会违反规则,而且经验表明,**这种信任是放错了地方的**。然而,这种方式美国却不喜欢,而且正是美国这个国家建造非常大的战舰这种愿望,才最终把主力舰的吨位大小抬得如此之高,以致将来各国海军节省经费的任何愿望都不可能实现。”①

这段话除了很少几处可以修改的地方之外,完全有可能是里奇蒙德所写。

因此,到了1934年至1935年,里奇蒙德的看法和海军参谋部的想法已经有相当多的重叠之处了。所以,双方这个时候在主力舰大小问题公开交锋,显得更加可悲。里奇蒙德持续在媒体上发动攻势,反对建造大型主力舰,促使查特菲尔德以“1934”为笔名,给《泰晤士报》写了一封信。在这封信中,他重申了几年以前他对英国赴华盛顿会议代表团提出的一项主张。恰恰是因为英国水兵比他们潜在的对手更优秀,他们才需要坚固的平台。这些平台不容易被对手反复无常的行为幸运地命中。海军部对其战舰防御性能的担忧,正如里奇蒙德主张的那样,不是错位的战略思想的反映,而是战争的技术教训的反映。“1934”呼吁,里奇蒙德要坚持历史,因为他是公认的历史专家,并且要把当代海军事务留给那些全面掌握信息的人②。

查特菲尔德一般不赞成这样的公开声明,但是他却主动给新闻媒体写了封信。这反映的是,里奇蒙德已经无意间变成了海军部维护海军安全的斗争中的不良影响因素。里奇蒙德发起

① 查特菲尔德著,《事情可能还会发生》,第72页。

② 《泰晤士报》,1934年3月20日。参见国家海事博物馆《查特菲尔德文集》第CHT 3/1卷中收录的那份。

了一场推崇小型主力舰的改革运动。从运动一开始，他就对外行政治家的看法产生了相当大的影响。“海军上将”1921 年这封信激起了戴维·劳合·乔治的兴趣，而且首相要求海军部详细驳斥里奇蒙德的观点，要逐一驳斥。虽然针对里奇蒙德的某些反驳观点反映了当时的错误认识，即大型主力舰绝对有可能建得坚不可摧，可以抵御潜艇和空袭，而不仅仅是建得相对具有抵御能力，但鉴于当时的知识水平，这些反驳观点并非毫无道理。这些反驳观点似乎成功阻止了英国首相把里奇蒙德的建议扔进华盛顿会议的圆形会场。在华盛顿，查特菲尔德做得相当好，减少了英国内阁坚持的“海军的 10 年假期”的影响——或许得到了里奇蒙德那封信的一点支持，因为那封信如此坚决地支持“10 年假期”的提法①。

如果里奇蒙德愿意使他的看法温和一点，那他可能会在 20 世纪 20 年代末产生更大的影响。他与他那个时代的主要决策者自由地通信。他们愿意接受对主力舰的进一步限制，但是他们不愿意走里奇蒙德的极端。例如，巴克豪斯为里奇蒙德指出，想要大型战舰的是美国人而不是英国人，而且美国人决定，不会任由英国人“掌握制海权，对中立国的贸易实施全面封锁，并对他们的贸易实施特别封锁。”英国对海洋的依赖性太大，不能直接把主力舰吨位降到 7000 吨，把舰炮口径降到 6 英寸。但是，排水量为 17500 吨的主力舰，装备口径为 10 英寸的舰炮，可能还是可以接受的②。里奇蒙德的反应很典型，认为他们必须全

① 参见海军部档案系列(ADM)第 116/3445 号档案中收录的文件，以及查特菲尔德在《事情可能还会发生》中的论述，第 1－7 页。

② 巴克豪斯致里奇蒙德的信，1929 年 8 月 20 日，收录在《里奇蒙德文集》第 RIC 7/2 卷第 3 号文件夹中。在 12 月 19 日的一封信中，德拉克斯也建议“慢慢减少”，以 20000 吨为临时上限。

盘接受他的看法,而且认为,按照他的方向行动,只会反映他所持立场的正确性,以及对手对于克服无理偏见的无能为力①。

从 1921 年和他向博纳·劳委员会提交证明材料往后,里奇蒙德就在进行一场危险的博弈。实质上,他是在利用他作为高级军官的地位,而因为这样的地位,他应该是一个了解海军事务的人物,利用局外人的无知,反对经过改革的海军参谋部达成的专业性一致意见。他未能意识到,他那些主张的微妙之处会被人忽视,而且当政府同意延长"海军的 10 年假期"时,就像伦敦确实做到的那样,这项措施会和他非常强烈反对的其他措施结伴出台。直到 1931 年,里奇蒙德才得以在《经济与海军安全》中详细彻底地阐述他的看法,但为时已经太晚。

他对小型主力舰的执着不停地引起麻烦。拉姆齐·麦克唐纳与博纳·劳和劳合·乔治一样,也对里奇蒙德的思想印象深刻。当查特菲尔德援引 1934 年内阁对新型战列舰的讨论进行汇报时,没有多少理由不相信他:"我必须详细说说这个问题。首相已经……从根本上不喜欢大型主力舰了。他采用了所有的陈腐论据,而且他频繁引用里奇蒙德海军上将的观点反驳我。我说,我是顾问,与博纳·劳委员会和海军参谋部一起,共同承担责任。麦克唐纳先生逐渐改变了主意。"②查特菲尔德在这个时候遇到的这些问题,解释了他为什么会把 1930 年那些事件涉及的太多责任归咎于里奇蒙德。所有这一切的真正遗憾是,当美国人的压力迫使英国人把 1936 年《伦敦条约》的限制提高到 35 000 吨和 14 英寸舰炮时,里奇蒙德向内阁主力舰易毁性委员会作证,支持建造"类型近似的战舰,这些战舰不会处于非常劣

① 参见《经济与海军安全》中的评论,第 33 页。

② 查特菲尔德著,《事情可能还会发生》,第 70 页。

势的地位，我们觉得多少艘合适，就建造多少艘，以便应对因美国向各国施压而建造的类似战舰。”①15年以后，峰回路转，里奇蒙德开始支持海军部的主力舰政策。可悲的是，海军部和里奇蒙德未能为了双方的利益更早地解决他们之间的分歧。

里奇蒙德对军控的看法很有意思，因为这些看法表明，在当代政策问题方面，在无条件接受海军军官和学术型历史学家的建议时，必须要谨慎。里奇蒙德之所以能在范围更广的世界里获得影响力，是因为他是一名海军军官，而且是一名高级军官。因此，人们认为他是海军作战和海战各个方面的专家。事实上，里奇蒙德故意远离海军的主流，远离那些设法解决技术迅猛发展造成的巨大问题的人。里奇蒙德主张，海战的“真理”是要在过去的教训中寻找的，别无它处。在很大程度上，他试图希望当代的技术发展不复存在。他全面否定远程行动、飞机和潜艇的有用性。至于他会怎样看待计算机、卫星、导弹和核动力，所有人都只能猜测了。在阅读里奇蒙德的著作时，人们会感觉到，他渴望回到他年轻时的原始铠甲和近距离战术时期，如果不是渴望回到他觉得比他自己所处时代更好的帆船时期和滑膛炮时期的话。因此，可以提出一项合适的主张，即里奇蒙德才是真正的反动派，而不是他猛烈抨击的任何“唯装备论者”。当然，要辩称技术什么也改变不了，正如里奇蒙德经常做的那样，就会与任何辩称技术会改变一切的唯装备论者一样恶劣。这样的唯装备论者会落入同样的圈套，虽然与前者相反，但更为常见，而且非常危险。里奇蒙德把作战理解这个“婴儿”和技术决定论这盆“沾满油污的洗澡水”一起倒掉，也就是说，不分精华和糟粕地全盘

---

① 证明材料草案，收录在《里奇蒙德文集》第RIC 7/2卷第2号文件夹中。

否定。这一点特别具有悲剧性。在他那个时代，如果有人应该有能力宏观地看待相互矛盾的因素，并对这些因素进行综合，那就是像他这样的“水兵学者”。

当代海战的复杂性就是这样，所以可以理解的是，多数军官都在忙于应对这些复杂因素，从而忽视了他们这个职业的层次较高的要素。时间，也许更重要的是，学术精力，对他们有着其他更为紧迫的要求。同样，许多传统的海军历史学家——或许比里奇蒙德拥有更多的借口——也不够谨慎尽责，没有去获得海战技术方面足够详细的知识（在这方面，英国过于专门化的教育制度的缺陷，是一个特殊的不利因素）。然而，海军政策就是这样，如果不全面掌握其技术性质和动态，实际上还有其经济和政治基础，就难以得出对当代海军政策制定者有用的准确结论。里奇蒙德正确地认为，教训可以从历史中吸取。他的错误之处在于，他试图从过于狭隘的视野来得出教训。然而，他的问题或许可以维护他迷恋的另一个话题。他那个时代的海军教育制度有着根本的缺陷，需要改革；它不鼓励军官亟需的开阔视野和学术宽容——即便是赫伯特·里奇蒙德这样极具天赋的军官也迫切需要。但是，俗话说，那是另一回事儿。

讨　论

以下是从杰弗里·蒂尔和埃里克·格罗夫的论文出发展开的讨论。

希尔海军少将：我要说的基本上以《海军评论》中关于战舰大小的讨论为基础。虽然这个问题是里奇蒙德提出来的，但几乎可以肯定，他是在1929年8月受到威廉·亨德森爵士的鼓动后提出来的，也就是说，在里奇蒙德为《泰晤士报》写那两封信之前。但是这个问题与我昨天说的内容有关。我认为，到了那个时候，里奇蒙德已经处于风口浪尖。他已经意识到，海军部不会再任用他，而且他觉得他什么也不会损失。他最初写了一篇很长的文章。这篇文章很有意思，因为直入主题，特别是出自刚刚离开帝国防务学院（IDC）的某人之手。文章没有尝试铺垫背景或者与之类似的任何东西。文章没有陈述假设，但是潜在的假设是，毫无疑问，在1930年的海军会议上，有可能会通过一项军控协议，而且这项协议会兑现。这是一篇规约性非常强的文章，提出了他的主张，要把战舰的排水量限制在7 000吨之内。他在某个地方提到了6英寸舰炮，虽然他后来说，在那个通用战舰级别的某些子类中，舰炮的口径可以更大一些。

有一两件事情特别有意思。他说："当然，如果你把战舰限制在那个大小范围内，航空母舰就不会有任何空间了，但是航母无论如何都不是必须要有的。"后来，在讨论部分，这也是我要稍微再详细说一下的内容，他说："有人会说，飞机可能会从岸上赢得战役。这种观点很美好。"1940年的克里特岛空降战役是10年以后的事情了。我想我不需要再对那场战役多说什么了。关于潜艇，他再次表现出了相当轻视的倾向，但大多依据的是埃里克提出的理由，认为灵活性更好的战舰能避开潜艇，因此潜艇不是很重要。至于海上护航队的防御问题，在《海军评论》的其他地方，里奇蒙德谈到了贸易的防卫问题，而且顺便谈到了他对潜艇的反对，虽然他主要是反对水面袭击者。每个人都必须记住，那个时候的海军思想认为，90%的精力应该放在水面袭击者上，余下的10%精力才应该放在潜艇上。当时，大西洋战役还是10年以后的事情。在这个问题上，里奇蒙德并不孤单，但是他不是先知。这是我的主要观点。

在他关于"海洋的自由"的讨论中，还有另外一个关于潜艇的观点。还是在《海军评论》中，里奇蒙德说："哦，当然，潜艇现在是受国际法限制的。在击沉一艘商船之前，潜艇必须把船员带到一个安全的地方……"这让我想到了詹姆士一世时期的那部老戏《换子疑云》，戏中一个女人雇了一个特别令人讨厌的人，让他去干掉她丈夫。这个人说："好的，我有几个条件。"你们能猜得出来是什么条件。这个女人说："哎呀！不可能，拉金斯，你太缺德了！"在那一期的增补文章中，关于战舰大小问题，里奇蒙德得到了某些马屁精的支持(我在这就不指名道姓了)——他们大部分都赞同里奇蒙德的意见。反对的声音在下一期中开始出现，而且反对他的人，差不多包括德拉克斯、富勒、丹克沃茨、皇家海军造舰部(RCNC)部长、R·P·迈尔斯，以及一个叫杰拉尔德·迪肯斯的人，此人后来成了一名海军上将，而且事实上，还成为了《海军评论》的编辑。在这些反对者当中，德拉克斯说："好吧，战舰可以小一些，但是不能小那么多。"而且，德拉克斯还用他的外交方式，提出了许多非常好的观点。丹克沃茨、皇家海军造舰部部长和迈尔斯，都提出了自己的观点，与杰克·德拉克斯的观点的方向一致，但是真正攻击里奇蒙德的两个人，一个是富勒，署名为X，另一个是迪肯斯，他写了一篇文章，题目是"小型舰艇的谬论"。实际上，富勒说："往这看，飞机已经在这里了，就是要待在这里不走了。你无法阻止技术变革。这是一个自然规律，而你在讲的，基本上都是垃圾。"迪肯斯写下了一系列最有预见性的结论，包括"下一代主力舰是航空母舰"。

里奇蒙德的抨击都留给了这两个人：富勒和迪肯斯。他回答的方法，我想，至少表明了他当时的思想状态，而且可能真地概括了埃里克所说的内容，因为他在小要点方面的回答极其吹毛求疵，但没有回答大要点。他的回答方法读起来真地不是很好。他的回答方法充满了讽刺，极其严厉，而且如我所说，还摧毁了那些小的要点，但是掩盖了或者没有回答许多大一点儿的要点，包括飞机这个至关重要的问题。在我看来，显而易见，里奇蒙德的回答方法强调的是，前两年，他在帝国防务学院遇到了特伦查德教育出来的空军军官，他们过于重视飞机，而这种过度的重视使他深受伤害。对于这种过度重视，他做出了过度的反应。他说："飞机没有真正的未来。飞机是一个美好的概念。仅此而已。"在我看来，总而言之，主席先生，这是一个相当极端的例子，反映了一个受过历史训练、采用历史色彩很浓的视角、掌握帆船时代大量历史实例的人，如何变得那么爱指手画脚。或许，这是对我们所有人的一种告诫。

埃里克·格罗夫：就简要说一下潜艇吧。他确实理解了一位法国政治家说过的一句话。这位政治家说："如果华盛顿会议确定的这些糟糕的配额可以解除的话，那么作为交换，我们可能会禁止潜艇。"里奇蒙德确实有时候会引用这句话，因为他支持禁止潜艇。即使潜艇在跟军舰较量时没有多好，但毕竟将来潜艇有可能会用于攻击商船，因此禁止潜艇是个好主意，如果有人解除主力舰配额的话。在里奇蒙德的著作中，这句话被写成了"法国人认为……，"而事实上，这只是一个法国政治家说过的话，而且这句话还被夸大了。

杰弗里·蒂尔：我想，在这一点上，有一段相当有意思的文字，是第一次世界大战期间，他在日记当中写下的。我记不住完整的详细内容，但是那段话的思路跟他的一些主张一致，认为海军部对技术的迷恋，在那个时候，正在导致他们忘记战略意图。那段话大意是说，我对这个问题的看法可能是完全错误的[是的，那些看法是完全错误的]，但是有人从大战略的角度看过这段文字吗？他认为，人们过于迷恋技术现实和战术现实。我想，那种对技术现实的不耐烦，是我们直到战争时期始终都有的一个重大问题。他关于战舰大小的主张，实际上没有顾及防御要求，而采用一种排水量更大的战舰，更容易达到这些防御要求。他认为，战舰拥有反鱼雷防护能力不重要。他认为，战舰为了防空自保而拥有重型装甲不重要，因为正如你们二位所说，他倾向于低估这些种类的武器构成的威胁，而且正因为这样，要应对这些武器的要求就不是特别重要了。这是一种纯粹出于战略逻辑的主张，几乎是蓄意无视当时的技术现实。这是一种对所有历史学家提出的可怕警告，告诫他们不要涉足他们无法理解的领域。

艾伦·皮尔索尔：我刚才正准备问一个问题，就是还有多少其他人支持里奇蒙德的小型战舰理论？因为弗农·阿克沃思海军上校写过一本书，我想是在 20 世纪 30 年代初期某个时候吧。实际上，阿克沃思海军上校提出的建议，可能比里奇蒙德提出的更好。他建议，主力舰排水量应该在大约 12 000 吨到 15 000 吨之间，配备口径为 12 英寸的舰炮，而装甲巡洋舰不应该配备华盛顿会议建议的口径为 8 英寸的舰炮，而应该配备口径为 9.2 英寸的英国老式舰炮。这些东西的设计都相当有意思，但是我不知道，他在多大程度上已经把它们设计出来了，尽管在他写的那本书中，有这些东西的插图。

人们对英国在 20 世纪 20 年代中期根据《华盛顿条约》建造的巡洋舰确实不满意。这些巡洋舰的排水量为 10 000 吨，配备的装甲非常少。这使海军部对装甲板公司和 8 门 8 英寸舰炮的照顾变得一文不值。这些巡洋舰与外国巡洋舰相比，处于不利地位，虽然它们的类型相似。当然，我们总共建造了大约 13 艘这样的巡洋舰，然后在 20 世纪 30 年代，马上恢复建造吨位较小的巡洋舰。除了巡洋舰这个舰种是个例外以外，我只是想问问，除了希尔海军少将提到的那些支持者外，里奇蒙德还得到了多少其他的支持呢?

埃里克·格罗夫:他是有一些支持者。我发现,当他在帝国防务学院就这个问题开展研究工作时,有一个海军上校,但是此时此刻我想不起来他叫什么名字,写了一篇讲稿,非常支持里奇蒙德的观点。

阿克沃思是一个非常有意思的例子。是的,他与里奇蒙德志趣相投,但是里奇蒙德对他却不太重视。他认为阿克沃思又是一个唯装备论者,并且拒绝接受阿克沃思的观点。总的问题是,如果你半心半意地与里奇蒙德相处,就像巴克豪斯那样,而且实际上,海军部也是那样,并且说点"我们想要吨位较小的战舰"或"吨位较小的战舰确实有意义"之类的话,但是你不愿意做得像里奇蒙德那么过分,那么他就会把这当作是对他逻辑的一种证明,并说你很愚蠢,因为你没有坚持正确的结论。

实际上,要想成为里奇蒙德的朋友,那是相当困难的,除非你愿意接受他整个一揽子理论,而这是一个名副其实的问题。他不会使自己变得温和起来。我觉得这真是个悲剧。

杰弗里·蒂尔:我想,我们在谈论的是一系列看法。里奇蒙德是这个系列的一端,主张建造排水量非常小的主力舰。阿克沃思,如果我记得没错,主张建造排水量大约为12 500吨的主力舰。你会在海军部找到那种渐进等值,而且海军部自己也在讲,20 000吨的排水量可能是适当的大小,然后你再一直走到极端的日本人那里,他们说,70 000吨不会是一个不好的起点。在你应该让战舰的大小降下来这种观点方面,里奇蒙德不是唯一的权威来源。从这个意义上说,里奇蒙德是有支持者的。埃里克很对,如果您与他说的没能完全一致,您就会受到他的孤立。他可不是一个游说集团中可以结伴而行之人。

埃里克·格罗夫:在20世纪20年代初期,他的确从卡斯坦斯那里得到了许多支持。正如你们期望的那样，卡斯坦斯坚决支持他的想法。

杰弗里·蒂尔：我想，跟弗农·阿克沃思有关的一件事情，永远值得反复强调。他写了两本书。我记不住题目，但是在其中一本当中，他说了一句关于鱼雷的名言。如果我记得没错，原话是："用刺网捕捞鱼雷，然后直接从网口看看这个自命不凡的怪物。"所以，我认为，作为一名唯装备论者，他有他的局限性。

乔恩·住田：我讲几点吧。正如你们当中一些人可能会知道的那样，里奇蒙德和阿瑟·亨格福德·波伦是非常好的朋友。从1916年到波伦去世，他们始终保持通信，而且数量很大。在波伦档案中，我想，有一份相当重要的备忘录，没有标示日期，不过内部证据间接地表明，可能写于1907年或1908年，而且确实是里奇蒙德写的。在这份备忘录里，里奇蒙德说："如果你承认口径最小的舰炮就能满足需要这条原则，你还必须承认数量最小的舰炮就能满足需要这条原则。换句话说，吨位最小的主力舰就能满足需要。主力舰具备必要的火力即可，硬给它塞进更多火力的话，是没有战术优势的。这样做的唯一优势，就是维护成本较小。"这份备忘录本来可以在20世纪20年代再写。里奇蒙德在第一次世界大战之前就有了这种想法，而且再进一步研读这份备忘录的话，就会相当明显地感觉到，他发现"无敌"级战列巡洋舰是一种非常有意思的战舰，因为他认为，"无敌"级战列巡洋舰拆除了装甲，强调的是速度和舰炮火力，这是进攻方和里奇蒙德力求实现的，即便是在1907年至1908年。也许，这就是他低估防护重要性的原因。他简单地认为，你真正想要做的，就是为进攻做准备，而这应该是你建造的那种战舰的重要组成部分。

再说另外一点。因为里奇蒙德经常与波伦通信，所以这就提出了一个有意思的问题，就是既然这样，那为什么他在远程火力问题上持保守态度呢？要知道波伦是远程火力的提倡者。自从我看过这些材料以来，很长时间已经过去了，但是我想，你们必须记住，里奇蒙德1910年时是皇家海军军械部助理部长。那个时候，波伦危机真地正在升温。至于德雷尔关于里奇蒙德的恶毒评论，我们应该记得，1910年，军械部有一批人拒绝了"德雷尔装备表"，而且支持波伦的远程火力学说。里奇蒙德无疑是这批人当中的一员。我猜测，里奇蒙德不是简单地反对远程火力，而且他还看到，波伦和德雷尔在采购过程中你争我斗，远程火力控制在这个过程中造成了一团乱麻。也许，更准确的说法是，他认为，理论上可能有得到远程火力的可能性，但是皇家海军却没有得到。这是一场灾难，而且也许他们不应该那么努力地追求尖端技术。在里奇蒙德反对技术这个问题上，这是一种稍微不同的看待方式。我无法确定他的反对是不是过时的反应，或者是纯粹简单的反应。当你试图跟上技术发展水平时，在看待发生了什么这个问题上，他有着第一手经验。

我最后一点评论是，波伦确实给别人写过关于里奇蒙德的信。信中与里奇蒙德有关的那句话，差不多是这样的："所有的战术都必须以射击学技术为基础，但是这两位牛人(这里他指的是科贝特和里奇蒙德)不懂这种技术的基本要素。这难道不奇怪吗?"这段有意思的评论是在20世纪20年代写的。

埃里克·格罗夫：您提到的这一点非常有意思，而且我必须承认，在我这篇文章定稿之前，我会把这个问题想明白的，并且还会再多看点证明材料。我想，此时此刻，我要指出的是，也许在那个时候，正如您所说，里奇蒙德与技术主流的联系更为紧密。他对技术的发展动态非常了解，但是20世纪20年代的主流意见，肯定又得有一种味道，那就是"婴儿在洗澡水里呢！"也就是说，在技术领域，良莠混杂。他似乎只是站出来原则上反对技术，而且我确实有一种印象，就是随着时间的流逝，他的看法变得越来越极端，越来越教条。这有可能是事实，但是当然，我现在在想我以前在看的东西——20 世纪 20 年代时他写的那些著作，作为记录自己想法的东西。他反对飞机的原因，不仅仅是因为轰炸问题。他说："飞机的问题在于，飞机会鼓励人们认为，远程火力具有打到极远距离的可能性。"我也认为这是一个与众不同的观点，但是我想，他采用了反对极远程火力的合理论据，来站出来反对远程交战的整个观念。但是，您可能会说，多远才算远程呢？

乔恩·住田：可能我在这里应该补充一点。那个时候，这是皇家海军内部的一场大规模论战。皇家海军内部一致认为，他们的火力达不到最大射程。一方面，由于财政原因，你无法实现战列舰的现代化改造，并给它们安装较高的表尺托架，或者给它们安装火控系统。也许，里奇蒙德在这一点上不是真正的反动派。他在 20 世纪 20 年代和 30 年代建议，交战应该在中等距离处发生，比如说 18 000 码至 22 000 码，而实际上，到了 20 世纪 30 年代末，皇家海军的舰炮火力已经达到了这个射程。

埃尔韦·库托-贝加里：我想，这些评论非常具有表现力，可以揭示两次世界大战之间，英美两国军控界关于军控问题论战的性质。这场论战是技术问题方面的讨论，而且我认为，里奇蒙德与其他人一样，完全没有理解与其他大国进行的军控谈判具有周期性。军控是三个伙伴之间的讨论——英国人、美国人和日本人。法国人没有参加海军的讨论，而且在华盛顿会议上，是被当作二流大国对待的。华盛顿会议的协议是由英美日三国代表团达成的，而法国不得不同意这三国将其排除在外之后的谈判结果。法国希望拥有英美两个主要大国主力舰数量的三分之二，但是只得到了三分之一，与意大利海军的主力舰数量相等。这个数量，法国是绝对不能接受的。结果，法国代表说："如果我是一支弱小海军，我就使用弱者的武器：拒绝讨论潜艇方面的限制。我只有这个武器了，所以在这方面绝对不可能达成任何一致意见。"《华盛顿条约》和《伦敦条约》谈判之间的差别在于，在华盛顿会议上，法国代表完全没有准备。那个时候，法国有一个总参谋部，但是非常软弱，相当于不存在。没有一个部门来负责谈判的准备工作，等等。法国代表两手空空地来到了华盛顿。他们完全惊呆了。1930 年，当法国代表抵达伦敦时，他们已经把一切都准备得妥妥当当的。法国人的理由提得很好，英国人和美国人不可能重复华盛顿会议的方案。我想，伦敦会议的结果是里奇蒙德和其他人不能理解的，而这种不理解的结果，是灾难性的。从技术角度来看，华盛顿会议是成功的，确定了非常重要的限制条款，但是从政治角度来看，华盛顿会议是一场灾难。从欧洲大陆力量对比角度来看，华盛顿会议开启了一个进程，最终导致意大利和德国形成轴心。我想，日本可能也是因此而加入轴心国的。

埃里克·格罗夫：事实上，里奇蒙德会非常赞赏您刚才说的话。他在 20 世纪 20 年代确实说得相当多。他曾经说过，配额体系的重大问题，是它疏远了法国。事实上，他非常赞赏法国人对这个问题的看法。他有一些反对这个配额体系的重要主张，这是其中的一个，而且在他为保护海军而提出的完全不同的新方案中，他把这个问题视为他要批评的重大问题之一。

麦科伊海军中校：我建议把目标从赫伯特·里奇蒙德和埃里克·格罗夫转移到科贝特和杰弗里·蒂尔。今天上午，费尔班克斯教授预言，未来一百年不会有全球性大战，而且在这段时间内，我们现在或过去都是其中一部分的军队编制，将会出现萎

缩。昨天晚上，在历史终点问题上，盖伊·利亚尔代提到了现在已经不足为信的弗朗西斯·葺山，我希望不足为信。最近，在伦敦国际战略研究所，我们接触到了一种相当了不起的思想，是由一个名叫马丁·范克勒韦尔德的小伙子提出来的，还有他写的《论未来战争》一书。他说，我们还没有到达历史的终点（就像我认为南斯拉夫现在发生的事件显示的那样），但是我们有可能已经到达了军事历史的终点。他关于未来战争的理论，与那些或许这里没有多少人见到过的理论相一致。几个星期前，经济学家布赖恩·贝特尔曼写道，对于海军来说，无论如何，在这些未来方案的任何一种当中，占卜用的水晶球都是清楚的。具体来说，此时此刻，人们会受到政治姿态的影响，受到代表不同欧洲国家的海军中队的影响，这些中队在亚得里亚海行进，没有特定目的，而且依我看，这会降低拥有海军的整个意图的价值。

我想问一下杰夫——关于科贝特在哪些方面可以帮助我们挑出有效的东西和无效的东西，我们已经听到了非常有用的看法——我想问他和相聚在这里的其他杰出历史学家：在这个非常模糊的水晶球中，要想找到某种焦点，我们还可以往别的什么地方看呢？

杰弗里·蒂尔：吉姆，我可以接着你的一条评论说下去吗？你刚才说，海军在亚得里亚海中的机动活动“没有特定目的”（我记下了你用的短语）。就实际上产生影响并改善前南斯拉夫局势而言，你说的可能是对的。在我看来，这不是真正的目的。真正的目的，我和其他人倾向于把它称为联盟建设。我们现在看见的，我想，是一种过渡，从这种环境下的联盟体系和海军职能，向你称之为政治姿态的东西过渡。换句话说，这些军事行动向其他盟友展示了某个国家可以提供什么，而且也许以一种联盟的形式，展示了为另一个国家提供的支援。就实际上遂行这些军事行动的海军军官而言,我可以理解的是,他们会非常不耐烦,而且他们会认为,他们入伍当海军,不是为了在这种政治角逐中,有几分穿军装的“行为主体”的样子。那可不是轻而易举就能做到的事情。我能理解所有这一切,也很支持他们,但是在我看来,这种机动活动确实是支援外交的海军活动。问题是,由于当前世界的不确定状态,外交也充满不确定性。我们无法确定我们在向什么样的世界转变。因此,我们无法确定,军人在这个新世界中的作用实际上会是什么。我们处在一个正在过渡的革命时期。至于我们的终点在哪里,我非常赞赏你的看法,我认为那是你的根本观点。我觉得,我们并非即将攻占阳光普照的高地,在那里,冲突已经结束,军人可以打好背包,然后走进最近的博物馆。我想,这种情况还很遥远。但是,军人打算采取什么样的形式,此时此刻,是极其不确定的。我认为,军人和海军在支援外交方面的作用绝对是头等重要的。

爱德华·S·米勒:我有一个问题想请教埃里克,与精通大战略的里奇蒙德有关。1921 年,他说过:“庞大的美国海军是有害的。”1941 年他会说什么呢?

埃里克·格罗夫:时代会变,而且时代实际上确实发生了变化。关于 1921 年,有意思的是,与美国之间的想定战争是“博纳·劳主力舰调查”使用的想定。现有的最有意思的一些思想,我在相关文件中见过,讲的是“博纳·劳主力舰调查”中谈到的与美国的战争——这也是他们详细论述的内容。涉及我们能否把百慕大群岛作为一个基地,以及其他一些诸如此类的事情。20 世纪 20 年代,对于与美国的战争,里奇蒙德本人对战术和战略进行了许多思考(战略方面的思考多于战术方面的思考)。毫无疑问,20 世纪 20 年代,美国海军在英国皇家海军看来,如果不是现实的潜在敌人的话,至少也是一个战略问题,而且是一个受制于军控的战略问题。美国想要拥有一支与英国海军规模一样大的海军，与大英帝国海军规模一样大的海军。英国皇家海军把这种强烈的愿望视为一个问题。如果你问一名20世纪20年代的英国海军军官："你最大的问题是什么？"他会说："美国人想要拥有一支与我们的海军规模一样大的海军，特别是在巡洋舰方面。这就是最大的问题，压倒一切的问题。美国人想要把我们的巡洋舰总数减少到他们的数量。也许，这种愿望是海军部不得不解决的最难的问题。"

当查特菲尔德以第三海务大臣身份代理比提的职务时(实际上是他自己主动提出要代理的)，他在1927年日内瓦会议召开时去见了鲍德温，奉劝鲍德温不要向美国人的竞争屈服。这是20世纪20年代里奇蒙德思想中的支配性主题：关于美国想要在巡洋舰方面与英国保持平等的问题。

爱德华·S·米勒：他在20世纪40年代说了什么呢？

埃里克·格罗夫：其他人可能比我本人更有能力回答这个问题。作为一个总的观点，我能不能说我们不应该在那种意义上逆向解读历史呢？在我看来，鉴于英国海军总部把美国视为一个潜在问题，然后美国人不愿意落得这样的名声，所以我们可以看得出来，在20世纪20年代，为什么会是这样。因为不能使我们两国的战略界和谐一致，我们感到了绝望。迫使我们能与大洋彼岸这个相当不可靠的国家达成某些协议的，真地只是这种绝望。这些说法是那个时候的决策者使用的，我们决不能为了现代英美关系而将其忽视。这些说法是20世纪40年代使用的，而且发生了许多不同寻常的事情，从根本上改变了形势。20世纪20年代和30年代初期，美国海军不是潜在的盟国，而是可以想得到的敌人，而且美国海军是一个真正的战略问题。

杰弗里·蒂尔：这段发言提出了一个非常有意思的问题。

我们一直在谈论一系列战略家。他们认为海军是一种行为主体。换句话说,海军是一种促使事情发生的工具。海军是其他结果的原因,而且通常情况下,这是对的。但是有时候,这只是故事的一半。我认为,里奇蒙德没有完全掌握的是,海军扩张或海军衰落,至少可以是正在发生的事情的征兆。他倾向于把美国想要达到海军均势的愿望,解释成美国摆出的一种没有必要的公开姿态,而这种姿态引起了美国与英国这个海上霸主之间不必要的摩擦。他没有看到的是,他没有意识到的是,美国对均势的要求,是 20 世纪 20 年代美国获得超级大国地位的一种征兆。这是美国军事力量增长产生的一种不可避免的作用:这种要求就是政治威望和其他一切。我想,这种把精力集中在可视为一种不必要政策的东西上面的倾向,仅仅是因为一时兴起而为之,反映出他们未能理解国家政治实际发挥作用的方式。

埃里克·格罗夫:关于感情用事那段引用的话,基本上是以美国海军的成长壮大为背景的。与多数英国海军军官一样,里奇蒙德认为,当然是在 20 世纪 20 年代和 30 年代,美国人对其海军的要求纯粹是感情用事。现在,在大西洋这一边看来,那种观点可能看起来是非常怪异的,但是在那个时候,在我们看来,就是那么回事。证据是压倒性的;证据就在那里。

丹尼尔·鲍:我想从回答埃德·米勒提出的那个问题开始。由于里奇蒙德认为美国海军是有害的,专家组做了一些评论,我也想回应一下,从美国海军无法发挥作用这个意义上回答。请您回顾一下里奇蒙德思想中的“作用”(function)这个词。埃里克,正如您在您的文章中指出的那样,“作用”真地是里奇蒙德推理的核心,这种推理固然把他带到了极端,但是“作用”也是他在军控方面所提建议中的论证核心。所以,美国庞大的海军是首屈一指的,但在里奇蒙德眼中,美国海军是无法发挥作用的。我可以讲讲他20世纪20年代和30年代时的著作(这也就回答了米勒提的关于20世纪40年代的那个问题),他想象不到美国和英国会在海战中成为对手。莫里斯·汉基也想象不到,而且这是20世纪末,莫里斯·汉基对爱德华·豪斯上校及其同伙试图扔掉交战权感到非常心烦的原因之一。如果你能把所有这些结合起来,包括英国巡洋舰的限制,一支非常庞大的美国舰队,那么你就可以告诉英国人,他们不会拥有行使交战权的力量,正如里奇蒙德本人在20世纪20年代所写,英国不会再有运用海军发动进攻的能力。英国不会留有进攻力量。于是,你就必须把英国建设成一个军事强国。这种推理可能是极端的,但是它的背后有很多思考。

正如埃里克已经告诫的那样,我想讲讲他在文章中说到的一些事情。我认为,在他的文章中,不连贯的主张相当多,但是这些主张不是主要观点。我想从一开始就说一下我确实在我的文章中说过的观点,而且我们在这里进一步重申:当里奇蒙德谈论技术问题时,他的状态不是最佳的。他的全部人生目标,就是要设法防止海军军官把目光局限在技术问题、数学、射击学、战舰和舰炮上:整个一摊子事。他的确谈到了这些内容,而且他没有忽视这些内容,但是他的状态不是最佳的。关于他与查特菲尔德意见不合,我确实同意您的观点;这种意见不合是相当愚蠢的。20世纪30年代初,当里奇蒙德谈到这个问题时,关于他的精神状态和他定位自己文章的方式,希尔海军少将已经说过了。在他人生的这个阶段,里奇蒙德确实看起来已经江郎才尽了。

我要问以下两个问题:1921年时,难道没有就跟小型主力舰谬论一样严重的大型主力舰谬论吗?埃里克,就像您在文章中指出的那样,里奇蒙德意识到了这个事实,而且在这里,我认为,他非常厉害,能从历史的角度看待技术问题。1920年,在

《海军评论》中，有一篇文章讨论的是20世纪的战列舰，而不是18世纪的战列舰，因为20世纪的战列舰并非无懈可击，而且射程还不如年代较早的那种战列舰。这些限制条件在您的文章没有提到，而且在我看来，如果他说，现在还不是建造大型主力舰的时候，可能会是一项非常有理的主张。如果海军部觉得，这种言论背叛了他们，那么很有可能的是，海军部的战略采购判断是不正确的。

另一个我想说的观点是，我本人也使用了“小型主力舰”这个短语。里奇蒙德想要说的，而且这是在其军控主张的背景下想要说的(这一点我认为他是非常明智的)，是他想要许多许多主力舰。如果你要按照配额允许的吨位建造几艘大型主力舰，那就很可能会意味着，要改变海军预算的方向，使其不再为了大英帝国的需要而建造主力舰。现在，我会认为，就其本身而言，这种主张是合情合理的，但是技术上，你可以对这项主张有许多种解读。这就涉及到预测下一场战争的事情了。今天上午，关于预测下一场战争，大家已经说了一些非常有意思的事情，而且规约性的味道不太浓。我在这里要指出的是，我认为，用里奇蒙德关于小型主力舰的观点来反对大型航空母舰，是不公平的。我认为，在主力舰大小之争中，这不是流行的反对意见。我认为，这不是英国海军部或这个组织中的任何人定位这场大小主力舰之争的方式。是的，在新技术问题上，他的偏见似乎越来越僵化，但是我想，对于那场20世纪30年代初尚未开始的论战，我们不应该不公平地、回顾性地强加条件。

埃里克·格罗夫：我当然不是要强加回顾性条件，因为我反复爱讲的许多话题之一，是我们绝对不能倒读历史，而且我们必须始终按照事情当时的样子来看待它们。下面我按顺序说说您的观点。是的，我们可以看到，事实上，理由是有的，而且海军部的主张也不都是合情合理的，这一点我同意，但是我想，这会导致一个相当根本的观点，特别是当您在讨论军控问题时。也许，在我的文章里，我本应该特别突出军控这个问题，但是我没有。当我们处理军控问题时，我们基本上是在处理认识问题，对和平时期海军军事力量的认识问题。这些认识在某种程度上，都与舰炮口径大小、排水量吨位等诸如此类的问题有关。正如您以非凡的能力让我们接受的那样，这与里奇蒙德对海军到底要干什么和战舰到底要干什么的认识完全不一致。因此，从根本上说，他不赞成军控的整个概念，因为军控不仅涉及军备控制，而且还涉及建造战舰，以便在和平时期跟上其他海军的发展步伐。问题之一在于，和平时期的海军与战争时期的海军差别非常大。我试图探讨这个问题，于是我写了一篇文章，讨论了20世纪30年代英国海军重整军备问题，发表在《海军战争学院评论》上（1991年春季号，第82－92页）。当时，英国建设的是一支用于威慑的海军，而不是一支用于打仗的海军。

1920年，英国皇家海军非常担心的是，如果不迅速建造配备16英寸舰炮的主力舰，日本人和美国人就都会拥有这样的主力舰，而这些主力舰会让日本海军和美国海军看起来具有优势，就算实际上不具备优势的话。英国的政治影响力和威望都会受到巨大的影响。那时候，里奇蒙德没有对威望想得太多；他把英国的担忧视为感情用事，对此大家都明白。我想，在他对和平时期海军竞争动态的分析中，这是一个真正的问题。

在《经济与海军安全》中，他是反对航空母舰的。这本书声称："噢，这会迫使它们采用小排水量，而且也会变成一种很好的东西。"所以，事实上，就像他反对战列舰那样，他也反对航空母舰。我想，如果今天他还活着，他会是美国航母计划最大的敌人之一。

丹尼尔·鲍：我想，这本书里有5页您必须得非常仔细地读一下，标题为“反对的理由”，是关于航母的。我对《经济与海军安全》当中这5页的解读跟您的不一样。

蒙特内格罗海军上校：我们是在讨论《华盛顿条约》中的一个观点，现在大家稍微有一点跑题。在我的认识当中，作为一名局外人，也许还冒着过于简单化的风险，我认为，《华盛顿条约》是对一种已经取得的立场的某种冻结。当然，在已经入役和计划建造的主力舰之间，有一些权衡。例如，英国人牺牲了大量的现役主力舰，以便应对美国和日本野心更大的造舰计划。当然，我知道法国人对《华盛顿条约》不满意，但是我想，或许是由于第一次世界大战期间，法国海军缺乏造舰活动，出于显而易见的原因，法国在现役主力舰数量问题上的立场相当软弱。也许，这种立场可以对这种结果起到一些解释作用。

利亚尔代海军少将：麦科伊海军中校和蒂尔教授引发了大家的思考，我只想拓展一下，问一个问题：“从《华盛顿条约》的出台过程，我们可以得出什么可供现在参考的呢?”我确实认为，那时候的军控过程，就是要实现各强国之间的安全。现在，我们面临着新形势，我们实际上是在进行结构性军控，这是纳税人给我们施加的压力。在下一个军控过程中，我们必须实现某种形式的联盟建设，在希望帮助这个星球走向和平的各个自由大国当中，达成一项军控协议；让我们共同行动，把我们的计划工作和力量态势等等整合起来，以便我们能做这些事情。军控过程表现为军人与纳税人之争，但是我确实认为，我们的确需要开始想一想，在纳税人从我们这里索取之前，我们能为纳税人提供什么样的实惠。

这就要求我们进行一些思考。为了做我们认为称心的事情，我们实际上需要什么呢？我需要能够保持某种形式的影响，某种形式的作战能力。我们需要有一种相互独立的行动方式。显然，像荷兰、比利时这样较小的国家，甚至是英国，不会有能力去做美国会做的所有事情，但是我们应该在多大程度上分担这些责任呢？通过什么样的过程我们才能实际做到？因为，如果我们不做这个，我们就会发现别人将强迫我们去做。而且，俄罗斯人和中国人又会怎么样呢？

杰弗里·蒂尔：我想，您的发言再次强化了我们之前在谈的那个观点，认为海军的发展可以看作是现在正在发生的事情的结果，而不是原因。面对军控，在海上和陆上都发生了一些事情。在某种意义上，这些事情是全面发展的征兆。海上军控可能现在不如以前重要，而且我想，现在一般认为，以前几乎是军控议程重中之重的海上军控，现在的优先级别正在下降，因为海上军控的目的正在通过其他手段实现。我想，实际上迫使我们思考得更多的（而且我必须承认，在这一点上，里奇蒙德和科贝特根本没有任何重要的建议可给），是一个事实，即资源短缺越来越严重地制约着所有拥有海军的国家。这些国家日益被迫接受一种局面，不得不思考如何集体应对一系列共同面对的问题。这确实意味着，这些国家非常显著地偏离了以国家为中心的思维方式。例如，这种情况是第一次世界大战之前和之后一段时期的特点。就这种情况发生的程度而言，这真是一次革命性的转变。您问的所有问题，从本质上来说，答案基本都属于政治范畴，而不属于海军范畴。联盟的一个成员说："如果你擅长那个方面，那么我会在这方面比较擅长。"成员们为了能够说出这样的话，所做的准备工作的就绪程度，从根本上来说，不是海军的问题。这是一个政治问题，因为这种就绪程度与一个国家准备允许另一个国家大量参与其安全政策制定的程度有关。所以，您所问的所有问题都取决于这个。一旦你实际上确定了你能为集体考虑多少，那么你就能分配由谁负责扫雷，指挥控制系统应该如何工作，等等。

利亚尔代海军少将：我们做这项工作实际上已经有一段时间了。

埃里克·格罗夫：我就简单说一下您提到的观点吧，因为这是一个军控问题。在某种程度上，这个问题又回到埃德的观点了。过去，想要海军军控的人，显然是俄罗斯人。现在，俄罗斯外交部的观点是，"美国海军的规模越大越好"，因为美国海军是实现世界稳定的一个因素。您可能会从理论的视角主张，随着我们削减我们这些海军的规模，我们可能会走向军备竞赛稳定状态的对立面，一种裁军方面的不稳定。因此，在这种情况下，协议可能会发挥作用。当然，在海军军控结构性协议的根本问题上，里奇蒙德是绝对正确的。不同国家在海洋的利用方面有着不同的真正利益。当然，这些国家对这些利益的认识各不相同，因此很难让它们接受对各自海军的限制。这并不是说，在世界上海军建设呈上升趋势的某些地方，可能会创造客观条件，使某种海军军控或信任建立措施协议可能仍然适用。具体来说，在这个问题上，我想起了东南亚和东亚，因为泰国在建造一艘航母，中国得到了一艘航母，而且那里有潜在的争端。在这样的情况下，某种海军军控，或者合作安全协议，也许有可能会发挥作用。

查尔斯·费尔班克斯：在这个问题上，就像利亚尔代海军少将所说，非常重要的是，当我们现在进行裁军时，要关注现在正在发生什么，因为历史证明，军事态势和海军态势最大的变化和最不为人理解的变化，已经在各个裁军时期发生了。例如，在第二次世界大战结束时，正是由于西方盟国和俄罗斯人在复员程度方面出现了差别，才造成了欧洲大陆力量对比失衡，导致了战后的整个政治局面。

我真正想要提出的观点，是要回到1900年以后舰炮射程有所增加这个问题上。这个问题在我看来，在某种程度上，是第一次世界大战之前与各国海军有关的最大谜团。大约在1902年，英国海军已经知道如何在其首选的战斗射程内使用舰炮，而且会取得决定性的效果。等到英国开始撰写大舰队的舰炮使用说明时，甚至在那之前，当梅海军上将撰写舰炮使用说明时，英国海军就在思考一个问题，就是在他们不知道如何运用舰炮来取得决定性效果的射程上战斗。这为什么会发生呢？这个问题非常不符合逻辑，而且在我看来，这是我们怎样才能在战斗射程问题上，为里奇蒙德海军上将提供确凿证据的切入点，他在对某种我们从那时起就一直见到的技术绝对论做出反应。比如说，在战略空中力量方面，人们据此把一种纯粹的理论技术能力进行外推，或者对它进行讨论，仿佛它就是一种真实的作战潜力一样。这种现象的高潮标志(这是军事历史领域常被引用的名句，每个人都应该永远牢记在心，我认为)，是福西特·雷海军上校在特罗布里奇海军上将的军事法庭上的证言。雷在证言中说："在25000码的射程上，德国海军'戈本'号战列巡洋舰当时就是一种无穷大的力量，而一艘英国装甲巡洋舰的力量却是零，因为在25000码的射程上，'戈本'号战列巡洋舰完全可以摧毁一艘英国装甲巡洋舰，而且在这艘装甲巡洋舰的反击中不会被击中。"我想，正是这种荒谬的对比，才使里奇蒙德的看法集中到了一种有些对立的极端论上。

安德鲁·兰伯特：我想说两点，是我在听了这两篇文章和之前的讨论以后想到的。每个话题我说一点。首先，关于里奇蒙德和军控这个话题，我认为，里奇蒙德在这个问题上是出了错的。虽然他似乎掌握了帆船时代的历史，但他没弄清英国战略地位和英国舰队结构之间的根本联系。正如马汉在《海权对历史的影响》中指出的那样，大英帝国的全部安全，都取决于英国海军在选择性海域，比如说在英吉利海峡，或者在地中海，与任何对手打一场海战时的获胜能力。所以，英国作战舰队的设计宗旨就是要赢得战役，这种设计方式是当代法国舰队和西班牙舰队不具备的。因此，英国人建造的战舰与众不同，一眼就可以看出来，具备与战斗有关的特殊功能。例如，在特拉法尔加海战中，纳尔逊拥有三层甲板战舰的优势。科贝特在《特拉法尔加战役》中正确地指出，这一点对纳尔逊在那场战役中的打法至关重要。法国人没有三层甲板战舰，虽然那个时候西班牙有一些这样的战舰。这是英国人维护自己地位的方式，建设一支处于优势地位、可以击败任何对手的作战舰队。当里奇蒙德说"我们不需要这么做"时，相当清楚的是，他要把这种方式完全抛开。这是错误的，但是我认为，在这个问题上，他没有坚守知识分子的诚实。

下面我想把目标完全转移开，说一下麦科伊海军中校提出的观点，就是与关于未来的新思想有关的观点。回顾杰夫·蒂尔做的那次讲座，题为"朱利安·科贝特的相关性"，我认为，我们在这里需要做的，是快速地看一下马丁·范克勒韦尔德在《战争的转型》中说了什么。他还给这本书起了一个副标题，"自克劳塞维茨以来最激进的解读"。我认为，对于一本书来说，这是一个引人入胜的副标题，这样写就省去了读者的麻烦，不用再读克劳塞维茨的著作了。从范克勒韦尔德试图提出的主张，可以相当清楚地看出，陆军已经使自己变得与未来战争完全没有相关性了。他根本没有考虑海洋这个维度。"海上游击战必将成为现代一流作战能力的标尺"，这种观点是十分荒谬的。正是由于在处理约旦河西岸的那场大起义时，以色列陆军遇到了一些问题，才不意味着所有现代武装力量都没有相关性。我想，如果范克勒韦尔德想要取代克劳塞维茨，他应该先读懂克劳塞维茨，然后再战胜他。

说到这一点，我想我们显然需要强调一下克劳塞维茨留下来的东西，这种遗产把科贝特领入了海洋战略思想领域。我们还需要回头看看克劳塞维茨本人，看看他对 1830 年的一道命令的反应。这道命令要求制定针对法国的作战计划。他说："在这种情况下，我不能制定针对法国的作战计划，因为你没有告诉我战争目标是什么。如果你不告诉我为什么我们要与法国交战，我就不能告诉你，我们将如何与法国交战，或者怎样才有可能打败法国。"因此，如果我们想要知道海军将来要做什么，我们就必须知道将来的政治形势是什么。在弄清这些客观情况之前，我们不能做出决策者现在想要做出的那种长期政策决定。我们无法拥有和平红利，因为我们不知道和平未来是什么样子。我们不知道未来是和平还是战争，也不知道将来会有什么样的对抗。我想，我们需要重新考虑基本原则，从这些基础读物中挑选一些读一读，用它们来激励我们自己对未来进行思考。只有这样，如果出现任何新的稳定态势，我们才能做好准备。但是，我们现在不能做出政策决定。

W·A·B·道格拉斯：埃德·米勒的问题刚才让我精神为之一振，因为这个问题非常有意思，而且我必须得说，我本人想要回过头来再看看这个问题。在我们看来，在我们大西洋这边，纽芬兰护航部队指挥官 1941 年时说过："英国人已经出卖了我们，把我们卖给了美国，这样他们就能把东大西洋据为己有了。"这是不是英国海军部当时的观点，我现在还没有能力证实，但是默里是英国帝国防务学院的毕业生，有可能在那里受到了里奇蒙德某些原则的影响。

彼得·斯瓦茨海军上校：下面我发表几点看法。首先，我要捡起您提到的这一点，埃德·米勒的问题，以及杰弗里·蒂尔在他的文章中提出的观点。他在文章中说，科贝特为多国海军合作的过程提供的指导很少。这个观点给我留下了深刻的印象，在我提出问题之前，这算是一种评论形式吧。我要提的问题是："这种观点正确吗?"这两个人都没有谈到多国海军合作的过程、可能性或者不同方面吗？您说过："海军除了是行为主体以外，还是某种东西的榜样。"您用的这些词给我留下了深刻的印象，而且杰弗里关于海军的观点就是征兆。我们也是如此。历史学家和对海军历史感兴趣的其他人在这里齐聚一堂，而且这次集会的性质也非常有意思。各位与会代表基本上来自英美两国，也包括为数不少的加拿大代表、法国代表，等等，但是基本上是英美海军联盟的重要组成部分。英美海军可能是从 20 世纪 30 年末、40 年代初开始联盟的，现在已经持续了半个世纪，直到今天仍未停止。这两个人，科贝特和里奇蒙德，没错，他们是他们所在时代的产物。他们所在的时代，在有些时期里，美国人和英国人交恶，英国人和法国人交恶，或者英国人和德国人交恶，但是，还是在他们所在的时代，有一段时间发生了第一次世界大战，出现了一个伟大的海上联盟。他们是历史学家；他们回顾历史上的各个时代。在这些时代里，英国根据一些最典型的联盟力量标准，参与联盟战争，拉拢其他成员参与联盟。我的历史不是很好，无法告诉我，这是否意味着英国皇家海军是在与其他海军结盟，但是毫无疑问，我记得英国在与其他国家结盟。如果这是事实的话，为什么科贝特和里奇蒙德没有谈到这一点呢？在过去 50 年里，这一点对我们，对这间会议室中的每一个人，都是非常重要的。这就是我们为什么今天在这里相会的原因。

杰弗里·蒂尔：彼得，我认为这是一个非常有意思的问题。

我想，这个问题的答案是，他们两个人关注的焦点都是战争，都关注如何实施以在战争中取得胜利为目的的军事行动。当然，在这方面，联盟战争毫无新意可言。正如利亚尔代海军少将之前所说，北约已经以反战模式集体行动相当长一段时间了。这没有新意可言，但是在我看来，当前在和平环境下，专注于多国合作，在这种合作过程中，演习的目标不仅是要慑止战争，而且是要能做会维持稳定的事情——依我看，这基本上是一场新的博弈。不管怎样，就我所知，我们一直在审视的这两个人物，在这场博弈方面，实际上都没有多少重要的意见可以发表。如果我能再折回安德鲁·兰伯特提出的一个观点——因为我们面对的是一种完全未知的情况，因为我们不知道各国海军将来必须得独立或集体采取什么行动，所以我们现在还不能确定，我们需要保留什么，我们能承受得起放弃什么，也可以说，我们能承受得起把什么转包给可靠的盟友。所以，此时此刻，我想，我们都处于这种不幸的境遇，认为只要我们有可能管理得了，即使要保留的东西水平较低，我们就需要保留一切，以便在必要的时候，我们可以重整旗鼓。在局外人看来，这种想法看上去很像老式思维。这就是问题，依我看。

保罗·哈尔彭：作为对爱德华·米勒所提问题的回应，我记得在《凯斯文集》中(第 3 卷，第 244 - 246 页)，引用了里奇蒙德的一段话，发现在 1942 年 2 月 16 日，当新加坡即将沦陷时，里奇蒙德给凯斯写了一封信，伤心地说，他们没有听从杰利科的建议，没有建设一支“两洋海军”，却宁愿相信运气，拒绝考虑一种可能性，即当他们在一个半球交战时，另一个半球的“强盗”会利用他们的困难。关于美国，里奇蒙德写道：“也许还不明显，有些人竟然希望，如果日本在东方攻击我们，美国会派飞机来帮助我们。”他们忘记了第一位斯坦诺普勋爵的原则：“我们的海军以独立履职尽责为荣，没有义务接受外国的援助。”

理查德·哈丁：科贝特和里奇蒙德进行创作的时代（特别是1905年以后），见证了一项主要以海军至上论为基础的战略的消亡。这种结果的原因已在别处得到了考察，但是这次会议似乎没有谈到这个问题。科贝特和里奇蒙德都不是拙劣的海军至上论者，但是在他们把注意力集中在皇家海军更迫切需要关注的问题上时，他们对防务政策联合性的认可，仅仅是点头支持正确的方向吗？陆军不具备在内部进行学术辩论的特性，但是陆军确实具有能言善辩的倡导者（比如斯潘塞·威尔金森和罗伯茨勋爵），以及富有洞察力的军官（比如亨利·威尔逊和查尔斯·卡尔韦尔），他们可以根据欧洲的军事形势和现在貌似有理的战争计划，展开一场辩论，而皇家海军做不了这个。诸兵种联合作战赋予皇家海军一种重要的进攻作用。但是，似乎仅仅是由于皇家海军1914年至1918年做了一些实际工作（例如，雷金纳德·培根海军少将制定了几份让一个师在比利时海岸登陆的作战计划），皇家海军才了解到了诸兵种联合作战的种种困难。

这两位历史学家支持政策应该具有实践性，但是皇家海军显然忽视了这些实践问题。依我看，这次会议普遍认为，文职和军职历史学家难以做好军事组织的微观政治工作，而这种忽视是对这种共识的一点有趣的补充。这些困难包括对忠诚的期待、理解技术问题的相对能力、对学术争论的处理，以及公众对客观性的认识。

在这次会议上发言的人和听众，似乎都对捡起这个问题不是特别关注。这个事实可能表明，海军历史学家仍然把精力集中在海军事务上，而不是集中在防务问题上。将来再举行这样的会议时，有一个主题可能会比较有意思，就是要汇集各军种的历史学家，然后考察他们对于自己为战略和政策所做贡献的假设。

给我留下深刻印象的是，这次会议没有提到美国海军从1900年到1939年这段时间的发展情况。这反映了在这段时间内，美国海军向岸上投送海军兵力的理论和实践稳步发展，比英国皇家海军在这方面的发展稍胜一筹。这可能是对以下任何假设的一种有益的纠正，即有人认为，历史学家或者英国皇家海军，在海洋思想学术领域占主导地位。

这次会议的第二天，大家对历史学家在协助海军制定政策方面的作用展开了广泛的讨论。我离开会场时，对历史学家的贡献和局限性有了更清楚的认识。但是，我认为，如果有其他社会科学的更多代表出席会议，我们可能就必须要更加严密地论证我们关于做贡献的主张了。开阔视野、提高调查标准等一般学术特性并非历史学家独有。对我自己而言，我离开会场时，决心要更加准确地厘清作为历史学家，我能为职业教育计划做出什么样的贡献。我不希望只是充当任何集体记忆的纯粹保持者，也不希望成为证据的提供者，为职业技能更明确的社会科学家提供可利用的证明材料。关于历史学家的创造性作用，我还有更多的思考，而且我认为，必须要从进一步倾听社会科学家开始。在某些方面，他们的学科在本世纪内已经取代了历史，成为受过有效职业教育的个人必须接受的基本背景教育内容。

安德鲁·戈登：这次盛会有一个隐含命题，认为了解历史有益于现在的合理思考，甚至是这种合理思考必不可少的——因此，像科贝特和里奇蒙德这样的人物，其重要性是永恒不变的。如果这个让人欢喜的假设是正确的，那就很好，但是我无法确定，这是不是科贝特（至少是他）阐述的观点，或者说，这当然不是他为什么重要的原因。他真正的贡献是，当海权运用的长期连续性终止而且未来不明朗时，对过去的相关事件（由他自己判断是否相关)进行反思,然后用反思之光照亮前面的道路。某种程度上,这是马汉一直在做的事情,但是他有一个隐秘的计划;他的任务是在十字路口提供路标。

在20世纪最初的几年里,海权的用途和实际运用的性质突然发生了变化。"不列颠治下的和平"(Pax Britannica)几十年来的经历,无法再为应该如何运用皇家海军提供指导方针。在"不列颠治下的和平"之下(这是一个方便的简写术语,在它所指的时代,一支没有遇到任何挑战的海上力量,为了维护世界和平,在全世界范围内发挥着影响),英国极少担心出现全面的大国对抗。现在,虽然以前英国害怕法国和俄罗斯,但一切都变了:刚刚统一的德国对英国皇家海军构成了重大挑战,而且高级军官和政治家在维多利亚时代末期受到的训练,几乎无法帮助他们决定现在应该如何运用海军力量。英国皇家海军在反海盗行动、小规模局部战争和炮艇执法方面的经验,甚至在克里米亚战争中的经验,是远远不够的。

所以,现在我们突然迫切地需要回顾19世纪以前各个时代海军力量的运用情况(虽然马汉对此做了一些预热工作,而且在这个过程中,已经做好了开启海军挑战进程的准备)。各大国从前相互对抗,而且如果历史有一些相关原则可以提供给爱德华七世时代的人,我们就必须回头去看这段时期。

20世纪50年代与这段时期有些相似之处,因为那一代职业军人已经脱离了两次世界大战中的庞大舰队和海上冲突,如何处置两个超级大国之间的恐怖平衡,他们没有参考标准可循。这场博弈的条件再次发生了戏剧性的变化,而且默认条件是,热核时代早期的战略分析,已由核战争狂人那一类学术理论家把持,比如卡恩和基辛格。

现在,海军力量的市场再次发生了翻天覆地的变化。现在没有大国对抗，也没有“冷战”。职业军人再次发现，在可以对将来的海权有什么期望方面，他们多年的经验（就他们而言，是“冷战”的经验）可以提供的指导很少（有人可能会说，这是迷失方向，每两代人就会发生一次，然后会有倾向性地选择历史事实来证明这一点，但是他们这么做不会有多大意义）。

所以，我们再一次发现，我们自己所处的境遇与科贝特那一代历史学家面临的境遇相似，我们面对的未来都不确定，而且“有保存期限的”理解和技能未来也帮不上多少忙。这可能是唯一的相似之处。如果认为“无畏”号战列舰时代的历史学家一定能为我们提供永远合适的答案，那就是错误的。他们也许在某种程度上能做到这一点，但是他们的解决方案，针对的是“无畏”号战列舰时代和20世纪20年代，而不是20世纪90年代。

假设“美利坚治下的和平”（Pax Americana）这个不是非常令人满意的说法，可以用作西方在“冷战”中立场的简称，其主要目的不是管理国际行为——正如“不列颠治下的和平”既不是以主要大国对抗为目的，也不容易适应主要大国之间的对抗。在东西方对抗舞台以外的小规模局部战争，经常会没有任何牵制，因为西方害怕自己的军事力量会偏离其主要的安全作用。“美利坚治下的和平”和“不列颠治下的和平”（在这两个时期之间，科贝特和里奇蒙德时代起到了一种过渡期的作用），在作用上是不一样的。

然而，科贝特在其历史分析中跳过的那段时期——“不列颠治下的和平”时期——（跳过的原因大概有两个，一是觉得那个时期的教训已不再适用，二是觉得当代决策者无论如何都了解那些教训）在后冷战时代，可能具有新的相关性。海湾战争表明，这已经是实际情况了。

所有这一切可以归结为，海军分析家应该根据实际情况来选择历史事实(如果他进行选择的话),就像科贝特和里奇蒙德那样,而且在战略格局发生根本变化的时候,历史对军人的效用是最大的。

罗杰·奈特:埃里克·格罗夫的论文的主要观点是,里奇蒙德对技术漠不关心,而且这主要是由于,这位海军上将真正了解的是18世纪和帆船时代。然而,格罗夫本人没有考虑这个较早时期的技术要素。例如,18世纪的舰队动员工作是一件需要动用政治、行政和技术的大事,国家需要动用的努力和资源,相对来说要比格罗夫称之为“机器时代”的努力和资源更多。不管里奇蒙德是否考虑到了这些因素,我们处在20世纪90年代,自里奇蒙德去世以来,学者们的研究成果又可以为我们所用,故而我们不应该再犯同样的错误。否则,我们会错过科贝特和里奇蒙德指出的更伟大的前景。历史领域的连续性会比埃里克·格罗夫考虑到的更多。如果里奇蒙德曲解了当代和未来事务——而且他确实曲解了——那么他的曲解是有其他原因的。

埃里克·格罗夫:我这篇关于里奇蒙德的论文,受到批评的两个原因是有关联的。第一,文章暗示,里奇蒙德不了解当代海军事务;第二,文章暗示,他与波伦的接触意味着,他一定是把他关于小型主力舰的理论建立在了合理的技术建议之上。至于第一个原因,我必须强调一下,我在文章中哪儿都没想暗示里奇蒙德**不了解**当代海军思想,只是暗示他**不赞同**当代海军思想。里奇蒙德有各种机会详细了解海军部的思维方式,但是他的教条主义,使他不可能按照决策者认为有用的方式,为那些论战做出贡献。他发现,海军部的思维与他的思维相一致的任何迹象,只会加深他的挫败感,认为他整个一揽子想法都没有被海军部采纳。

至于波伦的影响,我必须承认,里奇蒙德与这位火控先驱的接触,怎么能说明他在小型主力舰主张方面的种种反常行为,我对此也困惑不解。即使愤慨的波伦向里奇蒙德证实了火控在一战中的种种失败,里奇蒙德(特别是如果他真地充分了解当代的发展动态)也应该知道,真正发挥作用的新型火控工具,在20世纪20年代,已经在研制之中。另外,如果一艘里奇蒙德式主力舰与一艘老式"庞然大物般的"主力舰交战,不管前者有多少计算机化的装置,获胜的可能性都不会很大。里奇蒙德式主力舰的中型舰炮就是不能击穿老式战列舰的装甲,特别是现代火控技术使前者能在更远的距离开炮时。轻型舰炮在远距离开火时,射击精度本来也会比较差。波沦的不满似乎正好加深了里奇蒙德的错误认识,使他认为有效的远程火力是不可能实现的。

作为科贝特《海洋战略的若干原则》最新版的编辑,尽管我不情愿,但我必须反对唐·舒尔曼对科贝特的评价。他认为,科贝特更多地是历史学家,而不是海洋战略家。实际上,我会认为,使科贝特成为如此重要的海军作家的,是他从过去提炼出"正常"观点的能力。其他因素——特别是技术——可能会吸引我们忽视过去,但是现在有一种回归过去的趋势。在晚宴后演讲中,盖伊·利亚尔代因为技术发生了决定性变化,特别是现代传感器领域的变化,专门对历史和经典海洋战略著作的价值提出了质疑。但是,引人注目的是,自从利亚尔代海军少将在前线打仗以来,技术的发展——特别是20世纪80年代末被动式声呐这扇窗户的关闭——在多大程度上使事情峰回路转,离拖曳式阵列声呐之前的"正常"情况越来越近呢?

正如蒂尔教授指出的那样,对于为现在和将来提出现代战略构想而言,与马汉的著作相比,科贝特的著作是一种更为可靠的知识基础。在强调运用海军来构建联盟时,科贝特指出了海军在当代的一种主要作用。尽管如此,更为重要的是,科贝特强调**海洋战略**，而不是“海权”。在这个“……**从海上发动联合作战**”学说和其他当代海军学说盛行的时代，科贝特这种对**海洋战略**的强调，使他的思想非常恰如其分。科贝特始终坚持认为，因为人类生活在岸上，只有当海军直接影响陆地上发生的事情时，海军才能真正体现出重要性。实际上，他宣称，海军的主要作用是使陆军能够有效地作战，而不是使自己起决定性作用。因此，科贝特成了处于20世纪90年代海军思想核心的联合力量投送行动的先知。科贝特不仅仅是枯燥无味的历史学家，他还是**最具**权威的海洋战略家，对今天和明天都有相关性。

罗伯特·S·乔丹：朱利安·科贝特爵士对当代海战思想的贡献之一，可能就是他关于海上控制和有限战争的讨论。美国“冷战”期间的军事政策和战略，集中关注的是与苏联展开“超级大国”竞争，关注的是二战毫不含糊的胜利模式。因此，在这段时期内，美国在调整军事政策和战略方面遇到了困难，很难适应其他战争形式，也许是“政治色彩”更浓的战争形式。就海军而言，美国人专注于建设和部署海军，以便在海上与敌方舰队交战时取得决定性胜利。这种专注，也许再加上中途岛战役的路线政策，使马汉提出的决战思想始终保持着活力。20世纪80年代，所谓的美国“海洋战略”就反映了这种思想，围绕航母战斗群建设美国海军，既可用作风险舰队，也可用作攻击舰队。

随着“冷战”的结束，海上控制和有限战争这两个概念，虽然姗姗来迟，但是现在美国军事部门正在被迫践行。在这方面，有一个很好的例子，就是美国海军（包括海军陆战队）1992年9月的“白皮书”，题目是《从海上……：做好21世纪的海军战备工作》，由美国海军部发布。正如这份“白皮书”所说：“在我们预计将来会发生军事行动的地区，我们在那里控制海洋的能力，使我们能重新调整我们的海军部队规模，能集中更多的精力，发展地球'滨海'或沿海地区复杂作战环境下需要的能力。"

这份"白皮书"提出了许多观点,论述了这种军事政策和战略的具体方面。在这些观点当中,下面这几句话最能反映海战思想从马汉到科贝特的转变:

> "这个战略方向源于《国家安全战略》,代表了一种根本转变,即从在海上实施公海作战向从海上发动联合作战转变。海军和海军陆战队现在将对危机做出反应,并且能在冲突中提供联合作战所需的初始'启动'能力——以及在任何连续努力中持续参与。我们将成为'海上、空中和陆地'行动队的一部分,当联合作战指挥官们执行国家政策时,我们保证能立即做出反应。"

第十二章　里奇蒙德与澳大利亚的联系

C·D·库尔撒德-克拉克博士
（澳大利亚皇家空军
费尔贝恩基地空中力量研究中心）

1887年，当海军上将赫伯特·里奇蒙德爵士以年轻的海军军官候补生身份第一次出海时，他是随英国皇家海军"纳尔逊"号铁甲护卫舰一起出海的①。从1882年到1888年，这艘铁甲护卫舰担任英国皇家海军驻澳大利亚海军基地总司令的旗舰。又过了40年以后，里奇蒙德才根据他对澳大利亚实际情况的大量第一手经验，探讨与澳大利亚防务有关的战略问题。然而，从1929年到1936年，他变成了澳大利亚国内论战中的一位争议人物。

促使里奇蒙德进入这个领域的事件，是他1926年奉命创办帝国防务学院（IDC）。从一开始，就有人建议，该院为期一年的课

---

① 《国家传记辞典：1941—1950》（伦敦：牛津大学出版社，1959年），第723页。

程要从大英帝国的每一个自治领招收两名学员①。这些安排确保等到1928年,里奇蒙德的院长任期结束时,少量澳大利亚学员已经从该院顺利毕业,并且会受到他在海军战略和帝国防务方面的观点的影响,虽然这些学员和他在认识上会存在巨大的差别。

1927年,第一期帝国防务学院课程开班,学员包括澳大利亚皇家海军(RAN)的C·J·波普海军中校和澳大利亚皇家空军(RAAF)的S·J·戈布尔空军中校。这两名军官后来都成了高级军官②,但是他们两个谁也没有展示出可能会让他们出类拔萃的知识优势,没有成为他们各自军种的主要思想家。然而,对他们两个来说,他们在帝国防务学院的训练,让他们在后来发生的事件中发挥了差强人意的作用。

1928年,参加第二期帝国防务学院课程的两位澳大利亚学员,一位是F·G·谢登先生,国防部的一位文职官员,另一位是陆军的J·D·拉瓦拉克中校。谢登的专长是会计学。在帝国防务学院学习期间,他做过一些关于财务管理的讲座。学完这期课程之后,他在伦敦经济学院开展研究工作,又访问了帝国防务委员会(CID),在那里他见到了这个机构的秘书,莫里斯·汉基爵士,并开始与他长期往来,然后回国,当上了澳大利亚防务委员会的秘书。1937年,他当上了国防部的常务部长,然后一直把持这个职位,直到1956年。正如一位历史学家指出的那样,弗雷德里克·谢登爵士(他于1943年获得爵位)在帝国防务委员会求学之后的28年里,对澳大利亚防务问题的影响将是

---

① T·I·G·格雷著,《帝国防务学院与皇家防务研究学院(1927—1977)》(爱丁堡:英国皇家出版局,1977年),第3页。(与本书第五章第116页注释①中给出的出版地"伦敦"不一致——译者注)

② 波普在以海军上校军衔退休时,被晋升为海军少将。在第二次世界大战期间,他再度被任用,军衔为海军中校。戈布尔逐步晋升为空军少将。

"无人能敌的"①。

在澳大利亚的防务圈子里,拉瓦拉克的履历也是非常显赫的。在赴帝国防务学院求学之前,他在位于墨尔本的陆军总部(AHQ)担任军训部部长。学习结束后,他返回陆军总部,担任军事行动与情报部(DMO&I)部长——这是最重要的职位之一,使他成为总参谋长(CGS)的机要顾问。1933年,他被任命为邓特伦皇家军事学院院长。从1935年起,他担任过四年的总参谋长。第二次世界大战期间,他担任过军长和兵团司令,获得中将军衔,并于1941年被授予爵位。从1946年到1957年,约翰·拉瓦拉克爵士还当过昆士兰州的州长。

对谢登来说,在帝国防务学院度过的那一年,对他在战略防务问题上的看法产生了既直接又深刻的影响。他接纳了里奇蒙德基于海权的帝国防务理念。这种观念的中心思想是,开发和利用大英帝国的资源,用于集体安全目的,而且——正如他到帝国防务学院求学一年之后对里奇蒙德海军上将所说——他发现,"很难阻止自己从无聊的财政向更有意思的海军问题转行。"②谢登与里奇蒙德维持着持久的友谊,经常与他有书信往来,直到1946年里奇蒙德去世,而且在之后的岁月里,谢登把里奇蒙德描绘为"帝国战略和历史领域最伟大的现代作家"③。

---

① D·M·霍纳著,《统帅部:澳大利亚与同盟战略(1939—1945)》(悉尼:澳大利亚战争纪念馆和乔治·艾伦与昂温出版公司,1982年,以下简称"《统帅部》"),第6-7页。

② 谢登致里奇蒙德的信,1929年6月6日,《里奇蒙德文集》,英国伦敦国家海事博物馆。我要感谢J·V·P·戈德里克海军中校为我提供了这份参考资料。

③ 几乎可以肯定的是,谢登撰写了国防部长J·J·戴德曼1947年6月4日在议会发表的讲话。这次讲话提出了战后的防务政策。讲话中引用了里奇蒙德的《政治家与海权》,重申了海权对澳大利亚的至关重要性。参见《英联邦议会辩论实录》,第192卷,第3338页。

可以理解的是,也许是因为有了这样一位彻底的追随者,里奇蒙德曾经说过,谢登的"脑子很清楚",随后又补充说:"在研究澳大利亚的情况方面,他个人给我提供的帮助——我一点儿都不夸张——是难以估量的。"①可能这指的是里奇蒙德在写一篇文章时的准备工作,题为"关于澳大利亚防务的若干问题",1929 年发表在《海军评论》上②。对谢登来说,他告诉里奇蒙德,他这篇文章一定会引起澳大利亚国防部长的兴趣,因为文章"很好地介绍了帝国防务情况和澳大利亚防务情况,因此会由一个机构对其进行审查。这个机构将由您本人和一名陆军军官及一名空军军官组成。……"③

里奇蒙德对拉瓦拉克的影响远没有那么大。拉瓦拉克不像谢登那样全盘接受里奇蒙德海军上将的观点,虽然这看起来没有在这位院长和这位学员之间产生任何特别的敌意。里奇蒙德说过,拉瓦拉克是"一位优秀的同事……,[他]抓住一切机会从这期课程汲取营养。"④尽管如此,拉瓦拉克一回到墨尔本,就开

---

① 霍纳著,《统帅部》,第 6 - 7 页。

② 里奇蒙德绝对不是只依赖谢登来获取关于澳大利亚防务的信息,因为其他与里奇蒙德有书信往来的人,也会让他掌握那里的发展动态。在这些人当中,有 W·R·内皮尔海军少将,一名英国皇家海军军官,担任澳大利亚海军参谋长,他曾于 1928 年 10 月 31 日给里奇蒙德写过信。参见《里奇蒙德文集》,英国国家海事博物馆。在 B·N·普里姆罗斯的"1919 年至 1942 年澳大利亚的海军政策:一项帝国关系案例研究"(哲学博士学位论文,澳大利亚国立大学,1974 年)第 168 页的注释中,这封信被错误地认为是由澳大利亚国防部一位名叫弗拉齐耶的官员写的(这是因为普里姆罗斯把手写签名"内皮尔"[Napier]误认为是"弗拉齐耶"[Frazier])。

③ 谢登致里奇蒙德的信,1929 年 2 月 25 日和 12 月 30 日,《里奇蒙德文集》,英国伦敦国家海事博物馆。在第二封信中,谢登告诉里奇蒙德海军上将,他关于"建立一个由国外专家组成的联合委员会"的口头建议"没有被热情地接受"。我要再次感谢詹姆斯·戈德里克海军中校提供了这些参考资料。

④ A·B·洛奇,"作为军事指挥官的陆军中将约翰·拉瓦拉克爵士"(哲学博士学位论文,新南威尔士大学,1987 年),第 19 页。

始撰写论文，让澳大利亚人关注帝国防务安排的不足，因为这些安排对澳大利亚也适用。拉瓦拉克关注的焦点，是与在新加坡发展海军基地有关的计划问题。这座基地要作为保卫英国在远东利益的关键堡垒。

拉瓦拉克决不是一个人在战斗，而且自1923年以来，帝国防务安排就成为澳大利亚历届政府的防务政策，他甚至连反对运动的主要推动者都算不上。长期以来，澳大利亚重点发展三大军种中的海军，但陆军高级军官一直对此存在质疑，特别是在预算分配问题上。例如，1927年，H·D·温特中校（后来升为中将）——他本人后来在1930年成为帝国防务学院的一名学员——发表了一篇文章，指出帝国防务关注的是英国的防务，而不是澳大利亚的防务，并主张澳大利亚要自力更生。他的结论是："澳大利亚应该在自己的领土内，在澳大利亚当地的陆军和空军部队可以保卫的区域内，提供一座一流的海军基地，具备维护英国作战舰队的能力。"①

1930年3月，总参谋长哈里·肖韦尔中将"走了极端"，在澳大利亚防务委员会提了一个问题：澳大利亚是否真地能够养得起澳大利亚皇家海军呢？他指出，这个军种当时花掉了澳大利亚防务预算的一多半，而且由于减少了澳大利亚陆军和澳大利亚皇家空军的可用资源，对当地防务的效率造成了损害②。这样的建议自然会受到海军参谋长（CNS）芒罗-克尔海军少将（一名英国皇家海军军官）的反对。肖韦尔主张，要把澳大利亚的防务经费用于当地防务用途。对此，芒罗-克尔回答说："日本

① 霍纳著，《统帅部》，第8页。

② A·J·希尔著，《轻骑兵的肖韦尔将军》（维多利亚州卡尔顿：墨尔本大学，1978年），第217页。

大规模入侵还很遥远，所以根据澳大利亚现在的财政情况，您的建议不应该予以考虑。”相反，澳大利亚防务委员会任命了一个小组委员会，负责审查 1928 年的一份评估报告，内容是在太平洋发生战争的可能性。这个机构由代表澳大利亚陆军的拉瓦拉克上校、代表澳大利亚皇家空军的戈布尔空军上校和代表澳大利亚皇家海军的波普海军上校组成，未能达成一致意见。拉瓦拉克和戈布尔认为，由于英国削减海上力量，澳大利亚遭到侵略是有可能的，而波普赞成海军参谋长提出的看法。结果，经费的分配是按照 1929 年至 1930 年预算表决通过的比例进行的①。

在提炼论点的过程中，对澳大利亚防务优先内容提出批评的陆军批评家，日益挑战澳大利亚人对英国海军实力的信任。英国皇家海军拥有的战舰数量足以保卫大英帝国吗？特别是在 1921 年至 1922 年华盛顿会议通过的协议，导致英国皇家海军削减战舰数量之后。如果苏伊士运河遭到封锁，从而耽误了英国人许诺的作战舰队的通行，那么位于新加坡的一座暴露的海军基地对澳大利亚有什么价值呢？更根本的原因是，陆军担心，如果远东新出现的威胁与欧洲的一场战争同时发生，英国的防务会优先保卫不列颠群岛。在这种情况下，问题就不仅仅是一支英国舰队能否及时赶到新加坡了，而是英国是否会派出这样一支部队。正如拉瓦拉克 1930 年 3 月在一份评估报告中所写，最大的可能性是，“只有当日本有足够的理由确信，日本在海上遇到的抵抗会相对较少，而且足以持续到日本能在西太平洋确立制海权时”，日本才会“发动战争”。当然，他指出，在这种情况下，澳大利亚必须保留机动地面部队，以便挫败出现在澳大利亚海岸附近的敌人，而且如果必要，还要与之对抗。

---

① 霍纳著，《统帅部》，第 8－9 页。

正是在这样的背景下，谢登返回了墨尔本，而且从1930年开始，向有关人员灌输他在里奇蒙德担任院长的帝国防务学院形成的观点。在离开英国之前，他写了一篇长达一百多页的论文，题目为“帝国防务原则概览：以澳大利亚防务为特例”，强调了英国皇家海军的重要性。论文的作者给里奇蒙德寄了一份这份文件，请他给评论一下。里奇蒙德按时寄回了这份文件，并对这篇论文给予了热情的赞扬，认为文章对“帝国防务的真正经济原则”进行了值得赞赏的分析。里奇蒙德海军上将说，文章中表达的观点恰恰是他一直在帝国防务学院推行的观点，而且他甚至还说，当他完成他自己在这个问题方面的著作时，他害怕自己会被那些已经拜读过谢登这些看法的人视为剽窃者。这篇论文在澳大利亚国防部内部流传开来，正好让来自工党的总理J·H·斯卡林注意到①。

从陆军的角度回应谢登的分析这项任务，就落到了作为军事行动与情报部部长的拉瓦拉克身上。他准备了一份长达九页的备忘录，赞扬谢登“对帝国防务这个宏观问题做出了卓越而颇有创见的贡献”，但是接下来就推翻了谢登这篇文章的主旨。拉瓦拉克指出，这篇文章集中讨论了理想情况下的理想解决方案，指责谢登的看法是建立在“错误的前提”之上的，“这些前提与英国海军的实力和可能的运用方法有关，经不起推敲。”②

---

① 洛奇，“作为军事指挥官的陆军中将约翰·拉瓦拉克爵士”，第27-29页；霍纳著，《统帅部》，第7页。两份参考文献均引用了《谢登文集》(MP 1217)中的材料。《谢登文集》现保存在澳大利亚国家档案馆，英联邦档案系列(CRS)第A5954号，特别是第38盒、第39盒和第46盒。

② 洛奇，“作为军事指挥官的陆军中将约翰·拉瓦拉克爵士”，第27-29页；霍纳著，《统帅部》，第7页。两份参考文献均引用了《谢登文集》(MP 1217)中的材料。《谢登文集》现保存在澳大利亚国家档案馆，英联邦档案系列(CRS)第A5954号，特别是第38盒、第39盒和第46盒。

谢登告诉里奇蒙德，他的文章“引起了热烈的讨论”，然后在信中征求这位海军上将的意见，请他“简要地”说一下他对谢登打算对这些批评者说的话“有什么印象”；里奇蒙德尽其所能帮了谢登的忙①。批评者们声称，英国政府可能会拒绝允许一支舰队启航奔赴远东。针对这些说法，里奇蒙德回答说，他“从来没有听说过比这更愚蠢的说法”，而且断言，毫无疑问，如果战略需要的话，英国会派出战舰。批评者们提到，远东的一场战争有可能会与欧洲的冲突同时发生。对此，里奇蒙德也采取了类似的方式予以反驳，认为这种想法是“几乎难以置信的蠢事之一，……这种假设的情况是非常不可能发生的。”正如拉瓦拉克的传记作家所说，这些反驳本来可能会提高谢登的士气，但是实际上，丝毫没有降低拉瓦拉克所提论点的说服力②。

就在这个节骨眼上，一名地位和权威似乎与里奇蒙德本人不相上下的海军军官发表了相反的意见，严重影响了里奇蒙德对陆军这些批评者所持看法的尖锐反驳。1930 年，在英国《皇家三军联合研究所学报》上刊登的一篇文章中，英国海军战争学院前院长海军上将理查德·韦布爵士宣称：

> “我们不仅是一个最广义上的海洋强国，而且还是一个欧洲国家，欧洲所有的复杂的麻烦和责任就在门前。正因为如此，想象一下，我们既要暴露大英帝国的心脏，又要派遣我们的舰队，远赴几千英里之外的太平洋，而且我们的补给和受损战舰只有新加坡一个基地。

① 英国国家海事博物馆，《里奇蒙德文集》：谢登致里奇蒙德的信，1930 年 4 月 24 日；里奇蒙德致谢登的信，1930 年 5 月 21 日。收录在澳大利亚国家档案馆，英联邦档案系列(CRS)第 A5954 号，第 39 盒。

② 洛奇，“作为军事指挥官的陆军中将约翰·拉瓦拉克爵士”，第 37－38 页。

这是要把我们描绘成比傻瓜还愚蠢的人啊！不管怎么样，英国民众决不会容忍这样的事情发生。”①

然而，里奇蒙德没有把他对澳大利亚防务论战的干预限于纯粹的私人支持。1932 年 7 月，他的一篇文章，题目为“帝国防务概览”，发表在伦敦的《陆军季刊》上。在这篇文章中，这位海军上将批评了英联邦自治领的拥护者，他们拥护的政策旨在“把作战部队限于一些兵团，其目标纯粹是要通过潜艇和飞机在当地抵御侵略；要把作战部队限于以国民义务兵役制为基础的军事力量，其服兵役的义务不会超出英联邦自治领的版图。”②

拉瓦拉克没有让这些话就这样说说就算了。他的答复，题目为“大英帝国的防务：以远东和澳大利亚为特例”，于 1933 年 1 月发表在同一份刊物上，谴责里奇蒙德满足于谈论理想的防务，认为理想的防务“没有受到世界性协议、英联邦自治领的政策、财政、裁军与和平主义的制约。”他再次提起英国皇家海军在需要之时提供防务的能力问题，指出英国不可挑战的海上霸主地位已经消失。因此，澳大利亚需要应对这些已经发生变化的情况，建设陆基军事力量——以及在海军防务领域开展合作——以防敌人在澳大利亚大陆获得行动基地，因为如果敌人想要对整个澳大利亚沿海地区实现有效的海军封锁，这样的基地是必不可少的。他认为，陆军和空军的数量越大、战斗力越强，敌人实现瘫痪性封锁的可能性就越小；建设这两个军种是有

---

① I·哈米尔著，《战略幻觉：新加坡战略与澳大利亚和新西兰的防务(1919—1942)》(新加坡：新加坡大学出版社，1981 年，以下简称“《战略幻觉》”)，第 235 页。

② G·朗著，《向班加西进军》(堪培拉：澳大利亚战争纪念馆，1952 年)，第 17 页。

意义的，因为这些军种与海军不一样，不受一些限制的束缚，比如华盛顿协议对主力舰的建设做出了强行限制。拉瓦拉克在结论中写道：

"……仅靠控制海上交通就能实现安全，这是一种完美的建议，而且出于务实的原因，是绝对没有运用的可能性的，也是绝对不能运用的。然而，足以确保维持基本贸易路线的海上控制，仍然是有可能实现的，而且这种海上控制，在英联邦自治领陆军和空军威慑作用的补充下，加上英联邦自治领陆军和空军的实际抵抗，一定会提供如今帝国防务必须倚重的基础。"①

不出所料，里奇蒙德写了一篇答复，对这篇关于"帝国防务"的文章予以反击，发表在《陆军季刊》1933 年 10 月号上，批评拉瓦拉克在国家自足原则下自找麻烦。正如这位海军上将的传记作家指出的那样，他与第一次世界大战之后不断演化的"英联邦"氛围很不协调："与他的多数英国同龄人一样，里奇蒙德对正在形成的英联邦自治领的民族主义（他把它谑称为'国家爱国主义'）势力完全不敏感，而且对英联邦自治领与整个帝国关系的变化性质也完全不敏感。"②作为帝国防务学院的院长，里奇蒙德要做一系列讲座，于是准备了一篇分为三部分的文章。里奇蒙德在这篇文章中做了这样的假设："大英帝国事实上是一个联盟，要保卫所有成员国的利益。"当汉基把这篇文章的草稿交给

① 洛奇，"作为军事指挥官的陆军中将约翰·拉瓦拉克爵士"，第 52－53 页；另见洛奇写的关于拉瓦拉克的一章，载 D·M·霍纳编，《指挥官：20 世纪澳大利亚的军事领导人》（悉尼：乔治·艾伦和昂温出版公司，1992 年，以下简称"《指挥官》"），第 129－130 页。

② B·D·亨特著，《水兵学者：海军上将赫伯特·里奇蒙德爵士，1871—1946》（安大略省滑铁卢：威尔弗雷德·劳里埃大学出版社，1982 年，以下简称"《水兵学者》"），第 135 页。

帝国防务委员会成员评论时，该委员会给出了尖锐的意见，认为："在四个英联邦自治领中，可能有两个会承认这是正确的，虽然澳大利亚有一段时间不承认。加拿大和南非都不会承认。"①澳大利亚有人批评里奇蒙德本人在帝国防务方面的观点。对于这些批评者，里奇蒙德采取的态度，在很大程度上，反映了里奇蒙德视角中的这个缺陷。

汉基对在澳大利亚发生的防务论战表示担忧，因为这场论战有着陆军和海军这两个军种互相争斗的浓厚色彩。这种担忧导致汉基本人于1934年年底访问了澳大利亚。在汉基离开英国之前，谢登给他送了一份他在帝国防务学院写的那篇关于帝国防务原则的论文。这一定让汉基觉得很满意，因为"在澳大利亚，在参与执行防务政策的人当中，至少还有一些人的看法是基本'靠谱'的。"②

汉基出访澳大利亚的报告，很快就成了澳大利亚陆军对帝国防务持批评态度的人的新目标。拉瓦拉克认为，汉基的建议"虽然由于他位高权重而得到了尊重和关注，但不应允许其影响澳大利亚仔细考虑这个纯属澳大利亚特有的问题。"③拉瓦拉克在总参谋部(GS)的上级J·H·布吕什少将也认为，汉基的话只反映了"我们习惯上从白厅那些实权人物那里得到的看法。对这些实权人物来说，澳大利亚的防务问题只是一个世界性问题的一个插曲而已。"④

虽然汉基取代了里奇蒙德，成为率领英国人抨击澳大利亚陆军内部"侵略"派的领袖，但是里奇蒙德仍然会偶尔出来抨击

---

① 《水兵学者》，第162页。

② 哈米尔著，《战略幻觉》，第252页。

③ 洛奇在《指挥官》一书中的文章，第131页。

④ 霍纳著，《统帅部》，第11页。

一下。1935年,“信天翁”在墨尔本出版了一本小册子,名为《日本与澳大利亚的防务》。这个署名是澳大利亚陆军一位退役少校E·L·皮耶斯的笔名。从1916年到1919年,皮耶斯担任陆军总部的军事情报部部长。在这本小册子问世时,他是一位尽人皆知的防务问题评论员。皮耶斯的这本小册子矛头直指“相信太平洋集体安全的教授们”,直指“相信大英帝国会负责澳大利亚防务的海军将领们”。在日本万一对澳大利亚构成威胁的情况下,澳大利亚应该在多大程度上依赖英国皇家海军,皮耶斯的论点所坚持的路线,与拉瓦拉克、温特和其他人之前表达的看法非常接近。

在皮耶斯看来,英国海权的衰落和欧洲发生战争的危险意味着,英国海军不可能立即或最终为澳大利亚提供援助。所以,澳大利亚不得不“最终完全依靠我们自己的资源和准备”,万一日本与澳大利亚反目,澳大利亚得到英国援助的前景渺茫,而且美国向澳大利亚提供援助的前景同样渺茫。他告诫澳大利亚人,不要相信海军会拯救澳大利亚;他竭力劝告澳大利亚人,要依靠陆军和飞机,辅之以小型海军舰艇,比如潜艇和驱逐舰。正如一名历史学家所说,皮耶斯和“同一学派的其他人”提出的主张,倾向于在过于狭隘的背景下看待澳大利亚的防务问题,忽视了与盟国共同参与更广泛的斗争的价值,而且甚至连他们都认为,当日本像澳大利亚预料的那样发动进攻时,这场斗争会非常惨烈;“要坚持认为这种防务讨论有孤立主义倾向可能会有难度,但是要反驳澳大利亚防务极具地方性这种指控,难度一定会更大。”①

---

① P·M·C·哈斯勒克著,《政府与人民:1939—1941》(堪培拉:澳大利亚战争纪念馆,1952年),第46页。

不可避免的是，在澳大利亚的政治圈子中，出现了怀疑的声音，认为皮耶斯是在给总参谋部当传声筒。拉瓦拉克坚决否认这样的说法，宣布："我们没有开展反宣传运动，甚至都没有提出我们自己的主张，因为我们以忠于政府和沉默的传统为荣。"尽管如此，多数历史学家认为，总参谋部确实是鼓励皮耶斯的，就算他们没有实际上串通一气。毫无疑问，1935 年，拉瓦拉克本人与皮耶斯通过信，讨论过防务方面的一般问题①，而且在这件事情当中，看起来还允许他的军训部部长温特上校阅读和评论皮耶斯这本书的几版校样②。

皮耶斯提出的观点，看起来是澳大利亚陆军为了坚持自己的主张而发动的又一轮攻势。这促使里奇蒙德写了一篇评论文章，题目是"澳大利亚的防务问题"，刊登在英国《皇家三军联合研究所学报》1936 年 2 月号上。具体来说，皮耶斯质疑一种可能性，即敌人可能会对整个澳大利亚大陆发动完全有效的海上封锁，但里奇蒙德海军上将不赞成皮耶斯的质疑。这是他以前发表过自己看法的一个问题，认为封锁一个英联邦自治领"数量有限的大型港口……会成为这个国家的灾难。"就澳大利亚而言，他曾经指出，虽然那里有七个主要港口，但是所有海运的三分之二都要通过悉尼、纽卡斯尔和墨尔本：

> "在那个由岛屿组成的大陆，只要封锁这三个港口，让沿海其余所有港口保持开放，让商业活动自由进行，要评估这样做会产生什么后果，无需动用多少想象力。……澳大利亚航运三分之二的总吨数进不了港，

① J·M·麦卡锡著，《1918 年至 1939 年澳大利亚与帝国防务：空中力量与海权研究》(圣卢西亚：昆士兰大学出版社，1976 年)，第 40 页。

② 霍纳著，《统帅部》，第 12 页。

就意味着这个国家每个地方都要面临灭顶之灾。澳大利亚人只能人吃人,别无选择。"①

作为对皮耶斯那些主张的回应,他重申了自己的观点,认为随着海上霸权的丧失,切断海外贸易一定会接踵而至,只要因为切断海上贸易而引起内部瓦解,就不可避免地会导致澳大利亚的崩溃②。

对拉瓦拉克来说,他后来坚持认为,虽然他批评澳大利亚依赖英国的海权,但他实际上从来不反对帝国防务这条原则。1936 年 3 月,在给里奇蒙德的一封信中,他写道:

"我做的一切,就是怀疑英国皇家海军在各种情况下的行动自由。我认为,那些相信远东'得到救援之前那段时间'只会持续几个星期的人,是危险的乐观主义者,而且我认为,澳大利亚可能不得不做好准备,要在许多个月的时间里,甚至在几年时间里,守住自己的领土,并保护自己在当地的利益。……我坚信皇家海军能保卫大英帝国,但是我认为,皇家海军的力量标准太低,不能保证澳大利亚的安全。……

我从来不反对澳大利亚海军的贡献,但是我反对澳大利亚海军无限扩建,不能让它发展到让其他军种必须消失的地步。"③

鉴于里奇蒙德多年来面对他那些澳大利亚陆军批评者的一贯立场,我们会相当吃惊地发现,在其他时候和其他圈子里,他

① H・W・里奇蒙德著,《战争中的帝国防务与海上俘获》[伦敦:哈钦森(出版社)有限公司,1932 年],第 75 - 76 页。

② 哈米尔著,《战略幻觉》,第 267 - 268 页。

③ 洛奇在《指挥官》一书中的文章,第 133 页;另外,在霍纳著,《统帅部》,第 11 页上也有引用。

实际上承认他们的许多担忧是正确的。《政治家与海权》通常会被视为他最伟大的专著。在这本书里，里奇蒙德坦率地承认，华盛顿会议未能“给地跨东西两个半球的大英帝国提供它需要的地跨东西两个半球的海军”，特别是1922年的协议允许英国对日本具有的优势，“只有当整个英国舰队能被派到远东而在欧洲海域不留任何兵力时，才会存在”。

> “只有在欧洲极其平静的情况下，英国才会去冒那种风险。实际上，永远也不能指望这种极其平静的情况会存在。事实上，假如英国哪怕只与一个欧洲国家交战，那么英国就不得不考虑与日本可能会出现的敌对状态，反之亦然。”①

在澳大利亚，当地防务的支持者们难道没有说过一模一样的话并遭到里奇蒙德的嘲笑吗？

在同一本书中，里奇蒙德还承认，在第二次世界大战之前：

> “在澳大利亚和新西兰，人们非常自然地产生了一种焦虑感，更不要说警惕感了。他们觉得，到那时为止，一直保护他们的屏障再也不能指望了。在澳大利亚，作家们指出，如果英国万一在将来的某个时间，也许不会很遥远，在欧洲卷入了一场战争，那么整个英国舰队就需要在欧洲海域作战，然后日本就会乘机攻占觊觎已久的南太平洋中的领土[在这个问题上，在一个脚注中，他引用了皮耶斯1935年那本小册子的内容！]。”

但是，里奇蒙德决不承认，在他的战前分析和判断中，他可

① H·W·里奇蒙德著，《政治家与海权》(牛津：克拉伦登出版社，1946年)，第290页。

能是错误的。他继续写道：

“不幸的是，防务问题的真正解决办法，也就是说，通过共同努力，根据东西两个半球的要求，重新确立大英帝国的海权，在英联邦各自治领和英国都没有得到认可。在英联邦各自治领，有人建议，要通过当地防务措施来提供安全，即通过陆军、潜艇、水雷和飞机等措施来保障各自治领的安全。在七百万澳大利亚人和七千万或者更多的日本人的实力出现失衡的情况下，这些措施是完全没有用的，而且澳大利亚人应该已经知道这一点。”①

在一个讨论“各殖民地和贸易的防卫问题”的附录中，里奇蒙德显示了他自己对下面这个问题的看法究竟有多么狭隘，即英联邦各自治领比以前更强调当地防务，而不是帝国防务，它们这么做是不是错误的呢？他承认，驻扎在“出发地区”的英国海军没有“集结起来”，未能使敌人的侵略计划变得复杂起来，这才使日本军队在1941年至1942年能够“一路上没有遇到麻烦，而且大规模漂洋过海，占领了太平洋中许多英属和荷属岛屿和财产”。

“即使当地有驻军把守，他们的抵抗力也只是限于坚守阵地，直到救援部队抵达，而且在提供救援部队方面，所需的力量是不存在的，因为英国海军整个集结起来的兵力都被锁在欧洲战区。澳大利亚得到了援助，但是只能算是刚刚来得及，而且是美国海军提供的援助。一些经济体把[英国皇家]海军限制在一个半球，但却要负责地跨两个半球的大英帝国的防务。事实证

① H·W·里奇蒙德著，《政治家与海权》（牛津：克拉伦登出版社，1946年），第294页。

明,这些经济体付出了高昂的代价。……”①

因为澳大利亚人已经完全预见到了这些情况,认为在这样的情况下,当地的防务需求应该置于首位,所以只有最忠于大英帝国的人才会认为,澳大利亚人是完全被误导的,或者说完全是执迷不悟的。

在帝国防务和当地防务哪个优先这个问题上,里奇蒙德的观点最令人不安的方面是,对于以新加坡那座基地为中心做出的安排,他自己对其价值和功效是有保留意见的。早在1924年,在他担任东印度群岛海军基地总司令时,他就对海军参谋部的整个远东战略提出过自己的疑虑。那个时候,他担心海军部看起来连自己都不清楚该如何考虑对日作战。虽然作战计划要求,如有需要,就要派遣英国大部分主力舰奔赴新加坡,但是英国舰队一旦抵达远东,接下来要做什么,海军部做的准备很少,而且思考得也很少。

据说,里奇蒙德承认,新加坡是保卫印度和澳大利亚领土和贸易的一个基本要素,但是对于新加坡是否提供了“展开进攻的手段”,他表示怀疑。他本人支持一种观点。这种观点的核心内容是,保留香港,作为前进基地,从那里可以发动进攻。1925年,英国海军指挥官在新加坡举行了一次会议。里奇蒙德成功地使这些指挥官采纳了这种观点。那年年底,在交出他在东印度群岛海军基地的指挥权时,他还对新加坡的防务是否合适表达了担忧,主动建议要建立一支针对远东的帝国军队预备队。有人告诉我们,他有理由担心远东地区三个军种之间缺乏协调,尤其是海军部倾向于在各个方面把新加坡主要看作是海军问

① H·W·里奇蒙德著,《政治家与海权》(牛津:克拉伦登出版社,1946年),第342-343页。

题，而且在海军部拟订作战计划的过程中，表现出了完全不顾其他两个军种的倾向。最后，看起来，**即便是在那个时候**，他也已经确信，英国缺乏在远东和欧洲同时打两场战争的海军实力，提出“坦率地承认[英国]无能为力，比继续活在傻瓜的天堂中要好”，而且极力主张运用外交手段来避免日本或欧洲卷入任何战争①。

我们只能怀疑，是什么说服了里奇蒙德，让他认为澳大利亚对英国的新加坡战略的担忧（基本上与仅仅几年前他本人表达的担忧是一样的）是完全疯狂和无效的呢？与各军种之间的争论相反，新加坡战略代表的是荒谬，这已经大白于天下，使英国军队的虚弱程度完全暴露的风险很大。是里奇蒙德意识到了这一点吗？这些疑虑仅仅来自于殖民地居民，对英国海军部的能力提出了含蓄的批评。是里奇蒙德意识到了这个事实吗？

无论这些问题的答案是什么，埃里克·格罗夫在本次会议上宣读了论文，提出了里奇蒙德的看法，在他对20世纪30年代初澳大利亚这场防务论战的贡献方面，已经有确凿的理由支持他的看法。有时候，在与帝国防务合作有关的重大问题方面，他的态度是反动的，缺乏眼力，有党派倾向，而且显然没有诚意。在里奇蒙德担任帝国防务学院院长期间，教员队伍中有一位飞行员，批评这位海军上将的学识没有深度，声称看起来“他只能客观地研究历史，条件是历史的教训不妨碍他的先入之见。”②他的批评也许是有道理的。正如格罗夫指出的那样，这根本不是我们可能会从像他这样一位“水兵学者”身上所期待的。

---

① 哈米尔著，《战略幻觉》，第128－130页。

② 亨特著，《水兵学者》，第160页。

第十三章 科贝特与里奇蒙德在法国[①]

埃尔韦·库托-贝加里
（法国巴黎国防研究基金会）

科贝特在国外的名气，直到第一次世界大战之后才开始越来越大[②]，这是因为他在英国海军部写的那部专著。1924 年，日本帝国海军下发了一种简版的日语译本。1936 年，阿根廷海军战争学院将这部专著翻译成了西班牙语。1939 年，就在第二次世界大战开始的时候，冯·罗伊特海军中将出版了他的德语译本，起了一个表现力很强的标题，《海上霸主大英帝国》。接下来，1958 年，一个汉语译本在台湾出版。

在法国，《海上战略的若干原则》出版得晚，而且内容有限。法文版全译本直到 1993 年才出现，但是这本书很早以前就受到

① 本文是从法语翻译成英语的。在科贝特的《海洋战略的若干原则》的法语译本《海洋战略的若干原则》（巴黎：经济出版社与国防研究基金会[FEDN]，1993 年）中，埃尔韦·库托-贝加里用法语写了一篇介绍性的文章。约翰·B·哈滕多夫对文章中的“科贝特与卡斯泰”这一部分进行了改写。这里刊出的这一部分，最初那一版出现在法语版的第 16－24 页。

② 参见本书附录 A，第 454 页。

了法国人的注意：首先，在非官方领域，1913 年的《海事杂志》提到了这本书；然后，在 1918 年的一份官方报告中，也提到了这本书。

《海上战略的若干原则》与马汉的《海军战略》在差不多同一时间问世，自然会有强烈的诱惑力让人去比较这两部著作。在这方面，德国的库尔特·冯·马尔灿海军上将做了一项非常了不起的工作。1912 年他的一篇文章先发表在德国的《海军评论》上①，然后第二年被翻译成了法语，发表在《海事杂志》上，题目为“与军事战略有关的海军战略”②。马尔灿读过两位作者的这两部著作，并且不可避免地拿他们与德国战略思想大师克劳塞维茨做了比较。从认识论角度来看，马尔灿认为，科贝特看起来明显强于马汉：

> “克劳塞维茨创作了一部认识陆战的著作，但是马汉并不赞成。……科贝特——以及在他之前的其他人——试图创作认识海战的著作，但是没有成功，所以科贝特运用他的历史学方法，创作出了远远高于马汉的著作。”

但是，科贝特与官方的原则偏差太大，这让马尔灿感到担心。这位德国评论家在结论中透露出了自己的不安：

> “跟随英国批评家们的脚步，我已经对科贝特在他这本书中所说的许多事情表示了怀疑，而且相比之下，我坚持认为，马汉的战略原则更胜一筹。但是，当我根据我

① 冯·马尔灿男爵，“英美两国对海战战略与陆战战略之间关系的看法”，《海军评论》(德国)，第 23 卷，1912 年 7 月，第 869－886 页。

② 马尔灿，“与军事战略有关的海军战略”第一部分，《海事杂志》，第 196 卷，1913 年 1 月至 3 月号，第 109－118 页；第二部分发表在第 197 卷，1913 年 4 月至 6 月号，第 94－101 页。

> 在引言中提出的那些标准来研究这两部著作时，我却得出了相反的看法。科贝特确定的战略原则更清楚，而且更严密。他的方法符合逻辑发展，而且相比之下，他依靠的是我认为看起来更有见地的例子。此外，他的历史基础——海战的历史——在全书当中哪儿也没丢。”

因此，一方面，马尔灿认可科贝特过人的才智，而另一方面，马尔灿对他提出了严厉的批评。唯一一位评论过《海洋战略的若干原则》的法国人，也有类似的反应。这篇没有署名的书评发表于1913年年底的《海事杂志》上①。这是一篇很长、很中立的分析，对这本书的不同章节做了评论。这位评论者一开始就宣称："科贝特先生独特的英式性格，导致他对克劳塞维茨及其学派提出的战略原则进行了大量的修改。"

在结语中，他最终提出了他的批判性评价：

> “我们可以看出，作者偏离了当前主流学说中的重要观点，包括关于集中手段和努力的观点，关于追击敌人的海军重兵的观点，以及关于支配所有战略的为夺取制海权而进行决战的观点。因此，他的著作受到了许多批评，即便是在英国，而且著名海军作家威尔金森先生②在伦敦《晨邮报》中写道，这本书一定会对年轻

---

① 《海事杂志》，第199卷，1913年11月至12月号，第272-277页。

② 1909年至1923年，斯潘塞·威尔金森在牛津大学担任军事历史学"奇切利"教授。如今，人们之所以记住他，更主要的原因是，他是一名军事作家，但是在他的职业生涯初期，他是一名记者，写过《海军的大脑》(1894年)和《制海权》(1895年)。当时，有影响力的海军将领，比如查尔斯·贝雷斯福德勋爵、杰弗里·菲普斯·霍恩比爵士、菲利普·科洛姆爵士和埃德蒙·弗里曼特尔，对他的工作给予了鼓励。关于威尔金森，参见杰伊·勒伐斯著，《陆军的教育问题》(芝加哥：芝加哥大学出版社，1964年)，第8章，以及哈滕多夫，"牛津大学的战争史研究"，载哈滕多夫与默费特编，《军事力量的局限性》(伦敦：麦克米伦出版社，1990年)，第1章。

军官产生非常有害的影响。毫无疑问，如果把这本书当作战略手册，把科贝特先生的若干原则当作海军战略的根本原则，就会有些危险。但是，如果读者首先把它看作是一部批判性著作，反思那种随意地过分拓展正确原则的做法，不只是泛泛地使用这些原则并赋予这些原则太绝对的价值，那么研究这部著作只会在两方面对读者有益，一是开阔读者的视野，二是在读者面前显示历史实例的复杂性，而这些例子妨碍着某些理论原则过于简单的刚性。”①

这本书在法国人眼中出现后，官方的第一次反应出现在1918年。当时，在英国大舰队中服役的法国联络官，向位于巴黎的法国海军部提交了一份报告。这份报告是从英国皇家海军“声威”号战列巡洋舰上发出的，日期是1918年4月26日。在报告中，皮埃尔·旺迪耶海军中校写道：

“……英国的战略理解起来是相当简单的，而且即使军事行动的秘密保守得很好，英国海军部遵循的总体思想也是显而易见的。为了与他们接触，我到处向别人打听，在海军历史方面，哪些书值得一读。他们的反应是一成不变的：读科贝特的书吧，而且此外，他们还会补充一句，英国海军部为战舰提供了一个图书室，可以在那里找到海洋历史方面的主要著作。自从我来到这里以来，我已经读了科贝特的著作，而且我可以郑重地说，他的著作都很能引起读者的兴趣，肯定要比法国人在这个问题上的所有著作都强。

首先，科贝特试图说明英国在其历次战争中取得

① 《海事杂志》，第199卷，1913年11月至12月号，第277页。

的胜利，以及英国从这些战争中获得的巨大的世界强国地位。在这个过程中，科贝特运用了大陆战略的大师们提出的方法和理论，只有这些方法和理论有用。他说，这些东西可以让人对战争进行分析，达到对陆战有用的地步，但是如果分析者再往前推进那么一点儿，还会发现一种更为一般的方案，可以涵盖所有的海上行动。后者通过它们的行动形式，与经济条件和微妙性更强的广义政治紧密联系在一起，效果的呈现虽然要慢得多，但是比陆军的战斗力更加危险。

科贝特深入研究了陆战和海战之间的差别以及两栖战的规则，然后提出了就我所知最坚实的基础，供所有的海军推理活动使用。而且，这个基础是英国人用于思考和判断的材料的一部分。这些材料数量少，但可靠性好，学术性强。

如今，英国人发现，他们自己在海上所处的形势，几乎与他们一直以来所处的形势一样，而且我们已经非常强烈地感觉到，人们对舰队作用的认识是错误的，但是英国人没有因为这种错误认识而受到损失。他们发现，他们自己正在面对的是经典的情况，敌人的舰队仍然处于防御态势。

他们知道，首先，他们一直以来能够确立的海上封锁，只会产生非常缓慢的效果。他们像马汉一样，也相信拿破仑在特拉法尔加受到了致命的一击，但是他们没有忽视的是，特拉法尔加海战是在 1805 年发生的，而在法国发生的战役是 1814 年的事。

他们也知道，英国这个海上霸王的力量，只能以极其保留的方式加以运用，因为在那个领域，中立国拥有他们的权利,过度控制海洋会使世界其余各国改弦易辙,与英国作对。英国人也明白,大陆盟主的梦想会使联盟反目,把矛头指向联盟的缔造者。这两种情况相比,英国人对前者的确定程度更高。英国人是克制的,会适当运用海上力量,而不会不加限制,但是相反,德国人已经使其海军力量变得如此外显,以致欧洲以外的国家已经感觉到,德国对海洋自由构成了威胁。虽然德国的威廉皇帝说,对海洋自由构成威胁的,是英国的海军力量,但其实不是,而是德国人对力量的观念。英国人还知道,他们的海上商业永远都不会没有敌人,而且商业的保护工作要依靠游曳在浅海中的小型舰队。英国人还知道,必要的时候,把商船集结起来,组成护航船队,虽然会带来经济损失,但却是更好的商业保护需要付出的代价。准确地说,由于科贝特著作中详细阐述的技术原因,他相信组织海上护航队这种可能性,正因为如此,英国人长期以来才不愿意接受这种观念。然而,虽然英国人在充分利用这些技术原因,但是这些技术原因却不能改变事态发展的力量,所以去年,我从他们那里得知,他们已经把德邦海军上将的组织观念运用到煤炭贸易上了①,试图从这项试点工作中总结经验教训,形成当前的普遍运用模式。

他们知道,从即将发挥作用的护航队出发那一刻起,它们就会成为敌人的目标,而且各护航中队占据的战略位置,应该要能覆盖数条航线。不可避免的是,巡

① 作为对法国紧急请求的回应,第一批护航队在英吉利海峡组建,以便将英国的煤炭运到法国。

洋舰或舰队会围绕护航队问题发生战斗，而日德兰海战对他们来说，就是这种性质的战斗。

科贝特告诉他们，在英国参与的许多战争中，是英国远征军构成了战争的主要部分，而且如果法国海军奉命攻击运兵护航队，那么这些指示也是正确的指示，不管马汉的理念是什么样的。另外，科贝特还透露，无论从哪个方面来看，英国海军部已经在类似情况下接受了这种看法。他指出，保护运兵船的方法一直有很多，而且他认为，非常可能的是，将来最常用的会是开放式封锁，会由现代兵器予以实现。

实际上，历史上开放式封锁的例子更多，开放程度与德国舰队当前采用的开放式封锁是一样的。开放式封锁的巨大危险在于，由于是从己方的常驻基地实施的，海军部队可能会在锚泊地丧失战斗力。为避免这种情况，海军部队必须不停地发动勇敢的二次行动。

开放式封锁的巨大优势在于，它可以诱使敌方舰队出航，而且当实施封锁的部队的二次行动非常勇敢，看起来会使实施封锁的部队取得部分成功时，这种诱惑会更大。毫无疑问，这种诱惑总有一天会产生必然的结果，因为一个欧洲大陆强国，由于已被一场战争永无止境的恐惧压垮，故而会认为英国是更厉害的敌人，是最强悍的敌人，会在绝望中奋力一搏，打击英国的心脏。

英国人知道，这些诱惑从未成功过，但是英国人也知道，对于孤注一掷的敌人来说，这些诱惑一定会奏效，因为敌人对这种封锁并非深信不疑，而且对英国人来说并非极其危险。所以，没有必要认为，在这场巨大的危机中，如果英国人诉诸全部的美好愿望，他们会忽视这样做的种种风险。

恶劣天气、海洋的耽搁和危险因素会使英国如虎添翼，而且英国水兵的坚忍不拔、对海洋的感觉和忍耐能力，以及英国海军部简单、睿智的看法，也会对英国大有裨益。

英国以前从来没有像现在这样领导一场战争。以前，英国为其欧洲大陆盟友提供的支援，在汉诺威，在葡萄牙，在佛兰德地区，都是非常有力的，但是一直都不是全力以赴的支援。英国第一次参加了一场毫无限制的大陆战争。英国人明白，如果说出征服或灭亡，那会意味着什么。因此，英国必须完全改变其国家生活，而且英国发现，自己需要再一次面对国内没完没了的爱尔兰问题①。

虽然形势的发展自然而然地使兵力集中起来，但是英国并非丝毫不为所动，而是通过两栖战的方式（在这里称之为两栖战）对其海军力量进行了运用。在这个过程当中，英国海军向达达尼尔海峡、叙利亚和美索不达米亚派遣了远征军。就像我们向萨洛尼卡派遣远征军那样，所有这些远征军都服从同一个战略企图，即阻止德国向欧洲南部扩张。我们不知道这些军事行动，如果是广义政治的合法产物的话，是否会带来无可非议的斩获，但是这些军事行动显然与英国人的传统方法相一致。在这里，有些人认为，他们已经使德国放弃了向欧洲南部扩张的想法，而且自从沙皇俄国垮台以来，德国倾向于向欧洲东部运动。这场运动的名称

① 1916年复活节，新芬党开始在都柏林暴动，造成500多人丧生。

将是泛都兰主义运动①。正是这种新倾向的危险，才促使劳合·乔治给印度写了封信②。

在马汉[原文如此，应为科贝特]揭示的其他运用海洋的方法中，还有两栖作战，其目标是协助舰队的工作。此外，英国战舰袭击了泽布吕赫③和奥斯坦德的德国潜艇基地，这两次行动也受到了异乎寻常的热情关注。正如英国海军部指出的那样，参加这两次行动的人来自英国大舰队，而且在第一战列巡洋舰中队，他们自豪地列举了在那场非常漂亮的行动中阵亡的军官的名字，他们分别来自'虎'号战列巡洋舰、'长公主'号战列巡洋舰和'却敌'号战列巡洋舰。

虽然劳合·乔治那封信涉及的问题超出了我这份报告的范围，但是我认为有必要将其纳入进来，以便更好地说明这些作战行动。表面上看，这些行动有些谦卑，但是却反映了英国大舰队勇敢的活动。另一个目的，是要指出所有这些行动与英国的战略思想究竟有多一致。"④

这份报告提到了科贝特的著作，引起了法国海军参谋长的注意。他下令翻译这部影响力如此之大的著作。翻译工作是由一位名叫科涅的预备役海军上尉完成的。拉乌尔·卡斯泰海军

---

① 也就是说，与假设存在的一个包括土耳其语和蒙古语的语族有关的运动。

② 甘地的煽动始于 1915 年，导致英国首相允许进行改革，最终导致一部印度宪法于 1919 年颁布。

③ 围攻泽布吕赫的行动由凯斯海军上将组织，发生在 1918 年 4 月 23 日，比这份报告的撰写时间仅仅早了三天。

④ 巴黎海军历史处收藏的第 SSEA 42 号档案：旺迪耶海军中校，法国海军部(总参谋部一处至四处)驻英国大舰队联络官，1918 年 4 月 26 日从英国皇家海军"声威"号战列巡洋舰上发回的第 9 号报告。

上校是一位海军作家，当时已经确立了他的地位。他也知道科贝特这部著作的第一个法语译本。1919 年，他出任新成立的海军历史处的首任处长，着手翻译若干部外国著作，包括《海洋战略的若干原则》。卡斯泰请求海军参谋部获得这部著作的版权，以便开始翻译工作。1919 年 8 月，在一份致海军参谋部一处处长的正式文件中，卡斯泰写道：

"为推动法国海军的综合文件编制工作，在海军参谋部海军历史处建议翻译的外国著作中，最重要的一部著作，是英国历史学家朱利安·科贝特爵士的著作，题目为《海军战略的若干原则》[原文如此]。他在书中收录的理论，最初引起了一定程度的争议，而且有趣的是，从批判的观点来看，现在的名气更加响亮，因为该书研究的是战略问题的理论基础。此外，如果我们相信法国海军驻英国大舰队联络官旺迪耶海军上校的报告，该书已对我们这个时代的英国军官产生了深刻影响，甚至在最近这场战争的军事行动中，使他们对作战原则的认识实现了非常明显的统一。

如果一处处长能做出必要的安排，由法国驻伦敦的海军武官牵线搭桥，与朱利安·科贝特爵士取得联系，请他授权海军历史处着手翻译他这部著作，我将不胜感激。该书作者负责英国海军部相应办公室的组织工作，对我方造访的军官始终礼遇有加。有鉴于此，我希望我方这一步会产生有利的结果。"①

① 巴黎海军历史处收藏的第 SSEA 41 号档案：卡斯泰致总参谋部一处处长海军中校先生的正式文件，1919 年 8 月 6 日。作者希望感谢热纳维埃夫·萨尔金女士，因为她协助作者从海军历史处得到了这些文件。

海军参谋部一处处长向法国驻伦敦的海军武官发送了相关说明，但是由于尚无可能确定的原因，这个项目无果而终。一方面，英国方面蓄意阻挠；另一方面，毫无疑问，必须要怪罪法国海军的预算困难，因为在20世纪20年代，海军历史处连一部译著也没有出版过。但是，卡斯泰已经发现了科贝特，并且如饥似渴地阅读了他的这本书，即使到最后，卡斯泰拒绝接受科贝特的结论，认为那些结论太离经叛道。在卡斯泰的《战略理论》一书中，第一章的题目是“海军战略理论简史”。他在这一章中写下的看法很像是一种控告。卡斯泰首先简要地介绍了科贝特的生平，指出马汉和科洛姆之前的著作对科贝特产生的影响，然后卡斯泰写道：

“此外，这个攻击传统观念的人，作为一名建设者，是相当平庸的。而且，他的看法偶尔还缺乏可靠性。

作为一名善良的盎格鲁撒克逊人，他憎恶欧洲大陆各国的常备军。他畏缩不前，憎恨从这些常备军演化出来的作战原则。德国军事学者的权威看法，特别是克劳塞维茨的看法，是他不能忍受的。对他来说，他们看起来太封闭，教条主义色彩太浓，而且他以英国人特有的方式，认为他们在作战艺术方面头脑迟钝。他对有限战争的理解具有新颖性，但是他对有限战争理论的偏好超越了欧洲大陆那些战略家的理解。从根本上说，他只提出了一项众所周知的战略，即由一个强国领导的诸兵种联合作战战略。所谓的‘强’，是从海军的视角来看的；所谓的‘弱’，是从陆军的视角来看的。而且，在没有多少逻辑性的前提下，他以这项战略的若干原则的名义，抨击那些支配情况完全不同的纯陆战或纯海战的原则；他与全民皆兵思想决裂，摒弃认为有组织力量、战役、进攻等具有重要意义的思想。……他频繁地扫视历史，未能认可在法兰西第一帝国的历次战争中，以及英国自己在西班牙境内打的历次战争中，英国的盟友做出的军事努力，完全错误地判断了日本人在日俄战争中的作战方式，等等。

然而，这些矛盾之处没有妨碍他这本书的名气。机缘天助，他这部著作又折过头来讨论‘无限’战争的有益方法。”①

在这里，卡斯泰比以往任何时候都沉迷于分析。他的分析夸大了事实，而且他说科贝特憎恨克劳塞维茨，这很可能是错误的。科贝特在阅读克劳塞维茨的著作时，比任何其他海军作家（直到罗辛斯基）都要仔细，包括卡斯泰本人。他不仅仔细研读了格雷厄姆上校翻译的英译本，而且还仔细研读了德语原著。“政治使战略产生了偏差”这种伪理论，只是在对克劳塞维茨提出的“战略必须服从政治”这条原则进行故意的曲解②。

科贝特没有把有限战争的模式说成是一种绝对模式，而且他未对英国那些欧洲大陆盟友的参与价值予以认可。在卡斯泰见到有矛盾的地方，不那么爱挑起争端的评论家会不那样说，而是会揭示试图上升到理论层面的思想的复杂性。幸运的是，卡斯泰没有就此止步。在他看来，科贝特的错误仍然可以由其他

---

① 卡斯泰著，《战略理论》（巴黎：海事与殖民出版社，1929 年），第 1 卷，第 57－58 页。

② 彼得·斯坦福是 20 世纪 20 年代至 70 年代非常罕见的几名科贝特评论家之一。这是他在“朱利安·科贝特爵士与‘无畏’号战列舰时代”一文中写下的看法。这篇文章收录在美国海军学会《论文集》1951 年 1 月号中。此处引文出自第 71 页。

方面来补偿：

“另一方面，他有一些值得注意的新颖观点，虽然与正常情况下人们接受的那些观点相反。他这些观点涉及军事行动的分类，涉及有组织的武装力量应该在哪里展开斗争的若干地点和寻求战斗的方法，涉及兵力集中和兵力分散。因此，科贝特的这部著作是一部‘批判性’著作。对于之前已经对一系列真理深信不疑、认为那些真理不容置疑的人来说，阅读他的著作可能会让他们感到痛苦和失望。但是，这种考验会让他们满意的，迫使他们修正自己的信念，重新审视(也许有点太快了)他们已经接受的观念。他们的努力有益于传播这部著作的精神。怀疑论者的密切关注并非始终无益。这部著作引发的争议有了回报。他们对该书其余部分的信心抵御了怀疑造成的破坏性影响，只会使人们更加支持这部著作。该书经过这场信任与怀疑的交锋之后，自身的不足之处得到了净化，产生了广泛的影响。正是在这层意义上，科贝特才为战略事业做出了伟大的贡献。

对我个人来说，他给我带来了一场严重的理智危机，而且几乎成了精神危机。我觉得支撑我信念殿堂的支柱在摇动。我俯下身来，对这个殿堂的基础进行检查。我确定这些基础还在；他只是在那里发现了一些裂缝。对我来说，我对这个基础进行了检查、修补和修饰。然后，我再次直起身来，重新相信这座新大厦是牢不可破的。尽管如此，我还是要感谢这个令人扫兴的人，他迫使我重新审视自己，虽然令人不快，但是非常有用。”

但是，这种批判性评论做得有些过分，产生了不良影响。科贝特不是军人，对卡斯泰来说，他只是一位空想战略家，不知道战争的现实是什么。

> “与英国海军打过交道的人，特别是我们与英国大舰队的联络官旺迪耶海军上校，都说在1914年之前的几年时间里，科贝特对英国的海上环境产生了重大影响。这说明了一些事情。他们采取行动时，没有指责和疑虑，向所有人证明，他们要坚定不移、始终不渝地客观看待关键指令。在1914年爆发的第一次世界大战中，那些长期受人尊重、既简单又有效的规则，都被英国人模糊的认识所掩盖。难道科贝特不应为此负责吗？就《海军作战史》[第3卷]而论，英国海军部做出了对科贝特不利的判断，也许是因为海军部做出了正确的评价，指出科贝特的理论认为，为了取得决定性战果，寻找战机是没有用的，而这种理论唯他独有，海军部坚决反对。因此，海军部反对他这种既不实用又缺乏经验的看法。但是，科贝特的判断是有价值的，我们要齐心协力，还他一个公正的评价。”

卡斯泰的判断不是非常合适，而且可能还不公正。第一次世界大战期间，英国大舰队谨小慎微，这与其说是一位理论家影响力的结果，不如说是大舰队在一战最初几个月里得到的教训的结果。1914年9月5日，德国海军U-21号潜艇击沉了英国海军的“探路者”号侦察巡洋舰。9月21日，德国海军U-9号潜艇，在冯·韦迪根海军上尉的指挥下，击沉了英国海军的三艘装甲巡洋舰，分别是“克雷西”号、“阿布基尔”号和“霍格”号。然后，10月27日，英国海军又损失了触雷沉没的新战列舰“大胆”号。接下来，12月31日，前“无畏”舰“可畏”号被鱼雷击中。这一系列教训都是英国大舰队谨小慎微的决定性因素①。如果说杰利科海军上将能受到科贝特的影响，那么他的继任者比提，因其思想简单而且不像杰利科那么喜欢科贝特而著称，也没有采取不同的态度，原因很简单，就是因为不可能不那样做。正如我们所见，卡斯泰大多数时候不赞成科贝特的看法，因为科贝特反对正统观念，这是卡斯泰不能认可的。与科贝特一样，卡斯泰也把基本思想隐藏在历史实例之下。

然而，卡斯泰依然坚信，把这本具有颠覆性的书介绍给法国读者，让他们自行判断，一定是有用的。20 世纪 20 年代末，当他担任法国海军战争学院院长时，很可能是他使这本书的翻译项目重新启动。1918 年的法译本逐词逐句直译的味道太浓，需要进行彻底修订。这项任务交给了两位军官：海军少校唐吉和预备役海军上校别内梅。1932 年，他们完成了这项任务。几乎没有任何疑问的是，卡斯泰读了修订版法译本。我们可以注意到，科贝特笔下的“武装力量”成了卡斯泰笔下的“**有组织力量**”，这是一个卡斯泰色彩特别浓厚的概念。但是，同样由于我们不知道的原因，这个项目最终没有完成。1918 年法译本的修订版只用打字机打了数量不多的几份，其中一份（编号为 12）现在还保存在法国海军历史处图书馆的书架上。1993 年，时隔 74 年，法译本终于出版，就是在这份法译本修订版的基础上完成的。1993 年这个法译本是经过修订的，参考了 1988 年埃里克·格罗夫的美国海军学会版，并收录了“绿皮小册子”的两种译本，也是美国海军学会出版的，以及赫伯特·罗辛斯基一份讲稿的法

① 参见詹姆斯·戈德里克著，《英王的战舰在海上：1914 年 8 月至 1915 年 2 月发生在北海的战争》（安纳波利斯：美国海军学会出版社，1984 年），特别是第 236 - 237 页，描述了这些战舰损失造成的歇斯底里状态。

译本。这份讲稿之前没有出版过，是1953年罗辛斯基在纽波特的美国海军战争学院做讲座时使用的，题目是“马汉与科贝特”。

在1993年之前，科贝特在世界上讲法语的地区实际上不太为人所知，而且时至今日，里奇蒙德在这些地区仍然毫无名气。就里奇蒙德而论，这种情况是有点讽刺味道在里面的，因为他相当广泛地阅读了法国海军的文献资料，他本人还见过卡斯泰一次，把他的几本书送给了卡斯泰，并“致以最崇高的敬意”，访问过法国海军战争学院，而且还写过关于卡斯泰的东西，总结和评价了卡斯泰的著作，供英国读者参考。作为法国海军军官学校的成员，里奇蒙德于1934年在巴黎的大法官絮弗朗酒店为该校做了讲座。1942年，牛津大学出版社出版了他一系列小册子中的一个法译本，作为牛津大学出版社“国际研究”丛书的一本。在“海军战略理论简史”一文中，卡斯泰只给里奇蒙德留了两行字的篇幅。在结束他对科贝特的评论时，卡斯泰写道：

> “另一方面，科贝特重新唤起了英国军官对历史问题和战略问题的兴趣。他对英国皇家海军学院院长里奇蒙德海军上将的鼓舞和指导特别深入。1920年，里奇蒙德海军上将出版了自己的专著，《1739—1748年战争中的海军》。”①

在1937年出版的《战略理论》第2版中，卡斯泰又增加了一句非常短的话，用来评价里奇蒙德：

> “海军上将赫伯特·里奇蒙德爵士的众多著作，经常以战略问题为主题，普遍相当令人好奇，相当别具一格，在法国海事界知名度非常高，所以我认为，连对这

① 卡斯泰著，《战略理论》，第1卷，第59页。

些著作进行最简短的分析都没有必要。”①

很难把这句话看作是卡斯泰对他的英国同仁做出的赞美之辞，但是在英国和美国，里奇蒙德的声望比在世界上其他地方都要高。他是一位教育家、改革家和军控拥护者，但不是一位经典的思想家。正如1942年伯纳德·布罗迪所写：“在海军战略领域，像马汉、科贝特和卡斯泰这样的人物，其潜在价值现在仍然基本上丝毫未减。”②里奇蒙德不是这个三人组当中的一员。此外，海军战略思想这个领域比我们在这里考虑的内容更广泛，包含著作从未被译为英语的许多其他作者。我们不应该仅仅因为他们没有使用英语写作就忘记他们。

① 卡斯泰著，《战略理论》，第1卷，第2版，1937年，第62页。

② 伯纳德·布罗迪著，《海军战略的外行指南》（新泽西：普林斯顿大学出版社，1942年），第x页。

第十四章　会议总结：科贝特和里奇蒙德……与马汉、与我们

乔治·W·拜尔教授
（美国海军战争学院战略与政策系主任，
“阿尔弗雷德·塞耶·马汉”海洋战略学教授）

我要考虑约翰·哈滕多夫提出的两个主题。第一个主题是：为了协助海军，历史学家可以做些什么呢？第二个主题是：历史对海军的重要性是实质上的重要性呢，还是过程上的重要性呢？实质和过程这个两方面能在多大程度上区分开来呢？

为了协助海军，历史学家可以做些什么呢？为什么海军会需要历史学家的意见？有一种传统的主张认为，因为海军作为一个机构，需要制定计划，需要得到指导，而且如果海军从国家政策中得不到指导，就必须致力于对国家利益进行演绎，进行假设，给出本机构自己的定义，而且为了在这些工作方面得到指导，海军会向历史求助。马汉说过，历史是一种有效的向导，而且他用过去来证明美国的新式进攻型舰队海军合情合理。我没有任何资本吹毛求疵：马汉是唯一一位当选美国历史协会会长的现役军官。问题是，历史学家不太相信，过去能为未来提供很

多指导。我们大多数人都不相信历史预言，也不相信各个军种会把过去当回事儿。在这个问题上，利亚尔代海军少将昨天晚上明确指出："我们现在所处的时代……我们站在技术进步和历史进程史无前例的巅峰；我无法确定，历史的教训是否还适用。"然而，如果我们换个视角，不把历史的教训看作实质性教训（不管怎样，人们暂时还无法吸取实质性的教训），而是看作过程性教训，一门学科的教训，一种调查研究模式的教训，那么从历史的多样性、特殊性、偶然性和取舍性来看，简而言之，从对人类经验的认识来看，历史确实可能为我们提供一个教训。

利亚尔代海军少将给他的讲话起了个题目："趋势与变革"。趋势是历史概括的一个层面。历史学家非常适于确定什么是趋势、什么是变革，并弄清趋势和变革的意义是什么。这是他们的事儿。这种东西是公众需要的。大家一定还记得，保罗·肯尼迪写了一本关于趋势的书，在政治圈里引起了浓厚的兴趣。他本人为海军历史做出了重要的贡献。与此同时，历史学家还善于检验趋势，告诫人们不要太信赖这些趋势。毕竟趋势不可能告诉我们太多。趋势可能会被特定的人错误地理解，或者本身就是虚假的，或者被特定的人搁置，或者被人类出乎预料的相反行为所阻止，就像利亚尔代海军少将指出的"灾难性的不连续性"那样。这使我们关注变革，毕竟是变革界定了历史。

科贝特和里奇蒙德，虽然是热情不亚于马汉的历史学家，但都不愿意做出预言。正如唐纳德·舒尔曼所说，对马汉来说，历史"是一种产生一些学术洞察力的军事演习，而不是一种产生一些军事成果的学术探索。"[①]这是因为，马汉的历史表达的不是

① D·M·舒尔曼，"再论马汉"，载J·B·哈滕多夫和罗伯特·S·乔丹编，《海洋战略与力量均衡：20世纪的英国与美国》（纽约：圣马丁出版社，1988年），第103－106页。

他自己的态度。马汉之所以书写历史,是出于政治目的,是要赢得公众的支持,是要教育海军。他的历史是一种大规模的宣传。马汉模糊了战争中目的和手段之间的界线,用以缔造一种国力哲学。这既超越了界定国家安全的通常范畴,又超越了历史的准则。这造成了一个各国海军已经接受的结果,即减少了海军对战略思考的需求,并导致海军把精力集中在部队编制和作战问题上。这种历史简化了海军计划工作,但它不是更好的历史或者更好的海军战略,而且这种结合与其政治背景一起消失殆尽。对于历史的自主性和价值,以及历史对海军的用处,科贝特和里奇蒙德有着更好的理解。他们拒绝接受海军至上论者对力量的具体化表述。他们拒绝接受海军体现民族之魂的观点。他们说过,海军军官永远都不能忘记,武装力量是治国艺术的辅助工具,而且可以按照多种不同的方式运用海军——可在应急情况下运用,可以间接运用,也可在复杂情况下运用。

科贝特和里奇蒙德坚持认为,海军要服从于国家的目的,并且断言海军的军事行动具有内在灵活性。这是一项伟大的功绩,因为以前海军集中关注的是军事行动和作战,这种关注使海军的选择黯然失色,但他们两人的观点拉开了讨论这些选择的序幕。他们没有像马汉那样,在更大范围内宣扬自己的观点。这一点太糟糕了,而且这本身就提供了一种信息。因为当时的海军和从那之后的海军,都未能很好地解释一个概念,蒂尔称之为海军政策的"必要模糊性"。在海军以适当方式把自己的性质向全国人民解释清楚之前,特别是向政治家们解释清楚之前,海军将会处于一种自己造成的两难境地。不到那个时候,海战就不会得到人们的理解。

这是一个重要的问题。卢斯心知肚明。马汉心知肚明。要把情况向公众说清楚!里奇蒙德鼓励创办《海军评论》季刊,而且他不断公开发表著作。他这样做很好,也很明智。历史学家可以趟一趟辩论的浑水,而且必须趟一趟,还要竭尽全力保持这滩浑水清澈透明。社会将得到社会想要的海军,而与无知愚昧的公众相比,见多识广的公众将得到更好的海军。一个军种认为自己对现在负有责任,应该准确而充分地向公众说明自己的能力、局限性和特殊性质。而且,这个军种不应该被迫以匿名的方式做这项工作。

下面是本次会议交流论文的关键结论,也是理解科贝特和里奇蒙德的金钥匙。水兵必须根据不同的行动进行思考,而且他们必须能向其政治领导人描绘他们的职业。

这是我们的历史学家们提出的观点。如果说科贝特在分析部队编制时是严肃认真的,就像乔恩·住田指出的那样,如果说里奇蒙德能尖锐一点,就像格罗夫和鲍指出的那样,那么尽管如此,他们两人都特别强调海军的工具性,强调需要从多个层面对军事力量进行思考。他们指出了军事力量的互补性,军事力量与外交的关系,战争的偶然性,次要或更次要问题在战略中可能具有的重要性,指出海军这门科学没有一个教训适用于所有情况,并指出海军已被用作并且可以用作治国艺术的工具,指出了各种各样的运用方式。历史学家善于指出多样性和不确定性。

历史上,海军和军事力量不得不多次推断或设想他们的未来,但从来没有像现在这样频繁。马汉试图通过把未来变成已知条件的方式简化这项工作。但是,马汉把信任放错了地方。水兵不是比我们其他人更好的预言家。所以,海军该如何进行准备呢?任务很多,许多都是不可预见的,都是国家可能会要求海军承担的任务,也许还是海军毫无准备的任务。这种不确定性是合乎自然规律的,所以应该得到描述。但是怎样描述呢?不能以先验的方式描述,也不能根据军事行动进行演绎。这些方式都不会奏效。然而,正如蒂尔所说,如果把重点放在海军的内在灵活性上,人们就会说,海军想要得到一切,把自己建设成一支可以应对各种可能性的武装力量,虽然海军不能说自己要这些东西的目的是什么。如果海军独自制定计划,人们会认为,海军是在颠覆他们必须坚守的"战争要服从政策"的原则。如果海军等待政治指导,他们就会做不好战备工作。这是一种进退两难的处境。在这样的情况下,如果海军主动作为,就会遭到指责;如果海军不主动作为,也会遭到指责。

历史学家沉浸在复杂性当中,会把这种"必要的模糊性"解释成海军的部分属性,解释成国家和人民应该希望海军具备的部分属性,而不会把它解释为不正常的东西,不会解释为海军为自身谋福利的行为,也不会解释为超越正确的战略判断力的行为。他们会以史为鉴,对它做出可信的解释。历史是一种有效的教育方法,可以说明海权的性质和局限性,也可以说明海军战略的性质和局限性。这是历史学家可以帮助海军的一种方式。

哈滕多夫提出的第二个问题是:**历史对海军的重要性是实质上的重要性呢,还是过程上的重要性呢**?答案是过程上的重要性。原因有两个。第一个原因是,历史学家难以提供技术建议,至少在他们成为可信的技术专家之前难以做到。第二个原因是,从历史角度进行思考的过程具有积极的价值。

里奇蒙德十分坚决地一头扎进实质性分析。他觉得,在部队编制问题上发表意见,责无旁贷。鲍指出,里奇蒙德深切地感觉到,他不得不抵制技术对海军思想和海军作战后果的过度冲击。他的建议没有一个被海军部确定为重要的优先内容。他提倡保护商业,提倡建造更多吨位较小、成本较低的各类战舰,提倡进行二次行动,以便向敌人施加压力,提倡建设一支用途多样的海军。在这个过程中,里奇蒙德听起来有点像是晋升海军上将军衔之前的朱姆沃尔特。

里奇蒙德和科贝特都问过同一个问题，就是战舰要用来干什么呢？这个简单的问题是海军战略的核心。两人都承认，运用不同于指挥，而且除了要消灭敌人的舰队以外，海军还可以做很多工作。

格罗夫就是按照这种视角来阅读他们的著作的。我承认，海军军控问题的讨论和石勒苏益格-荷尔斯泰因问题使我同样困惑不解，但是对海军军官来说，军控意味着限制他们的战斗力，是一件最严肃的事情。在华盛顿会议上，美国国务卿休斯建议拆毁70艘主力舰。当一位参加会议的观察员，在听到休斯读出这些主力舰的名字和数量时，他说："休斯在35分钟内击沉的战舰，比全世界所有海军将领在几个世纪内击沉的战舰还要多。"①政治领导人的笔可以取得胜利，而且比任何海军将领所希望的胜利更具决定性。这是让里奇蒙德担心的问题。里奇蒙德想要根据他推断的国家需求，实现海军军备限制的合理化。他的小型战舰理论可能是建立在经不起推敲的技术前提之上的。事实是不是这样，我不知道。但是，亨特的书和住田在这里的评论都指出，波伦是里奇蒙德的技术顾问，而且亨特甚至还说，几乎可以不必怀疑的是，凭借由计算机发出指令的火控系统，舰炮的性能得到了大幅提高。尽管没有明确说出来，但这是他"理想"战舰思想的一个主要设想②。

里奇蒙德的小型战舰理论源自足够正确的战略洞察力。约

① 在T·H·巴克利著，《美国与1921年至1922年的华盛顿会议》（诺克斯维尔：田纳西大学出版社，1970年），第73页上引用。

② 巴里·D·亨特著，《水兵学者：海军上将赫伯特·里奇蒙德爵士，1871—1946》（安大略省滑铁卢：威尔弗雷德·劳里埃大学出版社，1982年，以下简称"《水兵学者》"），第192－193页。

翰·费里斯的结论是："如果英国海军部考虑了里奇蒙德的批评，就可能会更好地理解其防范日本的战略需求。"[①]而且，亨特在书中谈到，总体来说，第二次世界大战的宏观模式证明，里奇蒙德正确地指出，英国需要大量的巡洋舰和驱逐舰[②]。

虽然里奇蒙德有他自己的癖好，但他坚决要拉开公开辩论的序幕。如果说他偏离了正途，也许是因为他就没有可以遵循的国家政策[③]。20世纪20年代，他和各个军种都在毫无目的地努力备战。里奇蒙德是战略家无政策可循这个问题的典型代表。他给人留下强烈谴责者的深刻印象，这不足为奇。当然，英国政府实际上是有一项政策的。这项政策的目的不是要备战，而是要通过外交努力削减海军实力。战舰被用作讨价还价的筹码。美国海军上校威廉·普拉特明白这一点，于是失去了他在军官兄弟们当中的朋友。普拉特在文章中谈到，华盛顿会议误解了国家政策和海军政策之间的关系。普拉特说，海军"首先是政治家的工具，其次是勇士的武器。海权和海军实力并非始终是同义词。"[④]海权也不是国家政策的同义词。里奇蒙德眼光短浅，原因不仅仅是对技术无知，而且还在于政治上缺乏远见。

科贝特的实质性分析约束性更强。住田的论文对纠结于巡洋舰观念的科贝特进行了令人印象深刻的描述。然而，科贝特当然不是一名唯装备论者，不与里奇蒙德称之为军事思想家的人对

---

① 约翰·罗伯特·费里斯著，《人力、财力与外交：英国战略政策的演变(1919—1926)》(伊萨卡：康奈尔大学出版社，1989年)，第137-138页。

② 亨特著，《水兵学者》，第207页。

③ 亨特著，《水兵学者》，第207页。

④ W·V·普拉特海军少将，"海军政策及其与世界政治的关系"，载美国海军学会《论文集》(1923年7月号)，第1073页和第1083-1084页；杰拉尔德·W·惠勒著，《美国海军威廉·维齐·普拉特上将》(华盛顿：美国海军部，1974年)，第185-186页。

立。科贝特挑选了他要研究的战役。他在理解历史的局限性和长处方面,给人留下了非常深刻的印象。他具有可靠的学科本能,而且始终不渝地恪守。这是否是因为他不是军人,我不能妄言。

与此同时,当我阅读住田的论文时,我希望科贝特以某种方式大胆地说一说波伦的争议问题。历史学家可以了解技术,也可以了解罗森伯格描述的经常模糊不清的影响。他们必须了解,这样才能恰当地描述过去。另外,作为公民,他们为什么不对现在做出评论呢?科贝特在暗中可能会怎样做这项工作,我不知道,但是在表扬他约束自我之后,我想知道的是,如果不是作为一名可能会通过类推发表意见的历史学家,而是作为一名时事评论员,一名战略作家,他是否有可能找不到某种让波伦方案浮出水面的方式,即使在大西洋两岸,各国都面临着远程火力的实际可能性这个名副其实的难题。里奇蒙德急匆匆地闯进了科贝特害怕涉足的领域。

鉴于科贝特和里奇蒙德的精力和智慧,我们从会议交流论文中伤心地看到,公众和业内的讨论是如何受到压制的,这种压制又是如何限制海军思想的。任何合理的海军政策,任何合理的海军战略,任何合理的作战概念,必须在海军内外得到广泛理解和广泛接受。马汉对此心知肚明,这使他所有的著作充满了活力。不去展开讨论可能会很舒服,但是公众和海军这个职业必须付出代价。

所有这一切会将历史学家的贡献置于何处呢?答案是,历史学家必须发挥自己的长处。历史学家可以为政治或技术议程做出贡献。但是作为历史学家,我们必须做到,决不违反纪律。这就解释了为什么我认为所有与会代表都会同意住田和蒂尔的看法,也解释了在提出调查研究的条件和标准这项事业中,为什么具体论点不像学术严谨性和学科自我限制那么重要。

说完这个之后，我必须重申住田和罗森伯格不断为我们指出的观点，即在对海军政策和海军战略进行历史分析时，要求历史学家充分把握其技术性质和公开背景。历史学家可以根据过去确定一个背景、一个例子和一些选择。简而言之，就是一个过程。通过这些东西，也许就能对现在做出判断。

下面说说教育问题。在教育方面，科贝特和里奇蒙德都有可靠的依据。他们的改革冲动是正确的。这种冲动在适当的地方得到了运用。我们的两位主角发现，在格林威治皇家海军学院，在海军高级军官战争理论培训班，在帝国防务学院（IDC），在《海军评论》季刊，他们自己遇到了挫折。但是，这不是他们的过错。他们走的道路是正确的。而且，正如舒尔曼所说，他们两个都对“国家和海军自身要开展海洋职能教育这个综合问题”和海军战略的原则感到担忧。历史讲的是一种尽人皆知的语言。

他们产生了多少影响呢？我们真地无法知道。教育是对未来的投资，而且你可能永远都不会知道事情最终会是什么结果。但是，可以确定的是，他们坚持考察战争的整体性。科贝特对理论的价值做了论述，他主张坚持政策优先原则和诸兵种联合作战的中心地位；里奇蒙德成立海军协会，创办《海军评论》季刊。就提几点他们对教育和论辩做出的贡献吧，这些足以让我们对他们钦佩不已。当学员们跟不上科贝特的历史讲座时，他就改变讲课方法。而且，我们不能因为他在撰写《海洋战略的若干原则》，就对作为教员的他横加指责。当然，他服务的是海军。如果说海军部受到了误导，对帝国防务学院感到恐慌，给《海军评论》穿上了紧身衣，我们也几乎不能责怪里奇蒙德，因为对他来说，论辩和信息的自由流动是不容怀疑的坚定信念。“在和平时期，对于一个埋头从内部完善自己的军种来说，思想的传播及其讨论不会没有用。”（这是里奇蒙德的原话）这就是“过程”的贡献。

他们一定打开了许多人的眼界。这里举一个例子，讲的是一位来自另一所学校的学员第一次接触他们的思想。布拉德利·菲斯克是一位出色的海军军官。正是他的经历说明了军官有多少东西要学习。1870 年，菲斯克进入美国海军军官学校学习。1903 年，在服役 33 年之后（这一阶段包括了与杜威在马尼拉湾实施的军事行动），菲斯克海军中校接下来被派往美国海军战争学院参加一个培训班。菲斯克回忆说：

> “一天下午，正在上课，卢斯海军上将发表了一次非正式演讲，使我第一次对战争是什么和战争应该怎么打有了清楚的认识。在那个晴朗的夏日上午，在听到卢斯演讲之前，我有一种模糊的认识，认为战争只不过是这样一种情况：大量的人员或者战舰相互厮杀。除了认为战争就是厮杀之外，我对战争没有任何清楚的认识。
>
> 听完卢斯那段简短生动、启发性强的讲话以后，我意识到，战争是一场竞赛，厮杀只是决定竞赛结果的一种手段而已。我意识到，在每一场战争中，都有一场冲突，不仅是目的的冲突，而且还是观念的冲突，并且这场观念的冲突不仅反映在战争的起因方面，而且还反映在每一方的参赛者进行竞赛的方式方面。我意识到，在每一场战争中，每一方都试图达到某种目的，而且每一方都只是采用厮杀的方式来达到各自的目的。我意识到，当战争爆发时，如果一方对自己的目的理解得最为清楚，选择了达到自己目的的最佳方式，并拥有做好战斗准备的战争机器，那么这一方一定会赢。”①

---

① 布拉德利·A·菲斯克著，《从海军军官学校学员到海军少将》（纽约：世纪出版社，1919 年），第 362 页。

最后再说几点。哈滕多夫问了一个问题：在历史研究中，大学和海军之间的恰当关系应该是什么呢？舒尔曼对科贝特的描述是："[他]面对的是一项几乎无法完成的任务，既要教战略，又要教作为战略基础的历史，而且是要同时教。"然后，舒尔曼问，科贝特是怎么做到这一点的呢？蒂尔给出了科贝特的目的：要为思想提供指南，而不是要为行动提供指令。

很难看出任何人类活动有什么永恒的特点。这就是历史相关性的问题，蒂尔已经指出了这一点。他注意到，影响 1906 年的战略原则，与适用于 1992 年的战略原则不一样。另一方面，战略真理的种类繁多，而科贝特从历史角度和理论角度强调了这种多样性。这些真理包括，他坚持认为，海军是治国艺术的工具，舰队和海权的价值具有有限性、偶然性、相对性和支援性；他坚持认为，应该开展诸兵种联合作战；他把战争定义为比会战更大的概念，而且他强调交战的后果。科贝特看到了理论与历史之间的区别，而我不能确定马汉是不是也看到了。而且，科贝特看到了理论的局限性。在《海洋战略的若干原则》中，"绪论"部分的题目是"战争的理论研究——用途与局限性"。这体现了科贝特对学术研究的诚实态度。

最后，作为战略与政策系主任，我深受感动，因为舒尔曼谈到了菲尔·克劳尔把历史与海军进行匹配的努力，而且我想说一说斯坦斯菲尔德·特纳海军上将了不起的实验。这项实验是菲尔、吉姆·金等人 20 年前在这里启动的，而且现在仍然在强力推进。

《战略与政策》是一门声名不佳的课程，被人错误地当作是一门历史课程。其实不是。我们的许多文职教员都是历史学家。我们的个案研究都是历史研究。但是，我们不是历史系；我们不教历史这个学科。是我们的学员想要学更多的历史，而不是教员要教更多的历史。我们怎样避免科贝特本人陷入的两难境地呢？在一定程度上，我们可以不下太多功夫去教历史。我们要做的，就是提出问题，给出主题，然后通过历史对它们进行审视。因此，重要的是，我们如何提出问题。正如罗森伯格所说，最重要的问题是非常复杂的，而且经常只有根据事实才能恰当地表达出来，作为对未来的指南。所以，我们不会给出或寻求某种定理或答案。我们为思想提供指导时，靠的是批判分析，而不是直接行动。

我们不讲授作战或兵力计划方面的内容。对我们来说，幸运的是，这里有其他几个系直接承担这些教学任务。这是一种既必要又有用的劳动分工。但是，即使在其他几个系，与我们一样，教学重点关注的是如何思考，而不是要思考什么。而且，我们得到了美国海军的支持；官方支持我们进行批判性思考。

我怀疑我们以类推和印象主义方式运用历史的做法，是否会在多数大学的部系里得到认可。在那些地方，至少在这个学科的保守派人物当中，“运用”历史这种观念，在认识论上是经不起推敲的。但是，我们确实在运用历史，小心翼翼地把历史用作实验场，为我们的批判目的服务。甚至更糟糕的是，我们鼓励进行与事实相悖的思考。我们这样做，是因为我们拒绝决定论。我们相信有多种选择，相信决定会产生后果。备选方案有若干种，这正是赋予历史、政治和战争偶然性的因素。我们在趋势之外前进，向变革前进。特雷弗·罗珀说过，在历史上任何一个特定的时刻，都有若干种备选方案，而且要是因为这些备选方案没有实现而不再考虑它们，就是要把现实从历史中取出；而且我可能还可以补充一点：从“现在”中取出。简而言之，批判性调查研究的精髓，是知道如何提出好的问题，知道要向哪里看。我想，这是历史学家可以教给海军的东西。

附录 A

朱利安·科贝特爵士著作目录

约翰·B·哈滕多夫　汇编

A. 朱利安·科贝特爵士的专著

A1.　　《天堂的覆灭:一个圣奥拉夫时代的传说》

Ala.　伦敦:麦克米伦出版公司,1886 年。

Alb.　(“哈珀的手边丛书”,第 86 卷)纽约:哈珀出版社,1886 年。198 页。[本书还有相异的标题《天堂的覆灭:一部小说》]

A2.　　《为了上帝和黄金》

A2a.　伦敦:麦克米伦出版社,1887 年。ix + 427 页。

A2b.　(“麦克米伦的殖民文库”,第 73 卷)伦敦:麦克米伦出版社,1888 年。ix + 427 页。

A3.　　《第十三世科夫图阿王》

A3a.　伦敦,纽约:麦克米伦出版社,1889 年。共 2 卷,viii + 333 页。

A3b.　(“麦克米伦的殖民文库”,第 85 卷)伦敦:麦克米伦出版社,1889

年。333 页。

A3c. 伦敦:麦克米伦出版公司,1891 年。viii + 333 页。

A4. 《僧侣》

A4a. (“英国军人”丛书)伦敦,纽约:麦克米伦出版社,1889 年。vi + 221 页。

A4b. (“英国军人”丛书)伦敦,纽约:麦克米伦出版社,1899 年。vi + 221 页。

A4c. (“英国军人”丛书)伦敦:麦克米伦出版社,1908 年。vi + 221 页。

A4d. 纽约州弗里波特:图书馆藏书出版社,1971 年。vi + 221 页。

A5. 《弗朗西斯·德雷克爵士》

A5a. (“英国军人”丛书)伦敦:麦克米伦出版社,1890 年。vi + 209 页。

A5b. (“英国军人”丛书)伦敦,纽约:麦克米伦出版社,1894 年。vi + 209 页。

A5c. (“英国军人”丛书)伦敦:麦克米伦出版社,1898 年。vi + 209 页。

A5d. (“英国军人”丛书)伦敦,纽约:麦克米伦出版社,1901 年。vi + 209 页。

A5e. (“英国军人”丛书)伦敦,纽约:麦克米伦出版社,1902 年。vi + 209 页。

A5f. (“英国军人”丛书)伦敦,纽约:麦克米伦出版社,1907 年。vi + 209 页。

A5g. (“英国军人”丛书)伦敦:麦克米伦出版社,1911 年。vi + 209 页。

A5h. (“英国军人”丛书)伦敦,纽约:麦克米伦出版社,1912 年。vi + 209 页。

A5i. (“英国军人”丛书)伦敦,纽约:麦克米伦出版社,1913 年。vi + 209 页。

A5j. 伦敦:麦克米伦出版社,1922 年。vi + 209 页。

A5k. 伦敦:麦克米伦出版社,1925 年。vi + 209 页。

A5l. (“英国军人”丛书)伦敦:麦克米伦出版社,1928年。vi+209页。

A5m. (“英国军人”丛书)伦敦:麦克米伦出版社,1932年。vi+209页。

A5n. (“英国军人”丛书)伦敦:麦克米伦出版社,1936年。vi+209页。

A5o. 纽约:哈斯克尔出版社,1968年。vi+209页。

A5p. 纽约:美国气象学会出版社,1969年。vi+209页。

A5q. 康涅狄格州韦斯特波特:格林伍德出版社,1970年。vi+209页。

A6. **《大洋历险记》**

A6a. (“梅休因六便士丛书之小说家”,第67卷)伦敦:梅休因出版社,1895年。136页。

A7. **《德雷克与都铎王朝的海军:英国作为海洋强国的崛起史》**

A7a. 伦敦:朗曼与格林出版公司,1898年。共2卷。

A7b. 伦敦:朗曼与格林出版公司,1899年。共2卷。新版。

A7c. 伦敦,纽约,孟买:朗曼与格林出版公司,1912年。共2卷。

A7d. 伦敦:朗曼与格林出版公司,1917年。共2卷。新版。

A7e. 纽约:朗曼与格林出版公司,1917年。共2卷。新版。

A7f. (“伯特·富兰克林研究与资料来源著作”丛书,第88卷)纽约:伯特·富兰克林出版公司,1964年。共2卷。

A7g. (“伯特·富兰克林研究与资料来源著作”丛书,第88卷)纽约:伯特·富兰克林出版公司,1966年。共2卷。

A7h. 伦敦,纽约:朗曼与格林出版公司,1969年。共2卷。

A7i. 汉普郡奥尔德肖特:代表海军档案学会的坦普尔·史密斯出版公司,1988年。“绪论”由R·B·沃纳姆撰写。两卷合一版。第1卷,xvi+415页;第2卷,viii+462页。

A7j. 佛蒙特州布鲁克菲尔德:代表海军档案学会的高尔出版公司,1988年。“绪论”由R·B·沃纳姆撰写。两卷合一版。第1卷,xvi+415页;第2卷,viii+462页。

A8. **《德雷克的继承者们》**

A8a. 伦敦:朗曼与格林出版公司,1900 年。xiv + 464 页。

A8b. 伦敦,纽约:朗曼与格林出版公司,1916 年。xiv + 464 页。

A8c. 伦敦:朗曼与格林出版公司,1919 年。xiv + 464 页。

A8d. 伦敦,纽约:朗曼与格林出版公司,1933 年。xiv + 464 页。

A8e. (“伯特・富兰克林研究与资料来源著作”丛书,第 176 卷;《历史学、经济学与社会科学选读》,第 16 卷)纽约:伯特・富兰克林出版公司,1968 年。xiv + 464 页。

A9. **《英国在地中海:英国海权在达达尼尔海峡中的崛起与影响研究(1603—1714)》**

A9a. 伦敦,纽约,孟买:朗曼与格林出版公司,1904 年。共 2 卷。

A9b. 伦敦,纽约,孟买:朗曼与格林出版公司,1907 年。共 2 卷。

A9c. 伦敦,纽约,孟买:朗曼与格林出版公司,1917 年。第 2 版。共 2 卷。

A9d. 康涅狄格州韦斯特波特,伦敦:格林伍德出版社,1987 年。viii + 351 页。

A10. **《七年战争中的英国:联合战略研究》**

A10a. 伦敦,纽约,孟买,加尔各答:朗曼与格林出版公司,1907 年。

A10b. 伦敦:朗曼与格林出版公司,1918 年。第 2 版。共 2 卷。

A10c. 纽约:美国气象学会出版社,1973 年。共 2 卷。

A10d. 伦敦:格林希尔图书出版公司,1992 年。共 2 卷。[绪论由克里斯托弗・达菲撰写。]

A10e. 加利福尼亚州圣弗朗西斯科:普雷西迪奥出版社,1992 年。共 2 卷。[“绪论”由克里斯托弗・达菲撰写。]

A11. **《特拉法尔加战役》**

A11a. 伦敦,纽约:朗曼与格林出版公司,1910 年。xvi + 473 页。

A11b. 伦敦,纽约:朗曼与格林出版公司,1919年。新版。共2卷。

A11c. 纽约:美国气象学会出版社,1976年。xiii+534页。

A11d. ("19世纪英国海军历史"丛书)伦敦,纽约:朗曼与格林出版公司,1991年。xvi+473页。

A12. **《海上战略的若干原则》**

A12a. 伦敦:朗曼与格林出版公司,1911年。viii+317页。

A12b. 伦敦,纽约:朗曼与格林出版公司,1918年。新版。viii+317页。

A12c. 伦敦,纽约:朗曼与格林出版公司,1938年。新版。vi+286页。

A12d. 纽约:美国气象学会出版社,1972年。viii+317页。

A12e. 伦敦:康威海事出版社,1972年。"前言"由B[布赖恩]·迈克尔·兰夫特撰写。

A12f. 安纳波利斯:美国海军学会出版社,1972年。"前言"由B[布赖恩]·迈克尔·兰夫特撰写。xv+317页。

A12g. 安纳波利斯:美国海军学会出版社,1975年。"前言"由B[布赖恩]·迈克尔·兰夫特撰写。vi+286页。

A12h. ("海权经典名著"丛书)安纳波利斯:美国海军学会出版社,1988年。"绪论"和"注释"由埃里克·J·格罗夫撰写,xlv+351页。[翻印了两本小册子,作为附录。小册子G1:"在'海军历史系列讲座'中使用的战略术语和定义";小册子G2:"海军高级军官战争理论培训班:战略杂记"。]

A12i. ("海权经典名著"丛书)伦敦:布拉希出版公司,1988年。"绪论"和"注释"由埃里克·J·格罗夫撰写,xlv+351页。[翻印了两本小册子,作为附录。附录G1:"在'海军历史系列讲座'中使用的战略术语和定义";附录G2:"海军高级军官战争理论培训班:战略杂记"。]

A12j. ("19世纪英国海军历史"丛书)伦敦,纽约:朗曼与格林出版公司,1991年。viii+317页。

译本

A12 译本 a. 《海洋国家的力量运用理论》[战略学参考资料]。东京：日本海军大学海军战争学院，1924 年。26 页。[这是一份缩略版译文，由今村伸治郎译为日语，1924 年 3 月 31 日出版。共印制了大约 100 份，在日本帝国海军内部发行。]

A12 译本 b. 《海上战略的若干原则》。布宜诺斯艾利斯：阿根廷海军战争学院，1936 年。新版。

A12 译本 c. 《海上霸主大英帝国》。柏林：奥托·施莱格尔前卫出版社[1939 年]。D·路德维希·冯·罗伊特海军中将主持翻译。258 页。[由汉斯·泽博姆译为德语。]

A12 译本 d. 《海洋战略原理》。台北："海军总司令部"，1958 年。[由萨师洪海军少将将 A12a 译成汉语。]

A12 译本 e. 《海洋战略原理》("海权经典学说"丛书)。[台北：《海军学术月刊》，出版日期不详。][由刘春英海军上校将 A12h 译成汉语，供"台湾武装力量"内部使用。]

A12 译本 f. 《海上战略的若干原则》("战略丛书")。巴黎：经济出版社与国防研究基金会[FEDN]，1993 年。299 页。["绪论"由埃尔韦·库托-贝加里撰写。包括三个附录：包括 G1 和 G2 两本小册子的法译本。小册子 G1："在'海军历史系列讲座'中使用的战略术语和定义"；小册子 G2："海军高级军官战争理论培训班：战略杂记"。第三个附录是赫伯特·罗辛斯基一篇随笔的法译本，名为"马汉与科贝特"，是 1953 年 12 月 18 日在美国海军战争学院讲课用的讲稿。]

A13. **《日俄战争中的海上作战行动：1904—1905》**

A13a. 第 1 卷，伦敦：海军部战时参谋部情报处(第 944 号)，1914 年 1 月。xi+567 页。共 21 幅地图和图表，单独出版。

第2卷,伦敦:海军部战时参谋部情报处(第950号),1915年10月。ⅵ+460页。

A13b. 安纳波利斯,纽波特:由海军学会出版社和海军战争学院出版社联合出版,1994年。共2卷。[“绪论”由约翰·B·哈滕多夫和唐纳德·M·舒尔曼撰写。]

A14. **《海军作战史》**

(在帝国防务委员会历史科指导下根据官方文件撰写的第一次世界大战史)

A14a. 第1卷(文本),副标题为:“至1914年12月的福克兰群岛战役”。伦敦:朗曼与格林出版公司,1920年。488页。

第1卷(地图),副标题为:“至1914年12月的福克兰群岛战役”。伦敦:朗曼与格林出版公司,1920年。共18幅地图和作战计划,共1盒。

第2卷(文本和地图),伦敦,纽约,孟买:朗曼与格林出版公司,1921年。448页,5份作战计划和11幅折页地图。

第3卷(文本),伦敦,纽约:朗曼与格林出版公司,1923年。470页。

第3卷(地图),伦敦,纽约:朗曼与格林出版公司,1923年。共46幅地图和作战计划,共1盒。

A14b. 第2卷(文本和地图),伦敦,1929年。新版。[在这个修订版的“前言”部分,有一个“卷首语”,署名为E·Y·丹尼尔。]

A14c. 伦敦,纽约,多伦多:朗曼与格林出版公司,1931年。

A14d. 第1卷(文本),伦敦,纽约,多伦多:朗曼与格林出版公司,1938年。第2版。[这个修订版的“前言”部分署名为E·Y·丹尼尔。]

第1卷(地图),伦敦,纽约,多伦多:朗曼与格林出版公司,1938年。第2版。

第3卷(文本),伦敦,纽约,多伦多:朗曼与格林出版公司,1940

年。第2版。这个修订版的"前言"由E·Y·丹尼尔撰写。

第3卷(地图),伦敦,纽约,多伦多:朗曼与格林出版公司,1940年。

A14e. 伦敦,纽约:朗曼与格林出版公司,1974年。

译本

A14译本a. 《海军作战史》。由谢尔·丘利延·科尔贝译为土耳其语。伊斯坦布尔:海军出版社(Matbaa-i Bahriye),1926年。678页。

A14译本b. 《日德兰海战》。布宜诺斯艾利斯:阿根廷海军军事学院,1935年。143页。[这是一个油印版西班牙语译本,翻译的内容是第3卷的第16章至第21章和附录A至附录I,以及第4卷的第1章。另见F1、F2和F3。]

A14译本c. 《海军作战史》(第一次世界大战史)。

第1卷。里窝那:意大利皇家海军学院,1922年。[由乌戈·罗西尼译为意大利语。]

第2卷。里窝那:意大利皇家海军学院,1922年。[由布鲁诺·布里沃内西译为意大利语。]

第3卷。里窝那:意大利皇家海军学院,1925年。[由布鲁诺·布里沃内西译为意大利语。]

A14译本d. 《欧洲战争:英国海军历史》。[各卷的全部日语翻译工作均由军令部海军教育课完成。]

第1卷。东京:水交会,1927年。995页。

第2卷。东京:水交会,1928年。857页。

第3卷。东京:水交会,1933年。901页。

[这是《海军作战史》各卷全文翻译的一部分。纽博尔特的第4卷和第5卷分别于1934年和1935年出版。整套日语译本重印了多次,最后一次重印是在1940年。]

B. 在其他作者撰写的书籍中收录的稿件和政府文件

B1. “绪论”,载托马斯·E·泰勒著,《冲破封锁》。伦敦:约翰·默里出版社,1896年。

B2. “卷首语”,载马克·威尔克斯中校著,《威尔克斯上校与拿破仑:在圣赫勒拿岛进行的两次对话》。伦敦:约翰·默里出版社,1901年。35页。[重印为D17。]

B3. “夺取海上的私人财产”,载A·T·马汉编,《战争若干被忽视的方面》。

B3a. 波士顿:利特尔·布朗出版社,1907年。193页。

B3b. 伦敦:普森、洛和马斯顿出版公司,1907年。193页。

标题相异的版本

B3c. 相异的标题:《国际关系中的单方面力量》,包括阿尔弗雷德·塞耶·马汉编,《战争若干被忽视的方面》;亨利·S·普里切特,“有利于和平的力量”;朱利安·S·科贝特,“夺取海上的私人财产”;卡尔·冯·施滕格尔,“永恒的幸福”。(“加兰战争与和平文库”)纽约:加兰出版公司,1972年。加兰出版公司这版有一个新“绪论”,由彼德·卡斯滕和理查德·N·亨特撰写。

B4. 战争计划。“海战的若干原则”,秘密印制,第1-27页。[这份文件保存在位于英国伦敦基尤区的英国公共档案馆(PRO)。海军部档案系列(ADM)第116/1043B号档案。]

B5. “入侵与突袭”。帝国防务委员会(CID)所属的入侵委员会第16号报告。1907年第8号。英国海军部秘密印制。[这份文件保存在英国国家海事博物馆(NMM),《里奇蒙德文集》第RIC 9/1卷。]

B6. “关于一战爆发的历史报告”,第1025号。英国外交部印制,1914年10月10日。[由J·S·科贝特负责撰写,汉基上校负责撰写一份附录。这份文件保存在英国国家海事博物馆,《科贝特文集》第7盒。]

B7. “参谋的历史”，载J·S·科贝特与H·J·爱德华兹编，《海军和军事随笔》(“剑桥海军与军事丛书”第1卷)。剑桥：剑桥大学出版社，1914年。第xxx页。

B8. “第一次世界大战：亚历山大勒塔和美索不达米亚”，帝国防务委员会第G-12号文件，1915年3月17日。[这份文件保存在英国国家海事博物馆，《科贝特文集》第7盒。]

B9. “国际联盟事务委员会临时报告”，1918年3月20日。编号为第436号。

B10. “海洋联邦”，载A·P·牛顿编，《海洋联盟与其他论文》。伦敦：J·M·登特出版社，1914年。第xxx页。

C. 科贝特编辑的历史文件

C1. **《1585年至1587年西班牙战争期间与海军有关的文件》**

C1a. 伦敦：海军档案学会，第11卷，1898年。l+363页。

C1b. (“历史学、经济学和社会科学选读”丛书，第181卷；“伯特·富兰克林研究与资料来源著作”丛书，第562卷)纽约：伯特·富兰克林出版公司，1970年。l+363页。

C1c. 伦敦：海军档案学会，第11卷，1983年。l+363页。

C1d. 汉普郡奥尔德肖特：代表海军档案学会的坦普尔·史密斯出版公司，第11卷，1987年。l+363页。

C1e. 佛蒙特州布鲁克菲尔德：高尔出版公司，1987年。1+363页。

C2. **威廉·斯林斯比爵士，“记1596年远赴加的斯的航行”，载J·K·劳顿编，《海军杂记(第1辑)》**

C2a. 海军档案学会，第20卷，1901年。第23-92页。

C3. **《1530年至1816年的作战指示——附当代权威人士的说明》**

C3a. 伦敦：海军档案学会，第29卷，1905年。xvi+336页。

C3b. (“历史学、经济学和社会科学选读”丛书，第17卷；“伯特·富兰克林研究与资料来源著作"丛书,第182卷)纽约:伯特·富兰克林出版公司,1967年。xvi+366页。

C3c.　伦敦:康威海事出版社,1971年。xvi+366页。

C3d.　安纳波利斯:美国海军学会出版社,1971年。xvi+366页。

C4.　**《第三次荷兰战争历次战役综览:索莱湾战役和特塞尔战役综览——兼评达特茅斯伯爵持有的用以说明1672年5月28日索莱湾战役和1673年8月11日特塞尔战役的全景图》**

C4a.　伦敦:海军档案学会,第34卷,1908年。共45页,另有10页影印彩色插图,是由威廉·范德费尔德绘制的全景图。

C5.　**《信号与指示:1776—1794》**

C5a.　伦敦:海军档案学会,第35卷,1908年。xv+403页。附有C3《作战指示》的附录。

C5b.　伦敦:康韦海事出版社,1971年。xv+403页。

C5c.　安纳波利斯:美国海军学会出版社,1971年。xv+403页。

缩微印刷品

C5缩微印刷品a.　瑞士楚格:因特尔文件编制公司,1978年。共8张胶片。

C6.　**《第二任斯潘塞伯爵、1797年至1801年担任海军大臣的乔治私人书信集(第1辑)》**

C6a.　伦敦:海军档案学会,第46卷,1913年。

缩微印刷品

C6缩微印刷品a.　瑞士楚格:因特尔文件编制公司[1983年?]。单片缩微胶片,以一盒的形式发行,附有J·R·坦纳编,《剑桥大学麦格达伦学院佩皮斯图书馆海军手稿描述性目录》。

C7. **《第二任斯潘塞伯爵、1797年至1801年担任海军大臣的乔治私人书信集(第2辑)》**

C7a. 伦敦:海军档案学会,第48卷,1914年。

缩微印刷品

C7缩微印刷品a. 瑞士楚格:因特尔文件编制公司[1983年?]。单片缩微胶片,以一盒的形式发行,附有J·R·坦纳编,《剑桥大学麦格达伦学院佩皮斯图书馆海军手稿描述性目录》。

D. 投给期刊的稿件

1888年

Dl. "笑容可掬的福特"。《时代周刊》,1888年12月。

1889年

D2. "海豹少女:奥克尼郡的传说",第1部分和第2部分。《阿塔兰忒月刊》[取代《每个女孩的杂志》的新月刊],第2卷,1889年3月号,第397-401页。[插图由埃弗哈德·霍普金斯绘制。][D2至D4是一篇故事,根据约翰·克尔在《有话好好说》(1865年9月1日)上发表的文章"奥克尼郡与奥克尼郡人"中讲述的传说写成。]

D3. "海豹少女:奥克尼郡的传说",第3部分和第4部分。《阿塔兰忒月刊》,第2卷,1889年4月号,第455-461页。

D4. "海豹少女:奥克尼郡的传说",第3部分和第4部分。《阿塔兰忒月刊》,第2卷,1889年5月号,第518-524页。

D5. "耶洗别"。《世界评论》,第4卷,1889年8月15日,第555-564页。

1893年

D6. “我们最初几位驻俄国大使”。《麦克米伦杂志》,第68卷,1893年5月号,第58-69页。[插图由C·S·里基茨和C·H·香农绘制。]

D7. “我们最初几位驻俄国大使”。《现实的时代》,第198期,1893年7月15日,第67-77页。

D8. “托马斯·道蒂先生的悲剧:他与弗朗西斯·德雷克爵士的关系”。《麦克米伦杂志》,第68卷,1893年8月号,第258-268页。

D9. “托马斯·道蒂先生的悲剧:他与弗朗西斯·德雷克爵士的关系”。《现实的时代》,第199期,1893年10月21日,第146-156页。

1895年

D10. “马达加斯加的桑科·潘萨”。《麦克米伦杂志》,第71卷,1895年3月号,第358-364页。

1896年

D11. “上校与他的司令部”。《美国历史评论》,第2卷,1896年10月号,第1-11页。

1897年

D12. “乌巴尔迪诺与西班牙无敌舰队”。《雅典娜神庙》,第109期,1897年4月17日,第508页。

1899年

D13. “火器与装甲”。《朗曼杂志》,第34卷,1899年6月号,第159-170页。

1900年

D14. “夏尔·德·拉·龙西埃著《法国海军历史》第2卷述评”。《美国历史评论》,第5卷,1900年7月号,第744页。

D15. “夏尔·德·拉·龙西埃著《法国海军历史》第 3 卷述评”。《美国历史评论》,第 6 卷,1900 年 10 月号,第 546 页。

1901 年

D16. “卑微的英国人”。《每月评论》,1901 年 1 月号,第 10 - 19 页。

D17. “威尔克斯上校与拿破仑”。《每月评论》,1901 年 1 月号,第 63 - 90 页。[在 B2 中翻印。]

1902 年

D18. “海军内部的教育:第 1 部分”。《每月评论》,1902 年 3 月号,第 34 - 49 页。

D19. “海军内部的教育:第 2 部分”。《每月评论》,1902 年 4 月号,第 43 - 57 页。

D20. “A·T·马汉著《海军军官的类型》述评”。《美国历史评论》,第 7 卷,1902 年 4 月号,第 556 - 559 页。

D21. “塞尔伯恩勋爵的批评者们”。《每月评论》,1902 年 7 月号。

D22. “海军内部的教育:第 3 部分”。《每月评论》,1902 年 9 月号,第 42 - 54 页。

1903 年

D23. “塞尔伯恩勋爵的备忘录:第 1 部分和第 2 部分”。《每月评论》,1903 年 2 月号。

D24. “塞尔伯恩勋爵的备忘录:第 3 部分”。《每月评论》,1903 年 3 月号。

D25. “已发现不够分量”。《每月评论》,1903 年 10 月号,第 82 - 90 页。

D26. “舰队机动情况报告”。《每月评论》,第 13 卷,1903 年 12 月号,第 85 - 94 页。

1904 年

D27. “地中海中的一艘俄国武装民船”。《每月评论》,1904 年 2 月号,第

140-152页。[1788年12月至1789年12月,威廉·戴维森在"圣迪尼安"号上的经历。]

D28. "英国陆军部的改组情况"。《每月评论》,1904年3月号,第26-36页。

D29. "安妮女王的防务委员会"。《每月评论》,1904年5月号,第55-65页。

D30. "志愿兵的地方自治"。《每月评论》,1904年6月号,第29-39页。

D31. "独眼委员会"。《每月评论》,1904年7月号,第36-49页。[D30和D31都指的是诺福克公爵的辅助部队事务委员会。]

1905年

D32. "马达加斯加的桑科·潘萨:约翰·邦德海军上校"。《现实的时代》,第205期,1905年4月20日,第147-153页。

1907年

D33. "海军部近期受到的攻击"。《十九世纪及以后》,第61卷,1907年2月号,第195-208页。

D34. "夺取海上的私人财产"。《十九世纪及以后》,第61卷,1907年6月号,第918-932页。

D35. "战列舰速度的战略价值"。《皇家三军联合研究所学报》,第51卷,1907年7月号,第824-839页。

1910年

D36. "夏尔·德·拉·龙西埃著《法国海军历史》第5卷述评"。《美国历史评论》,第16卷,1910年,第115-117页。

1911年

D37. "西班牙人的报告和发生在托伯莫里的沉船事件"。《苏格兰历史评论》,第8卷,1911年,第400-404页。

1912 年

D38. “德雷克的精神”。《纳什杂志》,第 2 卷,1912 年 11 月号,第 266 - 270 页。

1916 年

D39. “海军历史和军事历史的教学问题”。《历史》,新序列号,第 1 卷,1916 年 4 月号,第 12 - 19 页。[这是一篇 1916 年 1 月 7 日在历史协会的一次会议上宣读的论文。科贝特的论文受到了 H·W·霍奇斯写的一篇论文的称赞,第 19 - 24 页。]

D40. “海军历史的复兴”,《当代评论》第 110 卷,1916 年 12 月号,第 734 - 740 页。

1920 年

D41. “讨论的方法”。《海军评论》,1920 年,第 322 - 324 页。

1921 年

D42. “单层甲板大帆船与走私船”。《海员镜报》,第 7 卷,1921 年 5 月号,第 133 - 135 页。

1922 年

D43. “拿破仑与特拉法尔加海战之后的英国海军”。《每季评论》,第 237 卷,1922 年 4 月号,第 238 - 255 页。

D44. “夏尔·德·拉·龙西埃著《法国海军历史》第 5 卷述评”。《美国历史评论》,第 28 卷,1922 年 10 月号,第 110 页。

1923 年

D45. “联合军种”。《海军评论》,1923 年,第 201 - 214 页。

E. 投给报纸的稿件

1896 年

El. “苏丹战役”。《帕码街公报》,1896 年 4 月 27 日,第 1-2 版。[“本报通讯员”急件,稿件上注明的报道地点是科罗斯科,日期为 4 月 11 日。]

E2. “进驻苏丹:斯塔福德郡团在瓦迪哈勒法”。《帕码街公报》,1896 年 5 月 2 日,第 8 版。[“本报通讯员”急件,稿件上注明的报道地点是瓦迪哈勒法,日期为 4 月 14 日。]

E3. “苏丹远征军”。《帕码街公报》,1896 年 5 月 4 日,第 9 版。[“本报通讯员”急件,稿件上注明的报道地点是瓦迪哈勒法,日期为 4 月 16 日。]

E4. “苏丹远征军:栋古拉和之后的情况”。《帕码街公报》,1896 年 5 月 6 日,第 8 版。[“本报通讯员”急件,稿件上注明的报道地点是阿斯旺,日期为 4 月 18 日。]

E5. “栋古雷:远征军的一支民谣”。《帕码街公报》,1896 年 5 月 15 日,第 2 版。[这首民谣是根据吉卜林的“在通往曼德勒的路上”的曲调创作的一首“极好的模仿之作”。这首四节民谣的歌词署名为 J. S. C.,即 J·S·科贝特。]

1903 年

E6. “海军的机动情况”。《泰晤士报》[伦敦],1903 年 11 月 20 日,第 15 版。[E6 至 E8 是科贝特以英国舰队特别通讯员身份撰写的没有署名的报道。]

E7. “海军的机动情况:随 B2 舰队从马德拉群岛启航时发回的报道”。《泰晤士报》[伦敦],1903 年 8 月 20 日,第 5、6、7 版。

E8. “海军的机动情况——巡洋舰工作”。《泰晤士报》[伦敦],1903 年 8 月 21 日,第 10 版。

1905 年

E9. “特拉法尔加海战的战术”。《泰晤士报》[伦敦],1905 年 7 月 21 日,第 6a 版。[致编辑的信,日期为 1905 年 7 月 19 日。]

E10. “康沃尔海军上校的纪念碑”。《泰晤士报》[伦敦],1905 年 7 月 24 日,第 8d 版。[致编辑的信。]

E11. “特拉法尔加海战的战术”。《泰晤士报》[伦敦],1905 年 7 月 27 日,第 11a 版。[致编辑的信,日期为 1905 年 7 月 25 日。]

1906 年

E12. “海军高级军官战争理论培训班:第 1 部分”。《泰晤士报》[伦敦],1906 年 6 月 5 日,第 6a 版。

E13. “海军高级军官战争理论培训班:第 2 部分”。《泰晤士报》[伦敦],1906 年 6 月 9 日,第 6a 版。

1907 年

E14. “战列舰的速度”。《泰晤士报》[伦敦],1907 年 3 月 7 日,第 11b 版。[是对 D26 的报告和总结。]

1909 年

E15. “特拉法尔加海战新解”。《泰晤士报》[伦敦],1909 年 10 月 22 日,第 8a 版。

1911 年

E16. “英国公共档案馆的状态:国家档案的处理”。《泰晤士报》[伦敦],1911 年 7 月 1 日,第 4d 版。[报道和引用了 J·S·科贝特致英国皇家公共档案委员会的声明。]

1914 年

E17. “相对的海军实力”。《泰晤士报》[伦敦],1914 年 2 月 28 日,第 12e

版。[致编辑的信,日期为1914年2月27日。]

1916年

E18. “新闻局与海军历史”。《泰晤士报》[伦敦],1916年1月8日,第8e版。[伦敦大学学院举办了一次历史协会会议,J·S·科贝特在其中的一次会议上发了言。在一篇关于他的发言的报道中,记者引用了他的观点。]

1918年

E19. “一个德国人的雕像”。《泰晤士报》[伦敦],1918年5月23日,第8f版。[致编辑的信,日期为1918年5月21日。]

F. 翻译成外语的文章和书中的章节

F1. “马尔维纳斯群岛战役”。《海军出版物杂志》,第68卷,第440期(1937年7月至9月号),第409-443页。这篇文章是《海军作战史》第1卷第28章和第29章的西班牙语译文。

F2. “科罗内尔战役”。《海军出版物杂志》,第68卷,第441期(1937年10月至12月号),第677-691页。这篇文章是《海军作战史》第1卷第25章的西班牙语译文。

F3. “多格滩战役”。布宜诺斯艾利斯:阿根廷海军战争学院,1941年。这篇文章是《海军作战史》第2卷第5章的油印版西班牙语译文。

G. 小册子

G1. 《在“海军历史系列讲座”中使用的战略术语和定义》。出版地不详,具体出版日期不详[1906年]。[在A12h和A12i中翻印;在A12译本f中被译为法语。]

G2. 《海军高级军官战争理论培训班:战略杂记》。朴次茅斯:英国皇家海军战争学院,1909 年 1 月。[在 A12h 和 A12i 中翻印;在 A12 译本 f 中被译为法语。]

G3. 《海军至上论的幽灵》。伦敦:情人与儿子出版社,1915 年。共 8 页。

G4. 《和平联盟与自由的海洋》。[应英国海军部请求而写,通过英国外交部的宣传科发行。]

G4a. 纽约:乔治·H·多兰出版社,1917 年。共 13 页。

G4b. 伦敦,纽约:霍德与斯托顿出版社,1917 年。共 15 页。

G5. 《国际联盟与海洋自由》(“国际联盟丛书”)。伦敦:牛津大学出版社,1918 年。共 15 页。

附录 B

海军上将赫伯特·里奇蒙德爵士著作目录

约翰·B·哈滕多夫　汇编

A. 赫伯特·W·里奇蒙德的专著

A1.　**《1739—1748 年战争中的海军》**

A1a.　(“剑桥海军与军事”丛书)剑桥:剑桥大学出版社,1920 年。共 3 卷:xxi +282 页;279 页;284 页。

A1b.　(“军事历史的现代复兴”丛书)萨里郡戈德斯通:格雷格复兴出版社,1933 年。重印本,“导读”由安德鲁·兰伯特撰写。

A2.　**《指挥与纪律》**

A2a.　伦敦:爱德华·斯坦福出版社,1927 年。190 页。[这是一部文章选读,作者来自海军和陆军。]

A3.　**《国家政策、海军实力与其他随笔》**

A3a.　伦敦,纽约,多伦多,加尔各答,孟买,马德拉斯:朗曼与格林出版公司,1928 年。xvii +356 页。“前言”由库姆的西德纳姆勋爵撰写。

A3b. （“常青树”丛书）伦敦，纽约：朗曼与格林出版公司，1934年。xvii +356页。“序”由库姆的西德纳姆勋爵撰写。

A3c. （“军事历史的现代复兴”丛书）萨里郡戈德斯通：格雷格复兴出版社，1993年。重印本，“导读”由安德鲁·兰伯特撰写。

A4. **《1763—1783年驻印度的海军》**

A4a. 伦敦：欧内斯特·本出版有限公司，1931年。432页。

A4b. （“军事历史的现代复兴”丛书）萨里郡戈德斯通：格雷格复兴出版社，1993年。重印本，“导读”由安德鲁·兰伯特撰写。

A5. **《经济与海军安全：恳求审查根据战略路线削减海军军备费用的问题》**

A5a. 伦敦：欧内斯特·本出版有限公司，1931年。227页。

A6. **《战争中的帝国防务与海上俘获》**

A6a. 伦敦：哈钦森（出版社）有限公司，1932年。288页。[其中6篇论文谈的是“帝国防务”问题，均为1931年冬天在伦敦大学学院做系列讲座时的讲稿，另外4篇论文谈的是“海上俘获”问题，均为1931年在剑桥大学做“利斯-诺尔斯”系列讲座时的讲稿。]

A7. **《海军训练》**

A7a. 伦敦：牛津大学出版社，1933年。141页。

A8. **《现代世界中的海权》**

A8a. 伦敦：G·贝尔父子出版社，1934年。ii+266页。

A8b. 纽约：雷纳尔与希契科克出版社，1934年。323页。[省略了1934年伦敦版中两页长的“序言”。]

A8c. （“世界事务：国家的观点与国际的观点”丛书）纽约：阿尔诺出版

社,1974 年。323 页。

A9.　　**《海军》**

A9a. (“国防”丛书)伦敦:W·霍奇图书有限公司,1937 年。128 页。

A10.　　**《英国军事战略与经济战略:历史回顾与当代教训》**

A10a. (“当前问题”丛书)剑桥:剑桥大学出版社,1941 年。viii + 157 页。

A11.　　**《政治家与海权:基于 1943 年米迦勒节学期在牛津大学做的“福特系列讲座”》**

A11a. 牛津:克拉伦登出版社,1946 年。xi + 369 页。

A11b. 牛津:克拉伦登出版社,1947 年。xi + 369 页。[重印版,纠正了 1946 年版中的错误。]

A11c. 康涅狄格州韦斯特波特:格林伍德出版社,1974 年。xi + 369 页。

A12.　　**《作为一种政策工具的海军,1558—1727》**

A12a. 剑桥:剑桥大学出版社,1953 年。404 页。由 E·A·休斯编辑。

A12b. 剑桥:剑桥大学出版社,1979 年。404 页。由 E·A·休斯编辑。

缩微印刷品

A12 缩微印刷品 a.　密歇根州安阿伯:密歇根大学缩微印刷品国际有限公司,1979 年。1 卷。35 毫米。

B. 在其他作者撰写的书籍、小册子中收录的稿件和政府文件

B1. “海军军官眼中的海军历史”,载朱利安·斯塔福德·科贝特与 H·

J·爱德华兹编,《海军和军事随笔:在1913年历史研究国际会议海军和军事组宣读的论文》(“剑桥海军与军事”丛书)。剑桥:剑桥大学出版社,1914年,第39-54页。

B2. “海权在与德国的战争中的若干影响”,载H·W·V·坦珀利编,《巴黎和平会议史》。伦敦:亨利·弗劳德出版社、牛津大学出版社和霍德与斯托顿出版社,1920年,第40-50页。由国际事务研究所资助出版。

B3. “战时海上俘获权的价值:一种常规的观点及其批评”,载《英国国际法年鉴:1928年》。伦敦:由代表国际事务研究所的牛津大学出版社出版,1928年,第50-58页。[在D65中重印。]

B4. “海军”,载A·S·图贝尔维尔编,《约翰逊的英国:约翰逊时代的生活与风俗论说》。

B4a. 牛津:克拉伦登出版社,1933年。第1卷,第39-65页。

B4b. 牛津:克拉伦登出版社,1952年。第1卷,第39-65页。

B5. 《入侵英国:由海军上将赫伯特·里奇蒙德爵士作“序”的班斯教授的军事科学》(“欧洲之友”系列出版物,第10卷)。威斯敏斯特:欧洲之友出版社,1934年。22页。

B6. “小说中的海军军官”,载《英国协会成员随笔与研究》第30辑。[牛津]1945年。

B7. “海战”,载乔治·阿斯顿爵士编,《为了政治家和公民的战争研究:1925—1926年在伦敦大学做的系列讲座讲稿》。伦敦,纽约,多伦多,孟买,加尔各答,马德拉斯:朗曼与格林出版公司,1927年。第45-118页。[其中两个讲稿的题目是“海战”,是在伦敦国王学院所做讲座的讲稿。在G2中重印。]

B8. 为德国读者写的“绪论”,载E·T·S·达格代尔筛选并翻译的《德国外交文件:1871年至1914年》第4卷,《滑向深渊:1911年至1914年》。“导读”分别由M·罗伯逊爵士和赫伯特·里奇蒙德爵士撰写。伦敦:梅休因出版社;纽约:哈珀出版社,1928年。

B9. “绪论”,载唐纳德·约翰·芒罗著,《斯卡帕湾海战:海军的回顾》。

伦敦:桑普森、洛和马斯顿出版公司,[1932 年],第xiii-xv页。

B10. “现代海权观念”,载《布拉希海军年鉴》。伦敦:威廉·克洛斯出版社,1943 年,第 98-111 页。

B11. “序言”,载海军上将杰拉尔德·迪肯斯爵士著,《轰炸与战略:全面战争的谬论》。伦敦:桑普森、洛和马斯顿出版公司,1946 年,第vii-vii页。

C. 里奇蒙德编辑的历史文件

C1. **《关于 1156 年梅诺卡岛丢失情况的文件汇编》**

C1a. 伦敦:海军档案学会,第 42 辑,1913 年。xl+224 页。

缩微印刷品

C1 缩微印刷品 a. 荷兰莱顿:帝国防务学院(IDC),[1983 年?]。共 5 张胶片。9×12 厘米。

C2. **“法国的陆军——1738 年 6 月”,载 W·G·佩林编,《海军杂记(第 8 辑)》。伦敦:海军档案学会,第 63 辑,1928 年。第 51-81 页。**

C3. **《第二任斯潘塞伯爵、1794 年至 1801 年担任海军大臣的乔治私人书信集(第 3 辑)》**

C3a. 伦敦:海军档案学会,第 58 辑,1924 年。

缩微印刷品

C3 缩微印刷品 a. 瑞士楚格:因特尔文件编制公司,[1983 年?]。9×12 厘米缩微胶片,以一盒的形式发行,附有 J·R·坦纳编,《剑桥大学麦格达伦学院佩皮斯图书馆海军手稿描述性目录》。

C4. **《第二任斯潘塞伯爵、1794 年至 1801 年担任海军大臣的乔治私人书信集(第 4 辑)》**

C4a. 伦敦:海军档案学会,第 59 辑,1924 年。

缩微印刷品

C4 缩微印刷品 a. 瑞士楚格:因特尔文件编制公司,[1983 年?]。9×12 厘米缩微胶片,以一盒的形式发行,附有 J·R·坦纳编,《剑桥大学麦格达伦学院佩皮斯图书馆海军手稿描述性目录》。

D. 期刊论文

1909 年

D1. "由乔治·宾爵士指挥的 1718 年西西里远征"。《皇家三军联合研究所学报》,第 53 卷,总第 379 期,1909 年 9 月号,第 1135 - 1152 页。

1913 年

D2. "前言"。《海军评论》,第 1 卷,1913 年,第 1 - 4 页。

D3. "关于海军学员训练的建议"。《海军评论》,第 1 卷,1913 年,第 76 - 81 页。

D4. "轮机室训练"。《海军评论》,第 1 卷,1913 年,第 128 页。[致编辑的信。]

D5. "命令与指示"。《海军评论》,第 1 卷,1913 年,第 163 - 174 页。

1914 年

D6. "第一批军官"。《海军评论》,第 2 卷,1914 年,第 119 - 121 页。[致编辑的信,内容为影响首批舰长的纪律和资格认定问题。]

D7. "本土防御的一些历史问题——对 R·X 的答复"。《海军评论》,第

2卷,1914年,第141-159页。

D8.　“战略与战术手册”。《海军评论》,第2卷,1914年,第209-220页。[这是一篇译文,译自德国期刊《海军评论》上刊登的一篇书评,评论的是一本用荷兰语写成的战略与战术手册,题目为《海洋战略与战术导论》。]

D9.　“潜艇与水面舰艇”。《海军评论》,第2卷,1914年,第264-274页。

D10.　“战略与战术评论”。《海军评论》,第2卷,1914年,第371-374页。

D11.　“殖民地远征军”。《海军评论》,第2卷,1914年,第375-381页。

D12.　“过去战争中的贸易保护”。《海军评论》,第2卷,1914年,第382-395页。

D13.　“海军中的外语”。《海军评论》,第2卷,1914年,第424-430页。

1915年

D14.　“决定性地点”。《海军评论》,第3卷,1915年,第38-44页。[本文取自斯图尔特·默里少校的书《战争的现实》中的一章,里奇蒙德投给《海军评论》时对这一章进行了编辑处理。]

D15.　“土耳其与第一次世界大战”。《海军评论》,第3卷,1915年,第65-74页。

D16.　“1745年企图发动的侵略”。《海军评论》,第3卷,1915年,第75-83页。

D17.　“一条作战指示”。《海军评论》,第3卷,1915年,第185-195页。

D18.　“意大利战争”。《海军评论》,第3卷,1915年,第579-599页。

1917年

D19.　“关于海上战争的思考”。《海军评论》,第5卷,1917年,第7-41页。

1919年

D20.　“英国在澳大利亚继承权战争中的战略”。《皇家三军联合研究所学报》,第64卷,总第454期,1919年5月号,第246-254页。

D21. “关于帝国海军实力及其应该如何计算的思考”。《海军评论》,第7卷,1919年,第83-94页。

D22. “纪律”。《海军评论》,第7卷,1919年,第171-177页。

D23. “论思想与讨论”。《海军评论》,第7卷,1919年,第190-197页。

D24. “战列舰”。《海军评论》,第7卷,1919年,第282-289页。[与W·M·菲普斯·霍恩比海军上尉合著。]

D25. “一位海军专家与第一次世界大战”。《海军评论》,第7卷,1919年,第360-369页。

D26. “陆军与制海权”。《海军评论》,第7卷,1919年,第386-387页。[致编辑的信。]

D27. “前言及附加的按语”。《海军评论》,第7卷,1919年,第389-393页。[是D2的重印版,增加了一份新的、长度为一页的关于情况变化的评论。]

D28. “地中海中的法国舰队:1914年8月1日至8月7日”。《海军评论》,第7卷,1919年,第494-513页。

D29. “战列巡洋舰”。《海军评论》,第7卷,1919年,第566-567页。[致编辑的信,日期为1919年11月19日。]

1920年

D30. “历史在海军教育中的地位”。《海军评论》,第8卷,1920年,第1-13页。

D31. “推演”。《海军评论》,第8卷,1920年,第127-128页。[致编辑的信。]

D32. “战列舰的未来”。《海军评论》,第8卷,1920年,第167-175页。[这篇文章总结并评论了达瓦卢伊海军上将《对德反击战的海上任务》当中的一部分。在1921年第9卷中,G·L·帕内尔海军上校分三次继续进行详细总结和评论。]

D33. “战列舰的未来”。《海军评论》,第8卷,1920年,第368-369页。

[这篇文章是对 D32 的进一步评论。]

D34. “海权对在北美和印度对法斗争的影响”。《国家评论》,第 75 卷,1920 年,第 397 - 411 页。

D35. “贸易防卫”。《海军评论》,第 8 卷,1920 年,第 478 页。[致编辑的信,整封信由一份期刊论文的节选组成,即《海军编年史》,第 25 卷,1811 年 1 月至 6 月号,第 281 - 282 页。]

D36. “关于离开海军的若干想法:若干评论”。《海军评论》,第 8 卷,1920 年,第 508 - 509 页。[这篇文章是对本期中前面一篇文章的评论,那篇文章的作者是英国皇家海军 G·L·刘易斯海军上尉,空军十字勋章(AFC)获得者。]

D37. “德国版第一次世界大战官方历史”。《海军评论》,第 8 卷,1920 年,第 615 - 644 页。[这篇文章是对奥托·格罗斯专著中谈战略问题的前 67 页的评论,书名为《直到 1914 年 9 月第一次世界大战爆发》(柏林:德国海军军事科学部档案馆,1920 年)。]

1921 年

D38. “战列舰的速度”。《海军评论》,第 9 卷,1921 年,第 680 - 681 页。[致编辑的信。]

1922 年

D39. “海上护航队的战术防卫”。《海军评论》,第 10 卷,1922 年,第 15 - 35 页。

D40. “海上护航队的战术防卫”。《海军评论》,第 10 卷,1922 年,第 319 - 325 页。[英国皇家海军的 P·J·麦克海军少校写信批评了 D39。这篇文章是对这封信的答复。]

D41. “20 世纪的太平洋问题”。《海军评论》,第 10 卷,1922 年,第 403 - 415 页。[俄罗斯圣彼得堡参谋学院的两位战术学教授,戈洛温上将和布勃诺夫海军上将,合著了一本书,名为《20 世纪的太平洋问题》。这篇文章是对这本书的评论。]

D42. “未来的战列舰”。《海军评论》,第 10 卷,1922 年,第 416 - 425 页。[这篇文章是对卡斯泰在《潜艇战综论》中提出的建议的评论。]

D43. “对潜防御问题”。《海军评论》,第 10 卷,1922 年,第 426 - 430 页。[这篇文章评论了马维尔·杜谢内的文章,“值更的瞄准手”,《海事杂志》,1922 年 1 月号,第 40 页。]

D44. “英国海军的一部短篇小说”。《海军评论》,第 10 卷,1922 年,第 674 - 675 页。[这篇文章是对 H·F·B·惠勒的专著的短评。]

1923 年

D45. “16 世纪至 20 世纪的国家政策与海军实力”。《英国社会科学院论文集》,第 9 卷,1923 年,第 339 - 354 页。[与 D50 一样;在 A3 和 G1 中重印。]

D46. “协同作战”。《皇家三军联合研究所学报》,第 68 卷,总第 471 期,1923 年 8 月号,第 391 - 404 页。

D47. “已故的朱利安·科贝特爵士”。《海军评论》,第 11 卷,1923 年,第 14 - 21 页。

D48. “索西的纳尔逊生平”。《海军评论》,第 11 卷,1923 年,第 140 - 142 页。[这篇文章评论了杰弗里·卡伦德教授编辑的评注版。]

D49. “威灵顿公爵与英国海军部”。《海军评论》,第 11 卷,1923 年,第 364 - 365 页。[这篇文章是 E3 的重印版:致《泰晤士报文学增刊》编辑的信。]

D50. “16 世纪至 20 世纪的国家政策与海军实力”。《海军评论》,第 11 卷,1923 年,第 414 - 429 页。[与 D45 一样;在 A3 和 G1 中重印。]

D51. “非武装力量的胜利:1914—1918”。《海军评论》,第 11 卷,1923 年,第 430 - 433 页。[这篇文章评论了 M·W·W·P·孔塞特海军少将的专著。]

D52. “帝国防务机器”。《海军评论》,第 11 卷,1923 年,第 662 - 663 页。[这篇文章是对一篇随笔的批评。]

D53. “皇家三军研究所”。《海军评论》,第 11 卷,1923 年,第 712 -

715页。

D54. “霍克”。《海军评论》,第11卷,1923年,第753页。[致编辑的信。]

D55. “博斯科恩与德·拉·克吕的交锋”。《海军评论》,第11卷,1923年,第755-756页。[致编辑的信。]

1924年

D56. “纳尔逊”。《海军评论》,第12卷,1924年,第18-24页。[里奇蒙德的1923年特拉法尔加之夜演讲稿,附纳尔逊的秘书约翰·斯科特1803年的一封信。在此之前,里奇蒙德已于1923年9月29日在《泰晤士报》上刊出了这封信,附有更多的信息。]

D57. “控制巡洋舰”。《海军评论》,第12卷,1924年,第95-99页。[这篇文章评论了之前一期刊登的一篇文章。]

D58. “博斯科恩与德·拉·克吕的交锋”。《海军评论》,第12卷,1924年,第177页。[这是对D55中印刷错误受到的评论的答复。]

1926年

D59. “东方海洋中的一座维修基地和一支打击力量”。《海军评论》,第14卷,1926年,第476-478页。[这篇文章节选自海军上将爱德华·休斯爵士1784年5月的一封信,另附一份现代类比。]

D60. “业余战略的危险”。《海军评论》,第14卷,1926年,第548-560页。[这篇文章是埃利森同名专著的评论性随笔。该书讲的是达达尼尔海峡战役。]

1927年

D61. “休斯-絮弗朗战役”。《海员镜报》,第13卷,1927年7月号,第219-237页。

1928年

D62. “关于1812年战争的间接说明”。《海军评论》,第16卷,1928年,第276-277页。

D63. "1688 年革命中的英国海军"。《海军评论》，第 16 卷，1928 年，第 360 - 362 页。[这篇文章评论了 E·B·波利的专著。]

D64. "一名帝国主义者的研究"。《海军评论》，第 16 卷，1928 年，第 566 - 570 页。[这篇文章评论了库姆的西德纳姆勋爵编著的随笔集。]

D65. "战时海上俘获权的价值：一种常规的观点及其批评"。《海军评论》，第 16 卷，1928 年，第 628 - 635 页。[在 B3 中重印。]

1929 年

D66. "海洋的自由"。《海军评论》，第 17 卷，1929 年 5 月号，第 221 - 236 页。[这篇文章对国家预防战争学会发行的豪斯上校撰写的小册子做出了一些评论。]

D67. "阿瑟·布拉德先生的建议及若干评论"。《海军评论》，第 17 卷，1929 年 5 月号，第 237 - 255 页。

D68. "关于沃尔特·李普曼先生所提建议的若干评论"。《海军评论》，第 17 卷，1929 年 5 月号，第 281 - 296 页。

D69. "关于戴维斯先生论文的若干评论"。《海军评论》，第 17 卷，1929 年 5 月号，第 318 - 331 页。

D70. "1929 年 4 月日内瓦裁军会议筹备委员会"。《海军评论》，第 17 卷，1929 年，第 383 页。

D71. "是什么决定了战舰的大小？"。《海军评论》，第 17 卷，1929 年 8 月号，第 409 - 433 页。[在 D72、D73、D76、D78、D81 中继续讨论。]

D72. "排水量 10 000 吨的巡洋舰"。《海军评论》，第 17 卷，1929 年 8 月号，第 457 - 463 页。[在 D71、D73、D76、D78、D81 中继续讨论。]

D73. "Z 对本文之前各篇文章的评论"。《海军评论》，第 17 卷，1929 年，第 676 - 703 页。

D74. "关于澳大利亚防务的若干问题"。《海军评论》，第 17 卷，1929 年，第 747 - 765 页。

D75. "对战争原则的批评"。《皇家三军联合研究所学报》，第 74 卷，总第 496 期，1929 年 11 月号，第 714 - 720 页。

1930年

D76. “Z对根据协议建设海军、‘战舰的大小’和‘小型舰艇的谬论’的评论”。《海军评论》,第18卷,1930年,第34-56页。[在D71、D72、D73、D78、D81中继续讨论。]

D77. “印度洋中的贸易防卫”。《海军评论》,第18卷,1930年,第62-72页。[运用1801年和1809年文件做出的评论。]

D78. “Z对水下武器、‘自然规律’和‘小型舰艇的谬论’的若干评论”。《海军评论》,第18卷,1930年,第236-255页。[在D71、D72、D73、D76、D81中继续讨论。]

D79. “印度在海军战略中的地位:1744—1783”。《海军评论》,第18卷,1930年,第461-474页。

D80. “在东印度公司领导下的印度海上防务:1763—1783”。《海军评论》,第18卷,1930年,第475-481页。

D81. “是什么决定了战舰的大小?Z的答复”。《海军评论》,第18卷,1930年,第620-629页。[在D71、D72、D73、D76、D78中继续讨论。]①

1931年

D82. “削减海军军备带来的直接问题”。《外交》,第9卷,1931年4月号,第371-388页。

D83. “帝国防务的问题”。《英国帝国评论》,1931年6月号,第223-229页。

D84. “新型海战:B·利德尔·哈特陆军上尉与海军上将赫伯特·里奇蒙德爵士之间的讨论”。《听众》,1931年11月25日,第896-898页。

---

① 从本条开始,里奇蒙德投给《海军评论》季刊的稿件,只有署了名的评论或他文章中的信息。关于匿名投稿的作者身份,有据可查的记录只有1913年至1930的,从首任编辑W·H·亨德森去世起,里奇蒙德就不再匿名投稿了。

1932 年

D85. “经济与海军裁军”。《新政治家与国家》，第 3 卷，1932 年 1 月 30 日，第 140 - 142 页。

D86. “裁军的几个要素”。《双周评论》，第 137 卷，1932 年 2 月号，第 149 - 159 页。

D87. “英国的海军政策：若干危险与错觉”。《双周评论》，第 137 卷，1932 年 4 月号，第 414 - 425 页。

D88. “大型战舰需要吗?”。《旁观者》，第 148 卷，1932 年 5 月号，第 655 - 656 页。

D89. “海军训练”。《双周评论》，第 137 卷，1932 年 6 月号，第 691 - 699 页。

D90. “驱逐舰的作用”。《海军评论》，第 20 卷，1932 年，第 238 - 248 页。

D91. “海军训练”。《双周评论》，第 138 卷，1932 年 7 月号，第 83 - 91 页。

D92. “帝国防务概览”。《陆军季刊》，第 24 卷，第 2 期，1932 年 7 月号，第 225 - 237 页。[在 D102 中进一步评论。]

D93. “海军训练”。《双周评论》，第 138 卷，1932 年 8 月号，第 187 - 191 页。

D94. “弱势一方的武器”。《皇家三军联合研究所学报》，第 77 卷，总第 507 期，1932 年 8 月号，第 497 - 503 页。

D95. “日内瓦与各国海军”。《十九世纪》，第 112 卷，1932 年 9 月号，第 279 - 288 页。

D96. “海军训练”。《英国评论》，第 55 期，1932 年 12 月号，第 588 - 596 页。

1933 年

D97. “军人的思想”。《十九世纪》，第 113 卷，1933 年 1 月号，第 90 - 97 页。

D98. “战略理论：一位法国权威”。《皇家三军联合研究所学报》，第 78 卷，总第 510 期，1933 年 5 月号，第 330 - 336 页。[这篇文章是对拉乌尔·卡斯泰的著作的评论。]

D99. “大舰与安全”。《英国评论》，第 57 期，1933 年 7 月号，第 13 -

23页。

D100. “一支舰队的灭亡:1917—1919”。《海军评论》,第21卷,1933年,第380-385页。[这篇文章评论了舒伯特和吉布森合著的书。]

D101. “圣文森特勋爵的生平”。《海军评论》,第21卷,1933年,第421-424页。[这篇文章评论了O·A·谢拉德的专著。]

D102. “帝国海军防务中的若干要素”。《海军评论》,第21卷,1933年,第442-458页。[这篇文章1933年3月在英联邦和平联盟会议上宣读过。]

D103. “格兰特和李”。《海军评论》,第21卷,1933年,第595-598页。[这篇文章评论了J·F·C·富勒的专著。]

D104. “战略理论”。《海军评论》,第21卷,1933年,第614-621页。[这篇文章评论了卡斯泰的专著,第4卷。]

D105. “帝国防务”。《陆军季刊》,第27卷,第1期,1933年10月号,第11-30页。[这篇文章回应了关于D89的评论。]

D106. “《戴维·劳合·乔治的战争回忆录》第1卷”。《海军评论》,第21卷,1933年,第796-806页。[这是一篇书评。]

1934年

D107. “保留达特茅斯皇家海军学院的逻辑理由”。《海军评论》,第22卷,1934年,第46-55页。

D108. “《戴维·劳合·乔治的战争回忆录》第2卷”。《海军评论》,第22卷,1934年,第154-160页。[这是一篇书评。]

D109. “《海军元帅威廉·梅的回忆录》”。《海军评论》,第22卷,1934年,第348-352页。

D110. “在烟幕之后”。《海军评论》,第22卷,1934年,第355-372页。[这篇文章评论了P·R·C·格罗夫斯的专著;另一位读者对这篇书评做出了评论,刊登在第674-675页。]

D111. “英国海军档案学会”。《皇家三军联合研究所学报》,第79卷,总第514期,1934年5月号,第345-347页。

D112. “《戴维·劳合·乔治的战争回忆录》第 3 卷”。《海军评论》，第 22 卷，1934 年，第 773 - 781 页。［这是一篇书评。］

D113. “反对大型战列舰”。《十九世纪》，第 116 卷，1934 年 1 月号，第 186 - 193 页。

D114. “1935 年的海军问题”。《外交》，第 13 卷，1934 年 10 月号，第 45 - 58 页。

D115. “海军的裁军问题”。《十九世纪》，第 116 卷，1934 年 12 月号，第 640 - 650 页。

1935 年

D116. “第一次世界大战中的统帅部”。《海军评论》，第 23 卷，1935 年，第 145 - 153 页。［这篇文章评论了美国海军普利斯顿上校写的书。］

D117. “《戴维·劳合·乔治的战争回忆录》第 4 卷”。《海军评论》，第 23 卷，1935 年，第 154 - 165 页。［这是一篇书评。］

D118. “东乡平八郎海军上将的生平”。《海军评论》，第 23 卷，1935 年，第 409 - 416 页。［这篇文章评论了小笠原永世海军中将写的书。］

D119. “各大国的外交政策”。《海军评论》，第 23 卷，1935 年，第 435 - 443 页。［这篇文章评论了一部论文集，其中的文章重印自《外交》杂志。］

D120. “《巴思大十字勋章获得者、海军元帅韦斯特·威姆斯勋爵的生平和书信集》”。《海军评论》，第 23 卷，1935 年，第 594 - 602 页。［这是一篇书评。］

D121. “安全?”。《海军评论》，第 23 卷，1935 年，第 608 - 616 页。［这篇文章评论了 H·罗恩-罗宾逊写的书。］

D122. “《海军元帅罗杰·凯斯爵士的海军回忆录：1916—1918》”。《海军评论》，第 23 卷，1935 年，第 786 - 791 页。［这是一篇书评。］

D123. “海军元帅东乡平八郎”。《海军评论》，第 23 卷，1935 年，第 835 -

837页。[这篇文章评论了R·V·C·博德利写的书。]

D124. “美国海军的文件”。《海军评论》,第23卷,1935年,第838-842页。[这是一篇书评,评论的书是《与美国和法国之间的准战争有关的海军文件:1797年2月至1798年10月》,第1卷。在D135和D141中继续。]

D125. “海军会议”。《双周评论》,第144卷(新序列号,第138卷),1935年12月号,第661-669页。

1936年

D126. “海军的重新武装问题”。《十九世纪》,第119卷,1936年1月号,第38-46页。

D127. “地中海战略”。《外交》,第14卷,1936年1月号,第274-287页。

D128. “澳大利亚的防务”。《皇家三军联合研究所学报》,第81卷,总第521期,1936年2月号,第61-65页。[这篇论文评论了“信天翁”写的小册子《日本与澳大利亚的防务》。]

D129. “澳大利亚的防务”。《海军评论》,第24卷,1936年,第39-51页。[与D128相同。]

D130. “战列舰:吨位与舰炮”。《旁观者》,第156卷,1936年6月19日,第1-23页。

D131. “安全取决于海权”。《双周评论》,第146卷(新序列号,第140卷),1936年8月号,第129-139页。

D132. “战争的铁砧”。《海军评论》,第24卷,1936年,第344-350页。[这是一篇书评,评论的是斯蒂芬·格温编,《F·S·奥利弗与他兄弟们之间的书信集》。]

D133. “《戴维·劳合·乔治的战争回忆录》第5卷”。《海军评论》,第24卷,1936年,第705-708页。[这是一篇书评。]

D134. “1861—1865年美国南北战争中的商贸战”。《海军评论》,第24卷,1936年,第765-770页。[这是一篇书评,评论的是勒普安蒂耶的专著,《南方的掠私船与星条旗》,由卡斯泰作“序”。]

D135. “美国海军的文件”。《海军评论》,第 24 卷,1936 年,第 778 - 781 页。[这是一篇书评,评论的书是《与美国和法国之间的准战争有关的海军文件:1797 年 2 月至 1798 年 10 月》,第 2 卷。在 D124 和 D141 中继续。]

D136. “西印度群岛中的战争与贸易:1739—1763”。《海军评论》,第 24 卷,1936 年,第 782 - 787 页。[这篇文章评论了理查德·佩尔斯写的书。]

1937 年

D137. “最危险的海洋”。《海军评论》,第 25 卷,1937 年,第 137 - 142 页。[这篇文章评论了乔治·斯洛科姆写的书。]

D138. “《戴维·劳合·乔治的战争回忆录》第 6 卷”。《海军评论》,第 25 卷,1937 年,第 163 - 170 页。[这是一篇书评。]

D139. “《美国海军的历史》”。《海军评论》,第 25 卷,1937 年,第 197 - 205 页。[这篇文章评论了 D·W·诺克斯写的书。]

D140. “地中海”。《海军评论》,第 25 卷,1937 年,第 336 - 341 页。[这篇文章评论了两本书,一是查尔斯·皮特里的专著,《内海的领主》;二是亨利·布莱思的专著,《凌驾于英国之上的西班牙》。]

D141. “美国海军的文件”。《海军评论》,第 25 卷,1937 年,第 359 - 361 页。[这是一篇书评,评论的书是《与美国和法国之间的准战争有关的海军文件:1797 年 2 月至 1798 年 10 月》,第 3 卷。在 D124 和 D135 中继续。]

D142. “国防部长”。《十九世纪》,第 121 卷,1937 年 4 月号,第 512 - 521 页。

D143. “英国在欧洲:1789—1914”。《海军评论》,第 25 卷,1937 年,第 553 - 559 页。[这篇文章评论了西顿·沃森写的书。]

D144. “浪漫的迪凯特”。《海军评论》,第 25 卷,1937 年,第 763 - 768 页。[这篇文章评论了查尔斯·李·刘易斯写的书。]

D145.　“地中海与大英帝国”。《英国与东方》，第 49 卷，1937 年 12 月 16 日，第 807 页。

1938 年

D146.　“海军及其记录：从西班牙无敌舰队到特拉法尔加海战”。《海员镜报》，第 24 卷，1938 年 1 月号，第 68－80 页。

D147.　“海军的若干问题：‘危险之中的英国’和伯纳德·阿克沃思海军上校”。《十九世纪》，第 123 卷，1938 年 2 月号，第 193－203 页。

D148.　“希腊人和罗马人的海战”。《海军评论》，第 26 卷，1938 年，第 153－155 页。[这篇文章评论了 W·L·罗杰斯写的书。]

D149.　“马丁·弗罗比舍的三次远航”。《海军评论》，第 26 卷，1938 年，第 342－248 页。[这篇文章评论了维尔希奥米尔·斯特凡松写的书。]

1939 年

D150.　“研究海军历史的重要性”。《海军评论》，第 27 卷，1939 年 5 月号，第 201－218 页。[这是 1939 年 2 月 21 日里奇蒙德在伦敦大学做讲座时使用的讲稿。这次讲座与“朱利安·科贝特奖基金”有关。]

D151.　“依靠海洋的战略”。《双周评论》，第 152 卷（新序列号，第 146 卷），1939 年 10 月号，第 399－407 页。

D152.　“依靠海洋的战略”。《双周评论》，第 152 卷（新序列号，第 146 卷），1939 年 11 月号，第 501－504 页。

D153.　“依靠海洋的战略”。《双周评论》，第 152 卷（新序列号，第 146 卷），1939 年 12 月号，第 619－623 页。

1940 年

D154.　“依靠海洋的战略”。《双周评论》，第 153 卷（新序列号，第 147 卷），1940 年 1 月号，第 59－63 页。

D155. “依靠海洋的战略”。《双周评论》，第153卷（新序列号，第147卷），1940年2月号，第162-165页。

D156. “依靠海洋的战略”。《双周评论》，第153卷（新序列号，第147卷），1940年3月号，第287-291页。

D157. “依靠海洋的战略”。《双周评论》，第153卷（新序列号，第147卷），1940年4月号，第426-429页。

D158. “依靠海洋的战略”。《双周评论》，第153卷（新序列号，第147卷），1940年5月号，第466-469页。

D159. “帝国主义”。《国家评论》，第114卷，1940年5月号，第556-563页。

D160. “挪威战役”。《双周评论》，第153卷（新序列号，第147卷），1940年6月号，第596-600页。

D161. “海权与帝国”。《海军评论》，第28卷，1940年，第474-476页。[这篇文章评论了F·J·C·赫恩肖的专著和弗莱彻·普拉特的专著。]

D162. “马汉与今日海权”。《旁观者》，第165卷，1940年9月27日，第313页。

D163. “鱼雷艇驱逐舰”。《双周评论》，第154卷（新序列号，第148卷），1940年9月号，第241-244页。

D164. “租赁的基地”。《双周评论》，第154卷（新序列号，第148卷），1940年10月号，第385-389页。

D165. “印度皇家海军”。《亚洲评论》，第36卷（新序列号），1940年10月号，第698-702页。

D166. “海上战争”。《双周评论》，第154卷（新序列号，第148卷），1940年11月号，第500-504页。

D167. “希腊的战争:海洋因素”。《双周评论》，第154卷（新序列号，第148卷），1940年12月号，第577-580页。

D168. “海权”。《海军评论》，第28卷，1940年，第661-670页。[这篇文章评论了T124写的书。]

1941 年

D169. “指挥与协同作战”。《双周评论》,第 155 卷(新序列号,第 149 卷),1941 年 1 月号,第 74 - 77 页。

D170. “海上战争”。《双周评论》,第 155 卷(新序列号,第 149 卷),1941 年 2 月号,第 159 - 162 页。

D171. “侵略的可能性”。《双周评论》,第 155 卷(新序列号,第 149 卷),1941 年 3 月号,第 270 - 274 页。

D172. “海上战争”。《双周评论》,第 155 卷(新序列号,第 149 卷),1941 年 4 月号,第 374 - 378 页。

D173. “海上战争”。《双周评论》,第 155 卷(新序列号,第 149 卷),1941 年 5 月号,第 491 - 494 页。

D174. “贸易的防卫问题”。《海军评论》,第 29 卷,1941 年,第 202 - 207 页。[这篇文章是一篇演讲稿的“引言”部分。1888 年 5 月 28 日,海军元帅杰弗里·菲普斯·霍恩比爵士在英国商会发表了演讲。从 1888 年 5 月 29 日的《泰晤士报》翻印。这篇文章之后,是里奇蒙德的文章,第 207 - 212 页。]

D175. “海运的损失”。《双周评论》,第 155 卷(新序列号,第 149 卷),1941 年 6 月号,第 564 - 567 页。

D176. “克里特岛空降战役的教训”。《双周评论》,第 156 卷(新序列号,第 150 卷),1941 年 7 月号,第 62 - 66 页。

D177. “上次战争之后的海权:美国的海权观评论”。《皇家三军联合研究所学报》,第 86 卷,总第 543 期,1941 年 8 月号,第 430 - 436 页。[这篇论文评论了哈罗德和玛格丽特·斯普劳特合著的书,《论海权的新秩序》。]

D178. “控制黑海”。《双周评论》,第 156 卷(新序列号,第 150 卷),1941 年 8 月号,第 159 - 162 页。

D179. “海上战争的若干方面”。《工程学》,1941 年 9 月 5 日。

D180. “海上战争”。《双周评论》,第 156 卷(新序列号,第 150 卷),1941 年 9 月号,第 260 - 264 页。

D181. “战争评论”。《双周评论》,第 156 卷(新序列号,第 150 卷),1941 年 10 月号,第 385 - 387 页。

D182. “英国的海军政策:1880—1905”。《海军评论》,第 29 卷,1941 年,第 624 - 627 页。[这篇论文评论了阿瑟·J·马德的专著,《剖析英国的海权》。]

D183. “速度与海运损失”。《双周评论》,第 156 卷(新序列号,第 150 卷),1941 年 11 月号,第 476 - 479 页。

D184. “牵制的争议”。《旁观者》,第 167 卷,1941 年 11 月 28 日,第 506 页。

D185. “英国海军的东方战略”。《双周评论》,第 156 卷(新序列号,第 150 卷),1941 年 12 月号,第 566 - 569 页。

1942 年

D186. “远东的战争”。《双周评论》,第 157 卷(新序列号,第 151 卷),1942 年 1 月号,第 71 - 75 页。

D187. “海军航空兵”。《双周评论》,第 157 卷(新序列号,第 151 卷),1942 年 2 月号,第 150 - 155 页。

D188. “新加坡”。《双周评论》,第 157 卷(新序列号,第 151 卷),1942 年 3 月号,第 240 - 243 页。

D189. “浪费掉的海权”。《双周评论》,第 157 卷(新序列号,第 151 卷),1942 年 4 月号,第 323 - 327 页。

D190. “制海权”。《双周评论》,第 157 卷(新序列号,第 151 卷),1942 年 5 月号,第 372 - 376 页。

D191. “亚历山大先生”。《国家评论》,第 118 卷,1942 年 5 月号,第 452 - 455 页。

D192. “公共教育中的海军历史”。《历史》,第 27 卷(新序列号),1942 年 6 月号,第 1 - 14 页。[这篇文章是 1942 年 6 月 9 日里奇蒙德在牛津大学历史学会的发言稿。]

D193. “海上战争”。《双周评论》,第 157 卷(新序列号,第 151 卷),1942

年 6 月号，第 459 - 462 页。

D194. “空中力量与海权”。《双周评论》，第 158 卷（新序列号，第 152 卷），1942 年 7 月号，第 56 - 60 页。

D195. “海权”。《双周评论》，第 158 卷（新序列号，第 152 卷），1942 年 8 月号，第 120 - 123 页。

D196. “海上战争的第三年”。《工程学》，1942 年 9 月 4 日。

D197. “1941 年至 1942 年在海上的海军航空兵”。《双周评论》，第 158 卷（新序列号，第 152 卷），1942 年 9 月号，第 188 - 192 页。

D198. “制海权与海上作战”。《双周评论》，第 158 卷（新序列号，第 152 卷），1942 年 10 月号，第 270 - 273 页。

D199. “太平洋中的战争”。《双周评论》，第 158 卷（新序列号，第 152 卷），1942 年 11 月号，第 327 - 329 页。

D200. “地中海战役”。《双周评论》，第 158 卷（新序列号，第 152 卷），1942 年 12 月号，第 398 - 401 页。

1943 年

D201. “沿海贸易与小舰队战争”。《双周评论》，第 159 卷（新序列号，第 153 卷），1943 年 1 月号，第 30 - 31 页。

D202. “首要目标”。《双周评论》，第 159 卷（新序列号，第 153 卷），1943 年 2 月号，第 115 - 118 页。

D203. “现代海权观念”。《海军评论》，第 31 卷，1943 年，第 23 - 30 页。

D204. “僵持的岁月：1793—1802”。《海军评论》，第 31 卷，1943 年，第 66 - 68 页。[这篇文章评论了阿瑟·布赖恩特的专著。]

D205. “德国海军的潜艇与辅助性巡洋舰”。《双周评论》，第 159 卷（新序列号，第 153 卷），1943 年 3 月号，第 181 - 184 页。

D206. “历史上海权的目标和要素”。《历史》，第 28 卷，1943 年 3 月号，第 1 - 16 页。

D207. “海上战争”。《双周评论》，第 159 卷（新序列号，第 153 卷），1943 年 4 月号，第 267 - 270 页。

D208. “制海权”。《双周评论》,第159卷(新序列号,第153卷),1943年5月号,第326-329页。

D209. “突尼斯战役及之后的情况”。《双周评论》,第159卷(新序列号,第153卷),1943年6月号,第404-406页。

D210. “八大海军将领”。《海军评论》,第31卷,1943年,第205-207页。[里奇蒙德挑选的8位最伟大的海军将领。]

D211. “进攻开始”。《双周评论》,第160卷(新序列号,第154卷),1943年7月号,第404-406页。

D212. “海上战役”。《双周评论》,第160卷(新序列号,第154卷),1943年8月号,第117-119页。

D213. “西西里战役与大西洋战役”。《双周评论》,第160卷(新序列号,第154卷),1943年9月号,第179-181页。

D214. “两栖战与诸兵种联合作战”。《海军评论》,第31卷,1943年,第258-260页。[这篇文章评论了海军元帅凯斯勋爵的专著。]

D215. “意大利投降与远东形势”。《双周评论》,第160卷(新序列号,第154卷),1943年10月号,第256-258页。

D216. “海上战争”。《双周评论》,第160卷(新序列号,第154卷),1943年11月号,第337-339页。

D217. “远东与地中海”。《双周评论》,第160卷(新序列号,第154卷),1943年12月号,第401-404页。

1944年

D218. “大西洋战役”。《双周评论》,第161卷(新序列号,第155卷),1944年1月号,第53-55页。

D219. “加拿大皇家海军与加拿大皇家海军学院”。《海军评论》,第32卷,1944年,第34-36页。

D220. “海上战争”。《双周评论》,第161卷(新序列号,第155卷),1944年2月号,第117-120页。

D221. “海权与意大利投降”。美国海军学会《论文集》第70卷,总第493

期,1944 年 2 月号,第 137 - 141 页。

D222. “海上战争”。《双周评论》,第 161 卷(新序列号,第 155 卷),1944 年 3 月号,第 189 - 191 页。

D223. “海上战争”。《双周评论》,第 161 卷(新序列号,第 155 卷),1944 年 4 月号,第 247 - 250 页。

D224. “海上战争”。《双周评论》,第 161 卷(新序列号,第 155 卷),1944 年 5 月号,第 300 - 305 页。

D225. “制海权与侵略”。《双周评论》,第 162 卷(新序列号,第 156 卷),1944 年 7 月号,第 29 - 34 页。

D226. “海上战争”。《双周评论》,第 162 卷(新序列号,第 156 卷),1944 年 9 月号,第 166 - 171 页。

D227. “海上战争”。《双周评论》,第 162 卷(新序列号,第 156 卷),1944 年 11 月号,第 308 - 313 页。

1945 年

D228. “海上战争”。《双周评论》,第 163 卷(新序列号,第 157 卷),1945 年 1 月号,第 35 - 39 页。

D229. “胜利的岁月:1802—1812”。《海军评论》,第 33 卷,1945 年,第 71 - 75 页。[这篇文章评论了阿瑟·布赖恩特的专著,在 D233 和 D239 中继续。]

D230. “抗日战争的关键因素”。《双周评论》,第 163 卷(新序列号,第 157 卷),1945 年 3 月号,第 162 - 166 页。

D231. “海上的胜利”。《双周评论》,第 163 卷(新序列号,第 157 卷),1945 年 5 月号,第 316 - 321 页。

D232. “海军防务中的帝国合作”。《海军评论》,第 33 卷,1945 年,第 107 - 118 页。

D233. “新加坡”。《海军评论》,第 33 卷,1945 年,第 173 页。[致编辑的信,答复一位 D229 读者的评论。这位读者对里奇蒙德的答复进行了回应,刊登在第 262 - 263 页上,而里奇蒙德在 D239 中再次做了答复。]

D234. “远东的战争”。《双周评论》,第164卷(新序列号,第158卷),1945年8月号,第104-109页。

D235. “战争中的政府控制”。《海军评论》,第33卷,1945年,第248-250页。[这篇文章评论了汉基勋爵的专著。]

D236. “印度与印度洋”。《海军评论》,第33卷,1945年,第253-254页。[这篇文章评论了K·M·潘尼卡尔的专著。]

D237. “海上运输”。《海军评论》,第33卷,1945年,第262页。[致编辑的信。]

D238. “解放的黎明”。《海军评论》,第33卷,1945年,第333-335页。[这篇文章评论了《温斯顿·丘吉尔在战争中的演讲》第5卷。]

D239. “新加坡与联盟”。《海军评论》,第33卷,1945年,第341-342页。[致编辑的信,在D229和D239中继续。这位读者对里奇蒙德的这次答复进行了回应,刊登在1946年第34卷第104页上。]

D240. “东方海权的背景”。《海军评论》,第33卷,1945年,第90-91页。[这篇文章评论了F·B·埃尔德里奇的专著。]

1947年

D241. “历史上海权的目标和要素”。《海军评论》,第35卷,1947年,第8-16页。[这篇文章是D206的重印版。在第1-15页上,刊登了海军上将理查德·韦布、阿尔弗雷德·C·迪尤尔、H·G·瑟斯菲尔德和G·M·特里维廉撰写的悼词和讣告。]

1980年

D242. “研究海军历史的重要性”。《海军评论》,第68卷,1980年4月号,第139-150页。[这篇文章是D150的重印版。]

E. 投给报纸的稿件

1921年

El. “主力舰吨位的限制”。《泰晤士报》[伦敦],1921年11月23日,第

11e版。[致编辑的信,化名“海军上将”,日期为1921年11月21日。]

1922年

E2. “神秘的战舰”。《泰晤士报文学增刊》,1922年9月21日,第600页。[致编辑的信。]

1923年

E3. “威灵顿公爵与英国海军部”。《泰晤士报文学增刊》,1923年2月1日,第76页。[致编辑的信,在D49中重印。]

E4. 《泰晤士报》[伦敦],1923年3月1日,第9e版。[致编辑的信。]

1928年

E5. “赏金”。《泰晤士报》[伦敦],1928年10月2日,第12c版。

E6. “英国阵亡军人的海上墓地”。《泰晤士报》[伦敦],1928年11月10日,阵亡军人墓地数量,第19b版。

1929年

E7. “领土防卫”。《泰晤士报》[伦敦],1929年11月21日,第15f版。

E8. “海军军备”。《泰晤士报》[伦敦],1929年11月22日,第15f版。

1930年

E9. “伦敦会议的海军条约”。《泰晤士报》[伦敦],1930年2月5日。[致编辑的信。]

E10. “海军的削减:对过去的信心”。《泰晤士报》[伦敦],1930年2月17日,第10d版。[“历史学家”致编辑的信。]

E11. “作为一种绅士博弈的战争”。《泰晤士报》[伦敦],1930年2月29日,第8e版。[“历史学家”致编辑的信。]

E12. “小型巡洋舰”。《泰晤士报》[伦敦],1930年3月12日,第10c版。

[致编辑的信。]

E13. “伦敦会议的海军条约”。《泰晤士报》[伦敦],1930年3月26日,第12b版。[致编辑的信。]

1931年

E14. “舰队与方案”。《陆军、海军和空军公报》,1931年6月11日,第470页。[致编辑的信。]

E15. “伦敦会议的海军条约”。《泰晤士报》[伦敦],1931年7月4日,第13e版。[致编辑的信。]

E16. “海军在第一次世界大战中的教训”。《观察家》,1931年7月5日。[这是一篇书评,评论的是纽博尔特著,《第一次世界大战的官方历史》,第5卷。]

E17. “里奇蒙德海军上将的看法:英国海军专家主张削减战舰的巨大吨位”。《纽约先驱论坛报》,1931年7月12日。

1932年

E18. “裁军:当德国的呼吁有效时‘地位平等’”。《泰晤士报》[伦敦],1932年2月11日,第13e版。[致编辑的信。]

E19. “海军军备”。《泰晤士报》[伦敦],1932年2月20日,第6c版。[致编辑的信。]

E20. “主力舰的大小:真正实力与相对实力”。《泰晤士报》[伦敦],1932年3月2日,第8c版。[致编辑的信。]

E21. “主力舰”。《泰晤士报》[伦敦],1932年3月16日,第10c版。[致编辑的信。]

E22. “裁军:大型主力舰对谁有利?”。《泰晤士报》[伦敦],1932年4月29日,第10a版。[致编辑的信。]

E23. “战舰的大小”。《泰晤士报》[伦敦],1932年5月5日,第10d版。[致编辑的信。]

E24. “海军军备”。《泰晤士报》[伦敦],1932年5月16日,第6a版。[致编辑的信。]

E25. “裁军:鱼雷的废除”。《泰晤士报》[伦敦],1932年6月18日,第18d版。[致编辑的信。]

E26. “海军军备”。《泰晤士报》[伦敦],1932年7月2日,第8a版。[致编辑的信。]

E27. “英国的海权:今日的海军和1775年的海军”。《泰晤士报》[伦敦],1932年7月4日,第13e版。[致编辑的信。]

E28. “海军军备”。《泰晤士报》[伦敦],1932年7月12日,第10g版。[致编辑的信。]

E29. “海军军备”。《泰晤士报》[伦敦],1932年7月21日,第8c版。[致编辑的信。]

E30. “大型主力舰:经过分析的迷信”。《泰晤士报》[伦敦],1932年11月10日,第15g版。[致编辑的信。]

E31. “大型主力舰:美国与日本”。《泰晤士报》[伦敦],1932年11月12日,第13f版。[致编辑的信。]

E32. “裁军:对侵略者的惩罚——刺刀和封锁”。《泰晤士报》[伦敦],1932年11月23日,第8a版。[致编辑的信。]

1933年

E33. “海军学员”。《泰晤士报》[伦敦],1933年6月10日,第8c版。[致编辑的信。]

E34. “空中轰炸:在海战中废除”。《泰晤士报》[伦敦],1933年8月5日,第6a版。[致编辑的信。]

E35. “从空中实施的轰炸”。《泰晤士报》[伦敦],1933年8月14日,第6a版。[致编辑的信。]

E36. “空中轰炸”。《泰晤士报》[伦敦],1933年8月19日,第13a版。[致编辑的信。]

E37. “从空中实施的轰炸”。《泰晤士报》[伦敦],1933年8月28日,第6a版。[致编辑的信。]

E38. “海军”。《泰晤士报》[伦敦],1933 年 11 月 20 日,第 8a 版。[致编辑的信。]

E39. “是巡洋舰还是粮仓?”。《泰晤士报》[伦敦],1933 年 12 月 12 日,第 10c 版。[致编辑的信。]

1934 年

E40. “战列舰的作用”。《泰晤士报》[伦敦],1934 年 3 月 17 日,第 8c 版。[致编辑的信。]

E41. “海上行动:战舰的大小”。《泰晤士报》[伦敦],1934 年 3 月 20 日,第 10a 版。[致编辑的信。]

E42. “现代海权”。《泰晤士报》[伦敦],1934 年 11 月 8 日,第 10a 版。[致编辑的信。]

E43. “现代海权”。《泰晤士报》[伦敦],1934 年 11 月 23 日,第 10d 版。[致编辑的信。]

1935 年

E44. “南非的防务”。《泰晤士报》[伦敦],1935 年 2 月 8 日,第 10a 版。[致编辑的信。]

E45. “帝国防务”。《泰晤士报》[伦敦],1935 年 2 月 25 日,第 13e 版。[致编辑的信。]

E46. “海军军控”。《泰晤士报》[伦敦],1935 年 4 月 13 日,第 8a 版。[致编辑的信。]

E47. “希特勒先生”。《泰晤士报》[伦敦],1935 年 5 月 23 日,第 17e 版。[致编辑的信。]

E48. “法国的海军实力”。《泰晤士报》[伦敦],1935 年 7 月 2 日,第 12a 版。[致编辑的信。]

E49. “V·维维安爵士”。《泰晤士报》[伦敦],1935 年 10 月 5 日,第 18c 版。

E50. “工党与防务:英国的巡洋舰实力”。《泰晤士报》[伦敦],1935 年 11

月 12 日，第 10a 版。[致编辑的信。]

E51．“防务的组织问题”。《泰晤士报》[伦敦]，1935 年 12 月 9 日，第 15e 版。[致编辑的信。]

E52．“大型战列舰”。《泰晤士报》[伦敦]，1935 年 12 月 21 日，第 6e 版。[致编辑的信。]

1936 年

E53．“1708 年的海军纪律”。《泰晤士报》[伦敦]，1936 年 1 月 1 日，第 8c 版。[致编辑的信。]

E54．“海军安全：战列舰的大小”。《泰晤士报》[伦敦]，1936 年 2 月 10 日，第 8d 版。[致编辑的信。]

E55．“海上力量的平等：大型战列舰政策”。《泰晤士报》[伦敦]，1936 年 2 月 27 日，第 8c 版。[致编辑的信。]

E56．“舰队航空兵”。《泰晤士报》[伦敦]，1936 年 11 月 30 日，第 8a 版。

1937 年

E57．“伯克与海军”。《泰晤士报》[伦敦]，1937 年 3 月 15 日，第 17e 版。[致编辑的信。]

E58．“部署在特拉法尔加的英国皇家海军‘阿非利加’号战列舰”。《泰晤士报》[伦敦]，1937 年 10 月 21 日，第 17e 版。

E59．“战争中的油料补给”。《泰晤士报》[伦敦]，1937 年 12 月 17 日，第 12b 版。[致编辑的信。]

1938 年

E60．“战时的油料：供应来源”。《泰晤士报》[伦敦]，1938 年 1 月 4 日，第 8e 版。[致编辑的信。]

E61．“商船队”。《泰晤士报》[伦敦]，1938 年 4 月 2 日，第 13d 版。[致编辑的信。]

E62．“港口的轰炸：海军的历史”。《泰晤士报》[伦敦]，1938 年 7 月 1 日，第 17e 版。[致编辑的信。]

E63. “轰炸港口”。《泰晤士报》[伦敦],1938 年 7 月 11 日,第 10b 版。[致编辑的信。]

E64. “轰炸港口”。《泰晤士报》[伦敦],1938 年 7 月 29 日,第 10d 版。[致编辑的信。]

E65. “巴勒斯坦”。《泰晤士报》[伦敦],1938 年 10 月 25 日,第 10d 版。[致编辑的信。]

1939 年

E66. “对德国出口的控制”。《泰晤士报》[伦敦],1939 年 11 月 30 日,第 9e 版。[致编辑的信。]

1940 年

E67. “德国人的哀鸣”。《泰晤士报》[伦敦],1940 年 9 月 13 日,第 5e 版。[致编辑的信。]

E68. “驱逐舰的名称”。《泰晤士报》[伦敦],1940 年 9 月 16 日,第 5d 版。[致编辑的信。]

1941 年

E69. “海上战争的四个阶段:空中支援的至关重要性”。《曼彻斯特卫报》,1941 年 3 月 1 日。

E70. “大西洋战役”。《时间与潮汐》,1941 年 4 月 12 日。

E71. “漫不经心的英国人”。《泰晤士报》[伦敦],1941 年 6 月 12 日,第 5d 版。[致编辑的信。]

E72. “远东战争”。《曼彻斯特卫报》,1941 年 12 月 31 日。[致编辑的信。]

1942 年

E73. “我们的资源(特别是空军海防总队)的运用”。《泰晤士报》[伦敦],1942 年 2 月 5 日,第 5e 版。[致编辑的信。]

E74. “海军航空兵的控制”。《泰晤士报》[伦敦],1942 年 2 月 5 日。[致编辑的信。]

E75. “海战中的海军航空兵:海军是太依赖英国皇家空军吗?”。《曼彻斯特卫报》,1942 年 2 月 17 日,第 4 版和第 6 版。

E76. “远东战争”。《曼彻斯特卫报》,1942 年 3 月 14 日。[致编辑的信。]

E77. “制海权:目的与手段——各兵种的集结”。《泰晤士报》[伦敦],1942 年 6 月 30 日。[致编辑的信。]

E78. “英国的战略”。《泰晤士报》[伦敦],1942 年 7 月 6 日,第 5e 版。[致编辑的信。]

E79. “当时与现在”。《每日电讯报》,1942 年 7 月 6 日。[致编辑的信。]

E80. “海权”。《泰晤士报》[伦敦],1942 年 7 月 16 日,第 5d 版。[致编辑的信。]

E81. “制海权:目标与手段——一项至关重要的任务的集结”。《泰晤士报》[伦敦],1942 年 8 月 13 日,第 5e 版。[致编辑的信。]

E82. “海军航空勤务队”。《星期日时报》[伦敦],1942 年 10 月 4 日,第 4 版。[致编辑的信。]

E83. “海军航空兵”。《星期日时报》[伦敦],1942 年 10 月 18 日,第 4 版。[致编辑的信。]

E84. “海权的意义:不仅仅是由战舰实现的”。《每日电讯报》,1942 年 12 月 15 日。[致编辑的信。]

E85. “飞机与德国海军潜艇之争”。《每日电讯报》,1942 年 12 月 20 日。[致编辑的信。]

E86. “青年训练休息日”。《泰晤士报》[伦敦],1942 年 12 月 30 日,第 5f 版。[致编辑的信。]

1943 年

E87. “沉没的医院船”。《泰晤士报》[伦敦],1943 年 5 月 24 日,第 5e 版。[致编辑的信。]

1944 年

E88. “海权”。《泰晤士报》[伦敦],1944 年 9 月 20 日,第 5e 版。[致编辑的信。]

1945 年

E89. “丘吉尔先生和皮特先生”。《泰晤士报》[伦敦],1945 年 5 月 12 日,第 5e 版。[致编辑的信。]

F. 翻译成外语的文章和小册子

F1. 《我们那个时代的海战》。(“牛津国际研究论丛”)伦敦:牛津大学出版社,1942 年。共 31 页。

F2. 《现代海权观念》。西班牙马德里:西班牙海军战争学院,1950 年。[翻译自 D209:“《现代海权观念》”,以油印版小册子形式出版。]

G. 小册子

G1. 《国家政策与海军实力:从 16 世纪到 20 世纪》。(“英国社会科学院罗利系列讲座”)伦敦:由汉弗莱·米尔福德为英国社会科学院出版,牛津大学出版社,1923 年。共 19 页。[罗利关于历史的讲座,1923 年;在 A3、D45 和 D50 中重印。]

G2. 《海战》。[这是 B7“海战”系列讲稿的重印版。]

G2a. 伦敦:欧内斯特·本出版有限公司,1927 年。共 96 页。

G2b. 伦敦:欧内斯特·本出版有限公司,1930 年。共 96 页。

G3. 《海军历史与公民……:1934 年 4 月 25 日在剑桥大学做的首次讲座》。剑桥:剑桥大学出版社,1934 年。共 46 页。

G4. 《絮弗朗的大法官》。(“法国海军学院通信与回忆录”)巴黎:地理、海洋与殖民出版社,1938 年。共 20 页。[1937 年 11 月 19 日,里奇蒙德在法国海军学院向同仁们做了这次讲座。]

G5.《海军在现代战争中的作用》。("世界事务小册子",第26卷)纽约:法勒与莱因哈特有限公司,1940年。共32页。

G6.《海军在现代战争中的作用》。("牛津世界事务小册子",第26卷)牛津:克拉伦登出版社,1940年。共32页。

G7.《英国历史上的两栖战》。("历史协会小册子",第119卷)埃克塞特:帕特诺斯特出版社,由A·惠顿为历史协会出版,1941年。共31页。

G8.《入侵英国:1586年至1918年计划、企图与反制措施说明》。伦敦:梅休因出版有限公司,1941年。v+81页。由历史协会资助出版。

G9.《今天的海上战争》。("牛津世界事务小册子",第60卷)伦敦,纽约:牛津大学出版社,1942年。共32页。

G10.《海上执法》。伦敦:新联邦学会,1943年。共14页。[重印了选自《新联邦学会学报》的文章。]